HISTOIRE

DE

SAINT JEAN-FRANÇOIS DE RÉGIS

DE LA COMPAGNIE DE JÉSUS

APOTRE DU VELAY ET DU VIVARAIS

PAR

J. M. S. DAURIGNAC

PARIS
AMBROISE BRAY, LIBRAIRE-ÉDITEUR
RUE DES SAINTS-PÈRES, 66

1862

HISTOIRE

DE

SAINT JEAN-FRANÇOIS DE RÉGIS

OUVRAGES DU MÊME AUTEUR :

HISTOIRE DE SAINT FRANÇOIS D'ASSISE. 1 vol. in-18 angl. : 3 fr.

Approbation de Mgr Parisis, évêque d'Arras :

« L'*Histoire de saint François d'Assise*, par M. J.-M.-S. Daurignac, a toutes les qualités des précédents ouvrages du même auteur : style convenable et pur, doctrine exacte et solide, manière de raconter sans longueurs et sans lacunes, qui paraît tout dire en ne disant que ce qui est vraiment digne d'intérêt ; elle a de plus un mérite particulier bien précieux pour tant de lecteurs qui se fatiguent si vite, c'est la multitude de petits récits qui se succèdent sans dépendre les uns des autres, et sans pourtant nuire à l'unité de l'ensemble.... Dieu veuille accorder beaucoup de succès à cet excellent ouvrage, car ceux qui le liront en deviendront meilleurs ! »

BLANCHE DE CASTILLE, mère de saint Louis et de sainte Isabelle, précédée d'une Introduction, par le R. P. Th. Ratisbonne. 1 vol in-8 anglais. 3 fr.

HISTOIRE DE SAINT IGNACE DE LOYOLA. 2 beaux vol. in-18 anglais, avec portrait et *fac-simile*. 6 fr.

— *Vie abrégée.* 1 fort vol. in-12. 2 50

HISTOIRE DE SAINT FRANÇOIS XAVIER. 2 beaux vol. in-18 anglais, avec portrait et *fac-simile*. 6 fr.

— *Vie abrégée.* 1 fort vol. in-12. 2 50

SAINTE JEANNE DE CHANTAL, modèle de la jeune fille et de la jeune femme, et fondatrice de la Visitation. 2e édition. 1 beau volume in-18 anglais. 3 fr.

IMPRIMERIE DE L. TOINON ET Cie, A SAINT-GERMAIN-EN-LAYE

HISTOIRE

DE

SAINT JEAN-FRANÇOIS DE RÉGIS

DE LA COMPAGNIE DE JÉSUS

APOTRE DU VELAY ET DU VIVARAIS

PAR

J. M. S DAURIGNAC

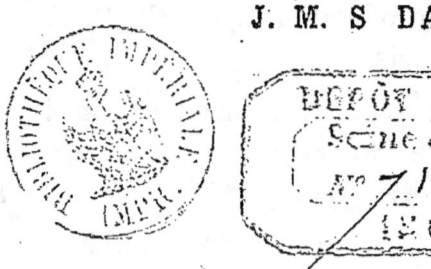

PARIS
AMBROISE BRAY, LIBRAIRE-ÉDITEUR
RUE DES SAINTS-PÈRES, 66
Droits de traduction et de reproduction réservés

1862

PRÉFACE

Saint Jean-François de Régis est l'une des plus belles gloires de notre France. Depuis plus de deux cents ans les miracles se succèdent à son tombeau, et les populations méridionales s'y portent avec empressement. Mais ce tombeau, perdu pour ainsi dire dans une gorge des montagnes des Cévennes, semble absolument ignoré des provinces du Nord. Le nom de Jean-François de Régis est seul connu ; quelques âmes pieuses seulement savent quelle fut l'humble et admirable vie de l'apôtre du Velay et du Vivarais. C'est ce qui nous a donné la pensée de l'écrire, pour cette partie du public qui a si favorablement accueilli nos précédents ouvrages.

La Providence nous a merveilleusement aidé dans ce travail. Des documents inédits, nombreux et inespérés, nous sont venus des sources les plus authentiques, et nous ont signalé des erreurs importantes dans la *Vie de saint Jean-François Régis*, par le Père d'Aubenton, le seul de ses historiens qui ait été réimprimé jusqu'à nos jours.

Madame la marquise de Nattes, à qui appartient aujourd'hui le château de Fontcouverte, possède tous les papiers de la famille de Régis. Très-zélée pour la gloire du saint, dont elle conserve de si intéressants souvenirs, elle a bien voulu se mettre à notre disposition, avec une grâce parfaite, et rechercher dans les archives du château tous les renseignements que nous avons osé lui demander.

Monsieur l'abbé Marty, curé de Fontcouverte, né lui-même dans le voisinage de ce village, nous a également prêté son concours avec autant d'empressement que de bienveillance, et nous a fourni des documents de grand intérêt.

La supérieure des Sœurs de la Présentation de Marie, établie à Fontcouverte, sœur Marie Saint-Gabriel, nous est aussi venue en aide. Entre les précieux documents que nous devons à son obligeante charité, nous devons citer la *Vie du Père Jean-François de Régis*, par le Père Claude la Broue (2_e édition; Paris, 1653), seul exemplaire existant peut-être, et qui nous a été d'autant plus utile, que cet auteur, élève de saint Régis au collége du Puy, et plus tard son confrère dans la même maison, donne des détails pleins de charme et d'intérêt, négligés par le Père d'Aubenton.

Lorsque nous avons trouvé les mêmes faits rapportés différemment par ces deux historiens, nous avons donné la préférence à la version de celui qui, ayant vécu avec notre héros, et ayant pu s'éclairer sur tous les points par les témoignages les plus certains, n'a dû rien avancer qui ne fût authentique. Guéri miraculeusement par son saint ami, en 1647, Père la Broue était monté à cheval et avait été recueillir ses informations à Fontcouverte, à Béziers, à Toulouse, à Tournon, etc. Les témoins étaient encore pleins de vie, leurs renseignements doivent être d'une grande valeur.

Les révérends Pères Ramière à Vals, Pascalin et Robin à la Louvesc, nous ont ouvert avec la plus gracieuse charité leurs trésors de documents et de traditions.

Enfin, nous devons des renseignements précieux à mademoiselle de Fraix, descendante de Louise de Romezin, que saint Jean-François de Régis convertit au catholicisme, et dont il est tant parlé dans l'ouvrage du Père d'Aubenton.

Que toutes les personnes qui ont bien voulu

nous prêter leur bienveillant concours, trouvent ici l'expression de notre vive reconnaissance. Que saint Jean-François de Régis daigne nous acquiter à leur égard en les comblant de ses bénédictions! Qu'il daigne aussi bénir ces pages à sa gloire et nous faire sentir à nous-même les effets de sa puissante protection!

J. M. S. DAURIGNAC.

Paris, septembre 1861.

HISTOIRE

DE

SAINT JEAN-FRANÇOIS DE RÉGIS

DE LA COMPAGNIE DE JÉSUS

PREMIÈRE PARTIE

L'ANGE DE LA FAMILLE ET DU COLLÉGE

1597-1616

I

La famille de Régis.

Parmi les voyageurs allant de Carcassonne à Narbonne ou à Béziers il en est peu, nous ne craignons pas de l'affirmer, qui pensent à se détourner de leur chemin pour visiter la vallée d'Alaric, située près du bourg de Lézignan et peu distante de la voie ferrée. Ce nom, fameux dans les luttes de la civilisation et de la barbarie, est impuissant à les arrêter un instant dans leur course rapide, et nous le comprenons. Parfois, cependant, et seulement de loin en loin, un modeste et pieux pèlerin s'achemine, grave et recueilli, vers cette petite partie du Bas-Languedoc, ou plutôt du département de l'*Aude*; car, pour lui, d'autres souvenirs, moins anciens, il est vrai, mais plus chers à son cœur que celui du célèbre roi des

Visigoths, se rattachent à ce lieu trop ignoré et que nous devons faire connaître au lecteur.

« Figurez-vous, — lui dirons-nous avec le révérend Père Cathary, de la Compagnie de Jésus [1], — figurez-vous deux hautes montagnes, dont les sommets, assez rapprochés, contrastent d'une manière frappante. Le plus élevé, couvert de terre végétale, se dresse tout noir vers l'ouest, c'est le mont *Alaric;* l'autre s'élève à ses côtés, nu et montrant son calcaire tout blanc, c'est le *roc de Roland.* Une vallée profonde les sépare ; cette vallée va s'élargissant du nord au sud, entre un côteau couvert de vignobles et d'autres côteaux sinueux, dont le calcaire mis à nu ne laisse voir çà et là que quelques buis. Telle est la vallée d'Alaric, entièrement plantée de vignes, qui s'étend depuis la montagne de ce nom jusqu'au village de Fontcouverte. Là, les côteaux se rapprochent. Celui de l'est descend par une pente assez rapide jusqu'au niveau de la plaine, et c'est sur cette pente qu'est bâti ce petit village. Les autres côteaux sinueux continuent à marcher en s'avançant du côté de Lézignan, bourg de deux mille âmes, à quatre kilomètres nord-est de Fontcouverte.

« Au pied de ces côteaux, vis-à-vis de Lézignan, à la

---

[1] Ce modeste et savant religieux a bien voulu, à notre prière, nous adresser cette description topographique, sans prévoir, assurément, l'indiscrétion que nous osons commettre et que sa charité nous pardonnera, nous l'espérons. Né lui-même dans le voisinage du lieu qui fut le berceau de saint Régis, nul ne pouvait nous mieux renseigner sur le pays et sur les traditions qui s'y sont toujours conservées.

Le nom du révérend Père Cathary est connu des archéologues, par son remarquable travail sur l'origine de la ville du *Puy-Sainte-Marie,* travail publié dans une série d'articles, par le *Journal de la Haute-Loire,* à l'occasion de l'érection de la statue colossale de Notre-Dame-de-France, et qui a terminé si victorieusement, à la gloire de la très-sainte Vierge, la controverse soulevée par le *Mémoire* présenté sur le même sujet au congrès scientifique de France.

distance d'un kilomètre environ, — car la petite vallée n'a pas plus de largeur à cet endroit, — l'on voit la belle fontaine, appelée dans l'idiome languedocien, *Founcalel*, — *Foun*, fontaine, *Calel*, lampe, — dont les eaux claires et abondantes remplissent un vaste bassin de forme très-allongée, et qui, après avoir fait tourner deux moulins, peu éloignés l'un de l'autre, arrosent la plaine, passent à Lézignan, et vont, avec celles de l'*Orbieu*, se perdre dans l'*Aude*. Cette fontaine, quoique de beaucoup la plus abondante, n'est pas celle qui a donné son nom au village de Fontcouverte. La *fontaine couverte* est devenue la propriété d'un habitant de cette dernière localité, et se trouve, aujourd'hui, comprise dans son enclos. »

Nous ajouterons que cette fontaine est certainement une des plus anciennes de France ; car nous trouvons dans l'*Histoire du Languedoc*, par dom Vaissette, une charte de Louis le Débonnaire, en date de 829, par laquelle ce prince confirme à Sunifred, fils du comte Borrel, la donation faite précédemment à ce seigneur, par Charlemagne du *lieu de Fontcouverte, au diocèse de Narbonne ;* ce qui prouve que la fontaine couverte avait déjà donné son nom à ce lieu, dans le VIIIe siècle.

Plus tard Fontcouverte devint un fief dépendant de l'abbaye de la Grasse, et, en 911, un conflit de juridicdiction s'étant élevé entre l'évêque d'Urgel et celui de Pailhas ou Pailhés, Arnuste, archevêque de Narbonne, leur métropolitain, convoqua tous ses suffragants pour juger ce différend et traiter ensuite diverses questions importantes et difficiles. Il les réunit *dans l'église de Saint-Julien, de Fontcouverte*, et cette assemblée prit et a conservé le nom de *concile de Fontcouverte* [1].

---

[1] Dom Vaissette, *Histoire du Languedoc*. — Le P. Bouge, religieux augustin, *Hist. ecclésiastique et civile du diocèse de Carcassonne*.

Les Régis, branche cadette de la famille de Plas[1], l'une des plus nobles et des plus anciennes du Rouergue, étaient transplantés en Languedoc depuis la fin du xive siècle, et s'y étaient toujours partagés entre la robe et l'épée. Vers le milieu du xvie siècle, nous trouvons des Régis établis à Fontcouverte. Pierre de Régis en était châtelain lorsqu'il mourut en 1549 ; il existe, dans les archives du château, un acte passé en cette même année, entre ses deux fils, Antoine et Jean, pour le partage de sa succession.

Après la mort d'Antoine, *docteur en droit, avocat en la cour de messire le sénéchal de Carcassonne*, ses deux fils, Jean et Barthélemy, ne voulant pas s'éloigner l'un de l'autre, obtinrent l'entière cession du fief de Fontcouverte. L'acte fut passé entre eux et l'abbé de la

---

[1] Et plus tard d'Esplas. Dans sa première édition de la *Vie du Bienheureux Jean-François Régis*, in-4° (1716), le Père d'Aubenton écrit *de Plas*. Par quel motif les éditeurs, plus de vingt ans après, ont-ils changé ce nom en celui de Desplas? Peut-être n'ont-ils suivi d'autre orthographe que celle de la prononciation de d'Esplas. Ce qu'il y a de certain, c'est que quelques adversaires de la Compagnie de Jésus ont voulu tirer partie de cette transformation, — qui le croirait ! — pour essayer de ternir l'auréole d'une de ses plus belles gloires. Ils n'ont pas craint d'affirmer qu'un descendant de la famille Desplas, portant ce même nom, possède une lettre *trouvée dans la poche de saint Régis après sa mort*, lettre qui *l'expulsait de la Compagnie.*
Nous ne prendrons pas la peine de démontrer l'absurdité de cette assertion ; nous aurons d'ailleurs occasion d'y revenir, et nous dirons aussi, dans le cours de cet ouvrage, les titres que peuvent avoir d'autres familles à se rattacher à la branche des Régis de Fontcouverte.

Les Régis portaient *de gueules, à l'aigle éployé et couronné, cantonné de trois trèfles d'or.*

Dans l'origine, le nom était Roy ; l'usage d'écrire les actes en latin, fit bientôt changer Roy en Régis, et, dès le xve siècle, la famille avait adopté ce dernier nom, qu'elle conserve encore dans la branche de Gastimel.

Grasse, au nom du cardinal de Joyeuse, seigneur suzerain.

Jean, — qui avait épousé Marguerite, fille de François de Cuquignan et de Catherine de Ferriès, et sœur d'Antoine de Cuquignan, marié à Claire d'Hautpoul, — demeura au vieux manoir où il était né. Barthélemy fit bâtir un autre château, à côté de celui de son frère, dont il n'était séparé que par une rue allant aboutir sur la place du village ; il relia les deux habitations seigneuriales par une voûte, jetée en travers de cette rue, et sur laquelle il fit élever un corps de bâtiment, afin que les deux ménages pussent être chacun chez soi, sans cesser d'être ensemble.

Le vieux manoir, qu'on appelait le fort, était situé derrière le chevet de l'église ; exposé au levant, sur le jardin, il était au couchant vers l'église, qui avait alors son entrée à cette dernière exposition. Le château neuf, formant avec la voûte un retour d'équerre, est au midi sur le parc, et au nord vers le mur latéral de l'église, dont une petite rue le séparait alors dans toute la largeur de sa façade.

Barthélemy épousa Anne de Baronnius, veuve du sieur de Vire, seigneur de Montmija. Ce mariage, loin d'altérer l'union des deux frères, sembla la resserrer davantage, par l'intimité qui s'établit entre les deux belles sœurs. Jean et Barthélemy de Régis avaient depuis longtemps mis leur épée au service du roi et de l'Église, sous le commandement de leur suzerain, *monseigneur le duc de Joyeuse, lieutenant général pour le roy, au présent pays de Languedoc*..Jean était capitaine dans l'armée royale, et commandait une compagnie de gens d'armes, dans laquelle servait son frère, beaucoup plus jeune que lui. Suivant l'usage des gentilshomme à cette époque, les deux frères revenaient dans leurs terres après chaque campagne, et reprenaient avec joie leur douce vie de famille.

Jean n'avait qu'un fils, qui avait reçu au baptême le même nom que lui. Barthélemy n'avait qu'une fille nommée Jeanne; il semblait naturel de penser que les deux frères réuniraient leurs droits communs à la seigneurie de Fontcouverte, par le mariage de leurs enfants malgré la différence d'âge; mais chacun désirant conserver le sien à sa table et à son foyer, il fut convenu que l'on choisirait d'autres alliances, sans sortir toutefois de la parenté ou du voisinage.

Les traditions devaient être fidèlement transmises alors d'une génération à l'autre, et on se fût exposé à les voir s'altérer, si l'on eût admis dans l'un de ces intérieurs, des opinions ou des principes peu conformes à ceux de la noble et vertueuse famille de Régis. Le calvinisme avait fait de si cruels ravages dans les environs, les apostasies y avaient été si nombreuses, et il y avait un tel ébranlement dans les croyances religieuses de ceux qui ne s'étaient pas encore séparés de l'Église, qu'il était dangereux pour la foi de former des alliances en dehors de ses proches ou de ses amis les plus intimement connus. D'ailleurs, parmi ces châtelains, aux mœurs patriarcales, on aimait à se réunir en aussi grand nombre que possible pour les fêtes de famille, et les communications étaient loin d'être faciles alors comme elles le sont aujourd'hui.

Jean de Régis fit donc épouser à son fils Madeleine d'Arsses, fille de François d'Arsses ou d'Arces [1], sei-

---

[1] Le Père la Broue écrit ce nom d'*Arses*; le Père d'Aubenton l'écrit *Darcis*, et cette dernière orthographe existe en effet sur l'acte de décès de Madeleine, conservé à la paroisse de Fontcouverte. Mais sur les actes de famille possédés par M. le marquis de Nattes, et déposés

gneur de Ségur, et de Jeanne de Mage, dont les familles comptaient déjà des alliances dans celle de Régis.

Les deux frères continuaient à s'absenter fréquemment pour le service militaire dans l'armée catholique. En 1592 ils étaient partis ensemble, comme à l'ordinaire, à l'appel de leur suzerain, Scipion duc de Joyeuse : les calvinistes, toujours en révolte ouverte, ne permettaient plus à l'armée royale un repos prolongé, et la campagne avait appelé de bonne heure nos deux châtelains. De temps à autre un messager partait du camp, courait à cheval porter leurs missives à Fontcouverte, et revenait avec les réponses impatiemment attendues.

Un jour, c'était au commencement du mois d'octobre, un courrier se présente, apportant au vieux manoir la nouvelle que les hérétiques se sont retranchés à Villemur, entre Montauban et Lavaur; que cette petite ville vient

---

dans les archives du château, le nom du seigneur de Ségur et celui de sa fille, est toujours écrit d'Arses, d'Arsses ou d'Arces. On sait que l'orthographe des noms propres ne fut fixée que plus tard, et que, dans les anciens actes, les mêmes noms s'écrivaient diversement, selon le goût du *tabellion*. Pour le nom d'Arses, la lettre finale se prononçant dans le pays, peut avoir occasionné l'erreur existant sur l'acte de décès, où, sans doute, un des historiens du saint apôtre a pris le nom de son heureuse mère.

Louise d'Arses, sœur de Madeleine, épousa, en 1598, Charles de Cuquignan, fils d'Antoine et de Claire d'Hautpoul, et cousin germain de Jean de Régis.

Le blason d'Arses est *palissé en fasce d'or et de sinople, de six pièces*. Celui de Mage, *d'azur, à la fasce d'or, chargée de trois losanges de gueules*.

Si nous nous arrêtons à ces détails si futiles en apparence, c'est en vue de ceux qui prétendent se rattacher à la branche des Régis de Fontcouverte. Il leur deviendra ainsi plus aisé de constater l'anneau par lequel ils croient pouvoir revendiquer l'honneur d'appartenir à la famille de l'illustre apôtre du midi de la France.

d'être investie par l'armée de monseigneur de Joyeuse; mais que le prince ne pourra s'en emparer de longtemps, attendu que la place est des mieux fortifiées, bravement défendue et abondamment pourvue de vivres.

Ce message répandit la tristesse et dans les deux châteaux et parmi les vassaux. On avait espéré le retour prochain des deux frères tant aimés, et maintenant, il fallait ajourner indéfiniment le bonheur de les revoir. Il fut convenu que l'on redoublerait les prières pour les chers absents; chacun s'efforça de se résigner; mais combien tous les cœurs souffraient des privations, des fatigues et des dangers auxquels étaient exposés les deux chefs de la double famille, surtout dans une saison aussi avancée !

Quelques jours après, un autre courrier arrive, il n'apporte qu'une lettre... Elle est de Barthélemy et ne contient que quelques lignes : Jean est blessé et ne peut écrire par ce messager... Tous les yeux s'interrogent à la fois, tous les cœurs sont frappés du même coup, les larmes s'échappent, et nul n'ose exprimer le secret de sa pensée. Le lendemain, Barthélemy se fait annoncer par le courrier qui le précède, et on le voit arriver seul !... Sa pâleur et l'altération de ses traits ont tout révélé :

— Mon père ! s'écrie Jean de Régis; mon père est mort !

— Tué ! répond Barthélemy en laissant éclater sa douleur; tué presque sous mes yeux !

Les larmes de tous se mêlent à ses larmes ; il embrasse plusieurs fois son neveu et lui répète :

— Je suis ton seul père; tu es mon fils, tout ce qui me reste de mon unique frère ! de mon bien-aimé Jean !...

Dans une sortie des assiégés, une balle hérétique avait

frappé Jean à la tête, et il était tombé mort au milieu des gentilshommes qui l'accompagnaient [1].

Nous n'essaierons pas de dire les regrets et la douleur de ces deux familles si tendrement unies ; il suffit de rappeler leur intimité et de savoir que chacun des deux chefs était à la fois le père de ses enfants et le père de ses neveux.

Dans les premiers jours de l'année 1597, Madeleine, déjà mère de deux fils, Charles et François, allait bientôt donner le jour à un troisième enfant. D'après une ancienne tradition, sa piété, aussi vive que solide, lui aurait inspiré le désir de le mettre au monde dans une des étables du château. Pressentant que cet enfant serait encore un fils, elle aurait voulu lui donner ce premier trait de conformité avec le divin Sauveur, afin d'attirer ainsi sur lui d'abondantes bénédictions pour son avenir spirituel. Mais cette tradition est trop incertaine pour que nous osions l'adopter. Nous ne voulons nous arrêter qu'à celles qui ne rencontrent point de contradicteurs dans le pays.

---

[1] Le Père d'Aubenton dit que le frère aîné de saint Régis, volontaire dans l'armée de Scipion de Joyeuse fut tué au siége de Villemur. En 1592, Charles de Régis, frère aîné du saint apôtre, ayant un an, à peine, ne pouvait être *volontaire* que dans les bras de sa nourrice. La généalogie manuscrite que nous avons entre les mains, porte que Charles épousa Diane d'Outre, en eut une fille (morte sans alliance), et mourut en 1645, cinq ans *après* son saint frère. Le second, François, n'était pas né en 1592 ; il épousa Marquise de Ceillas, en eut un fils qui fut prêtre, et mourut en 1653. Ce n'était donc pas un frère de Jean-François qui fut tué au siége de Villemur, mais son aïeul Jean de Régis, frère de Barthélemy. Ce dernier ne mourut qu'en 1644.

II

Un ange dans la famille.

L'ancienne châtellenie de Fontcouverte est bâtie sur la pente du côteau oriental de la vallée d'Alaric. L'église, placée sur le point le plus élevé, domine et couronne le village.

A la fin du xvie siècle, cette église n'avait encore subi aucun changement, elle était restée absolument telle qu'au jour où, en 911, Arnuste, archevêque de Narbonne, y tint un concile composé de tous ses suffragants.

C'était une nef assez vaste, formée seulement par les quatre murs, et surmontée d'une lourde charpente. Elle avait son entrée au couchant. Au fond, le maître-autel dédié à saint Julien ; à droite du sanctuaire, l'autel de la sainte Vierge ; à gauche, celui de saint Ferréol ; l'un et l'autre simplement adossés au mur. A quelques pas en avant de celui de la très-sainte Vierge, une large dalle indiquait le caveau réservé à la sépulture des châtelains du nom de Régis. Les fonts baptismaux étaient placés à gauche, en entrant dans l'église.

Le château neuf, nous l'avons indiqué, longeait la droite de l'église et se reliait au vieux manoir qui faisait face au chevet. Le presbytère et ses dépendances, situé à gauche de l'église, s'appuyait en partie au mur d'enclos de Jean de Régis. La chambre de Madeleine était située au rez-de-chaussée, sur le jardin, à l'extrémité méridionale du corps de bâtiment [1]. C'était là qu'é-

---

[1] Du côté de l'église, le rez-de-chaussée est le premier étage de la maison, en raison de la rapidité de la pente du terrain sur lequel elle est appuyée.

taient nés ses deux fils aînés ; c'était là qu'elle devait donner à Dieu et à l'Eglise le grand apôtre du midi de la France et l'une des plus belles gloire du royaume très-chrétien.

Madeleine semblait redoubler de ferveur à mesure que le temps de sa délivrance approchait. Chaque jour elle assistait au saint sacrifice de la messe, et chaque jour aussi, malgré la rigueur de la saison, elle sortait du vieux manoir, dans l'après-midi, traversait l'espace qui le séparait de l'église, entrait par la petite porte de côté, réservée aux châtelains, et allait renouveler à Notre-Seigneur la consécration de cet enfant, qu'elle le suppliait d'accepter pour son service et pour sa gloire.

Ce fut le vendredi 31 janvier, de l'année 1597, que cet enfant béni entra dans le monde. Sa pieuse mère l'offrit aussitôt à Dieu, en présence des personnes qui se trouvaient auprès d'elle, et le conjura de nouveau de le faire croître et grandir pour le service de la sainte Église, si violemment déchirée par les progrès de l'hérésie.

Plusieurs parents et amis de la famille étaient accourus de tous les environs ; les deux châteaux étaient occupés jusqu'aux combles ; tout le monde voulut voir le nouveau-né, et chacun s'empressa de féliciter Madeleine ; mais nul ne se récria sur les sentiments qui l'avaient portée à donner à Dieu le fils sur lequel elle fondait de si grandes espérances. En ces temps où la foi catholique était si fortement ébranlée dans les âmes par les efforts du calvinisme, les vrais enfants de l'Eglise ne croyaient pas trop faire pour témoigner de leur attachement à leur foi. Ce fut aussi par ce motif que le baptême de l'enfant prédestiné fut remis au surlendemain de sa naissance. Ses pieux parents tenaient à le présenter à l'église, le jour même où elle célèbre la fête de la Présentation de l'Enfant-Dieu au temple de Jérusalem.

François de Brettes de Thurin, baron de Péchairie, et Claire d'Aban, sœur de Charles d'Aban, seigneur d'Albas, eurent l'honneur de répondre devant Dieu et devant son Église de la foi du nouveau-né, à qui, d'après le désir de ses parents, ils donnèrent les noms de Jean-François [1]. Les familles de Brettes et d'Aban étaient alliées à celle de Régis, et leurs habitations n'étaient pas très-éloignées de Fontcouverte.

Monsieur Gomboridès, alors curé de la paroisse, eut la consolation de répandre l'eau régénératrice sur le front de celui qui devait plus tard se rendre si redoutable à l'enfer et lui enlever un si grand nombre de victimes.

Madame de Régis avait désiré allaiter elle-même ce dernier fils : des considérations de santé ayant mis obstacle à la réalisation de ce vœu, une jeune femme du voisinage avait été chargée de ce soin [2]. Madeleine l'avait

---

[1] Le nom de Jean semble avoir été héréditaire dans la famille de Régis. Outre ceux de ses membres dont nous avons parlé, portant ce nom, nous trouvons dans l'*Histoire générale du Languedoc*, un Jean de Régis, signant, en 1454, la charte par laquelle Gaston de Foix fait hommage au roi Charles VII de sa vicomté de Narbonne. Le nom de François paraît également avoir été héréditaire dans la famille d'Arsès. Le père de madame de Régis se nommait François et avait trois sœurs dont deux portaient le nom de Françoise. L'une avait épousé, en 1550, Guillaume de Montredon ; en 1571, elle maria son fils à Marguerite d'Hautpoul. La seconde avait épousé, en 1551, Jean de Niort, seigneur de Rambose. La troisième, nommée Violane, était mariée à son beau-frère Jean de Mage, et leur petit-fils, Etienne de Mage, épousa Eléonore, fille de Charles de Cuquignan et de Louise d'Arsès, sœur de la mère de saint Régis. On voit par là combien ces familles catholiques tenaient à se resserrer par leurs alliances, ainsi que nous l'avons fait remarquer plus haut.

[2] Elle était de Moux, petit village à quatre kilomètres environ de Fontcouverte. Les habitants se plaisent à conserver le souvenir de celle qui nourrit de son lait le grand apôtre qui fait la gloire du pays, et ils montrent avec orgueil, près de leur église, la petite maison qui fut sa demeure, et où elle porta souvent l'enfant dont le soin lui était confié.

établie dans une chambre peu éloignée de son appartement, afin d'être plus à portée d'exercer sur son cher enfant une surveillance de tous les instants.

Quelques jours après les fêtes du baptême, tout le monde s'était retiré le soir dans le meilleur état, et chacun s'était couché dans le calme et dormait paisiblement, lorsque, vers le milieu de la nuit, des cris perçants et prolongés réveillent soudain maîtres et gens. En un instant tout le monde est sur pied, on se précipite vers la chambre de la nourrice, car c'est de là que partent ces cris de désespoir, et l'on trouve la malheureuse femme dans une inexprimable désolation. Monsieur de Régis s'écrie dans une angoisse indicible :

— Qu'est-il arrivé à mon fils ? Mon enfant ! mon cher enfant ! Parlez donc !

Mais la nourrice ne peut répondre que par ses sanglots : le père désolé avait couru au berceau de son dernier né... Le berceau était vide ! Madame de Régis a tout entendu, le sentiment maternel l'a emporté sur la prudence, elle est accourue et s'écrie, elle aussi :

— Mon enfant ! où est mon enfant ? Si vous l'avez tué par imprudence dites-le ! Rendez-le-moi ! rendez-le-moi ! Rendez-moi mon enfant !

La nourrice se tordait les bras et ne pouvait parler. Monsieur de Régis réclamait pour la jeune mère les soins des femmes de son service ; il craignait les résultats probables d'une telle secousse ; d'un autre côté, on soignait la nourrice par laquelle seule on pouvait savoir la vérité, et dont la vie était également compromise par l'excès de la douleur. Enfin, après ces premiers moments, qui avaient paru des siècles, elle reprit assez de calme pour dire la cause de son désespoir. Elle avait voulu allaiter son nourrisson, elle ne l'avait pas trouvé dans son berceau, la frayeur l'avait saisie, elle ignorait comment l'enfant lui avait été enlevé, c'est tout ce qu'elle pouvait dire.

Au moment où elle achevait de parler, un vagissement se fait entendre ! Il semble sortir de dessous le lit de la nourrice... Jean et Madeleine s'y portent à la fois... L'enfant était là en effet, dépouillé de ses langes, mais dans une santé parfaite. Ses langes, jetés assez loin de lui, son enlèvement de son berceau, tout le mystérieux de cet événement impressionna profondément les membres de la famille et les serviteurs qui en furent témoins :

— L'enfant ne me quittera plus la nuit, dit Madeleine ; désormais son berceau sera près de mon lit, et sa nourrice dans une chambre à côté de la mienne.

Tout le monde approuva cette résolution, car ce qui était arrivé une fois, pouvait se renouveler, et il était important, disait-on, que madame de Régis pût se rendre compte d'un fait aussi extraordinaire.

Dans la journée, les choses s'arrangèrent ainsi qu'il était convenu, et plusieurs nuits s'étant passées sans accident, l'on commençait à croire que la jeune nourrice pouvait bien être atteinte d'un peu de somnambulisme, et avoir elle-même occasionné la violente secousse dont les suites eussent pu être si dangereuses pour Madeleine. Mais tout à coup, au milieu de la nuit encore, madame de Régis est réveillée par un bruit inusité, elle voit le berceau de Jean-François renversé; l'enfant ne crie pas, il est tombé de haut, nul doute qu'il ne soit tué ! Elle appelle, on accourt, Jean-François n'avait aucun mal, mais il était dépouillé de ses langes cette fois encore, et il était impossible de soupçonner qui que ce fût d'être l'auteur de ce fait. La même chose arriva quelques jours après [1], et ces mystérieux accidents,

[1] Le Père d'Aubenton ne mentionne que le premier de ces faits

rapportés dans les actes de la canonisation, ne pouvant être expliqués naturellement, furent généralement attribués à la rage des démons qui prévoyaient sans doute les victoires que cet enfant de bénédiction devait remporter sur eux.

Les conséquences de ces trois événements devaient naturellement être funestes à la mère et à la nourrice du petit prédestiné ; il n'en fut rien : l'une et l'autre, préservées de toute maladie, purent continuer à veiller sur le précieux dépôt que le ciel avait confié à leur tendre sollicitude et à leurs soins vigilants.

Madame de Régis avait une piété trop éclairée pour négliger la première éducation de son enfant ; elle s'en occupait par elle-même, contrairement aux usages de l'époque, et, à son exemple, plusieurs jeunes mères dans sa famille s'acquittaient aussi pour les leurs de ce devoir si important ; elles sentaient la nécessité de leur donner des principes assez solides pour les mettre à même de résister courageusement, dans l'avenir, aux séductions de l'hérésie, et de savoir mourir au besoin pour la foi de l'Église catholique dont ils étaient les heureux enfants.

En 1600, Madeleine eut un quatrième fils qui reçut le nom de Jean, et, deux ans après, ne pouvant plus suffire seule à leur éducation, elle donna un précepteur aux deux aînés, se réservant le soin de Jean-François, trop jeune encore pour partager la vie de ses frères.

Un jour, étant sur la terrasse du château, où il jouait avec Jean, sous les yeux de sa mère, Jean-François paraît tout à coup se troubler, il court à elle et lui dit avec l'accent de la frayeur :

étranges ; encore ne le trouvons-nous que dans les plus anciennes éditions. Mais la tradition locale, au témoignage de M. Marty, curé de Fontcouverte, assure qu'il se renouvela trois fois, et que la chose fut bien attestée.

— Madame ma mère, j'ai peur d'être damné !

— Que dites-vous là, mon cher enfant ! lui dit Madeleine en le pressant vivement sur son cœur ; Dieu vous préserve d'un tel malheur !... Savez-vous bien ce que c'est que d'être damné, Jean-François ?

— C'est être bien malheureux, toujours, toujours, toujours !

— Oui, sûrement, mon fils, reprit la mère ; mais de quel malheur, vous l'ignorez, et je vais tâcher de vous le faire comprendre.

Alors, elle dit à l'enfant, en le proportionnant à sa jeune intelligence, ce que l'Église nous enseigne sur les peines éternelles, et Jean-François, bien qu'il n'eût encore que cinq ans, en fut si vivement et si profondément ému, qu'il ne put la laisser achever et tomba évanoui dans ses bras, en s'écriant : « O ciel ! » Revenu à lui-même, il fondit en larmes et Madeleine parvint difficilement à le calmer, et à atténuer les effets de cette terrible impression.

L'heureuse mère put pressentir dès lors les consolations que lui apporteraient un jour les vertus de son fils chéri ; mais elle était loin de prévoir le degré de gloire auquel elles le conduiraient. Parfois, néanmoins, elle s'étonnait de la précocité de sa raison, elle avait peine à comprendre sa parfaite docilité, son calme habituel, son peu d'empressement au jeu et la ferveur de sa piété. Le bon recteur, ainsi qu'on appelait le curé, s'en émerveillait et disait souvent à monsieur et à madame de Régis :

— Dieu fera de grandes choses pour ce petit gentilhomme-là ! Son enfance ressemble fort à celle des prédestinés, et je serai bien trompé s'il ne devient un grand saint.

Jean-François était en effet un modèle que les mères

des châteaux voisins citaient à leurs enfants avec une véritable admiration ; mais elles reconnaissaient et s'avouaient entre elles, que tant de perfections dans un âge aussi tendre, ne pouvaient qu'indiquer des desseins tout particuliers de la Providence sur son avenir.

III

Éducation dans la famille.

Les années s'écoulaient, Jean-François avait atteint l'âge où, selon le langage de l'époque, il devait *passer aux hommes*, et ses parents lui donnèrent un gouverneur, dont l'âge, l'expérience et l'austérité de mœurs étaient autant de garanties pour leur sollicitude, mais dont le caractère irritable était peu propre à façonner celui d'un élève, et moins encore à attirer sa confiance et son affection. En donnant ce précepteur à son fils, monsieur de Régis lui dit :

— Jean-François, souvenez-vous que je lui ai remis mon autorité sur vous, pour tout ce qui concerne votre éducation, et que votre devoir est de lui obéir, non de le juger.

— Monsieur mon père, lui répondit l'aimable enfant en baisant respectueusement sa main, je vous promets de ne l'oublier jamais !

— C'est bien, mon fils, reprit le père : vous êtes de noble race, un gentilhomme ne manque point à sa parole ; je compte sur la vôtre.

Ce langage d'un père parlant à un enfant de sept à huit ans, paraît étrange aujourd'hui ; mais il était dans les mœurs de l'époque. En naissant, pour ainsi dire, le fils apprenait à respecter le nom de ses ancêtres, à le soutenir avec honneur, à se rendre digne de ceux qui l'avaient noblement et vaillamment porté.

L'éducation de famille avait à cette époque une gravité inconnue de nos jours. L'autorité paternelle était considérée comme sacrée et s'entourait d'une auréole de dignité qui inspirait le respect, sans nuire à l'affection. Un père et une mère ne tutoyaient jamais leurs enfants. Dès l'âge de sept ans, les garçons étaient confiés à un gouverneur, les petites filles à une gouvernante, et, à partir de ce moment, il ne leur était permis de paraître devant leurs parents que dans la meilleure tenue, et seulement aux heures fixées pour ces visites. En se présentant, ils s'inclinaient, baisaient la main qui leur était tendue, et ne se permettaient de parler que pour répondre aux questions qui leur étaient adressées. Ils mangeaient dans leur appartement avec leur gouverneur, et n'étaient admis à la table de leurs parents qu'aux jours des fêtes de famille. Dès le berceau, ils avaient appris à dire *monsieur mon père, madame ma mère,* et, jusqu'à la mort, cet usage se conservait avec un religieux respect.

On était loin alors de l'esprit d'indépendance que l'on s'efforça d'inoculer plus tard dans les hautes régions sociales, et dont on recueille depuis longtemps les déplorables fruits. Le calvinisme, il est vrai, cherchait à séduire par ce prestige ; mais les catholiques réfléchis et sincèrement attachés à la foi de l'Eglise, se défiaient de ses amorces et conservaient précieusement leurs traditions.

La famille de Régis était de ce nombre ; toutefois, et par le même motif, nous l'avons dit, Madeleine s'occupait de ses enfants beaucoup plus directement que l'usage ne l'exigeait.

Jean-François eut à souffrir beaucoup sous la férule de son gouverneur, que nous appellerons maître Laurent; mais, fidèle à sa promesse, il ne s'en plaignit jamais. Doux et énergique à la fois, il supportait les saillies de son humeur et l'injustice de ses reproches sans lui opposer un seul mot pour sa justification ; et si, parfois, il entendait blâmer l'excessive rigueur de son précepteur, soit par ses amis ou ses frères, soit par les gens du service, l'angélique enfant cherchait à l'excuser de son mieux.

Ses parents ne pouvaient ignorer ni ses souffrances ni son mérite ; il leur eût été doux de soustraire à ce régime un fils qui n'avait de tort qu'aux yeux de maître Laurent ; mais ils étaient sûrs de l'orthodoxie de ce dernier, et ils redoutaient un changement qui aurait pu compromettre la pureté de la foi dans le cœur de leurs enfants.

Cependant, Jean-François, dont la piété devenait plus fervente de jour en jour, se préparait déjà à sa première communion et s'entretenait fréquemment avec le curé, qui l'affectionnait paternellement et disait souvent n'avoir jamais rencontré d'enfant qui pût être comparé à celui qu'il appelait l'*Ange de la paroisse*. Ce n'était plus maître Gomboridès qui desservait alors l'église de Fontcouverte, c'était maître Jézénolite, qui voyait croître et se développer, dans l'intéressant et bel enfant, les vertus dont son prédécesseur n'avait entrevu que le germe.

— Madame, — disait-il quelquefois à l'heureuse Madeleine, — ce petit gentilhomme rendra un jour de grands services à l'Église !

— Tout semble l'indiquer en effet, répondait-elle, et Dieu veuille le conserver dans ces heureuses dispositions !

Charles et François manifestaient au contraire les inclinations les plus belliqueuses : ils ne parlaient de rien moins que de passer leur épée au travers du corps de tous les ennemis du roi, et de joncher de cadavres, tous les champs de bataille qui devaient servir de théâtre à leurs terribles exploits. Leur plus agréable récompense était une leçon d'escrime donnée par leur grand-oncle Barthélemy, pour lequel ils professaient d'autant plus d'admiration, qu'ils devaient faire leurs premières armes dans sa compagnie, et sous sa direction immédiate.

Jean ayant atteint l'âge de passer aux mains de maître Laurent, se montra moins docile que Jean-François; la vivacité de son caractère s'accommodait mal d'un contact presque continuel avec l'humeur ombrageuse et chagrine du rigide précepteur. Notre jeune héros s'efforçait en vain d'amener son frère à la soumission dont il lui donnait l'exemple ; Jean lui répondait d'ordinaire :

— Madame notre mère ne m'a jamais puni quand j'étais sage.

L'enfant semblait comprendre que Jean-François était réduit par ce seul mot à blâmer maître Laurent ou à garder le silence ; et nos châtelains, au courant de ces luttes fréquemment renouvelées entre le précepteur et l'élève, se préoccupaient tristement des conséquences qu'elles pouvaient entraîner pour le caractère de Jean et, par suite, pour son avenir. Quant à Jean-François, on souffrait pour lui, mais on ne pouvait rien craindre, car sa vertu croissait avec son âge, et il semblait se perfectionner bien davantage encore depuis sa première communion.

Les choses en étaient là, lorsque Charles dut quitter le foyer paternel pour aller dans l'armée catholique faire sa première campagne sous la direction de son oncle Barthélemy. C'était au commencement de l'année 1609. Il avait dix-sept ans, il brûlait d'aller se mesurer avec l'ennemi ; il lui semblait qu'il allait emporter d'assaut toutes les forteresses que son corps d'armée aurait l'ordre d'attaquer. François s'affligeait de ne pouvoir l'accompagner encore, et Barthélemy le consolait en lui promettant de lui faire ceindre l'épée quelques mois avant qu'il eût atteint l'âge de s'en servir.

Le départ de Charles allait laisser un vide immense dans l'intérieur et une grande douleur dans le cœur de sa mère. Jean-François le comprit et sut le témoigner avec une touchante sensibilité et une délicatesse bien au-dessus de son âge ; mais rien ne pouvait plus étonner de la part de cet enfant, que l'on se plaisait à désigner dans les deux châteaux, sous le nom de l'*Ange de la famille*.

On ne connaissait pas alors les ménagements usités aujourd'hui, pour épargner aux enfants les plus légères émotions. S'ils étaient appelés à partager les joies et les fêtes de la famille, ils devaient partager également ses chagrins et ses douleurs. On ignorait encore l'art de développer l'égoïsme par l'éducation ; ce talent ne devait éclore que dans le siècle suivant et n'atteindre sa perfection que dans le nôtre.

Les trois enfants devaient assister aux adieux et au départ de Charles. Appelés au dernier moment, ils se placèrent près de leurs parents : François à la droite de son père, Jean-François à sa gauche, et Jean à côté de sa mère. Madame de Régis, courageuse et résignée, laissait parfois échapper quelques larmes, car le piaffement des chevaux retentissait comme un glas funèbre au fond de son cœur maternel. Monsieur de Régis, calme et digne, s'efforçait de dissimuler son émotion et se détournait par moment pour essuyer furtivement une larme, qui, malgré lui, venait briller au bord de sa paupière. Jean-François souffrait de ce silence et de ces larmes, mais il n'osait rien exprimer et pleurait timidement.

A l'heure précise, Charles, accompagné de Barthélemy, son second père, se présente tout équipé devant ses parents. Il écoute leurs recommandations et leur promet de vivre chrétiennement au milieu des camps, de se conduire vaillamment sur les champs de bataille, et en tous lieux avec honneur et loyauté ; ployant ensuite le genou, il reçoit leur bénédiction, puis il embrasse ses frères et s'éloigne. Mais tous les siens le suivent ; les enfants de Barthélemy sont accourus pour dire un dernier adieu à leur père et à leur neveu, et partager la douleur de leurs cousins dans cette première séparation. Chacun se souvenait, à cette heure, que quelques années auparavant, Barthélemy, parti avec son frère, était revenu seul !

Charles n'avait pas prévu ce que cette séparation coûterait à son cœur. Au moment de monter à cheval, il embrasse encore les trois frères qu'il laisse sous le toit de ses pères, il se jette en pleurant dans les bras qui viennent de s'ouvrir pour le presser sur un cœur de père et sur un cœur de mère, et il éclate en sanglots. Enfin, il met le pied à l'étrier, et part en répétant :

— Monsieur mon très-cher père, je serai digne de vous ! Madame ma très-douce mère, priez pour moi !

Madame de Régis, dès qu'elle eut perdu de vue son fils aîné, prit la main de Jean, fit signe aux deux autres de la suivre, laissa son mari avec les parents réunis pour la circonstance, se retira dans son appartement avec ses enfants, se jeta sur un siége, et fondit en larmes en les embrassant. Ses fils pleuraient autant qu'elle et s'efforçaient de la consoler par les témoignages de leur tendresse. Jean, désolé de ne pouvoir adoucir cette grande douleur, laisse échapper sa pensée tout entière et s'écrie :

— Madame très-chère mère, pourquoi donc mon frère Charles est-il parti, puisque cela devait vous faire tant de chagrin ?

— Mon fils, répond la noble femme, *noblesse oblige*.

Jean savait déjà que cette parole devait rester sans réplique.

IV

Suite.

Nos châtelains avaient repris leur vie habituelle. Les messagers de Barthélemy venaient aussi régulièrement que les circonstances ou la distance des lieux le permettaient, apporter les missives de l'oncle et du neveu ; les lettres de ces chers absents ne laissaient rien à désirer ; tout était donc calme au vieux manoir de Fontcouverte, lorsque survint un jour une nouvelle inespérée.

La ville de Béziers, depuis longtemps en instance pour obtenir un collège de la Compagnie de Jésus, venait enfin de recevoir l'autorisation promise en vain pendant plusieurs années. L'université se voyait vaincue dans cette longue lutte par l'autorité et la volonté royales ; l'ouverture des classes du collège si désiré devait avoir lieu irrévocablement à la Saint-Remi, et toute la noblesse d'une grande partie de la province se promettait d'y envoyer ses enfants ou de les y accompagner.

Cette nouvelle fut un trait de lumière pour madame de Régis. Elle avait consacré à Dieu son troisième fils, elle l'avait supplié de l'accepter pour son service et pour sa gloire, et la piété si fervente de Jean-François, la vivacité de sa foi, la douceur de son caractère, l'exquise sensibilité de son cœur, son peu d'attrait pour tous les plaisirs de son âge, tout en lui semblait indiquer que Dieu avait en effet accepté le sacrifice maternel et s'était réservé l'enfant qui lui était si généreusement offert.

La direction des religieux de la Compagnie de Jésus paraissant à Madeleine un puissant moyen de seconder les vues de la Providence sur cet enfant si cher, elle conçut un vif désir de le confier à leurs soins éclairés, et dès lors elle entreprit de disposer son mari en faveur de ce projet.

Ce ne fut pas chose aisée. François avait plus de seize ans et ne pouvait tarder à mettre son épée au service de l'Église ; Jean-François était la joie et la consolation de la famille ; Jean n'avait que dix ans ; monsieur de Régis voyait mille motifs de n'éloigner pour le moment aucun de ses enfants. Sa femme, au contraire, avait un extrême désir de faire étudier Jean-François, et le collège des Jésuites était la seule école digne de répondre à sa pieuse ambition. Elle eut recours à la prière, et la Providence lui vint en aide.

Bientôt, il ne fut plus question, dans tous les châteaux d'alentour, que de la prochaine ouverture du collège de Béziers, de la science des professeurs qui devaient y être employés, de la supériorité incontestable de leur enseignement, de leur talent et de leur habileté pour former la jeunesse et attirer sa confiance. Les parents et les amis de nos châtelains ne pouvaient comprendre qu'ils fussent les seuls à ne point parler de confier l'éducation de leurs fils à ces saints religieux. François de Couderc [1] était des plus ardents à les presser de donner cet exemple :

— Pendant que vos fils aînés combattront les héré-

---

[1] François de Couderc, seigneur de la Prade, dont la femme était Catherine de Casalet, avait marié son fils Jean à Jeanne de Régis, fille de Barthélemy, son parent. Sa fille, nommée Louise, avait épousé le sieur d'Outre, seigneur de Complong, dont les filles Diane et Jeanne épousèrent dans la suite Charles et Jean de Régis, frères de saint Jean-François.

tiques l'épée à la main, disait-il à monsieur de Régis, que les plus jeunes aillent apprendre à les combattre par la parole ! Vous devez ce témoignage d'attachement à la foi de vos pères. Il est des circonstances où un gentilhomme ne peut ni ne doit hésiter à tout sacrifier.

Jean de Régis se laissa vaincre, le départ de Jean-François et de Jean fut résolu. C'était plus que Madeleine n'avait désiré ; mais elle ne voulut pas être moins généreuse que son mari, et elle consentit sans réserve à ce double sacrifice. Toutefois sa résolution ne devait pas tarder à subir un ébranlement inattendu.

Le vieux manoir de Fontcouverte n'était plus alors le fort que le comte Borrel et son fils Sunifred avaient fait construire sous Charlemagne et Louis le Débonnaire. Détruit par les guerres du moyen âge, il n'en restait plus que le nom. Les dispositions de ses avenues avaient été modifiées à mesure que la civilisation avait développé et formé le goût en adoucissant les mœurs. L'habitation seigneuriale des Régis était à peu près semblable à celle de tous les petits fiefs de l'époque.

Un fossé profond, rempli d'eau jusqu'aux bords, défendait le château de trois côtés, l'église protégeait le quatrième. Des ponts-levis ou tournants donnaient accès, l'un dans la grande cour, au midi ; l'autre sur la terrasse, à l'est ; un troisième aux dépendances situées à l'ouest.

Le jardin, sur la déclivité du côteau exposée au levant, n'avait de remarquable que ses accidents de terrain et la beauté de ses arbres, dont l'épais feuillage interceptait tout rayon de soleil dans ses larges allées. Le dessin, selon l'usage du temps, en était des plus simples : devant la terrasse, un parterre aux plates-bandes régulières et couvertes de fleurs ; au delà, une assez vaste pelouse ; au fond, un espace de terrain, symétriquement planté de jeunes arbres, longeait le fossé extérieur et se joignait, à droite et à gauche, aux belles allées, qui, partant de chaque côté du château, suivaient la longueur du jardin, le séparaient des potagers et des vergers, et aboutissaient au fossé. Au milieu de ce fossé, dans l'axe du château, un pont tournant donnait, à volonté, une sortie sur la campagne [1].

Un jour où la chaleur était accablante, l'ange de la famille, le doux et pieux Jean-François, se promenant seul, comme de coutume, dans l'allée du nord, se sentit fatigué, il s'assit sur la mousse au pied d'un arbre, il appuya sa tête au tronc du vieux chêne, et il s'endormit.

Quelle fut la durée de son sommeil? Nous l'ignorons. Ce que nous savons seulement, c'est que, tout à coup, il se lève, *marche tout dormant*, suivant son expression, va droit au fossé du château, avance son pied dans le vide... va tomber la tête en avant... Une main mystérieuse, invisible, le retient avec force, le réveille, et l'aimable enfant voyant le danger qu'il a couru et la manière dont il a été préservé, tombe à genoux sur le sable; et, les yeux pleins de larmes, il remercie son ange gardien de l'avoir ainsi arrêté miraculeusement au moment où son pied touchait à la mort [2].

---

[1] Il ne reste plus trace de ces souvenirs; nous en dirons plus loin les motifs.

[2] D'après le Père d'Aubenton, ce fut dans la campagne de Béziers, et au bord de la *rivière d'Orb*, que Jean-François de Régis fut ainsi providentiellement préservé d'une mort inévitable. Mais nous avons sous les yeux la déposition juridique de Jean-Gaspard de Montercymard, du Puy-en-Velay, à qui le saint lui-même avait raconté le fait, et nous y voyons que cet événement mystérieux eut lieu *dans son enfance*, et que ce fut au bord d'un *gouffre d'eau dormante* qu'il se sentit arrêté par une main invisible, au moment où il allait s'y précipiter.

C'était sa pieuse mère qui, dès le berceau, lui avait inspiré une tendre dévotion à l'ange auquel la bonté divine l'avait confié. Il l'invoquait souvent dans la journée, lui disait naïvement les petits chagrins et les douces joies de son âge, le consultait dans les difficultés qu'il rencontrait, et s'abandonnait confiamment à ses soins. En cette circonstance, il n'eut pas l'ombre d'un doute sur la main qui venait de lui sauver la vie; il était sûr que cette main si forte, si puissante, mais invisible, était celle de son bon ange.

Après les premiers élans de sa reconnaissance envers Dieu, Jean-François se relève et court annoncer à sa mère la manière merveilleuse dont la Providence lui a conservé la vie; il ajoute, en portant à ses lèvres la main de Madeleine :

— C'est à vous que je dois cette grâce, madame ma très-douce mère; car c'est votre piété qui a fait naître en moi la tendre confiance que j'ai dans mon bon ange, et le besoin de l'invoquer en toute occasion.

Madame de Régis avait pris dans ses mains la tête de son charmant enfant, elle l'avait pressée sur son cœur maternel, elle la couvrait de ses caresses et de ses larmes, et ne pouvait assez se redire qu'il était sauvé. Alors la possibilité de nouveaux dangers pour l'avenir lui apparut avec de si terribles, de si effrayantes conséquences, que son cœur en frémit d'épouvante :

— Allons remercier Dieu, mon enfant, dit-elle à son fils, allons à son autel, lui exprimer notre reconnaissance pour une si grande faveur !

Elle se rendit à l'église avec une émotion qui ne peut être bien comprise que par le cœur d'une mère, et là, agenouillée devant le sanctuaire, elle donna un libre cours à ses larmes et retrouva le calme et la force dont elle avait besoin. Effrayée d'abord à la pensée des dangers auxquels ses fils seraient exposés loin d'elle, elle s'était reproché son désir de les envoyer à Béziers, elle s'accusait d'imprudence et de précipitation, elle craignait de n'avoir pas assez consulté la volonté de Dieu. Mais bientôt elle comprit que le sujet de ses alarmes devait être au contraire un motif de sécurité pour son cœur maternel : elle sentit que si la Providence avait sauvé Jean-François par un miracle, pendant qu'il était encore sous les yeux de ses parents, elle ne veillerait pas avec moins de sollicitude à sa conservation, lorsqu'il serait entièrement abandonné à ses soins. Madame de Régis se souvint, en ce moment, des faits extraordinaires qui avaient suivi de près le baptême de son troisième enfant, et sa confiance renaissant à ces souvenirs, elle renouvela son sacrifice et reprit sa sérénité habituelle.

Jean-François, à genoux près de sa mère, était loin d'avoir partagé ses craintes. Tout entier à la reconnaissance, il se donnait, il se consacrait à Dieu, nous disent ses historiens, ne voulant employer la vie qui lui était donnée une seconde fois qu'au service de celui à qui il était redevable de ce prodige. Le pieux enfant ignorait encore la voie par laquelle il serait appelé ; il savait seulement qu'il voulait être tout à Dieu et n'être qu'à lui seul.

Madeleine lui avait inspiré aussi une dévotion filiale pour la très-sainte Vierge, et souvent, depuis l'événement que nous venons de raconter, il allait passer une partie de ses heures de récréation devant l'autel de cette divine Mère. Les images étaient rares alors : les calvinistes s'efforçaient de les détruire ou de les faire disparaître partout où ils les rencontraient. Jean-François attachait donc un grand prix à celle de *Notre-Dame* que sa mère lui avait donnée : pour la conserver, il l'avait collée sur une petite planche de bois de sapin très-mince, et la portait toujours sur sa poitrine, au moyen d'un cordon passé à son cou. Cette image ne le quitta jamais [1].

Le temps s'écoulait, le mois d'octobre approchait, et chacun à Fontcouverte aurait voulu retarder cette approche si redoutée. Notre jeune héros n'était pas seulement la consolation et la joie de sa famille, il était aussi l'orgueil du pays, la gloire de cette heureuse châtellenie dont tous les vassaux le chérissaient. Nous ne voudrions pas affirmer toutefois que la sévérité de maître Laurent pour son incomparable élève n'avait pas contribué à accroître l'affection que le doux enfant inspirait par lui-même, car le regret de son éloignement semblait adouci par la pensée que le précepteur ne le rendrait plus victime de ses moments d'humeur et d'impatience, qui allaient souvent jusqu'à la brusquerie et, parfois, jusqu'à la colère.

Un parent de monsieur de Régis, châtelain du voisinage, lui avait offert de se charger de Jean-François et de Jean, pour les mener à Béziers où il devait conduire ses fils : cette proposition avait été acceptée. Un des gens du château, homme de confiance et depuis son enfance au service des châtelains de Foncouverte, fut choisi pour suivre nos écoliers, rester auprès d'eux et les servir. Le bon recteur eût désiré accompagner l'*ange de sa paroisse* jusqu'au collége ; il aurait voulu le présenter lui-même aux saints religieux et leur dire tout ce que promettait pour l'avenir cet enfant de bénédiction ; mais le *carrosse* n'était pas élastique, toutes les places étaient prises, le digne pasteur se vit contraint de renoncer à son projet :

— Patience, dit-il à madame de Régis ; dans quelques jours j'irai le voir à cheval et vous rapporterai de ses nouvelles.

[1] *Déposition de J. Gaspard de Montercymard.*

— Aussi souvent que vous le désirerez, lui répondit-elle, mes chevaux seront à votre disposition, et je vous serai reconnaissante d'un tel voyage, surtout si vous voulez bien le placer entre ceux des messagers, afin que nous ayons des nouvelles une fois de plus.

Nous ne dirons pas la douleur de la séparation au moment du départ; les larmes des deux familles, les adieux des serviteurs et des vassaux qui se pressaient autour de la voiture, cherchant à baiser la main que leur tendait notre angélique Jean-François. Nous dirons seulement que maître Laurent en fut touché au point d'essuyer, lui aussi, quelques larmes, ce qui surprit assez les gens de service qui s'en aperçurent :

— Il a donc un cœur, aujourd'hui? disaient les uns, lorsque la voiture eut disparu.

— C'est égal, disaient les autres, quand il partira, nous ne le pleurerons pas! car nos petits seigneurs ne seraient pas sur le chemin de Béziers s'il ne les avait pas rendus si malheureux! Dieu veuille le lui pardonner!

V

Le collége.

Les colléges de la Compagnie de Jésus n'étaient pas, au commencement du XVIIe siècle, ce que nous les voyons aujourd'hui : c'étaient des classes publiques où la jeunesse accourait en foule, attirée par la science des professeurs et par le charme qu'ils savaient répandre sur leurs leçons les plus abstraites.

Quelle que fut alors la difficulté des voyages, les familles riches n'hésitaient pas à se transporter dans les villes qui leur offraient le précieux avantage d'un de ces colléges pour l'éducation de leurs enfants. Lorsque des liens d'intérieur ou de convenance s'opposaient à ce déplacement ou les retenaient dans leurs terres, elles donnaient à leurs fils un gouverneur chargé de les accompagner et d'exercer sur eux une mesure de surveillance proportionnée à leur âge. Souvent les jeunes gens avaient dans ces villes des parents assez proches pour leur tenir lieu, momentanément, de ceux dont ils étaient forcés de s'éloigner; dans ce dernier cas, un des gens de la maison paternelle les suivait, demeurait à leur service et ne revenait qu'avec eux. Ils étaient logés et nourris dans des maisons honorables, choisies par les Jésuites; ils s'y établissaient par groupes d'amis ou de parents, afin que chacun conservât ses relations de famille ou de société, même loin du toit paternel, et les bons religieux veillaient sur leurs chers écoliers.

C'était dans une de ces maisons, désignée par les Pères du collége, que Jean-François de Régis, son plus jeune frère et leurs amis avaient été établis pour l'année scolaire; c'est là où nous le retrouvons avec d'autres écoliers que Jean-François avait priés de se réunir à eux. Ils étaient au nombre de sept formant une petite communauté, dont notre héros était considéré comme le supérieur. Il avait fait un règlement de vie que tous avaient joyeusement accepté et que chacun observait ponctuellement.

On se levait de grand matin, la prière se faisait en commun, une courte méditation la suivait et on allait ensuite à l'église pour y assister à la sainte messe. Le reste de la journée se partageait entre le travail, les classes du collége, les bonnes lectures et une récréation modérée. On lisait pendant les repas; on ne s'entretenait que de choses édifiantes aux récréations; on examinaît sa conscience et on faisait en commun la prière du soir ; puis chacun se retirait, et le silence n'était plus interrompu jusqu'au lendemain.

Les dimanches et les fêtes, notre petite communauté communiait, assistait à tous les offices, visitait les pauvres malades des hôpitaux et devenait un sujet d'édification pour toute la ville.

Jean-François de Régis était heureux à Béziers, malgré la distance qui le séparait de sa famille. Il lui semblait que son âme y était plus à l'aise et y trouvait un aliment plus conforme à ses goûts. Dès son arrivée, il s'était empressé de choisir un guide spirituel parmi les saints religieux qui dirigeaient le collége, et ceux-ci, de leur côté, n'avaient pas tardé à apprécier l'écolier de Fontcouverte, dont les vertus et la piété ne pouvaient échapper à leur esprit d'observation.

En apprenant que les bons Pères avaient établi dans le collége une congrégation en l'honneur de la très-sainte Vierge, dans laquelle n'étaient admis que les élèves les plus distingués par leur bonne conduite et leur piété, Jean-François avait ambitionné la faveur d'y être agrégé, et il l'avait promptement obtenue. Son avidité spirituelle semblait insatiable. Il aurait voulu faire aimer Dieu comme il l'aimait par tous les élèves de sa classe, et souvent il cherchait à les réunir pour les exhorter à la piété et aux vertus de leur âge. Il leur parlait alors avec une onction si pénétrante, que ces jeunes turbulents faisaient silence, se rangeaient autour de lui, l'écoutaient avec une émotion qui allait parfois jusqu'aux larmes, et le désignaient entre eux sous le nom de *l'Ange du collége*.

D'autres, au contraire, n'ayant pas le courage de suivre ses conseils, se moquaient de son zèle et s'efforçaient de détruire le bien produit par ses paroles et ses exemples dans l'âme de leurs condisciples. Mais rien ne put ébranler son courage : il continua son touchant et gracieux apostolat d'enfant privilégié, et Dieu continua de bénir sa douce parole, au point de lui ramener les étourdis qui s'étaient d'abord déclarés contre lui.

Ce qui les avait surtout irrités, c'était le goût prononcé de notre héros pour la solitude et la méditation, et son éloignement pour toutes les réunions de jeu ou de plaisir. Il n'allait pas même attendre l'heure de la classe sur *la terrasse*, charmante promenade, voisine du collège, et rendez-vous de tous les écoliers. Jean-François avait exclu *la terrasse* de son règlement, et nul des membres de sa petite communauté n'y paraissait jamais.

Les fréquents messages qui arrivaient à Fontcouverte, portaient la consolation et la joie dans le vieux manoir. Le bon curé avait fait un voyage à Béziers et en était revenu plus émerveillé que jamais de la ferveur et de la vertu de l'ange de sa paroisse :

— Ah ! madame, disait-il à la châtelaine, préparons-nous à un grand sacrifice ! Ce jeune seigneur n'est pas destiné au monde, Dieu a de grands desseins sur son avenir ; il le prendra certainement pour l'Église.

— C'est de tout mon cœur que je le lui donnerai, répondit l'heureuse mère.

Nous avons dit que Jean-François était un peu timide : le Père la Broue, qui avait longtemps vécu avec lui, nous assure que cette timidité apparente n'était que la crainte de déplaire à ses parents ou à ses supérieurs, ou de les désobliger. Son caractère était vif, son cœur délicatement sensible, son âme très-énergique, son esprit très-gai, quoique très-réfléchi. Sa droiture était si parfaite, que s'il lui arrivait de s'amuser à faire croire un instant une chose fausse, « son maintien et son rire le trahissaient aussitôt, ne luy permettant pas de pratiquer les plus innocentes tromperies, et ne pouvant supporter le moindre déguisement [1]. »

Le même historien nous fait connaître un trait qui peint sa loyauté naturelle. Une discussion s'étant élevée un jour, sur un mot latin, entre lui et un de ses condisciples, Jean-François parie quelques pièces de monnaie en faveur de son opinion ; puis les champions vont à leur classe et ne pensent plus à la petite lutte qu'ils viennent de soutenir. Quelques jours après, une circonstance se présente qui, en rappelant sa gageure à notre jeune héros, lui prouve qu'il s'est trompé. Cette fois, il n'oublie pas : rentré chez lui, il prend la petite somme convenue et va la porter à son condisciple en lui disant qu'il vient de reconnaître son erreur et veut acquitter une dette *d'honneur* qu'il avait oubliée.

A la fin de l'année, monsieur de Régis alla lui-même chercher ses enfants et trouva l'éloge de Jean-François sur toutes les lèvres. Il n'y avait qu'une voix au collége et dans la ville, parmi les parents et les amis qu'il y comptait, pour le féliciter d'être le père d'un tel fils.

Quatre années s'écoulèrent ainsi. En 1615, notre pieux écolier vit ses études subitement interrompues par une maladie violente qui le mit dans le plus grand danger. Il avait été jusque-là un modèle d'obéissance, d'application, de régularité et de piété pour tous ses condisciples ; il fut encore leur modèle par sa résignation, sa patience et son angélique douceur durant cette maladie. Tout espoir de le sauver était perdu, il le savait et se préparait à passer à une autre vie, lorsque, contre toute espérance, il recouvra la santé. Il avait dix-huit ans ; son désir de se consacrer à Dieu était plus ardent que jamais, il crut le moment favorable pour décider de son avenir

---

[1] Le Père la Broue.

et consulta le religieux auquel il avait confié la direction de son âme.

Depuis que Jean-François était à Béziers, il sentait que Dieu l'appelait à l'apostolat, et nous venons de voir qu'il l'exerçait déjà avec autant de succès que de zèle; mais trop jeune pour se prononcer là-dessus, il avait gardé son secret, comptant sur la Providence pour lui faire connaître l'opportunité du moment où il devait le communiquer. La maladie qui venait de le conduire aux portes du tombeau, et à laquelle il reconnaissait n'avoir échappé que par une sorte de miracle, lui avait paru une manifestation suffisante de la volonté d'en haut; il y répondait par une entière ouverture de cœur près de celui qu'il avait choisi pour guide.

Depuis longtemps, il éprouvait un dégoût croissant pour toutes les choses de la terre, et un désir ardent de vivre de la vie évangélique dans sa plus haute perfection, et il lui semblait ne pouvoir atteindre ce but que dans la Compagnie de Jésus. Mais il n'avait jamais communiqué cette pensée à personne, et le Père la Broue raconte que pendant les vacances de l'année précédente, la crainte de laisser deviner à sa famille ou à ses amis la sainte ambition qu'il nourrissait, et dont il sentait qu'on aurait cherché à le détourner, le décida à prendre part à des plaisirs dont il s'était toujours éloigné. Il fit des courses à cheval avec ses amis et ses frères, il se laissa entraîner plusieurs fois à de grandes chasses, et leur donna lieu d'espérer qu'avec le temps il serait de toutes leurs parties.

Ils se trompaient. Le directeur de Jean-François l'engagea à mûrir devant Dieu la question si importante de sa vocation, afin de s'assurer de sa volonté pour le choix de la carrière apostolique à laquelle il était appelé. Le saint religieux était trop prudent pour décider avec précipitation. Il lui fit faire une retraite, dont le résultat fut pour Jean-François le plus ardent désir d'entrer dans la Compagnie de Jésus. Il dut attendre pourtant ; et ce délai fut pour son âme une bien pénible épreuve. Le Père provincial ne pouvait tarder à faire sa visite au collége, il examinerait la vocation du pieux étudiant et il trancherait décidément cette importante question.

Enfin le jour tant désiré arriva pour notre héros. Le Père Jean-François Suarez, provincial, vint faire sa visite et vit se prosterner à ses pieds l'humble et doux enfant de Fontcouverte, le conjurant avec larmes de lui accorder l'insigne faveur d'entrer dans un noviciat de la Compagnie de Jésus, fallût-il aller aux extrémités du monde pour y aboutir.

Touché de ses instances et de ses larmes, éclairé par le Saint-Esprit, et informé par les Pères du collége de l'éminente vertu de Jean-François, le Père Suarez lui accorda la faveur désirée, à la condition que sa famille lui donnerait son consentement.

Les parents de notre jeune aspirant étaient trop profondément chrétiens pour s'opposer à la vocation de leur fils, et nous savons que sa mère l'avait consacré au service et à la gloire de Dieu, dès avant sa naissance, et que ce sacrifice avait été souvent renouvelé depuis. Toutefois, nous devons avouer qu'elle ne s'était pas attendue à le voir entrer dans la Compagnie de Jésus, qui pouvait l'envoyer dans les missions d'outre-mer, et la priver ainsi à jamais des consolations qu'elle espérait. Dieu lui demandait donc, à cette heureuse mère, plus qu'elle n'avait cru lui offrir, et ce fut un cruel déchirement pour son cœur, que la nouvelle d'une telle vocation. Mais, hâtons-nous de le dire, elle s'efforça de contenir ses larmes et de surmonter sa douleur, afin d'encourager plus efficacement son mari, et de l'aider à accepter le sacrifice tel que Dieu le demandait, et le consentement fut donné.

Charles et François se résignèrent difficilement. L'un et l'autre s'attendaient à voir leur frère élevé au sacerdoce, tout en lui indiquait cette vocation ; mais ils avaient compté le conserver dans le diocèse, où il aurait pu occuper une dignité ecclésiastique et jouir d'un bénéfice avantageux. Loin de là, Jean-François entrait dans un ordre qui fait profession de renoncer à toute dignité, qui était en butte à l'opposition avouée des parlements et des universités, et que les hérétiques ne cessaient de poursuivre de leurs calomnies et de leur vengeance.

La douleur des deux frères se traduisit par des reproches assez vifs ; Jean-François n'y put être insensible, mais sa résolution n'en fut nullement ébranlée, et sa douce énergie ne faiblit pas un seul instant.

Jean n'eut que des larmes pour cette séparation ; en perdant le frère auquel il devait un si doux appui, de si sages conseils, et qui était pour lui un modèle accompli, il crut perdre un second père et ne pouvoir supporter cette absence au collége. Ses parents le comprirent et formèrent le projet de le garder l'année suivante, en attendant qu'il pût ceindre l'épée et se joindre aux aînés de la famille dans l'armée royale, sous la surveillance toute paternelle de son oncle Barthélemy.

DEUXIÈME PARTIE

NOVICIAT. — RÉGENCE. — SCOLASTICAT

1616-1630

I

Noviciat.

Le parlement de Toulouse comptait parmi ses membres, au commencement du xviie siècle, un homme aussi distingué par ses vertus que par ses talents. La loyauté de son caractère et l'urbanité de ses manières le rendaient cher à ses collègues et le faisaient apprécier dans la société ; sa bienveillance et sa charité lui avaient mérité la confiance et l'amour des pauvres, toujours sûrs de trouver en lui un protecteur et un appui.

C'était le conseiller Arnaud Boret, que le roi Louis XIII, à son avénement à la couronne, avait confirmé dans cette charge à la satisfaction générale.

Profondément chrétien, le noble magistrat reconnaissait la vanité des choses de la terre et aspirait depuis longtemps à une vie plus parfaite. En attendant le moment où il lui serait donné de briser les liens qui le retenaient dans le monde, il se dédommageait en multipliant ses bonnes œuvres et ses exercices de piété; souvent, il allait s'enfermer dans la maison des Jésuites, il y passait plusieurs jours dans la retraite, et il en sortait chaque fois plus désireux d'y rester toujours.

Un jour, après la vacance du parlement, on apprit à la grand'chambre, et aussitôt après dans les salons de la ville, que le conseiller Boret était en retraite chez les révérends Pères de la Compagnie de Jésus, et qu'il restait dans cette maison avec la volonté bien arrêtée de n'en plus sortir désormais. Il n'en fallut pas davantage pour oublier la confiance qu'avaient toujours inspirée ses lumières, sa sagesse et sa prudence : on ne vit, ou on ne voulut voir dans cette détermination, que l'effet momentané d'une exaltation dont le grave magistrat ne tarderait pas à se repentir.

Le monde ne pardonne pas aisément le dédain de ce qu'il estime.

Le conseiller Arnaud Boret, trop âgé pour ambitionner la gloire d'entrer dans la Compagnie de Jésus, et voulant achever dans le recueillement et la pénitence les jours qui lui restaient à passer sur la terre, avait sollicité la faveur d'être admis seulement au noviciat, afin de s'édifier des vertus et de la ferveur des novices, de partager leurs pieux exercices, de vivre enfin comme l'un d'eux, sans porter leur saint habit.

Les bons Pères, connaissant trop bien l'âme de leur ami pour lui refuser cette consolation, lui avaient ouvert la porte du noviciat, et le vénérable magistrat s'était vu aussitôt entouré de l'affection toute filiale des jeunes novices, que lui-même chérissait avec une tendresse paternelle, et qu'il admirait comme des modèles de perfection. On remarquait même que tous lui paraissaient également chers; car il ne témoignait de préférence pour aucun d'eux.

De tous les exercices du noviciat, un seul était sans attrait pour l'ancien magistrat : c'était celui de la promenade au dehors ; il y restait étranger et ne sortait jamais. Il avait abandonné le monde, et le monde le lui rendait généralement : il n'était plus question de monsieur Arnaud Boret dans les salons, bien moins encore au parlement ; les pauvres seuls y pensaient toujours et disaient encore :

— Allons consulter messire Boret ; il est toujours le conseiller des pauvres, il sera toujours leur protecteur et leur ami.

Quatre années s'étaient écoulées depuis la retraite du digne magistrat, et le monde avait été forcé de s'avouer que cette retraite était le fruit de sa longue expérience et de ses mûres réflexions, non celui d'un moment de ferveur et d'une exaltation éphémère, et l'on s'était hâté d'oublier un exemple trop plein d'enseignement.

Un soir de la fin de janvier 1617, on reparla tout à coup de monsieur Arnaud Boret dans le salon du premier président. On disait que plusieurs fois en peu de jours il avait été aperçu dans les rues et dans les églises, et l'on se perdait en conjectures sur un changement si subit dans ses habitudes.

A cette nouvelle, quelques douairières, assises à une table de jeu, laissent échapper les cartes de leurs doigts, s'interrogent du regard et ne peuvent croire à une telle impossibilité. Mais forcées de se rendre au témoignage des membres du parlement, qui assurent l'avoir reconnu, elles se lancent aussitôt dans le champ des suppositions, car la chose leur paraît assez étrange pour exciter leur curiosité et alimenter longtemps encore les conversations de leurs salons.

Le conseiller n'avait pas quitté les Jésuites, puisqu'on l'avait vu avec trois ou quatre novices, toujours les mêmes, et ce qui semblait inexplicable, c'est qu'il marchait à côté du plus jeune, et que chacune des personnes qui l'avaient rencontré avait fait la même observation. Il portait donc un intérêt particulier à ce jeune homme, et pourtant, nul ne lui connaissait de jeune parent dans ces conditions. Ce novice était inconnu, qui pouvait-il être? Double énigme, dont il paraissait bien difficile de trouver le mot.

Pendant que le pieux magistrat était ainsi, sans le savoir, un sujet d'entretien pour les salons où il n'entrait plus, on remarquait au noviciat que toute son attention semblait se concentrer sur un nouvel aspirant, arrivé depuis deux mois à peine, et qui fixait déjà l'admiration de tous.

C'était un jeune homme de vingt ans, mais qui paraissait ne pas en avoir passé dix-huit. Ses traits étaient fins et agréables, ses cheveux châtains, son regard doux et pur comme celui des anges, sa démarche grave et digne, son maintien calme et recueilli; ses mouvements, gracieux par nature, étaient contenus par la pensée habituelle qui le dominait et réglait en lui jusqu'au moindre détail.

Le Père de la Case, supérieur du noviciat, s'était aperçu le premier de l'attrait du conseiller pour le nouvel arrivé, et, le prenant à part, un jour, il lui dit en souriant :

— Savez-vous le bruit qui circule parmi nous, cher monsieur?

— Lequel, mon très-cher Père?

— On dit que vous manifestez, sans vous en douter peut-être, un sentiment de préférence pour notre dernier venu?

— Oh! cela, mon Père, je ne m'en défends pas! Oui, je l'avoue, je voudrais ne le quitter jamais. Il est impossible de rencontrer une perfection comparable dans un novice de son âge. Ma grande consolation est de l'entendre parler des choses divines : ce n'est pas lui qui parle alors, mon Père, c'est le Saint-Esprit. Il me vient souvent la pensée que cet enfant-là est déjà un parfait religieux.

— Et vous avez raison, reprit le Père de la Case : il en a toutes les vertus, à l'âge où d'ordinaire on a tout à apprendre pour travailler à les acquérir.

— C'est mon admiration pour lui, ajouta le conseiller, qui me fit vous demander, mon très-cher Père, la faveur, car je considérais cela ainsi, de l'accompagner dans la visite de nos églises, et je vous dirai que depuis celle de la collégiale, je le vénère comme un saint ! Il sera sûrement une des gloires de votre illustre Compagnie !...

Monsieur Boret ne se trompait pas, ce novice était déjà un saint, c'était Jean-François de Régis, envoyé par le Père Suarez au noviciat de Toulouse, où il était arrivé le 8 décembre 1616, sous la protection de Marie Immaculée, qu'il aimait du plus tendre amour.

Jean-François, ainsi que le disaient ses frères du noviciat, semblait être né religieux ; nul ne pouvait apercevoir en lui un défaut à corriger. Nous devons croire néanmoins qu'il n'était pas né parfait et qu'il eut souvent à combattre sa nature vive et si délicatement impressionnable, sa volonté si énergique, son cœur si doux et si facile à émouvoir. Mais, dès sa plus tendre enfance, il avait appris à se vaincre, et l'habitude de la victoire maintenait ses ennemis sous ses pieds. Sa fidèle correspondance à chacune des grâces qu'il recevait, lui en attirait de nouvelles, et son âme s'était ainsi conservée pure et fervente au milieu de sa famille. Au collège, une direction éclairée l'avait perfectionné encore, et sa vie si bien réglée, sa ponctualité en toutes choses, son goût pour la solitude, la prière, le silence, la méditation, l'avaient merveilleusement préparé à la vie religieuse après laquelle il soupirait depuis longtemps avec ardeur. C'est ce qui explique l'admiration qu'il excitait à Toulouse, et dont ses supérieurs mêmes ne pouvaient se défendre. Jean-François n'était pas exempt de misères : il les dominait.

Son éducation, quoique très-pieuse, avait été et devait être conforme à sa naissance. Il avait encore à vaincre sa délicatesse sur plusieurs points, il le savait et allait au-devant de toutes les mortifications. Il recherchait les humiliations et se montrait avide de tout ce qui pouvait l'abaisser à ses propres yeux et à ceux de ses frères. Il n'était jamais plus heureux que lorsqu'il avait à exercer les offices les plus bas dans la maison; et quand il lui était donné de baiser les pieds de ses frères, il croyait avoir obtenu une faveur dont il se jugeait indigne.

Il soupirait après ce qu'on appelle une épreuve dans les noviciats de la Compagnie de Jésus : le soin des malades dans les hôpitaux. Il lui tardait d'en être arrivé là, afin de donner un libre essor à sa charité, et il s'efforçait de mériter cette épreuve, qu'il considérait comme une très-grande grâce. Enfin, ce moment béni arrive pour lui. Il reçoit à genoux l'ordre de son supérieur, il ne peut exprimer son bonheur que par ses larmes, et il court à ses pauvres bien-aimés, dans lesquels il ne sait et ne peut voir que la personne de Jésus-Christ.

Nous ne dirons pas les prodiges de son dévouement pour les malades, sa préférence pour les ulcérés, les lépreux, ceux qui paraissaient les plus répulsifs. Nous n'entrerons pas dans le détail des soins qu'il leur prodiguait, des consolations qu'il leur apportait, des services humiliants qu'il leur rendait. Nous dirons seulement qu'il se montrait digne fils de saint Ignace, digne émule de saint François de Xavier, digne frère de ce Bienheureux Pierre Claver, qu'il ne connaissait pas, et qui, dans le même temps, à Carthagène et dans les Indes-Occidentales, dont il était surnommé l'apôtre, faisait bénir son nom, chérir sa personne et préparait, lui aussi, sans le savoir, une grande gloire de plus à l'illustre Compagnie de Jésus.

II

Collége de Tournon.

L'église de l'ancienne collégiale de Toulouse, aujourd'hui église paroissiale, possède le tombeau de saint Saturnin, vulgairement appelé *Sernin*, premier apôtre de cette ville. Elle fut élevée en son honneur sur le lieu même où il reçut le martyre, et le corps de ce glorieux apôtre repose dans la chapelle souterraine correspondant au maître-autel.

L'église de Saint-Sernin est peut-être la plus riche de France en reliques insignes ; pendant plusieurs siècles les souverains pontifes se sont plu à augmenter ce trésor de *Toulouse-la-Sainte*, et les rois et les princes se sont fait une gloire de contribuer à l'enrichir. Dans l'église inférieure, comme dans l'église supérieure, chaque chapelle renferme un corps saint.

Ces reliques ne sont portées processionnellement dans les principales rues de l'antique cité, qu'une fois l'année, le lendemain de la Pentecôte, à moins qu'une calamité publique ne presse de recourir à ce puissant moyen de salut. Alors, les séminaires et le clergé de chaque paroisse précédé de sa croix et de sa bannière, se rendent à Saint-Sernin. Les jeunes lévites vont se présenter devant les chapelles, par groupes de quatre ou de six, portant sur leurs épaules un brancard destiné à cet usage et sur lequel on dépose la châsse qu'ils sont venus recevoir. La procession se met en marche, et elle suit le parcours indiqué en chantant les litanies des saints et des psaumes applicables à la circonstance [1] ; souvent, les fléaux de la colère divine disparurent devant ces saintes reliques, et cette grande manifestation de la foi et de la piété populaires.

Nous avons vu que monsieur Arnaud Boret avait été frappé de l'impression produite sur Jean-François de Régis par sa première visite à la collégiale : les historiens de notre saint assurent, en effet, qu'il y reçut des grâces spéciales; et il n'était pas le seul qui eût ressenti profondément la grâce attachée à la présence des précieux restes qu'il vénérait. C'est ce qui explique pourquoi les Pères envoyaient quelquefois les novices faire ce court pèlerinage, et pourquoi notre jeune saint s'oubliait souvent aux pieds des saints martyrs dont il ambitionnait les supplices et la couronne. Il en sortait chaque fois comme le premier jour, inondé de larmes et brûlant de zèle pour le salut des âmes et *la plus grande gloire de Dieu*.

Après ses premiers vœux, il fut envoyé au collège de Cahors où il reprit ses études au mois d'octobre 1619, et ensuite à celui de Tournon pour y faire son cours de philosophie. Il sentait la nécessité de ces études, il s'y soumettait et travaillait avec ardeur ; mais son zèle ainsi comprimé était une souffrance qui ne trouvait d'adoucissement que dans l'oraison et de compensation que dans l'obéissance. Jamais ses supérieurs ne le surprirent en faute contre les règles du collège, même les moindres ; ils

---

[1] Dans une de ces processions, nous avons compté soixante et dix châsses, et toutes n'étaient pas sorties.

l'attestèrent avec consolation ; et lorsque ses condisciples lui disaient quelquefois, dans leur étonnement d'une si grande perfection :

— Mais tout ne nous oblige pas sous peine de péché ; comment pouvez-vous ne jamais manquer à aucun de ces mille détails qui nous échappent involontairement?

— Je vous avoue, répondait-il, que je ne m'occupe nullement de ces distinctions ; ce serait m'exposer à être entraîné dans l'irrégularité, que de négliger les moindres règles sous le prétexte spécieux qu'elles peuvent être violées sans péché.

Ses supérieurs, touchés de son brûlant désir de travailler au salut des âmes, lui accordèrent la permission de faire quelques instructions aux domestiques de la maison et aux pauvres qui venaient, plusieurs fois par semaine, chercher des aumônes au collége. C'était quelque chose, mais ce n'était pas assez pour notre jeune saint.

Un jour, son supérieur lui ordonne d'accompagner l'un des Pères du collége, qui allait prêcher dans la campagne, et il lui permet de faire le catéchisme aux enfants et d'aider de son mieux le bon missionnaire. Notre novice était dans la jubilation. Enfin, il allait commencer sérieusement à parler de Dieu aux pauvres ignorants ; il allait leur apprendre à le connaître et à l'aimer!

C'était un dimanche ; il part avec le Père, les pauvres auxquels il a coutume de parler de Dieu, en leur distribuant des aumônes, le reconnaissent au passage et se disent les uns aux autres :

— Voilà l'ange du collége ! celui qui nous aime tant et qui nous fait tant aimer le bon Dieu !

Dans la campagne, le Frère Régis, ainsi que le nommaient ses frères[1], sortit de sa poche une petite clochette

---

[1] On appelle Frères tous ceux qui ne sont pas encore prêtres.

qui attira aussitôt les enfants; dès qu'il s'en vit entouré, il leur parla de sa voix la plus douce, les engagea à le suivre et les conduisit à l'église, où il leur fit le catéchisme. Sa charmante physionomie, son doux regard, sa voix sympathique plaisaient aux enfants et les lui attachaient. Aussi quand vint le dimanche suivant, n'eut-il qu'à paraître pour voir accourir son petit troupeau et jouir de son touchant et gracieux empressement.

Bientôt l'on ne parla plus, dans les environs de Tournon, que du jeune Jésuite qui accompagnait le Père chaque dimanche, et qui se faisait tant aimer des enfants et de leurs parents. On venait d'assez loin pour le voir dans les villages où il expliquait le catéchisme, on l'écoutait avec respect, on le contemplait avec émotion, on s'en retournait charmé de son aimable douceur, de sa compatissante charité, de sa modestie tout angélique, et on se promettait de le revoir et de l'écouter encore.

La petite ville d'Andance, assise sur la rive droite du Rhône, à trente-deux kilomètres nord de Tournon, était une de celles où le calvinisme avait fait le plus de ravage dans les âmes, et où il avait laissé les traces les plus funestes. La population y était corrompue par tous les vices, l'ignorance y était déplorable. Quelques-uns de ses habitants seulement étaient restés fidèles aux pratiques essentielles de la religion catholique; mais ils étaient si peu nombreux, que leur exemple demeurait infructueux.

La réputation de notre missionnaire s'était étendue jusqu'à Andance; on manifestait le désir de le connaître, on s'entretenait de ses vertus, des sentiments qu'il inspirait, de l'influence qu'il exerçait sur les populations rurales; c'était l'événement du jour, la célébrité de la contrée, il était naturel que la curiosité de la petite ville fût excitée. Toutefois, nous devons l'avouer, l'on ne songeait point à se déranger pour la satisfaire, car le bruit courait, et il paraissait fondé, qu'il était impossible de voir ou d'entendre l'angélique religieux sans éprouver le besoin de se convertir. Or, nul n'était pressé de s'exposer à cette sorte de séduction. Mais, dans sa miséricorde infinie, Dieu laissa tomber un regard de pitié sur ce peuple abruti par l'ignorance : il lui envoya Jean-François de Régis.

L'arrivée du jeune missionnaire fit cesser toute crainte de subir sa douce influence. On accourut en foule autour de lui, on l'écouta, on se frappa la poitrine et on réforma sa vie. Il produisit dans les âmes une impression si profonde, que le souvenir de cette mission, transmis d'une génération à l'autre, s'est toujours conservé à Andance.

Laissons parler le Père la Broue :

« Un de nos Pères tesmoigne qu'ayant eu le bonheur de l'avoir pour compagnon aux fêtes principales de l'année et tous les dimanches de caresme, en un petit bourg nommé Andance, il ne pouvoit assez admirer son zèle et son industrie. Car n'estant pas satisfait d'avoir instruit tout le monde par les catéchismes qu'il leur faisait en public, il prenait encore à tasche de luy préparer le pénitent par des instructions particulières, et de les luy conduire l'un après l'autre pour en recevoir le fruit. Il parcourait avec une ardeur pareille toutes les annexes d'alentour, et ayant disposé le peuple à la confession, revenait promptement chercher le Père, qui, pour hasté qu'il fust de s'en retourner, estoit néanmoins contraint de se rendre à ses saintes importunités, et de le suivre partout où il le désiroit, pour recueillir la moisson qu'il lui avoit préparée. En effet, ce bon peuple se trouvoit si bien instruit, et Jean-François s'estoit si bien acquitté des devoirs d'un excellent précurseur, que le mesme Père assure que les villageois les plus grossiers, bien loin de lui donner de la peine, se jetoient à ses pieds avec tant de lumières et tant de saints mouvemens, qu'en estant tout ravy, il se sentait attendry par des consolations incroyables. »

Ce n'était pas assez pour son zèle que d'extirper les vices ; il avait besoin de les voir remplacer par les vertus contraires et il inspirait aux pécheurs repentants un tel désir de travailler à les acquérir, qu'il leur faisait faire d'immenses et rapides progrès dans le bien. Andance fut complétement transformée sous sa direction, et, pour la maintenir dans ce nouvel état, il y établit une confrérie du très-saint Sacrement, dont il formula lui-même les statuts ; car il n'en existait point encore : c'est à saint Jean-François de Régis qu'est due la première pensée de cette association. Il avait formé un conseil de membres choisis, devant lequel devait comparaître tout associé coupable de scandale ; lui-même présidait ce conseil. Il avertissait le coupable, il l'obligeait à réparer le scandale, et en cas de refus, il le retranchait de la confrérie. Mais le cas était rare : l'aimable saint avait un tel empire sur tous les cœurs, que les plus récalcitrants se laissaient subjuguer par sa parole et dominer par un de ses regards.

De Tournon, il écrivit à ses frères et belles-sœurs une lettre commune à tous, et dans laquelle se révèlent toute la sainteté de son âme et toute la sensibilité de son cœur. Cette lettre était restée inédite, la voici fidèlement copiée d'après l'original :

« Mes très-aimés frères et sœurs,

» C'est l'amour de Notre-Seigneur, que je vous porte, qui m'a pressé à vous mettre devant les yeux deux ou trois petits points grandement importants et profitables, m'assurant que vous les recevrez de même affection que je les vais présenter, n'étant autres, sinon : en premier lieu de vous souvenir de l'obligation que vous avez d'honorer mes très-bien aimables père et mère, vous comportant mieux que je n'ai pu faire pendant que j'étais à la maison, de quoi je suis bien marri. Particulièrement, vous y êtes maintenant obligés, eu égard à leur vieillesse. En second lieu, de vous aimer par ensemble comme bons frères, vous supportant les uns les autres. En troisième lieu, d'abhorrer de tout votre cœur le péché mortel, le plus grand de tous les maux, voire le seul et unique mal, puisqu'il fait perdre le paradis, le plus grand bien de tous les biens, toutes les richesses n'étant rien au prix de celles du ciel, qui seront données à ceux qui garderont les commandements de Dieu; car c'est le seul chemin de cette patrie bienheureuse; comme au contraire, la violation d'iceux, le chemin de l'enfer : péché encore, qui, d'enfants de Dieu, nous rend enfants du diable. Considérez un peu quel père prend le pécheur lorsqu'il offense Dieu mortellement, quittant Dieu pour le diable? Et le maudit péché nous rend héritiers des flammes éternelles et des tourments des damnés. A la mienne volonté que tous entendissent bien la gravité d'un péché mortel, et qui serait si malheureux que d'en commettre quelqu'un! C'est pourquoi je vous exhorterai à fréquenter souvent les sacrements de confession et communion, comme tous les premiers dimanches du mois ; car ce sont de très-efficaces remèdes pour se garder de pécher, et pour s'en relever lorsqu'on y est tombé. L'examen du soir vous aidera grandement à cela, c'est-à-dire, de voir les péchés qu'on a commis par les paroles, par les actions et par les pensées ; à en demander pardon à Dieu, étant marris, pour son amour, de les avoir commis, proposant fermement de s'en corriger. Ce que faisant, et marchant toujours dans la voie des commandements de Dieu, le ciel sera votre récompense, là où j'espère nous nous verrons tous ensemble, bienheureux à jamais.

» Je vous supplierai de présenter mes très-humbles

recommandations à monsieur mon oncle, à mademoiselle ma tante, à M. de la Prade [1], à M. Denos et autres parents.

» Votre très-affectionné frère en Notre-Seigneur,

» JEAN-FRANÇOIS RÉGIS.

» De Tournon, ce 9 février, 1623 [2]. »

Remarquons ici l'humilité de notre saint. En entrant dans la Compagnie de Jésus, il a renoncé à toutes les choses terrestres même au signe de noblesse qui accompagne son nom ; et, en écrivant à sa famille, il signe comme il a pris l'habitude de le faire, sans se préoccuper de l'amour-propre de ses frères. Il va plus loin ; il sait que dans les écrits on ne qualifie les femmes des gentilshommes non titrés de sa province, que de *damoiselle*, et il ne donne pas d'autre qualité à sa mère et à sa tante de Régis, dans sa correspondance intime, bien qu'il les eût toujours appelées *madame*.

[1] Ce monsieur de la Prade était Jean de Couderc, seigneur de la Prade, qui avait épousé Jeanne de Régis, fille de Barthélemy. Jeanne était déjà morte, sans doute, mais depuis peu, puisqu'elle mourut en 1623 et que le saint ne fait mention que de son mari. M. Denos, était bailli, seigneur de Mortoriol, mort en 1650 et parent des Régis. Peut-être était-ce Antoine de Martrin, seigneur de Donos, dont la parenté avec les Régis est prouvée par son blason, *écartelé au 1 et 4, d'or, à l'aigle couronné de gueules*. Les Martrin étaient aussi une branche de la maison d'Esplas. Les noms propres changeaient souvent d'orthographe alors, et le même acte présentait un même nom sous des formes si diverses, qu'il est difficile quelquefois de reconnaître parfaitement certains personnages.

[2] Nous devons ce précieux document, ainsi que deux autres lettres du saint, à la gracieuse obligeance du révérend Père Robin, en résidence à la Louvesc, où ces lettres sont conservées. La date de celle-ci, 1623, prouve que le Père d'Aubenton a été induit en erreur, en fixant à 1621 l'époque à laquelle saint Régis quitta le collège de Tournon.

III

Collége du Puy.

La famille Gigon, une des plus honorables du Puy-en-Velay, et appartenant à la haute magistrature de cette ville, était réunie un jour du mois de juillet 1626, autour de la couche d'un jeune mourant, qu'une violente dyssenterie emportait rapidement au tombeau, et qui, le matin même, avait reçu les derniers sacrements. C'était le fils aîné de la maison, jusqu'alors la joie et l'orgueil de ses parents, à qui l'homme de la science venait d'annoncer la fin très-prochaine de celui qu'il s'était déclaré impuissant à sauver!...

Bientôt, un pas léger se fait entendre; tous les regards se portent à la fois sur le visiteur, qui paraît être attendu, et les sanglots éclatent à son approche. Le jeune mourant lui tend la main en essayant de sourire, car il lui semble voir un ange envoyé de Dieu pour le conduire au ciel. L'ange s'agenouille près de ce lit de douleur, il adresse à Dieu une prière courte et fervente, il se relève, fait le signe de la croix sur le malade et lui dit :

— Jacques, ayez bon courage, mon très-cher enfant, vous guérirez : Dieu veut que vous le serviez désormais avec plus de ferveur que par le passé.

— Je me sens mieux, dit Jacques en revenant à la vie, il me semble que je suis guéri !

La maladie avait disparu, en effet, et peu de jours après, Jacques Gigon reprenait ses études au collége des Jésuites[1] : son angélique professeur, Jean-François de Régis, lui avait rendu la santé et en avait fait un fervent chrétien[2].

---

[1] Occupé aujourd'hui par le lycée.
[2] Jacques Gigon fut, dans la suite, conseiller au présidial du Puy.

Il y avait quelques mois à peine que notre saint était au collége du Puy, après avoir été employé dans ceux de Billom et d'Auch, et déjà il était aimé de ses élèves, comme il l'avait été dans toutes les classes par lesquelles il avait passé, depuis que ses supérieurs l'employaient à la régence. Pendant les sept années qu'il y consacra, suivant l'usage de la Compagnie de Jésus, il fut bien plus occupé de la pensée de faire de bons chrétiens, que du désir de préparer des savants. Sans négliger toutefois les sciences qu'il était chargé de professer, il saisissait toutes les occasions qu'elles lui présentaient pour parler de Dieu à ses élèves et le leur faire aimer. Souvent il arrivait que la ferveur de son amour l'entraînait et que ses auditeurs ravis, et tout en larmes, ne s'apercevaient pas plus que lui du temps qui s'écoulait. Mais, pour la science même, ce temps était bien employé ; car les jeunes gens travaillaient ensuite avec d'autant plus d'ardeur, qu'ils se faisaient un devoir plus important de répondre au zèle de leurs maîtres et aux désirs de leurs parents.

Jamais professeur ne fut plus tendrement chéri de ses élèves que Jean-François de Régis. Ils allaient le trouver en dehors des heures de classes, ils le consultaient pour leurs consciences, ils s'ouvraient à lui avec une confiance entière et se faisaient une loi de suivre ses avis. Ces conférences particulières lui ravissaient un temps considérable, et un de ses frères le blâmant doucement de cet excès de zèle, lui dit un jour :

— Il me semble que vous feriez plus sagement de vous prodiguer moins pour vos élèves, et de ménager votre temps pour vos propres études. La science nous est indispensable.

— Tout ce que je désire le plus, répondit notre saint, est de m'acquitter le mieux possible de ce qui m'est imposé par l'obéissance. Pourvu que j'accomplisse ce que Dieu demande de moi, il m'importe peu de passer pour ignorant, je vous l'avoue.

Rien ne pouvait arrêter ou refroidir son zèle pour la sanctification de ses écoliers, qu'il aimait d'un amour de père. Plusieurs étaient pauvres, il le savait et cherchait des aumônes pour adoucir et soulager leur indigence. Lorsque l'un d'entre eux était malade, il le visitait avec empressement, le consolait, lui parlait des avantages de la maladie, du prix des souffrances et lui faisait du bien toujours. S'il le voyait en danger, lui-même le préparait à la réception des derniers sacrements et à la mort.

S'il arrivait qu'un élève de sa classe commît une faute, le jeune saint se punissait lui-même pour ne l'avoir pas prévue et empêchée. Au collége du Puy, il professait la troisième. Un jour, la classe allait commencer, tous les écoliers étaient sur les bancs, lorsque notre saint apprend que l'un d'eux a péché d'une manière grave. Sa douleur l'emporte aussitôt, ses larmes s'échappent comme un torrent ; il parle de l'offense faite à la majesté divine et des châtiments éternels mérités par le coupable, avec tant d'animation et de force, et à la fois avec tant d'amour et d'onction, que tous ses auditeurs pleuraient aussi abondamment que lui, et que nul n'oublia de sa vie l'impression qu'il reçut en ce moment. Plusieurs assuraient dans la suite, que ce souvenir les avait souvent préservés du péché, et leur était toujours un frein salutaire qui les maintenait dans le devoir.

Le jeune professeur inspirait à ses élèves le plus tendre amour pour la très-sainte Vierge, dont il ne pouvait parler qu'avec larmes, et, « il me souvient, dit le Père la Broue, que lorsque j'avais le bien d'être son disciple, quoique je fusse bien jeune, n'ayant pas encore atteint l'âge de treize ans, j'avais déjà conçu une très-haute idée de son amour envers cette sainte Vierge ; aussi nous en parlait-il souvent, et avec tant d'ardeur, que nous en étions ravis. Il nous enseignait familièrement mille petites pratiques pour l'honorer, et nous en proposait les raisons et les motifs avec tant de sentiment, qu'il n'était pas possible d'y résister. Pour moi, je puis dire avec vérité, que jamais je ne me suis senti si porté au service de la sainte Vierge, ni si sensiblement touché du désir de l'aimer et de l'honorer, qu'après l'en avoir ouï parler.

» Il nous imprimait encore fort souvent l'amour, la reconnaissance et le respect envers notre ange gardien, et dans des termes et sentiments qui marquaient évidemment l'amour et le respect cordial qu'il nourrissait lui-même à l'endroit du sien...

» Une fois, nous apprenant, dans la classe, la façon de faire l'acte de contrition, pour nous mieux instruire par la pratique, il nous le fit faire à tous, et, le faisant lui-même, à haute voix, avec nous, il s'abandonna si fort à ses transports, et laissa couler ses larmes avec tant de tendresse, que nous en fûmes tous extraordinairement émus. »

Il semblait que Jean-François de Régis se reconnût coupable lui-même de tous les crimes, tant sa douleur était vive et profonde à la seule pensée de l'offense de Dieu.

Si ses enfants, ainsi qu'il appelait ses élèves, l'aimaient tendrement pour les qualités de son cœur et les charmes de sa personne, ils ne le vénéraient pas moins pour toutes les vertus qu'ils admiraient en lui. Ils l'examinaient attentivement, en toute circonstance, afin de lui découvrir, disaient-ils, une petite imperfection, et nul ne put jamais le surprendre en faute, nul ne put jamais saisir sur son doux visage, la moindre émotion d'impatience ou de contrariété. Tous lui étaient soumis comme de petits enfants, tous craignaient de lui déplaire, tous s'efforçaient de se conformer à ses avis jusque dans le moindre détail, et partout, à la conduite irréprochable et aux habitudes pieuses de ces jeunes gens, on reconnaissait les disciples de Jean-François de Régis.

Les dimanches et les fêtes, notre saint allait prêcher dans les villages environnants, il expliquait le catéchisme aux enfants et aux ignorants, et toujours Dieu attachait à sa parole une grâce qui touchait et éclairait les âmes de manière à déterminer de nombreuses conversions.

Un jour, dans un de ces villages, un de ses auditeurs, ravi de sa parole, va le trouver à la sacristie, après le sermon, et lui demande de lui faire l'honneur de venir dîner chez lui :

— Vous me demandez une chose que je me suis fait une loi de refuser toujours, lui répond le jeune saint. Quand nous sommes en mission nous ne mangeons qu'au presbytère :

— Comment, mon Père, vous me refusez ? Moi qui ai invité toute ma famille à venir dîner avec vous, d'après la réputation que l'on vous fait d'accorder tout ce que l'on demande à votre charité !... Et notre bon curé qui m'a promis de vous amener ? Vous lui refuserez donc aussi ?

Le charitable missionnaire voyait des larmes dans les yeux de son interlocuteur, il se laissa toucher ; il craignit de l'affliger trop vivement s'il persistait dans son refus, et voulait d'ailleurs profiter de l'occasion que lui offrait la Providence de travailler encore à la gloire de Dieu et au bien des âmes en acceptant cette invitation inattendue. Dans le nombre des personnes qu'il allait rencontrer à ce dîner, plusieurs peut-être, touchées des vérités qu'elles venaient d'entendre, n'avaient besoin que de quelques paroles d'encouragement pour se convertir sincèrement. A ces motifs venait se joindre la qualité de celui qui ambitionnait l'honneur de le recevoir à sa table. Disons le tout de suite, c'était un bon gros fermier.

L'humilité de notre gentilhomme se trouvait trop flattée de cette recherche, pour n'y pas répondre avec un secret plaisir. Toutes ces pensées s'étant présentées à la fois à son esprit et à son cœur, le Frère de Régis saisit les dernirs mots qui lui étaient adressés et dit au bon fermier, avec son plus gracieux sourire :

— Si monsieur le curé va dîner chez vous, je l'accompagnerai bien volontiers, car je serais fâché de vous désobliger l'un et l'autre.

Ainsi les convenances étaient gardées, la dignité du jeune religieux était abritée par la présence du prêtre, et le cœur du fermier était satisfait. Notre saint ne s'était pas trompé : cette condescendance, fruit de son zèle et de sa charité, fut de grande utilité pour quelques âmes. Il ne parla que de l'amour de Dieu pour les hommes, et du bonheur que l'on goûte au service d'un tel Maître, et sa parole si simple, si douce, si pénétrante ravit tous les convives et en fit de fervents chrétiens ; il avait atteint son but.

Le Père la Broue, quoique très-jeune encore, avait demandé la faveur d'accompagner ce jour-là son bien-aimé professeur : « Je me souviens encore, nous dit-il, que ce pauvre peuple le chérissait et que tous disaient publiquement que jamais prédication n'avait fait tant d'impression dans leur âme. Si sa prédication les ravit, sa conversation fut encore plus attrayante et tout autant efficace. Une bonne veuve, qui s'était trouvée à table avec lui, resta si consolée de la sainteté de ses discours, et y trouva tant de charme, que quelques jours après, ne pouvant cesser de le louer, elle me dit qu'elle voudrait acheter bien chèrement le bien de l'entendre une autre fois, et de jouir encore des douceurs toutes divines d'une si sainte conversation...

» Il avait tant d'ardeur pour le salut des âmes et pour la conversion des pécheurs, dit encore notre auteur, que lorsqu'un prédicateur avait fait quelque sermon de grande utilité, et propre à toucher le cœur, il allait l'en remercier comme s'il eût reçu le plus signalé bienfait. »

On comprend, d'après ces manifestations du zèle qui l'animait, avec quel empressement il saisissait toutes les occasions de parler aux âmes et de les porter vers Dieu. C'est ce qui faisait dire à son compagnon, à propos du dîner que Jean-François avait accepté chez le fermier dont nous avons parlé :

— Le Frère de Régis s'est amplement dédommagé de la violence qu'il s'est faite en dérogeant à son habitude de n'accepter aucune invitation !

Mais notre saint avait d'autres moyens de « se dédommager » des concessions arrachées à son zèle ou à sa charité. Ces moyens étaient la discipline, qu'il prenait jusqu'au sang, et l'oraison en présence du très-saint Sacrement, oraison qu'il prolongeait souvent depuis le soir jusqu'au matin. Ses supérieurs le voyant appelé à une sainteté éminente, lui permettaient de se lever la nuit et d'aller aux pieds de Notre-Seigneur, dans la chapelle domestique du collége, se reposer des fatigues de la journée, et il usait un peu largement de cette permission. On remarqua fréquemment qu'il était resté dix heures de suite en contemplation devant le saint tabernacle, et l'on ne doutait pas que durant ces longues nuits, il ne reçût des grâces extraordinaires dont ses supérieurs avaient seuls le secret.

Toutefois, le Père Panc, religieux bénédictin, et ami de notre angélique saint, possédait assez sa confiance pour savoir que *Notre-Dame*, ainsi que l'on appelait alors la très-sainte Vierge, lui était apparue souvent.

Un jour que les deux amis dînaient ensemble, le Père Panc offre tout naturellement du vin à notre Jean-François, qui le refuse. Sur de nouvelles instances de la part du Bénédictin, le Jésuite lui répond avec la candeur qui le faisait tant aimer :

— Notre-Dame me l'a défendu, et je n'en bois jamais.

— Comment ! Elle vous l'a défendu ? Que voulez-vous dire ?

— Je veux dire qu'elle m'a recommandé de ne boire jamais de vin, en m'assurant que cette privation ne nuira point à ma santé, et qu'elle sera très-utile à mon âme en la préservant des tentations contre la vertu la plus chère à cette Vierge Immaculée [1].

Cette confidence explique la réponse qu'il fit un jour à l'un de ses frères qui lui parlait dans l'intimité des grâces extraordinaires qu'il recevait :

— Pour moi, lui dit notre saint, j'estime que la plus grande grâce dont il a plu à la bonté divine de me favoriser, est de n'avoir jamais su ce que c'est que la tentation contre la vertu de pureté.

En toutes choses, il semblait être choisi pour servir de modèle à ses frères. Le Père la Broue nous dit que tous les moyens étaient employés pour s'assurer de son extrême régularité, et que jamais on ne put le surprendre en faute, ni le faire chanceler sur aucun point. « On lui eût plutôt arraché la langue, qu'une seule parole durant le temps du silence, sans nécessité ou sans permission, et tandis qu'il a été ou régent ou écolier, on n'a jamais ouï un mot de sa bouche qu'en latin, hors les temps et les lieux où la règle n'oblige pas à parler en

---

[1] *Déposition du R. P. Panc.*

cette langue. Jusque-là, que revenant de la ville, s'il avait commencé hors de la maison un discours qu'il fût obligé de continuer dedans, il changeait incontinent de langage, et, sans se mettre en peine de ce qu'on pouvait dire ou penser, achevait en latin ce qu'il avait commencé en français.

» Toutes ses inclinations ou ses répugnances, dit encore le Père la Broue, n'avaient plus de force sur son esprit, dès qu'elles étaient contraires à la volonté des supérieurs. Un seul mot de leur bouche lui faisait abandonner ses plus chers intérêts, et quelque entreprise de zèle ou de charité qu'il eût en main, il ne délibérait plus s'il devait y renoncer, dès qu'il reconnaissait par quelque indice, qu'elle n'était pas conforme à leurs intentions. »

Cependant, les années de professorat, ou de régence, étaient écoulées pour le Frère de Régis ; celles des études théologiques allaient commencer, il fut envoyé à Toulouse pour les entreprendre. Ce fut un deuil pour les étudiants du collége, et une affliction profonde pour les habitants des campagnes. Les uns et les autres pleuraient son départ comme on pleure la perte de l'affection la plus chère et la plus douce, car nul n'espérait le revoir jamais.

IV

Séminaire de la Compagnie de Jésus, à Toulouse.

Le Père Tarbes était supérieur du séminaire des Jésuites, à Toulouse, lorsque Jean-François de Régis y arriva au mois d'octobre 1628 ; son expérience et ses lumières ne tardèrent pas à lui faire apprécier le trésor qui venait de lui être confié.

Les jeunes scolastiques, moins éclairés, remarquent bientôt quelques singularités dans le Frère de Régis, et se demandent pourquoi celui dont on a tant exalté le mérite avant son arrivée, ne se conforme pas de tout point à la vie commune. N'y aurait-il pas un peu d'excès dans sa ferveur et dans sa mortification, et ne serait-il pas utile d'en prévenir le Père supérieur? Car très-certainement il ne sait pas tout. Ainsi s'entretenaient à voix basse les condisciples de notre angélique Jean-François.

Il y avait, en effet, quelques singularités en lui. Dans la récréation il parlait à peine, se promenait seul, paraissait toujours recueilli, ne semblait jamais avoir besoin de délasser et de détendre son esprit, et pourtant, il travaillait avec une assiduité et un succès remarquables. On avait découvert qu'il prenait la discipline plus fréquemment et plus rudement que les autres. Le soir, après le coucher, et pendant le silence le plus profond, on avait entendu un frôlement inaccoutumé dans le couloir, et on avait reconnu que ce léger mouvement était occasionné par le passage mystérieux du Frère de Régis. Tout naturellement, on avait cherché à pénétrer le mystère de ses petites échappées nocturnes, et il avait été prouvé que le délinquant se rendait chaque soir à la chapelle et devait y rester un temps considérable; car on ne l'entendait jamais revenir.

Le Compagnie de Jésus possédait, à peu de distance de Toulouse, une habitation où les jeunes religieux allaient parfois se reposer de leurs études et respirer un air plus pur. On leur accordait alors des récréations prolongées au delà du temps ordinaire, et de plus longues promenades, jugées nécessaires à leur santé.

Le Frère de Régis, à la campagne aussi bien qu'à la ville, s'abstenait des jeux bien innocents qui amusaient ses frères, et conservait en tout temps son doux recueillement. On remarquait même qu'il semblait profiter de la plus grande liberté laissée à tous, pour se donner de plus fortes disciplines, qui allaient souvent jusqu'à faire couler son sang, et il était prouvé que ses nuits se passaient entièrement en présence du très-saint Sacrement. C'était là son repos le plus doux et le plus cher. A ces exceptions près, il était un modèle de régularité et de perfection. Mais les jeunes religieux, craignant que sa santé ne souffrît de ces saints excès, crurent devoir en avertir le supérieur. Ils insistaient particulièrement sur la privation de sommeil que s'imposait Jean-François, en donnant toutes ses nuits à l'oraison :

— Ah! mes chers enfants, leur répondit le Père Tarbes, ne troublons pas les communications de cet ange avec son Dieu! Le Frère Régis est un saint! Je serai bien trompé si l'Église ne célèbre pas sa fête un jour!

L'opinion du Père Tarbes était d'une grande valeur pour tous; sa haute piété, ses rares lumières, ses éminentes vertus lui donnaient une grande autorité dans la province, et chacun fut persuadé que Dieu l'avait éclairé surnaturellement au sujet de la sainteté exceptionnelle de Jean François de Régis.

Dieu se servit de cette circonstance pour éclairer aussi les jeunes religieux. Notre saint n'étant pas encore prêtre n'avait le bonheur de communier qu'aux jours où cette faveur était accordée à tous; mais son supérieur jugeant devoir la lui permettre plus fréquemment, il excitait ainsi une douloureuse et sainte envie de la part des autres. Quant à Jean-François, il suffoquait de joie lorsqu'une communion extraordinaire lui était accordée. Il n'était plus maître de son émotion; c'étaient, disent les dépositions inédites que nous avons sous les yeux, « de véritables transports d'amour. » Il se prosternait aux pieds de son supérieur pour le remercier et il les baisait avec des larmes de reconnaissance.

Sa dévotion au très-saint Sacrement lui faisait solliciter jusqu'à l'importunité [1], le bonheur de servir le prêtre à l'autel.

Mais ce n'était pas assez pour son amour ; il aspirait de toute l'ardeur de son âme à l'honneur du sacerdoce, afin d'être plus utile aux âmes, et surtout, afin d'avoir le bonheur d'offrir chaque jour la victime sainte, et de s'en nourrir chaque jour. Ce désir était si dévorant dans l'âme de notre Jean-François, qu'il ne lui fut plus possible de le comprimer et qu'il osa se décider à solliciter l'avancement de son ordination.

Ses frères s'en étonnaient ; ils avaient cherché plusieurs fois à le détourner d'une telle résolution, et ils n'avaient pu y parvenir ; le Frère de Régis n'était plus maître de l'ardent amour qui le dominait, le brûlait et l'entraînait. Ses amis insistaient, nous dit le Père la Broue, et lui faisaient observer que d'ordinaire on s'effraie au moment d'être élevé à l'auguste dignité du sacerdoce ; que la véritable humilité porte à reculer, jamais à avancer :

— Eh ! mon Dieu, répondit-il, je sais bien que si je ne regardais que moi-même, je ne devrais jamais aspirer à une dignité aussi élevée que celle de la prêtrise : les misères de ma vie et l'état où je me vois me font assez connaître que je ne le mérite pas.

Et se laissant aller aux sentiments qui remplissaient son âme, il ajouta, comme s'il était seul avec le Dieu qu'il aimait d'un si ardent amour :

« Faut-il, mon doux Sauveur, que la connaissance de ce que je mérite m'empêche d'aspirer au moyen de vous rendre le service et l'honneur que vous méritez ?

---

[1] Le Père La Broue.

Faut-il que mes bassesses nuisent à vos grandeurs? Ne dois-je pas avoir plus d'égard à ce que je vous dois qu'à ce qui m'est dû? Et si je ne saurais vous honorer et vous servir dignement que par l'honneur et la gloire du sacerdoce, ne serais-je pas coupable de fuir l'honneur dont je suis indigne, aux dépens de la gloire que vous méritez? Dois-je déférer à mes imperfections, qui me disent de refuser le sacerdoce, plus qu'à vos perfections divines, qui me sollicitent de le souhaiter? Et, pour considérer mon indignité, faut-il que je méconnaisse la dignité de tant d'âmes que je ne puis sauver que par ce moyen? Ah! que le ciel et la terre accusent mon ambition, si je poursuis un tel honneur pour moi-même! Mais si c'est pour votre gloire et pour le salut des âmes, je suis coupable, non d'avoir conçu de trop hautes prétentions, mais d'avoir été trop lent à les concevoir, trop lâche à en presser l'accomplissement! »

En parlant ainsi, le doux visage de l'humble religieux s'était animé, son regard élevé vers le ciel semblait en pénétrer les mystérieuses profondeurs, il n'était plus sur la terre. Depuis ce jour il ne parlait que de son ambition de recevoir les ordres sacrés avant l'époque à laquelle il aurait dû y être appelé. Au témoignage des Pères qui vivaient alors avec lui, il entrait dans des transports indicibles d'allégresse et d'amour, toutes les fois qu'il s'en entretenait:

— Quel bonheur, leur disait-il, que celui de pouvoir rendre à Dieu, dans ce lieu d'exil, plus de respect et plus d'honneur en un seul jour, que tous les anges ensemble ne sauraient lui en rendre dans le ciel pendant toute la durée des siècles! Quel bonheur, que celui de présenter tous les jours une offrande adorable, aussi digne de respect que le Dieu même à qui elle est présentée! Quel bonheur, que celui de recevoir et de porter tous les jours en soi-même, la source de tous les biens, les délices du paradis! Et quelle consolation pour une âme qui est animée du moindre zèle, de se voir assez de puissance pour arracher au démon, avec quelques paroles, les âmes qu'il s'est attachées par les liens les plus forts!

Le Père de Régis était simple et candide comme un doux enfant; rien n'égalait son aimable naïveté avec ses frères et ses supérieurs. Il pensait tout haut dans les récréations ou les entretiens particuliers. C'est ce qui fait dire au Père la Broue qu'il supplia son supérieur « avec sa naïveté ordinaire, » de lui accorder au plus tôt les saints ordres, ajoutant :

— Si vous m'accordez cette faveur, mon révérend Père, je vous promets de dire trente messes pour vous, et de vous considérer toujours comme le plus grand de mes bienfaiteurs! Je vous en conjure, ne me privez pas plus longtemps d'un bien que j'estime au-dessus de tous les autres!

Le supérieur ne pouvait résister à de telles instances, il accorda la grâce si ardemment désirée, et « il seroit malaisé, dit notre auteur, de trouver des paroles pour exprimer la joie de Jean-François. Elle estoit trop excessive pour demeurer incognue, aussy ne la dissimuloit-il point, et la faisant rejaillir sur tous ceux à qui il pouvait parler, il les prioit de louer Dieu avec luy et de le remercier d'une si grande faveur. »

Lorsque notre saint eut reçu la consécration sacerdotale, il écrivit à sa mère, pour lui annoncer cet heureux événement; quelques lignes seulement furent extraites de cette lettre, les voici :

« Mademoiselle,

» Puisqu'il a plu ainsi à mes supérieurs, dimanche

prochain, jour dédié à la très-sainte Trinité, je dirai ma première messe, pour continuer tous les jours de ma vie, tandis que ma santé me le permettra. Si vous doutiez de mon affection et du désir que j'ai de correspondre à vos volontés, je vous assurerais que je me souviendrai de vous en offrant ces augustes sacrifices [1]. »

Dès le commencement de l'année 1630, la peste, qui venait de ravager le Bas-Languedoc, se déclarait à Toulouse avec une violence effrayante. Les principaux habitants prenaient la fuite, le peuple restait à la merci du fléau exterminateur. Plus de travail pour les artisans valides, plus de ressources pour les malades : la désolation, la misère, le découragement, étaient venus s'abbattre à la fois sur les malheureux abandonnés ; c'était un spectacle navrant !

Mais les enfants de saint Ignace étaient là. Ils se partagent aussitôt les divers quartiers de la ville, et se portent d'une victime à l'autre, avec le dévouement, l'abnégation, le zèle dont la Compagnie de Jésus a conservé le secret, depuis les premiers jours de son institution. Ils prodiguent leurs soins, leur saint ministère, leur consolante parole ; ils remontent les courages, fortifient les cœurs, sauvent les âmes, et souvent guérissent les corps. Plusieurs succombent dans ce laborieux et périlleux apostolat, et ils bénissent Dieu, en expirant, d'avoir trouvé la mort dans l'exercice de cette charité sublime, qui fait les apôtres martyrs.

Jean-François de Régis avait demandé avec empres-

---

[1] Cette lettre était en la possession de madame de Cominian petite-nièce de saint Régis, à Fontcouverte, lorsque le Père Cléries en recueillit les lignes que l'on vient de lire. Nous regrettons qu'il n'en ait pas pris la date, aucun des historiens de notre saint ne nous donnant celle de son ordination ni de sa première messe.

sement la faveur de voler au secours des pestiférés ; ses supérieurs avaient jugé devoir lui refuser ce dangereux ministère : l'humble religieux n'attribuait ce refus qu'à son indignité. Après la mort de quelques-uns de ses frères, il ose renouveler ses instances : son supérieur se laisse toucher, il lui adresse quelques paroles qui enflamment son courage, il lui donne sa bénédiction et il l'envoie sur la brèche.

Notre saint part, brûlant de zèle, il se dévoue et le jour et la nuit, il fait des prodiges de charité... et il ne peut trouver la couronne qu'il a si ardemment ambitionnée. Dieu avait sur lui d'autres vues pour sa gloire ; mais le jeune saint, qui l'ignorait, semblait éprouver une triste déception.

L'ambition du martyre est la seule permise dans la Compagnie de Jésus : les concurrents n'y font jamais défaut.

Après la disparition du fléau, dont le nombre des victimes s'éleva, pour la seule ville de Toulouse, au chiffre effrayant de cinquante mille, Jean-François de Régis ne pouvait contenir les transports de sa reconnaissance envers Dieu. Les Pères se reposaient quelques jours à leur maison des champs, et plusieurs d'entre eux racontaient plus tard au Père la Broue, que souvent ils chantaient un cantique sur l'amour de Dieu, qui ravissait le Père de Régis :

— Je suis si heureux, leur dit-il un jour, que toutes les fois que je vous entends chanter ces paroles d'amour, je dis un *Ave Maria* pour chacun de vous ! La Mère du bel amour doit éprouver tant de plaisir à vous entendre !

— Eh bien, Père Régis, lui dit un des religieux, je vous promets de chanter souvent ce cantique, pour gagner un de vos *Ave Maria*.

Depuis ce moment, c'était à qui se procurerait les *Ave*

Maria du Père Régis, ainsi que disaient ses frères; car tous le considéraient comme un saint.

Cependant, la peste avait aussi ravagé le Bas-Languedoc, et notre jeune saint n'avait pu avoir des nouvelles de sa famille, ce qui était pour son cœur un sujet de vive souffrance. Ecoutons-le exprimer à sa vénérable mère les sentiments que l'incertitude avait fait naître dans son âme; il lui écrivit dès que la ville de Toulouse eut retrouvé le calme :

« Mademoiselle,

» Je crois qu'il y avait bien longtemps que les hommes ne s'étaient vus en de telles craintes et frayeurs, auxquelles, depuis deux années environ, ils se sont trouvés, à raison de l'effroyable carnage que fait la peste, dans la plupart des lieux où elle a eu pouvoir d'exercer sa cruauté. Ici, dans Tolose, nous avons expérimenté ses rigueurs durant plusieurs mois; non toutefois à l'égal de plusieurs villes, qui portent encore le deuil pour la belle moitié de leurs citoyens. C'est ce qui causait beaucoup d'appréhension aux Tolosains, craignant d'expérimenter la même rigueur, ou quelque chose de pire. Néanmoins, la santé de laquelle on jouit pour le présent, et la considération du passé, ont fait changer d'avis et croire que la peste n'avait tant de pouvoir sur cette ville qu'on s'était persuadé : persuasion qui causait beaucoup de terreur dans l'âme de plusieurs personnes; et bien qu'en cela il y eût, comme il semblait, quelque juste sujet de crainte, toutefois, le tout mûrement pesé, il y avait plus d'imagination que d'occasion vraie et raisonnable. Car pour dire ce qui en est, ce n'est pas la peste, mais la mauvaise vie qui doit faire craindre la mort. Pourvu que nous mourions de la mort des saints, des amis de Dieu, et en ses bonnes grâces, nous n'avons point occasion de la craindre, de quelque côté qu'elle nous arrive. Oh! si l'homme était toujours prêt! S'il avait la conscience nette, ses comptes arrêtés et ses affections dans le ciel, il n'appréhenderait pas tant la sortie de ce monde. La crainte, sans doute, s'évanouirait, ou pour le moins se diminuerait de beaucoup.

» Il me semble qu'il en est tout de même de l'homme de bien et du mauvais, comme du prisonnier coupable et de l'innocent. Car le coupable, qui doit être condamné au supplice, chaque fois qu'il entend ouvrir la prison, s'afflige, pensant qu'on le veut déjà tirer dehors et mener de la prison au gibet. Mais celui qui est innocent et qui doit être élargi par sentence du juge, se réjouit à chaque fois qu'il entend ouvrir la prison, pensant qu'on le vient mettre en liberté. Ainsi, le méchant, quand il entend que la serrure de la mort fait du bruit et remue, quand la maladie le presse, quand l'accès redouble, quand il est frappé de contagion, il craint et est en grande détresse ; d'autant que, comme il a la conscience cautérisée et l'âme remplie d'imperfections, il se persuade que c'est pour le faire monter, ou plutôt descendre, sur le bûcher éternel de l'enfer. Mais celui qui n'est point éprinçonné de remords de conscience, se console parce qu'il sait que c'est pour être mis en liberté, et être fait participant d'un repos interminable ; et ainsi, par telle considération, il allége la crainte et bannit la tristesse de son cœur, tâchant de se tenir toujours prêt, pour n'être jamais surpris, en quel temps ou en quelle façon que la mort vienne : de jour ou de nuit, de peste, de faim, de fièvre ; et cela lui est tout un.

» Tout ce que j'ai dit, toutefois, n'a pas empêché, pour mon regard, que je n'aie ressenti beaucoup de peine, à raison de l'incertitude dans laquelle mon esprit a été flottant, durant sept ou huit mois, qu'on disait que le mal faisait du dégât du côté de Carcassonne et de Narbonne, ne pouvant savoir au vrai ce qu'était devenu le lieu de ma naissance. Or, jugez, s'il vous plaît, si ma joie a été petite, ayant enfin su que Dieu, par sa providence paternelle, l'avait conservé sain et entier. Hélas! combien de fois ai-je désiré d'en savoir la vérité, pour me tirer de cette incertitude. Mais ne pouvant avoir telle considération, j'avais recours à Notre-Dame ; je la suppliais de vous conserver ; et soit qu'elle ait eu égard aux prières d'un de ses plus inutiles serviteurs, ou bien plutôt à la bonté du sujet pour lequel elles lui étaient présentées, à savoir, pour des personnes pour lesquelles l'offrant était obligé par tant et de si justes titres ; ou bien, pour parler avec plus de vérité, qu'elle ait jeté ses yeux miséricordieux sur vos communs vœux, et sur les dévotions extraordinaires que tous ensemble avez pratiquées à son honneur, par confessions et communions fréquentes, réunions de volontés et semblables bonnes œuvres, ainsi que font toutes les communautés vraiment chrétiennes. Alors que Dieu les menace de quelque malheur, alors n'y a-t-il meilleur moyen, pour apaiser Dieu courroucé, que d'acquérir les bonnes grâces de celle à qui rien ne peut être refusé. Quoi qu'il en soit, de quelque côté que ce bien nous soit arrivé, j'ai ce que je désirais ; priant Dieu de me continuer cette mienne joie, je demeurerai,

» Mademoiselle,

» votre très-humble et obéissant fils en N.-S.

» JEAN-FRANÇOIS RÉGIS, JÉS.

» De Tolose, ce 23 mai 1630. »

Il est impossible de ne pas reconnaître l'homme supérieur dans cette lettre, malgré le style diffus de l'époque, et de ne pas apprécier la sensibilité du cœur de notre saint. Sa pieuse mère devait laisser couler de bien douces larmes sur ces pages aussi édifiantes pour son âme, que consolantes pour sa tendresse maternelle.

Après ses études théologiques, notre saint fit une troisième année de noviciat, épreuve exigée dans la Compagnie de Jésus, avant les derniers vœux. Il en sortit au mois d'août 1631, et, sur l'ordre de ses supérieurs, il se rendit à Fontcouverte, au château de ses pères, pour y régler ses affaires et dire à sa famille un dernier adieu.

Ici nous allons nous trouver en telle opposition avec le Père d'Aubenton, que nous sommes forcé d'entrer dans quelques explications, pour ceux de nos critiques dont l'opinion bien arrêtée est que nous faisons du roman.

Le respectable historien que nous venons de nommer, dit, au sujet de ce voyage de saint Régis à Fontcouverte : « Il fut très-mortifié de cet ordre qui l'obligeait d'aller revoir ses proches, qu'il s'était fait une loi d'oublier, depuis qu'il s'était donné à Dieu. »

Les anciens hagiographes jugeaient nécessaire, sans doute, de se persuader et de persuader à leurs lecteurs, pour leur plus grande édification, que le mépris des saints pour toutes les choses de la terre, les avait amenés à l'oubli complet de tous les liens de famille ; oubli poussé, dans certaines occasions, jusqu'à la dureté[1]. N'est-ce pas enlever à ces grandes et belles

---

[1] Le Père Bouhours, dans sa *Vie de saint Ignace de Loyola*, dit que ce saint patriarche *jetait au feu, sans daigner les ouvrir, les lettres qu'il recevait de ses parents*. En écrivant l'histoire du saint fondateur de la Compagnie de Jésus, nous avons reproduit plusieurs des lettres qu'il adressait à ses frères ou à ses neveux, en réponse à celles qu'il en avait reçues. La réfutation nous a paru suffisante. Ne nous étonnons pas que les esprits légers et superficiels ne puissent revenir

figures le charme le plus attrayant, le reflet le plus doux de leur brillante auréole? La charité de Notre-Seigneur dilate le cœur, loin de le comprimer; elle n'étouffe pas, elle ne détruit pas les affections les plus légitimes; elle les règle seulement en les dominant.

Jean-François de Régis ne s'était donc pas *fait une loi d'oublier ses proches* et ne témoigna point qu'il *fût très-mortifié d'aller les revoir*. En parfait religieux, il s'était fait une loi de ne se laisser jamais diriger par un sentiment humain, et, en cette circonstance, il n'eût certainement manifesté aucun désir de revoir sa famille et le lieu de sa naissance; ses supérieurs lui donnant l'ordre d'aller à Fontcouverte, il obéit en toute simplicité et en toute humilité, ainsi qu'il était dans la sainte habitude de le faire. Les lettres citées plus haut, disent assez l'affection qu'il conservait pour tous les siens.

Le même historien attribue à Fontcouverte une importance que ce village paraît n'avoir jamais eue. Toutes nos recherches n'ont pu aboutir à découvrir la moindre trace, le moindre vestige d'une ville. Dom Vaissette, dans son *Histoire générale du Languedoc*, va bien au delà de 1631, époque du voyage de notre saint, et il ne mentionne Fontcouverte que comme châtellenie, seigneurie, village. Le Père Bouge, augustin, dans son *Histoire civile et ecclésiastique du diocèse de Carcassonne*, va jusqu'à 1740, et il ne mentionne également cette localité que comme fief dépendant de l'abbaye de la Grasse, et n'étant qu'un village, une petite paroisse du diocèse de Narbonne. M. Louis de Laroque, auteur du *Mémorial de la noblesse du Languedoc*, que nous avons consulté sur ce point,

de ce vieux préjugé, que pour embrasser la vie religieuse, il faut n'avoir pas de cœur. Ce préjugé, nous venons d'en signaler la source; nous croyons important de travailler à le combattre en lui opposant la simple vérité.

nous a fait l'honneur de nous répondre qu'il n'a jamais rien lu qui ait pu lui donner lieu de penser que Fontcouverte ait eu dans aucun temps plus d'importance que de nos jours. Le révérend Père Cathary, déjà cité, a bien voulu nous mander que nulle part il n'existe la moindre ruine indiquant un passé plus considérable pour cette localité.

Ce fut le 27 juin 1629, dans la ville d'Alais, que Louis XIII en personne accorda la paix aux calvinistes du Languedoc, à la condition que toutes leurs places fortes seraient détruites ou démantelées, leurs forteresses rasées, plusieurs de leurs bourgs et de leurs villages démolis ou incendiés. Mais Fontcouverte, entièrement catholique, ne se trouve nullement au nombre des lieux frappés par la justice royale, et s'y trouvât-il, les conditions imposées par le monarque ayant été pleinement exécutées dans la même année, sous la direction du cardinal de Richelieu et du maréchal de Bassompierre, Jean-François de Régis n'aurait pu y trouver que des ruines en 1631, et non *une ville dans laquelle ses frères occupaient un des premiers rangs, et où les enfants, le peuple et les soldats de la compagnie du marquis d'Ambres, qui y étaient en quartier d'hiver, se moquaient de lui* et de son humble charité. Le marquis d'Ambres était hérétique, sa compagnie l'était également, et, certes, ce ne pouvait être à Fontcouverte qu'un corps de troupes calvinistes tenait garnison ; c'était à Lézignan. Ce ne pouvait être non plus à Fontcouverte, où son nom était béni et chéri de tous les cœurs, que Jean-François de Régis se vit poursuivi par les huées et les insultes populaires. Là, nul ne pouvait ignorer qu'il était le fils des châtelains, et le respect dû au mérite et à l'élévation du rang n'était pas encore anéanti.

Enfin, le Père d'Aubenton publiait sa première édition

de la *Vie du Bienheureux Jean-François Régis*, peu de mois après la béatification du saint apôtre, en 1716; or, nous avons sous les yeux la relation inédite de la fête célébrée à Fontcouverte dans le même temps, 11 septembre 1716, en l'honneur de cet heureux événement, et nous y lisons « que Fontcouverte est un village champêtre. » Cette relation écrite sur les lieux, par un témoin oculaire, nous semble trancher la difficulté.

Nous ajouterons que le Père d'Aubenton ne parle nullement du père ni de la mère de notre saint, ce qui semblerait devoir faire supposer qu'ils n'existaient plus. Mais l'un et l'autre étaient encore pleins de vie et n'avaient pas cessé d'habiter le vieux manoir où nous les avons laissés, et où nous allons les retrouver.

V

Le Père de Régis à Fontcouverte.

Les deux habitations seigneuriales de Fontcouverte étaient encombrées de visiteurs. Parents et amis s'étaient empressés de répondre à l'invitation des châtelains, et étaient accourus afin de revoir une fois encore l'*ange de la famille*, que l'on attendait avec un peu d'impatience et une sorte d'anxiété. On relisait sa dernière lettre, on redisait le jour fixé pour son départ de Toulouse, on calculait le temps nécessaire pour franchir la distance, et on était forcé de s'avouer que ce temps était plus qu'écoulé. Chacun cherchait à pénétrer le mystère de ce retard, nul ne parvenait à une explication satisfaisante, et Jean proposait à ses frères de monter à cheval et de courir audevant de Jean-François. Heureusement, cette proposition ne fut pas acceptée.

Nous disons *heureusement,* car les frères du saint religieux eussent été peu flattés de découvrir la cause d'un si long retard.

Jean-François, voulant satisfaire à la fois son esprit de mortification, son zèle et son humilité, avait entrepris ce voyage à pied, en demandant l'aumône d'un gîte pour la nuit, d'un peu de nourriture pour la journée, et il s'arrêtait dans tous les lieux qu'il traversait, pour parler aux âmes qui se trouvaient sur son chemin, instruire les enfants et les ignorants, distribuer à tous l'aumône spirituelle en échange de l'aumône corporelle qu'il leur demandait.

Bien des vides s'étaient faits, bien des changements avaient eu lieu dans la noble famille de Régis, depuis le jour où notre saint l'avait quittée pour entrer au noviciat de la Compagnie de Jésus; il le savait.

La branche de son nom, restée à Carcassonne, s'était éteinte; trois tombes s'étaient ouvertes pour recevoir ses derniers rameaux : Antonine, unique enfant de Pierre de Régis et de Claire de Mosset, s'était envolée avec les anges, son père n'avait pu lui survivre, et Jean, père de ce dernier, avait bientôt suivi son fils, seul fruit de son union avec Antoinette de Guillefornis.

A Fontcouverte, Barthélemy avait perdu sa chère Jeanne, morte en 1623, ainsi qu'on l'a vu; elle avait laissé de son mariage avec Jean de Couder deux filles, Madeleine et Louise, et un fils nommé Jean. Madeleine et Louise n'avaient vu Jean-François que dans leur première enfance et ne pouvaient plus le reconnaître; Jean, n'ayant que douze ans, ne l'avait jamais vu [1], et tous les

---

[1] Madeleine épousa, en 1635, Jean de Négri, seigneur de Belcayre. Louise épousa, quelques années plus tard, Simon d'Exéa, fils de Jean, conseiller au présidial de Carcassonne et garde du sceau-mage, et de Jacqueline de Lasset. Les Régis et les Couder comptaient déjà plu-

trois désiraient vivement connaître celui dont toute la famille ne parlait qu'avec la plus tendre vénération. Charles et François étaient mariés ; le premier était père d'une petite fille nommée Madeleine comme sa vénérable aïeule, et qui avait six ans à peine. Il tardait aux deux frères de présenter à Jean-François cette augmentation de famille qu'il ne connaissait pas encore et le retard de son arrivée semblait les contrarier doublement.

Enfin, notre saint parut au moment où la proposition de Jean venait d'être reprise, et où il était décidé qu'on allait partir et courir à cheval au-devant de lui. En quelques instants, il se vit entouré par tous les parents et amis qui l'attendaient dans les deux châteaux.

L'occasion était belle pour son zèle, il sut en profiter ; il annonça qu'il allait donner une mission à Fontcouverte et il invita tous les habitants des deux manoirs à

---

sieurs alliances avec les d'Exéa, leurs voisins. Madame la comtesse d'Exéa, mère du général actuel, possède une grande croix formant reliquaire et contenant un grand nombre de reliques ; cette croix fut donnée à Rome à son arrière-beau-grand-père, lorsqu'il s'y rendit pour assister, à titre de parent, à la canonisation de saint Jean-François de Régis. Simon d'Exéa était seigneur de Sérame, fief situé au nord-est de Fontcouverte, à une très-courte distance de cette châtellenie. La famille d'Exéa habite toujours le manoir de ses ancêtres, qui est encore ce qu'il était au temps où saint Régis allait y visiter Simon, André et Jean d'Exéa, ses amis et proches parents. (Nous tenons plusieurs de ces détails de monsieur le curé de Fontcouverte, qui a bien voulu se rendre au château de Sérame pour les recueillir.)

Jean de Couder épousa Isabeau de Belissens et en eut cinq enfants : Marie, qui s'allia au sieur d'Authemare de Vire ; Henriette, qui fut mariée à Pierre de Laur de Narbonne, et dont la fille unique n'eut point d'enfants de Benoît Benazet, seigneur de la Planasse, son mari ; Jean, Louis et André qui ne contractèrent point d'alliances et se donnèrent mutuellement leurs biens. Louis, dernier survivant, laissa toute sa fortune, en 1714, à madame de Cominian, petite-nièce de saint Jean-François de Régis.

donner l'exemple aux vassaux, en assistant régulièrement à ses prédications et aux exercices dont elles seraient précédées et suivies.

Madame de Régis n'avait nul besoin de cette invitation pour elle-même. Heureuse de la sainteté de son fils, ravie de joie de le revoir, émue à la pensée de la séparation qui suivrait de si près cette réunion tant souhaitée, elle eût voulu ne pas perdre de vue un seul instant ce fils chéri qui était sa gloire et qu'elle pouvait ne plus revoir ici-bas.

Le jour même de son arrivée, notre saint voulait aller rendre humblement ses devoirs, disait-il, à maître Gallinier, alors curé de la paroisse, lui demander l'autorisation de célébrer la sainte messe dans son église et d'y donner une mission à ses paroissiens. Il pensait devoir réparer ainsi le peu d'édification qu'il croyait avoir apporté pendant sa première jeunesse, dans cette église où il fut régénéré par le saint baptême, et où il eut le bonheur de s'unir pour la première fois au Dieu à qui désormais il appartenait uniquement.

Si le saint Jésuite oubliait sa qualité de fils du seigneur châtelain, le recteur s'en souvenait et voulait prévenir sa visite. Depuis plusieurs jours déjà, il avait été convenu avec monsieur et madame de Régis, que maître Gallinier viendrait voir leur fils, après avoir laissé les premiers moments à la nombreuse famille, et le bon curé comptait les instants. La réputation de sainteté du jeune religieux lui inspirait un vif désir de connaître cet *ange de la paroisse*, qui avait laissé de si doux et de si touchants souvenirs dans tous les cœurs.

Le moment venu, maître Gallinier se présente au vieux château et se voit accueilli par notre saint avec la gracieuse simplicité et l'humble dignité qui ne l'abandonnaient jamais. Le plan de la mission est aussitôt proposé d'une part et agréé de l'autre, et, dès le lendemain, notre missionnaire était à l'œuvre.

Il prêchait deux fois par jour, le matin et le soir. Après sa première prédication, il expliquait le catéchisme aux enfants, puis il confessait tous ceux qui se présentaient.

Il y avait alors, à la distance de deux kilomètres environ, une léproserie, dont le souvenir se conserve par le nom du lieu sur lequel elle était située. Cette partie de la campagne, entre Moux et Fontcouverte, se nomme l'*Espitalet*, mot languedocien qui signifie *petit hôpital*. Notre saint ne pouvait manquer de mettre l'*Espitalet* sur le programme de sa mission. Il y allait à peu près chaque jour consoler, exhorter, servir les malades et les préparer à mourir saintement. Quelques-uns succombèrent entourés de ses tendres soins ; lui-même les ensevelit et les accompagna à leur dernière demeure.

Lézignan, place forte des calvinistes, après avoir subi les ravages des guerres précédentes, avait vu abattre ses remparts et détruire ses vieux bastions en 1629, sous la surveillance du maréchal de Bassompierre ; la peste et la famine avaient ensuite décimé ses habitants, et à tous ces fléaux succédaient une misère effrayante sans soulagement, un découragement profond sans consolation.

Les hérétiques vaincus, forcés de poser les armes et réduits à accepter des conditions rigoureuses, dont ils subissaient les conséquences avec un secret dépit, conservaient encore quelques troupes dans leurs places démantelées. La compagnie du marquis d'Ambres occupant alors la baronnie de Lézignan, la plupart de ses soldats tenaient garnison dans la ville et passaient le temps à jouer, à se quereller et à blasphémer sur la grande place, où les oisifs se réunissaient ordinairement.

Quelques catholiques étaient restés fidèles dans cette

triste cité, mais ils étaient en très-petit nombre et se montraient le moins possible, espérant des temps meilleurs. La nouvelle d'une mission à Fontcouverte fut pour eux comme un doux regard du ciel; ils s'empressèrent de s'y rendre, et chacun écoutait avec avidité la douce et pénétrante parole du saint religieux que plusieurs d'entre eux avaient connu enfant; tous lui demandaient des avis particuliers : Jean-François saisit l'occasion pour se concerter avec eux sur le bien à faire aux victimes des divers fléaux dont leur ville avait été frappée. Il ne pouvait être si près de ce théâtre de ruines et de désolation, sans y faire entendre quelques paroles d'espérance et de salut, sans chercher à retirer quelques âmes de l'erreur, sans apporter au moins quelques aumônes aux indigents les plus nécessiteux.

Cette œuvre était difficile, elle n'était même pas sans danger. Le saint Jésuite s'y dévoue avec un zèle ardent, bravant les sarcasmes des hérétiques, peu habitués à voir un religieux traverser, modeste et recueilli, les rues désolées de leur malheureuse cité. Il visite tous les pauvres, leur distribue les aumônes qu'il a recueillies pour eux, relève leur courage abattu, console leurs cœurs, adoucit leurs souffrances. Il s'en voit aimé, il en profite pour sauver leurs âmes.

Un jour, il découvre un malade couché sur la terre nue de sa chétive demeure à moitié détruite. Il court aussitôt chez un catholique, se fait donner un lit de paille, le charge sur ses épaules et reprend le chemin qui doit le ramener près de son malade. Il peut faire un détour et éviter ainsi les insultes des soldats et du peuple réunis sur la place, et qui déjà viennent de lui jeter au passage les plus grossières injures; mais ce serait fuir une humiliation, il ne fera pas ce détour; il ne perdra pas un temps précieux. Peut-être même le salut du pauvre abandonné est-il attaché à cette humiliation ? Cette pensée fait battre le cœur de l'apôtre ; mais il se dit aussitôt que ce serait payer trop peu le bonheur de sauver une âme qui a coûté si cher à Jésus-Christ. Il prend donc la voie la plus courte, traverse la place, au milieu des huées de la soldatesque hérétique, arrive près de son malade et a la consolation de le convertir.

Le lendemain, il n'était bruit à Fontcouverte que de la charité du saint Jésuite et de sa douce humilité ; chacun redisait comment les calvinistes eux-mêmes l'avaient admiré la veille à Lézignan, et combien devait être heureuse la pieuse mère d'un tel fils.

Elle était heureuse, en effet, la noble châtelaine ; mais Charles et François étaient loin de partager ses sentiments au sujet de leur saint frère. La pensée qu'il avait été vu portant sur ses épaules un objet de literie, et que cet acte de charité lui avait fait subir les insultes populaires dans une ville aussi voisine du lieu de sa naissance, cette pensée irritait leur orgueil de race et les blessait profondément. L'honneur de leur famille leur semblait compromis ; ils saisirent le moment d'en parler à Jean-François. Charles étant l'aîné se voyait des droits suffisants à lui faire ses observations, et l'entraînant, après le dîner, dans la grande allée du nord, avec François, il lui dit :

— Mon cher Jean-François, j'admire votre zèle et votre charité, assurément ; mais permettez à votre frère aîné de vous faire quelques observations dans l'intérêt d'une famille dont vous avez l'honneur de porter le nom. Que vous soyez ici entouré de tous les vassaux, nous ne nous en plaignons pas, bien que leur société soit peu convenable pour un gentilhomme ; mais qu'à Lézignan l'on vous voie escorté des enfants du peuple et suivi d'une foule de manants ; que vous alliez tendre la main et demander l'aumône pour eux, c'est ce que nous ne pouvons tolérer.

— Monsieur mon frère, lui répondit notre saint, le religieux de la Compagnie de Jésus ne doit-il pas se faire une gloire de rechercher les pauvres qui représentent Jésus? Ne doit-il pas se faire un honneur de mendier pour ceux d'entre eux que les infirmités ou la maladie empêchent de le faire?

— Mais, reprit Charles, ce ne doit pas être jusqu'à vous rendre ridicule, et c'est pourtant ce qui est arrivé hier à Lézignan. Vous avez parcouru la ville portant un lit de paille, vous avez excité le rire et la moquerie du peuple et des soldats. Loin de ce pays, faites tout ce qu'il vous plaira; près de votre famille, n'oubliez pas le sang qui coule dans vos veines. Par respect pour vos parents, si ce n'est pour vous-même, gardez les convenances exigées par leur position.

— Je vous remercie de ces observations, mon bon frère, dit Jean-François, et je serais charmé de pouvoir tout concilier. Je vous avoue qu'il m'est à peu près impossible de voir souffrir les pauvres de Jésus-Christ sans chercher à les soulager par tous les moyens qui dépendent de moi, et je ne vois pas qu'en cela il y ait un sujet d'humiliation pour une famille aussi charitable que la nôtre. Quant à moi, personnellement, je vous assure que toutes les ignominies du monde ne sauraient m'empêcher d'exercer la charité de la manière qui me paraît la plus utile au prochain et la plus méritoire devant Dieu.

— Vous avez raison, certainement, dit François; mais est-il très-utile à ces malheureux que vous leur rendiez par vous-même des services dont vous pouvez charger nos gens? Et est-il très-méritoire devant Dieu de manquer de dignité, de nuire au respect dû au caractère sacré dont vous êtes revêtu, mon cher frère? Je suis persuadé que votre zèle égare votre jugement.

— François, répondit le saint Jésuite, le religieux ne se déshonore pas en s'humiliant. Les apôtres ont établi l'Église par leurs abaissements. Qu'importent les jugements humains, pourvu que Dieu soit glorifié par nos humiliations!

— Tout cela est trop parfait pour nous, reprit Charles. Il est vrai que nous ne sommes pas religieux; nous voyons les choses avec les préjugés du monde, vous les voyez autrement, c'est tout simple. Puisque vous êtes appelé à une perfection que nous comprenons difficilement, agissez selon que l'esprit de Dieu vous l'inspirera.

— Il est *maître en Israël*, dit François, tendant la main à notre saint, il *connaît ces choses* mieux que nous, qui ne sommes pas chargés de les enseigner et ne saurions les pratiquer.

Ainsi s'évanouit ce léger nuage entre les trois frères.

Le succès des prédications de Jean-François avait dépassé toutes les espérances; le pays était renouvelé, Fontcouverte et les environs n'étaient plus reconnaissables. Le moment redouté par la famille de Régis était arrivé, Jean-François allait la quitter peut-être pour toujours. Ses supérieurs l'envoyaient au collége de Pamiers pour y remplacer un professeur malade, et où serait-il employé ensuite? De quel côté serait dirigé son zèle? C'était le secret de la Providence.

Au dernier instant, le plus vif déchirement se fit sentir dans tous les cœurs de la pieuse famille, dans celui de madame de Régis surtout. Les larmes inondaient tous les visages, tous les genoux fléchirent devant le saint apôtre si tendrement aimé, et lui, la voix émue, mais le cœur ferme, leva sa main sur cette famille toujours chère, il la bénit, se recommanda à ses prières et s'éloigna pour jamais...

Le Père Pierre de la Case, alors provincial, mandait quelques jours après au Père général de la Compagnie de Jésus.

« Le Père Jean-François Régis a laissé dans son pays une grande odeur de sainteté. Ses exemples de rare vertu et ses pieux entretiens, autant que ses prédications pleines de l'esprit de Jésus-Christ, ont gagné beaucoup d'âmes à Dieu, et ses compatriotes ont été charmés du zèle avec lequel il s'est employé à leur salut. Ce jeune religieux n'aspire qu'aux travaux de la vie apostolique. Au jugement de tout le monde, il a reçu du ciel un talent éminent pour l'emploi de missionnaire ; personne ne peut résister à la force de ses discours publics et de ses entretiens particuliers. Quoiqu'il possède l'estime générale, il n'a que du mépris pour lui-même. Il est grand amateur de la Croix, des souffrances et des humiliations. Nous pensons tous qu'il faut désormais l'employer uniquement aux missions... »

Arrivé à Pamiers, le Père de Régis recevait bientôt une nouvelle qui comblait les vœux de son cœur d'apôtre. Le Père provincial lui annonçait que désormais il aurait à exercer l'apostolat auquel il se sentait appelé ; que l'obéissance le destinait aux missions des villes et des campagnes. Il ajoutait :

« Le succès de vos travaux à Fontcouverte nous fait espérer que Dieu ne répandra pas des bénédictions moins abondantes sur les missions dont vous serez chargé à l'avenir. »

TROISIÈME PARTIE

MISSIONS

1631-1640

I

Diocèse de Montpellier.

1631

L'hérésie avait infecté de son souffle tout le midi de la France. La foi s'était éteinte dans les âmes qui ne l'avaient pas ouvertement reniée ; l'ignorance était profonde et générale ; les sacrements étaient abandonnés, les églises désertes, les mœurs corrompues. Les premiers pasteurs s'affligeaient, le clergé tombait dans l'indifférence, découragé par l'insuccès de ses faibles efforts, et la Compagnie de Jésus, toujours dévorée de zèle pour le salut des âmes, cherchait à réparer les innombrables désastres causés par l'ennemi dans le champ du Père de famille.

Le professeur que remplaçait Jean-François de Régis, au collége de Pamiers, ayant été promptement rétabli, notre saint reçut l'ordre d'aller entreprendre une mission à Montpellier. L'œuvre était assez difficile pour exciter son zèle. Il partit sans délai, et commença son apostolat dans cette ville, vers la fin de juin 1631.

Il chercha d'abord à réunir le plus grand nombre d'enfants qu'il lui fut possible de gagner, et nous savons qu'il avait le don de les attirer et de s'en faire aimer. Il leur faisait le catéchisme régulièrement, et tous les dimanches et les jours de fête il prêchait pour le peuple, dans l'église du collége. Il parlait avec une extrême simplicité, une grande clarté, beaucoup de douceur et d'onction, et parfois avec une telle véhémence, que sa voix lui faisait défaut, ses larmes le suffoquaient, il s'arrêtait court, et son auditoire éclatait en sanglots. On ne parlait dans la ville que de l'éloquence extraordinaire du Père Régis et des nombreuses conversions qu'elle produisait. Ce qui paraissait surtout inexplicable, c'est que le bas peuple y accourait en masse et remplissait l'église longtemps avant l'heure ; que le prédicateur ne s'adressait qu'à ce peuple simple et grossier, et que son langage, proportionné à cette classe d'auditeurs, était également goûté des classes élevées. Ceci était un problème que chacun se déclarait impuissant à résoudre.

Un célèbre orateur de l'époque, passant par Montpellier pendant que le saint Jésuite attirait la foule à ses sermons, voulut se donner la satisfaction de l'entendre ; il y avait de la curiosité dans son désir, il l'avouait. Le dimanche suivant, il va au collége des Jésuites, s'assure que ce sera bien le même Père de Régis qui prêchera et se place de manière à ne pas perdre un seul mot, un seul mouvement de l'éloquent missionnaire. Lorsqu'il l'entend parler avec tant de simplicité, il est saisi d'étonnement et se demande ce que l'on peut trouver de si admirable dans un tel langage ; il regarde l'auditoire, l'émotion se trahit sur tous les visages, les larmes brillent dans tous les yeux. Notre grand orateur n'y comprenait plus rien. Bientôt, le prédicateur s'anime, il semble inspiré par l'Esprit-Saint, son regard n'a rien d'humain, il est celui d'un ange; sa voix vibre jusqu'au fond des âmes, notre orateur lui-même s'émeut et sa surprise augmente, car le langage du saint missionnaire est toujours aussi simple, aussi dépourvu d'ornements. Quel est donc ce mystère ? Et en sortant de l'église, voyant l'effet produit par cette parole tout évangélique, il disait :

— Vraiment, c'est bien en vain que nous travaillons tant nos discours ! Les catéchismes de ce saint missionnaire sont suivis et admirés, de nombreuses conversions en sont le fruit ; tandis que nous, après avoir composé péniblement nos sermons, nous avons le désagrément de les voir peu recherchés, rarement écoutés, et plus rarement encore fructifier !

Il avait compris enfin que dans la sainteté du prédicateur était tout le mystère de son succès. Le Père de Régis se préparait à la prédication par l'oraison et non par la composition. L'Esprit de Dieu remplissait son âme, il se livrait à ses inspirations, et la grâce accompagnant chacune de ses paroles, agissait et pénétrait tous les cœurs.

Les pauvres chérissaient ce Père de Régis qui les avait ramenés à Dieu, qui leur avait fait réformer leur vie et qui ne cessait de les encourager au bien. Ils l'appelaient leur père et semblaient le considérer comme leur propriété. Le saint Jésuite était touché de leur confiance et de leur amour. Lorsqu'il les voyait accourir à lui, il leur tendait la main, il les embrassait et leur disait souvent :

— Venez, mes enfants, mes chers enfants ! Venez, vous êtes mon trésor, vous êtes les délices de mon cœur !

Mais les pauvres n'étaient pas les seuls à vouloir parler au *bon Père*, à vouloir se confesser à lui : les riches et les grands voulaient aussi obtenir cette faveur, et ils étaient accueillis avec moins d'empressement lorsqu'il n'était pas question de leur conversion ; si parfois on s'en plaignait, Jean-François répondait tout simplement :

— Les confesseurs ne manquent pas, vous en trouverez toujours ; laissez-moi aux pauvres de Jésus-Christ, qui doivent être mon partage. Il me semble que je suis né pour eux.

Il aimait ses chers pauvres au point de s'oublier complétement pour leur service. Toute la matinée il entendait les confessions, et ne cessait qu'au moment où la cloche annonçait le catéchisme. Il était à jeûn ; il allait prendre à la hâte un peu de pain et un fruit, s'il avait un instant ; mais souvent il montait en chaire sans en avoir le temps. Après le catéchisme, il allait exercer le même ministère dans les prisons et les hôpitaux et ne rentrait qu'à la nuit. Un jour, une dame qui l'attendait à sa rentrée au collége lui dit :

— Mon Père, je sais que vous êtes encore à jeûn ; pourquoi vous traitez-vous ainsi au milieu de tant et de si grandes fatigues ?

— Je vous avoue, lui répondit-il, que quand je suis occupé avec ces pauvres gens, il m'est impossible de penser à autre chose.

Cette *autre chose* était lui-même : la journée était finie, il rentrait tout juste pour la collation du soir.

Les samedis et les veilles des fêtes étaient des jours de joie intime pour le cœur du saint Jésuite ; c'étaient ceux qu'il choisissait pour faire ses quêtes. Il avait un charme particulier pour faire ouvrir et vider toutes les bourses dans sa main bénie ; nul ne résistait à sa douce voix, à son angélique regard. Il était aimé, il était vénéré, on considérait sa présence comme une faveur du ciel, et l'on s'empressait de satisfaire sa charité afin de l'engager à revenir. Plus ses quêtes étaient fructueuses, plus il était heureux ; car chaque jour il avait de nouvelles misères à secourir, de nouveaux malades à soigner. Les pauvres honteux ne pouvaient être cachés pour lui, il avait le talent de les découvrir, de leur faire avouer leur indigence et de la soulager avec une délicatesse qui les ravissait et lui attirait toute leur confiance. Quand il avait ainsi gagné les cœurs, les âmes ne pouvaient lui résister, il les prenait et les donnait à Dieu.

Un jour, une personne de la ville le rencontre portant une botte de paille ; elle en rougit, car elle sait à quelle famille appartient le Père de Régis, et elle ne comprend pas qu'un gentilhomme s'abaisse jusque-là. Plus tard, elle ose lui parler de cette circonstance et lui dit :

— Vous ne craignez donc pas, mon Père, de vous faire insulter ? car les enfants du peuple vous ont montré au doigt, j'en ai été témoin.

— Madame, lui répondit-il, lorsqu'on soulage ses frères au prix d'une humiliation, le gain est doublé. Au reste, comme je ne puis suffire au bien à faire, et que je me dois surtout au ministère, je m'occupe de former une association de quelques dames pieuses et charitables qui prendront soin des pauvres, et j'ai compté sur votre zèle pour en faire partie.

Inutile d'ajouter qu'il ne fut pas refusé. Il choisit ainsi trente femmes des plus distinguées, qu'il chargea de visiter les pauvres et surtout les malades, en leur recommandant de l'avertir dès qu'elles en trouveraient en danger de mort. Pour les pauvres catholiques, ces exercices de charité étaient faciles et consolants ; mais il était moins aisé d'arriver aux hérétiques et de s'en faire accueillir. Il fallait alors recourir au saint apôtre qui, d'ordinaire, les subjuguait par son doux regard.

On l'avait prévenu qu'une femme calviniste était dangereusement malade et repoussait la charité qui se présentait à elle au nom de l'Église romaine. Le Père de Régis va la voir, lui parle de sa voix la plus pénétrante, la regarde avec une expression céleste et lui exprime une si touchante compassion, qu'elle en est émue :

— Je me convertirai, lui dit-elle, mais plus tard, quand je serai guérie.

— Eh bien ! reprit le saint, je vous reverrai, si vous le voulez bien, et nous en reparlerons.

— Pour cela, oui, je le veux ! Je serais, certes, bien marrie de ne plus vous revoir !

Jean-François était maître du terrain. Il visita la pauvre hérétique plusieurs jours de suite, reçut enfin son abjuration et la vit mourir dans les sentiments les plus édifiants. Il en ramena ainsi plusieurs qui, après avoir résisté au zèle de ceux qui avaient tenté leur conversion, se laissèrent toucher et moururent très-chrétiennement.

Dans une de ses visites à la prison des femmes, il voit une de ces infortunées qui pleurait abondamment ; il s'informe du sujet de sa douleur et apprend que cette fille est hérétique et condamnée à une peine infamante pour une soustraction, légère il est vrai, mais faite à ses maîtres, ce qui rendait la faute plus grave. Cette fille était ce qu'on appelait alors chambrière, et qu'on appelle aujourd'hui femme de chambre.

Jean-François veut la consoler, elle refuse ses consolations si douces et si charitables ; il veut entreprendre le salut de cette pauvre âme et lui parle des vérités de la foi, elle lui répond aussitôt :

— Dans l'état de désolation où je suis, je ne saurais m'occuper d'autre chose que de la peine qui m'attend. Si vous pouvez obtenir ma grâce et me faire mettre en liberté, je serai tout entière à vos instructions et me convertirai, je vous le promets.

Le bon Père avait peu de confiance dans une promesse déterminée par des motifs d'intérêt; toutefois, il s'empressa de faire, auprès des magistrats et des maîtres de cette fille, toutes les démarches nécessaires; elles eurent un plein succès, la coupable vit s'ouvrir devant elle les portes de la prison; mais lorsque notre saint réclama la parole qu'elle lui avait donnée, il eut la douleur d'être repoussé !

— Vous deviez bien vous y attendre, lui disait un ami; vous eussiez mieux fait de lui laisser subir la peine qu'elle méritait.

— Il est vrai que je m'attendais à cette grande douleur, répondit-il; mais il est vrai aussi que si Dieu n'exige pas de nous la conversion des pécheurs, il exige tous nos efforts pour les convertir. Je ne regrette donc rien de ce que j'ai fait pour cette pauvre fille.[1]

La corruption des mœurs était effrayante à Montpellier, et le saint missionnaire n'avait aucune prise sur les âmes qui ne venaient pas l'entendre et dont il déplorait la perte. Il demandait ardemment à Dieu ce qu'il devait faire pour les atteindre et les lui ramener; il les lui demandait avec larmes, passant les nuits en oraison et flagellant son corps pour obtenir la lumière tant désirée.

Un jour, il sort du collége, traverse la ville, avance dans la campagne, s'arrête devant une élégante habitation et semble un moment indécis. Il lève les yeux vers le ciel, porte la main sur son cœur et se détermine à frapper à la porte dont nul prêtre n'eût voulu approcher. Sa visite fut assez longue. En sortant de cette maison, il rentre dans la ville et va frapper à une tout autre porte, celle d'une pieuse veuve, dont il employait toujours le zèle avec succès. Quelques instants après, une jeune

---

[1] Le P. La Broue.

femme aux allures étranges, aux yeux égarés, à la démarche vive et précipitée, arrivait sur ses pas et se présentait chez la veuve, où notre saint semblait l'attendre et où il la laissa pour retourner à ses occupations habituelles.

Le lendemain, il n'était question dans toute la ville que de la disparition d'une jeune femme dont la conduite scandaleuse avait entraîné jusque-là un horrible désordre parmi les jeunes gens que la célébrité de l'école de médecine attirait de tous les points de la France. Bientôt, l'on apprit que cette femme était sincèrement convertie, et que le Père de Régis avait fait à Dieu cette conquête en quelques instants.

C'était lui en effet, qui, poussé par une inspiration d'en haut, avait eu le courage d'aller chez cette pécheresse scandaleuse, et de lui parler avec tant de force, au nom du Dieu qu'elle offensait, qu'au même instant elle avait fondu en larmes, était tombée aux pieds de l'apôtre et lui avait exprimé sa résolution de changer de vie et de disparaître à tous les yeux. Jean-François lui avait aussitôt donné rendez-vous chez une pieuse veuve qui l'avait charitablement accueillie et qui la garda.

Ce succès ayant encouragé notre saint, il courut ensuite à d'autres brebis égarées qu'il ramena également et qu'il confia à des personnes sûres dont le zèle et la charité lui étaient connus. Plusieurs blâmaient ce qu'on appelait un zèle imprudent ; on disait au Père de Régis, comme autrefois au saint fondateur de la Compagnie de Jésus :

— Vous vous compromettez en vain ! Les pécheresses de ce genre sont incorrigibles et retournent tôt ou tard à leurs déréglements.

Le Père de Régis, plein de l'esprit de saint Ignace, répondait comme lui et avec la même douceur :

— Quand tous mes soins n'aboutiraient qu'à éviter un seul péché mortel, je me croirais bien dédommagé de mes fatigues.

Hâtons-nous de dire que Dieu bénissait abondamment une œuvre que lui seul avait inspirée, et que les conversions de cette sorte opérées par le zèle de notre Père de Régis, étaient sincères et durables. Le nombre s'en accrut bientôt, au point que le saint Jésuite n'avait plus d'asile pour les mettre à l'abri de la rechute. Les couvents qui avaient pu s'en charger, les personnes pieuses qui avaient offert leurs maisons, tout était insuffisant, il fallait un bâtiment spécial où l'on pût les réunir toutes. Mais rien ne semblait impossible au Père de Régis. Il n'avait point d'argent, il en demanda; il n'avait point de maison, il en trouva une et l'acheta; il n'avait point de personnes capables de diriger et de maintenir un tel établissement, des religieuses s'en chargèrent, et il fut convenu que cette maison de retraite porterait le nom de *Refuge*.

Cette grande entreprise était en voie d'exécution, lorsque l'hiver commençant à se faire sentir, l'apôtre fut forcé de laisser à d'autres le soin de la terminer. Les missions de la campagne l'appelaient; il quitta Montpellier en décembre 1631, laissant dans tous les cœurs un vide immense et les plus douloureux regrets.

II

Diocèse de Nîmes.

1631-1632

La petite ville de Sommières, à peu de distance de Montpellier, avait subi le sort de toutes les places fortes des calvinistes, tombées sous les coups de la justice royale en 1629. Son château féodal avait été rasé, ses fortifications étaient détruites, ses édifices étaient renversés, elle ne présentait plus que des ruines amoncelées ; et sa population, comme dans tous les lieux où l'hérésie avait régné en souveraine, était abrutie par l'ignorance et dégradée par tous les vices.

Jean-François de Régis ému de pitié pour ces âmes rachetées à si haut prix, veut aller les chercher au fond de l'abîme, les en arracher et les rendre à Jésus-Christ qu'elles méconnaissent depuis si longtemps et qu'elles ne cessent d'outrager par la plus hideuse immoralité. L'œuvre semble impossible, mais le saint Jésuite, plein de confiance dans la miséricorde infinie de celui qui l'envoie, n'hésite pas à l'entreprendre.

Il s'est couvert d'un plus rude cilice, il a prolongé pendant plusieurs jours ses jeûnes, ses veilles et ses oraisons ; ses disciplines ont été plus fortes et plus fréquentes ; il peut partir au nom du Seigneur. L'hiver est rigoureux, les chemins sont difficiles, la neige tombe abondamment ; l'apôtre voit là autant de motifs d'encouragement et dit au Frère qui l'accompagne :

— Dieu soit loué ! car notre mission sera d'autant plus fructueuse, que nos fatigues auront été plus grandes. Espérons donc !

Il avait raison d'espérer.

En arrivant à Sommières, il parcourt la ville, sa petite clochette à la main, appelle les enfants au catéchisme qu'il va faire à l'église, annonce qu'il prêchera le soir pour le peuple, après les travaux de la journée, et engage tout le monde à venir à cette première instruction, assurant qu'il doit parler de choses qui seront pour plusieurs un sujet d'étonnement.

Il n'en fallait pas davantage pour exciter la curiosité

de ces pauvres ignorants. Ils accourent en foule, l'apôtre paraît dans la chaire de vérité, prêche l'enfer, saisit les esprits, ébranle les âmes, remue vigoureusement toutes les consciences, et laisse ses auditeurs tout étonnés des impressions qu'ils viennent de recevoir et presque honteux des larmes involontaires qui s'échappent de leurs yeux. En les quittant, le saint missionnaire leur a donné rendez-vous pour le lendemain matin avant le jour, il les a prévenus même qu'il est prêt à écouter ceux qui, cédant à la voix du remords, voudraient recourir sans délai au sacrement de la pénitence. Mais, loin de là, nul n'a la volonté de se convertir, et chacun se retire avec l'intention de ne se plus exposer à la séduction d'une parole dont il n'avait pu soupçonner la puissance.

Le bon Frère qui accompagnait notre saint crut devoir mettre à profit la circonstance :

— Mon Père, lui dit-il, tous ces gens-là se sont retirés sans qu'un seul se soit présenté pour la confession ; cela pourrait bien tenir à la manière trop vulgaire dont vous annoncez la parole de Dieu. Vous n'aviez pas seulement des roturiers dans votre auditoire ; il y avait encore de la bourgeoisie, et même de la noblesse hérétique, et il est bien à croire que vous auriez fait quelques conversions, si vous aviez mieux préparé votre sermon. Vous m'avez prié de vous dire la vérité, je me permets de le faire.

Ce Frère, très-jeune et sortant à peine du noviciat, racontait plus tard lui-même au Père la Broue, qu'il s'était permis ces observations, pour répondre aux instances du Père de Régis : notre saint lui avait recommandé de l'avertir en toute simplicité, toutes les fois qu'il le trouverait en faute. Or, aux yeux du jeune religieux, la parole de Dieu devait être annoncée avec plus de pompe et d'éclat ; mais le saint missionnaire, qui ne partageait pas son avis, lui répondit d'abord :

— Je n'en vois pas la nécessité : l'Évangile n'a nul besoin d'ornements ; sa simplicité toute divine me semble préférable à tous les discours les mieux travaillés.

— Vous avez raison, mon révérend Père, reprit le Frère ; je penserais comme vous s'il s'agissait de prêcher la parole de Dieu à des âmes bien disposées à l'écouter avec foi et à la pratiquer pieusement ; mais pour la faire entendre à des hérétiques ou à des catholiques dépravés, je crois que vous devriez la rendre plus attrayante. Ne faut-il pas s'accommoder à la faiblesse humaine ? La prédication bien travaillée et mûrement étudiée, n'en est pas moins apostolique. Pour se faire mieux écouter, on peut joindre l'agréable à l'utile. N'est-ce pas condamner l'éloquence des saints Pères, que de prêcher avec tant de simplicité ?

— Mon cher Frère, dit humblement notre saint, je tâcherai de suivre les conseils de votre charité ; je vais préparer mon sermon de demain matin, le mieux qu'il me sera possible. Je vous remercie du service que vous me rendez.

Il se prépara, en effet, malgré son dégoût pour ce genre de prédication dans les missions. Le lendemain, l'auditoire était nombreux encore ; on s'était promis de ne se plus exposer à l'éloquence du saint missionnaire, mais la grâce avait agi sur toutes ces âmes et les avait ramenées au pied de la chaire de vérité.

Jean-François leur adressa un discours remarquable ; il fut écouté avec attention, les esprits étaient charmés, et le bon Frère triomphait. Toutefois, le prédicateur était loin d'être satisfait. Il voyait que sa parole plaisait à l'esprit sans aller jusqu'au cœur ; les âmes n'étaient nullement touchées, ce beau sermon devait être frappé de stérilité.

Jean-François ne se trompait pas. Chacun se retira

froidement après l'avoir entendu, louant seulement le mérite réel de son discours :

— Eh bien? mon cher Frère, dit l'humble missionnaire à son compagnon, dites-moi franchement votre avis : en quoi suis-je répréhensible cette fois?

« Il le pressa si fort, avec tant de bonne grâce et tant de douceur, qu'il luy donna la hardiesse de ne l'espargner point. Il s'estonne encore luy-mesme comme il eut le courage de le traiter avec si peu de respect, quoyqu'il l'eust tousiours considéré et honoré comme un sainct. Tant y a que Dieu permit qu'il s'oublia pour ce coup de la saincteté et du mérite de ce grand homme, qu'il perdit un peu de cette profonde vénération qu'il avoit pour ses vertus, et sans avoir égard à sa propre insuffisance et à son jeune âge, il commença à critiquer sur sa voix, sur ses gestes, sur son langage, à mordre sur la doctrine, sur la suite, sur les preuves, et sur les embellissements du discours, enfin, à le blasmer indifféremment de ce qui étoit faute et de ce qui ne l'étoit pas avec quelque sorte d'insolence, comme il adüoue luy-mesme. Ce ieu dura près de demy-heure, et le Père l'écouta durant tout ce temps, auec une douceur et une modestie angéliques, sans le contredire ny l'interrompre, et sans faire paroistre aucun autre mouvement, que d'un peu de confusion qu'une petite rougeur, qui, luy montant sur sa face, ne luy permit pas de dissimuler. Après que ce ieune admoniteur eut fini ces beaux avertissements, il ne se plaignit à luy que de ce qu'il l'épargnoit et ne lui disoit pas tout, le priant, au nom de Dieu, de lui rendre ce service. »

La naïveté de ce récit du Père la Broue ne peut laisser l'ombre d'un doute sur l'authenticité du fait, qui lui avait été raconté par le jeune religieux, alors profès dans la Compagnie de Jésus.

Le Père de Régis avait accepté en toute humilité la leçon du Frère ; mais en y réfléchissant devant Dieu il reconnut, par une lumière surnaturelle, que l'ennemi des hommes s'était servi de ce jeune Frère pour empêcher la conversion des âmes au salut desquelles il venait travailler, et, le soir, il prêcha sans autre préoccupation que celle d'atteindre son but.

Cette fois, notre saint dut espérer et espérer beaucoup ; car il aperçut bien des larmes que l'on s'efforçait de dissimuler, bien des impressions qui se trahissaient par les mouvements de la physionomie, et il ne douta pas de la bénédiction divine sur sa mission.

Le Frère était moins satisfait ; et lorsqu'il vit la foule s'empresser de sortir de l'église sans songer à recourir au ministère du missionnaire, il attribua cet insuccès à la trop grande simplicité de sa prédication. Il osa lui renouveler ses reproches et ses conseils. Le saint missionnaire, qui savait maintenant à quoi s'en tenir, lui répondit avec une extrême douceur :

— Je vous en remercie, mon bien cher Frère, je vous demande de me continuer cette charité, et si Dieu le permet, je tâcherai de m'en servir à sa gloire.

Le lendemain matin, longtemps avant le jour, l'église était envahie. On s'était promis, comme la première fois, de la laisser vide, elle était remplie à déborder. On était résolu à ne plus s'exposer à l'influence d'une parole qui subjuguait les plus rebelles, et on accourait en masse pour l'entendre encore. La grâce avait agi de nouveau et plus fortement encore sur ces âmes coupables, le zèle de l'apôtre était béni, Dieu s'était laissé toucher par ses prières, ses larmes et ses mortifications. Après cette seconde instruction, les conversions se déclaraient nombreuses et sincères, le saint missionnaire ne pouvait suffire à entendre les confessions :

— Mon Père, lui dit son compagnon, je vous conjure de me pardonner ! Je blâmais le genre de prédication que vous avez adopté. Je trouvais votre langage trop simple, trop familier, trop vulgaire ; je ne savais ce que je disais !

— Eh ! quoi, mon Frère, vous vous repentez déjà de m'avoir rendu service? lui dit l'apôtre.

— Mon Père, reprit le critique repentant, Dieu lui-même me condamne par les bénédictions qu'il répand sur votre parole ; il prouve que c'est son esprit qui vous inspire et que j'avais tort de vous juger avec les idées de la sagesse humaine.

Dieu bénit en effet le ministère de notre saint au delà de toute espérance. La ville entière fut transformée en peu de temps, et les campagnes même commençaient à ressentir la douce influence de son prodigieux apostolat. Il prêchait tous les jours, de grand matin, pour le peuple, à qui il faisait une instruction sur les principales vérités de la foi. Il confessait ensuite jusqu'à l'heure du deuxième sermon, après lequel il rentrait au confessionnal et n'en sortait que vers midi pour célébrer la sainte messe. Il prenait ensuite quelques légers aliments, et ne mangeait jamais, en aucun temps de l'année, autre chose que des légumes, des fruits ou du lait. Il s'était interdit la viande, le poisson et les œufs. Quant au vin, nous avons vu qu'il s'en abstenait depuis très-longtemps, et nous en savons le motif.

Dans l'après-midi, il faisait le catéchisme aux enfants, visitait les malades, assistait les mourants, rétablissait l'union dans les familles, et faisait quelques excursions dans la campagne, afin de se préparer les voies pour l'exécution des projets qu'il méditait. Le soir il prêchait encore, confessait aussitôt après, et ne cessait que lorsqu'il n'avait plus personne à entendre, ce qui le retenait souvent une partie de la nuit au confessionnal. Le reste était partagé entre l'oraison et un court sommeil, qu'il s'accordait à regret; encore le prenait-il couché sur un banc ou sur une planche, jamais sur un lit.

Telle était la vie du Père de Régis pendant ses courses apostoliques, vie impossible humainement, et qu'il ne pouvait soutenir sans miracle. Ajoutons que, pour satisfaire son humilité et son amour pour la sainte pauvreté, il ne mangeait jamais que ce qu'il avait demandé à titre d'aumône. Cette sainte vie était par elle-même une si éloquente prédication, qu'elle disposait les âmes merveilleusement et qu'il semblait difficile de résister aux sollicitations de son zèle et de sa charité.

Les paysans commençaient à le voir avec bonheur, il saisit l'occasion et, se voyant bien accueilli, il se hâta de prêcher, de catéchiser, de faire connaître Dieu et de le faire aimer et servir. Son travail était doublé, mais que lui importait la fatigue, puisque Dieu était glorifié et les âmes sauvées ! La mission de Sommières ne souffrait nullement de celle qu'il avait entreprise dans les campagnes environnantes. Il tombait épuisé, défaillant, évanoui ; on le portait dans la maison la plus proche, on lui donnait des soins, il se remettait, et il reprenait aussitôt le travail interrompu des confessions ou de la prédication.

Bientôt, il ne resta plus à Sommières un seul pécheur d'habitude ni un seul hérétique ; les plus rebelles, les plus obstinés dans l'erreur ou dans le vice étaient tombés aux pieds du saint Jésuite et s'étaient avoués vaincus. Tout le pays appelé Lavonage[1] était entièrement renouvelé. Lorsqu'il put donner plus de temps aux villages, le peuple accourait de toutes parts pour l'entendre, et,

---

1 Le célèbre Fléchier, évêque de Nîmes, parlant de ce pays, dans sa *Correspondance*, l'appelle *la Vonage*.

persuadé que celui qui avait transformé ainsi la ville de Sommières, devait être réellement un envoyé du ciel, il aurait voulu le voir et l'écouter toujours. Afin d'être mieux compris de ces rudes natures, le Père de Régis employait l'idiome du pays, et il parlait avec tant de feu et d'entraînement, que leurs visages bronzés étaient inondés de larmes, et que des villages entiers se convertissaient à la fois.

De tels succès portaient au loin la réputation de l'apôtre et désespéraient les calvinistes des lieux plus éloignés que le Père de Régis n'avait pu encore évangéliser. Un jour, les habitants d'une paroisse voisine de Sommières sont prévenus qu'un détachement de soldats hérétiques vient au pas de course piller et dévaster leur village. Ce village, converti par notre saint, avait la consolation de le posséder en ce moment; mais il confessait un malade, nul n'osa le déranger pour lui annoncer la terrible nouvelle. En attendant qu'il ait fini, chacun s'empare de ce qu'il a de plus précieux ou de plus cher, et se réfugie dans l'église, espérant que les pillards n'oseront en forcer l'entrée; tous sont résolus à défendre le lieu saint s'ils ont l'audace de l'attaquer.

Les hérétiques arrivent, se ruent sur les maisons du village, n'y trouvent rien qui puisse satisfaire leur cupidité, et, les voyant inhabitées, se portent vers l'église, convaincus qu'elle sert de refuge aux malheureux villageois. Ceux-ci, bien armés, repoussent les assaillants, le combat s'engage... Le Père de Régis paraît. Il présente son crucifix aux soldats, en pénétrant au milieu d'eux, malgré leurs insultes et leurs menaces; il les regarde avec l'expression de la plus vive douleur et leur dit :

— Je vous conjure de respecter ce saint lieu! N'allez pas plus avant, je vous le demande au nom du sang adorable de Jésus-Christ ! Et je vous supplie de ne pas dépouiller ces pauvres gens du peu qu'ils possèdent ! Ayez pitié de leurs familles !

Mais les forcenés semblaient sourds à la voix du saint apôtre et s'efforçaient de gagner du terrain pour pénétrer dans l'église :

— Vous n'y entrerez pas ! s'écrie le Père de Régis ; je défendrai l'honneur des saints autels jusqu'à la dernière goutte de mon sang, et je serai trop heureux de le répandre pour une telle cause !

Les misérables assaillants ne l'écoutent pas davantage. Alors, le saint Jésuite s'élance devant la porte de l'église, il se retourne en face des soldats, et, saisissant par le bras celui qui avance le premier :

— Arrête, sacrilége profanateur, lui dit-il ; arrête, impie ! Je ne permettrai pas que tu violes en ma présence la maison de Dieu ! Tu ne forceras l'entrée de ce sanctuaire sacré, qu'en passant sur le corps d'un ministre du Dieu vivant ! Frappe ! Dieu saura venger l'outrage fait à ses saints autels, et le châtiment suivra de près ton sacrilége attentat !

Il y avait tant d'autorité dans la voix et dans le geste de l'apôtre, tant d'inspiration dans son regard, tant de zèle et de charité dans ses paroles, que les hérétiques effrayés prirent la fuite, se croyant poursuivis par toutes les vengeances du ciel. Le courage héroïque de ce pauvre prêtre, d'une apparence si délicate et si frêle, les avait épouvantés. C'était la puissance de la vérité sur l'erreur : ils ne le comprirent pas...

Quelques jours après, Jean-François faisait le catéchisme dans l'église d'un autre village, lorsqu'une femme vient tout en larmes et lui dit :

— Bon Père, les soldats huguenots sont ici, ils sont chez votre hôte, en ce moment, et ils veulent lui tout enlever, à moins qu'il ne leur donne une somme que ce pauvre homme ne possède pas ! Priez pour lui, bon Père, et aussi pour nous tous, car ils pilleront partout, les malheureux !

Elle parlait encore, que le Père de Régis était déjà prêt à partir, il congédiait les enfants pour le moment, et allait affronter le danger :

— Où courez-vous, mon Père ? lui dit-on. Ces soldats sont huguenots, c'est tout dire ; ils détestent les Jésuites, votre présence ne peut que les irriter et exposer votre vie. De grâce ! évitez un grand malheur.

— Je sais très-bien que ces pauvres gens sont calvinistes et haïssent les Jésuites, répondit notre saint, courant toujours, et c'est précisément pour cela que je vais au secours des catholiques qu'ils veulent maltraiter et rançonner. Puis-je d'ailleurs souhaiter rien de plus heureux que de mourir de la main des hérétiques ? Hélas ! je ne mérite pas la grâce de mourir martyr de la charité, en répandant mon sang pour la défense d'un chrétien racheté au prix de celui de Jésus-Christ !

Il arrivait en ce moment à la porte de la maison dont les soldats obstruaient l'entrée. Il leur parle avec une douceur angélique et les supplie de renoncer à leurs injustes violences ; des insultes et des moqueries sont toute la réponse de ces forcenés. Le saint apôtre n'insiste pas ; il se retire humblement et va parler au commandant, qu'on lui a dit être un peu plus loin. Les soldats le poursuivent de leurs injures, et voyant des oignons amoncelés au bord de la haie d'un jardin, ils en ramassent à pleines mains et les lancent violemment sur le saint missionnaire, qui en rend grâces à Notre-Seigneur. Il n'avait pas espéré cette bonne journée.

Le commandant, en recevant le Père de Régis, reconnut aussitôt l'homme de noble race, et l'accueillit avec une parfaite politesse :

— Je vous conjure, lui dit Jean-François, d'exiger de vos hommes d'armes la restitution de ce qu'ils ont enlevé sans motif à cet honnête paysan, et de leur défendre de lui imposer une rançon qu'il ne saurait payer.

— Bien volontiers, répond le commandant ; mais, pour vous-même, quelle réparation désirez-vous ?

— On ne m'a rien enlevé, on n'a rien à me rendre, dit notre saint.

— Comment ! s'écria l'officier, vous êtes gentilhomme, je le vois, vous avez été insulté, honni, par mes soldats, et vous ne vous en plaignez pas, vous n'en exigez pas la réparation qui vous est due ?

— Commandant, — reprend le saint Jésuite avec la dignité sacerdotale, et la liberté apostolique dont il savait user merveilleusement à l'occasion, — commandant, le prédicateur évangélique doit être prêt à recevoir avec une égale disposition les outrages et les bienfaits. L'Église romaine, la seule vraie, veut que ses ministres souffrent les opprobres avec patience, et les pardonnent avec charité. Pourquoi me plaindrais-je d'avoir trouvé l'occasion de pratiquer ce que l'Église m'enseigne ? Je ne vous demande d'autre grâce que celle de contenir la violence de vos soldats à l'égard des habitants de ce village.

L'officier le promit et fut fidèle à cet engagement.

La mission était terminée. La confrérie du très-saint Sacrement était établie à Sommières et dans tous les environs. La prière en commun se faisait dans tous les ménages, le soin des pauvres et des malades était organisé partout d'une manière durable. Le saint apôtre lui-même s'étonnait des fruits prodigieux de son ministère et des conversions surprenantes qu'il avait plu à Dieu d'y attacher. Obligé d'en rendre compte à son supérieur général, il lui mandait :

« Le succès a tellement surpassé mon attente, que je n'ai pas d'expression pour l'expliquer. »

Le père Balthazar Carelle, recteur du collége de Montpellier, écrivait de son côté au Père général :

« Le Père Régis a parcouru une grande partie des diocèses de Nîmes et de Montpellier, avec une charité tout apostolique et d'incroyables fatigues. Il a gagné à Dieu une infinité de pécheurs et ramené à l'Église un grand nombre d'hérétiques, par l'onction de sa parole et par la sainteté de sa vie ; il a rempli ce pays de l'odeur de ses rares vertus. De tels commencements promettent de grandes choses pour l'avenir. »

III

Diocèse de Viviers.

1633-1636

Louis-François de la Baume de Suze, évêque de Viviers depuis plus de onze ans, n'avait pu se résoudre encore à visiter son diocèse, entièrement perverti par les hérétiques et par les guerres civiles que leurs révoltes continuelles avaient si longtemps occasionnées. Il gémissait souvent devant Dieu, à la pensée de l'état déplorable de tant d'âmes confiées à sa sollicitude, et pour lesquelles il ne voyait aucun moyen de salut, puisque toutes les tentatives de la part du clergé étaient restées infructueuses.

En 1632, le bruit des merveilles opérées par l'apostolat du Père de Régis arrivait jusqu'à Viviers, et le prélat sentait renaître l'espérance au fond de son cœur. Il écrit au Père de la Case, provincial, et lui exprime son vif désir d'obtenir le saint apôtre pour évangéliser son malheureux diocèse d'où la religion était absolument bannie, et qui semblait n'être plus habité que par des peuples à demi sauvages. Le Père de la Case promet Jean-François pour le printemps de l'année 1633, et, le moment venu, le Père Carelle envoie le saint Jésuite à Viviers, en lui donnant, pour l'aider dans ce laborieux apostolat, le Père Jacques Beyssen, fervent missionnaire, bien propre à seconder son zèle.

L'évêque reçut notre saint comme l'envoyé du ciel. Les deux religieux s'étaient prosternés humblement devant lui en le priant de les bénir; le prélat les releva, les embrassa et dit à Jean-François :

— Les succès de vos travaux dans les diocèses de Nîmes et de Montpellier me sont garants de ceux que vous obtiendrez dans celui de Viviers, mon Père, et j'y compte. Je n'ai pas visité jusqu'ici les paroisses de mon diocèse; mais vous voici, grâce à Dieu! Vous partagerez avec moi cette œuvre importante et elle sera bénie du ciel! Je la recommande à vos prières, en attendant, car de là dépendra le salut de bien des âmes.

Il y avait des larmes dans la voix du prélat. Jean-François, doucement ému, lui répondit avec une charmante modestie et ce regard céleste qui allait au fond des cœurs :

— Votre Grandeur me fait assurément trop d'honneur de vouloir bien m'employer à cette mission; je ferai tout ce qui dépendra de moi pour répondre à sa confiance, trop heureux de travailler sous sa direction et d'être soutenu par ses exemples. Assurément, je suis prêt, Monseigneur, à sacrifier ma vie s'il le faut pour le salut de vos diocésains !

Toutes les plaies du diocèse étaient si vives et si profondes qu'elles eussent paru inguérissables à tout autre ; mais notre missionnaire, à mesure que l'évêque les lui dévoilait, trouvait une parole d'espérance et d'encouragement. Il fut convenu qu'il prendrait les devants et que le prélat ne visiterait aucune paroisse avant que l'apôtre ne l'eût évangélisée.

Notre saint partit à pied, son bâton à la main, son bréviaire sous le bras, et s'aventura avec le Père Beyssen dans ces villages où un prêtre n'osait presque plus paraître. On le montra du doigt comme un personnage curieux; il s'approcha de ceux qui semblaient le désigner aux insultes et aux outrages, il leur parla, s'en fit écouter et leur dit de le suivre à l'église. D'autres accouraient par curiosité, et chacun se doutait aussitôt que ce devait être là le saint dont la réputation s'étendait si loin, et dont le bruit public avait annoncé l'arrivée pour le printemps. Bientôt le doute se changeait en certitude, et comme tout le monde voulait voir *le saint,* c'était à l'église en ruine que chacun se rendait. C'était là aussi que la grâce attendait ces âmes dégénérées.

Le saint Jésuite allait dans toutes les paroisses et, en avançant dans les montagnes, il ne laissait ni une pauvre masure, ni un creux de rocher sans les visiter, car une foule de malheureux hérétiques s'étaient retranchés dans les parties les plus inaccessibles des Cévennes, et y vivaient à l'état de brutes. Pour les ramener à l'Église et à la civilisation, il fallait le zèle et l'incomparable charité de notre saint. Il fallait plus encore : ces misérables étaient couverts de haillons et n'avaient point de demeure, il fallait trouver les ressources nécessaires pour les vêtir, les loger et leur procurer le travail qui devait les nourrir. La Providence y pourvut.

Le Père de Régis prêchait un jour dans l'église d'une petite ville, où la noblesse des environs s'était rendue pour l'entendre; car, dans le Vivarais, comme partout où sa présence était connue, toutes les classes accouraient pour le voir, l'admirer et l'écouter. Lorsqu'il descendit de la chaire, un gentilhomme le suivit, lui dit l'impression qu'il avait reçue en l'écoutant et lui demanda de prendre la direction de sa conscience. Après un assez long entretien, Jean-François, reconnaissant la volonté de Dieu, lui promit de le diriger aussi longtemps que les circonstances n'y mettraient pas d'empêchement.

Ce gentilhomme était le comte de la Mothe-Brion, baron du Chaylard et de Vachère, qui avait présidé les états du Vivarais en 1611, et qui jouissait d'une fortune des plus considérables. Il était catholique, mais indifférent, s'occupant exclusivement de ses intérêts terrestres, sans nul souci de ceux de l'éternité. Attiré par la célébrité du saint Jésuite, il avait été vivement ému par son ardente parole, et profondément impressionné par la sainteté de sa personne. Il avait compris la nécessité de sauver son âme par la pratique de tous les devoirs imposés par l'Église.

Cette conversion fut éclatante et complète. En peu de temps, la vie du comte de la Mothe était entièrement changée : il se confessait et communiait tous les huit jours; il visitait les pauvres et les malades et leur portait des aumônes et des consolations; il suivait le Père de Régis dans ses courses apostoliques et fournissait à tous les besoins des malheureux que la charité de l'apôtre avait le talent de découvrir; il engageait ses amis ou ses vassaux hérétiques à venir entendre le Père de

Régis, facilitait ou procurait ainsi une moisson d'autant plus abondante à l'infatigable Jésuite.

Notre saint avait rencontré un puissant auxiliaire dans le comte de la Mothe, dont la générosité égalait la ferveur ; la Providence, bénissant toujours son zèle, lui donna bientôt un autre appui non moins influent dans le pays.

Jean-François venait de prêcher et d'émouvoir son auditoire comme à l'ordinaire, lorsqu'il voit venir à lui un élégant jeune homme qui lui serre la main et l'embrasse tendrement, en lui disant :

— Mon révérend Père, que je suis heureux de vous revoir !

— Comment ! c'est vous, mon cher Gazelle ? Dieu soit loué ! je suis charmé aussi de cette rencontre.

Monsieur de Gazelle de la Suchère était un ancien élève de notre saint, il l'avait connu au collége du Puy, et le connaître c'était l'aimer et le vénérer. Ce jeune homme se mit aussi sous sa direction et se joignit au comte de la Mothe pour le seconder dans toutes ses entreprises de zèle et de charité.

Deux plaies effrayantes rongeaient surtout le diocèse de Viviers : l'abandon de l'esprit sacerdotal dans la plupart des membres du clergé, et les pécheresses scandaleuses. Ces deux plaies, il fallait les guérir à tout prix, et pour le salut de ces pauvres âmes, et pour rendre durables les fruits surprenants d'une si heureuse mission. L'œuvre était délicate et présentait de grandes difficultés ; mais Jean-François priait, jeûnait, flagellait son corps, répandait des larmes abondantes devant Notre-Seigneur, et espérait dans sa miséricorde infinie.

Dans ce diocèse où la foi était éteinte, où les mœurs étaient corrompues, où tous les vices régnaient en dominateurs absolus, les curés de campagne se trouvaient livrés à une oisiveté d'autant plus dangereuse pour eux, qu'ils étaient généralement ignorants. Le zèle de notre saint dut procéder avec eux par la douceur, la patience, l'humilité, l'insinuation dont il avait le secret. Ce fut un apostolat bien pénible, bien laborieux! Il fut béni, il fut consolant pour celui qui avait le courage de l'entreprendre et de le soutenir. Les curés dont la conduite avait été scandaleuse se convertirent; ceux dont la vie n'était que régulière devinrent des modèles de piété et de ferveur. Quelques-uns seulement résistèrent à l'incomparable charité du Père de Régis et furent retirés de leur paroisse et interdits par leur évêque.

Dans les villes, une autre grande plaie que nous avons signalée, était celle des pécheresses considérées comme incorrigibles. Le saint Jésuite avait un don particulier pour leur inspirer l'horreur de leur vie de désordre et pour les convertir. L'une d'entre elles, d'une beauté remarquable et d'un esprit des plus distingués, lui résistait depuis longtemps sans pouvoir lasser sa patience. Il cherchait toutes les occasions de la voir et de lui faire entendre quelques paroles de salut, espérant toujours la voir se rendre à l'appel de la grâce :

— Vraiment, — lui dit un jour l'abbé de Simiane, vicaire général du diocèse, — j'admire la persévérance que vous mettez à poursuivre la conversion de cette jeune femme. Comment pouvez-vous en rien espérer, mon cher Père, lorsque vous voyez l'inutilité de tous les efforts que vous avez faits jusqu'à présent? Elle tient au péché par des liens si forts, que rien ne les lui fera rompre.

— Aussi, je ne compte pas sur moi, répondit l'humble Jésuite, mais uniquement sur la miséricorde divine, qui tourne les cœurs et en dispose comme il lui plaît. Et, quoi qu'on en dise, j'espère de l'adorable bonté de

Dieu que cette pécheresse se rendra aux sollicitations de la grâce. Je me sens au cœur la confiance qu'elle deviendra un modèle de pénitence.

Cette confiance fut justifiée. La jeune femme entendit enfin vibrer, au fond de son âme coupable, le cri d'un douloureux remords, elle fit une confession générale à l'apôtre dont elle avait tant de fois méconnu la douce voix, et se retira ensuite dans une maison de pénitence, à Avignon. Elle y vécut quelques années dans l'exercice des vertus les plus parfaites, et y mourut en odeur de sainteté.

L'évêque de Viviers ne pouvait assez remercier Dieu des succès de notre saint missionnaire. Partout où il se présentait, il voyait les paroisses entières accourir au-devant de lui, demander sa bénédiction, l'écouter avec recueillement, et s'approcher de la table sainte avec la plus touchante ferveur. Il était ravi d'un tel changement et disait qu'il n'aurait jamais espéré une transformation aussi complète, aussi miraculeuse, et qu'il ne pouvait l'attribuer qu'à l'éminente sainteté du Père de Régis.

Un jour, le comte de la Mothe vient dire au saint apôtre qu'une vieille calviniste, de sa terre d'Uzer, se refusait à venir l'entendre et ne se laissait convaincre par aucun raisonnement. Elle voulait mourir hérétique par obstination. Le saint missionnaire part aussitôt, se rend dans le village et à la maison indiqués, voit la vieille calviniste assise devant sa porte, et lui dit sans préambule, mais avec l'accent d'une tendre charité :

— Ma bonne mère, on dit que vous ne voulez pas vous convertir? Mais vous serez damnée, et je ne le veux pas!

— Mon enfant, lui répond l'hérétique subjuguée, qui pourrait vous dédire? Vous me le demandez de trop bonne grâce pour que je puisse vous le refuser.

— Eh bien ! venez avec moi, allons à l'église.

Et cette femme, docile comme une brebis, se laisse complétement gagner ; quelques jours après, le bon Père l'ayant soigneusement préparée, avait la consolation de recevoir lui-même son abjuration.

La seigneurie d'Uzer, située à quatre kilomètres de Largentière, et dépendante de la suzeraineté du comte de la Mothe, était entièrement hérétique. La châtelaine, femme également distinguée par la naissance et par les qualités personnelles, avait résisté jusqu'alors à tous les raisonnements et à toutes les prières de ses amis catholiques, ce qui maintenait le village entier dans l'erreur. Le noble et pieux suzerain, monsieur de la Mothe, renouvelait en vain ses instances et la conjurait inutilement d'aller entendre le saint missionnaire qui attirait en ce moment tous les environs à Largentière ; l'obstination de la châtelaine semblait plus invincible que jamais. Le comte prend un parti décisif, il demande au Père de Régis d'aller à celle qui refuse opiniâtrément de venir à lui. Notre saint, toujours prêt à courir après la brebis égarée, se rend au château d'Uzer : la fière châtelaine était seule, il profite de la circonstance pour frapper vivement à la porte de cette âme rebelle, et lui dit aussitôt sans perdre le temps en lieux communs :

— Madame, je sais que Dieu vous appelle et vous sollicite en vain depuis longtemps. Voulez-vous donc être toujours rebelle à sa grâce ? Avez-vous résolu décidément de perdre votre âme ? Pour sauver cette âme, Jésus-Christ a répandu tout son sang sur une croix ! Avez-vous jamais bien compris ce que c'est que de se perdre pour l'éternité ?

Dieu attachait à chacune de ces paroles, si simples en apparence, une grâce d'une telle force, d'une telle puissance, que la noble victime de l'erreur se trouva soudain subjuguée, et lui répondit avec douceur :

— A Dieu ne plaise que je veuille perdre mon âme ! mon plus grand désir est de la sauver, certainement !

— Il faut donc, Madame, que vous embrassiez la religion catholique, qui fut celle de vos pères, qui est la seule établie par Jésus-Christ et hors de laquelle il n'y a point de salut :

— Mon Père, je suis tout étonnée de n'avoir rien à répliquer, — dit la calviniste vaincue et ne pouvant comprendre sa défaite ; — vous me demandez de me convertir avec une autorité qui me désarme. J'ai résisté jusqu'à présent à toutes les instances qui m'ont été faites à ce sujet, et je ne sais quelle force intérieure me presse de me rendre en ce moment. Ce ne peut être que le Saint-Esprit, je le sens, et je veux être catholique ; instruisez-moi, dirigez-moi, je m'abandonne. Il se passe en moi une chose que je ne puis comprendre : je suis forcée de céder.

Ravi de cette conquête de la grâce, le Père de Régis instruit la noble châtelaine et la présente ensuite à l'évêque, qui reçoit son abjuration solennellement, dans l'église de Largentière, au milieu d'une affluence immense de toutes les classes, accourues de tous les environs. On y remarquait, parmi les personnages les plus distingués, plusieurs hérétiques, qui, vivement impressionnés par cet exemple, ne tardèrent pas à l'imiter.

Pour tout le diocèse de Viviers, on le comprend, Jean-François n'était pas un homme ; c'était un ange envoyé du ciel pour le salut de tous. On ne l'appelait que *le saint Père,* ou simplement *le saint.* Ne soyons donc pas étonnés des piéges que l'enfer s'efforçait de lui tendre, pour se venger des innombrables victoires que le saint apôtre remportait sur lui.

Nous avons dit que quelques curés avaient résisté à la charité apostolique du Père de Régis : ils étaient en bien petit nombre, il est vrai ; mais la trame était savamment ourdie, on crut pouvoir se mettre à l'œuvre et essayer d'envelopper le saint Jésuite dans cet infernal réseau. Il était plus que temps, si l'on voulait empêcher la conversion de tous les hérétiques, sans exception.

L'évêque était encore à Largentière, lorsque deux personnages qui lui sont inconnus, se présentent et demandent à lui parler en secret. Ils se disent gentilshommes et catholiques. Le prélat les reçoit avec tous les égards qu'il leur croit dus :

— Monseigneur, lui dit l'un d'eux, le Père de Régis fait un très-grand bien, il convertit en masse ceux qui l'écoutent, et, en cela, il ne mérite que des éloges, assurément. Mais il ne se borne pas à prêcher dans les églises, il va jusque dans l'intérieur des familles, il les divise par les conversions qu'il y fait, il se laisse emporter par un zèle irréfléchi, enfin, il réussit à faire un très-grand mal, avec l'intention de faire un très-grand bien. Nous pourrions vous citer plusieurs familles des plus considérables, qui n'aspirent qu'au moment où il quittera le diocèse pour n'y reparaître jamais.

— Monseigneur, ajouta le second personnage, même dans ses prédications, ce Jésuite est de la dernière imprudence et fait le plus grand tort à la religion qu'il prêche ; car il attaque les huguenots avec une violence qui tient du délire. Ce ne sont pas des vérités évangéliques qu'il fait entendre au peuple, ce sont des diatribes sanglantes, propres tout au plus à susciter des haines et des vengeances. Il serait prudent, Monseigneur, de le renvoyer à son collège...

L'évêque prit en vain la défense de l'incomparable missionnaire ; les dénonciateurs, ou plutôt les calomniateurs affectèrent de le soupçonner de partialité, et se retirèrent avec les apparences du mécontentement. Le prélat s'attristait de cette disposition sans rien perdre de sa vénération pour notre saint. Peu de jours après, dans un village voisin, où il faisait sa visite, les mêmes plaintes lui sont portées par d'autres personnes également inconnues, et ceci se renouvela dans plusieurs paroisses. Fatigué de prendre toujours en vain la défense de Jean-François et d'entendre chaque jour des reproches nouveaux sur les emportements et l'indiscrétion de son zèle, il l'appelle et lui dit :

— Mon Père, je ne puis plus faire un pas dans mon diocèse sans recevoir les plaintes les plus amères contre vous. On vous accuse d'abuser de l'autorité que je vous ai confiée, de ne garder aucune mesure dans votre zèle et de porter le trouble dans les familles. Je me vois forcé de vous annoncer que je vais écrire au Père Verthamon pour le prier de vous rappeler.

— Monseigneur, lui répond l'humble Jésuite, je remercie Votre Grandeur des charitables avis qu'elle veut bien me donner. Je ne me reconnais que trop coupable devant Dieu, assurément, et, vu ma faiblesse et mon peu de lumières, je ne doute pas qu'il ne me soit échappé bien des fautes aux yeux des hommes. Toutefois, Dieu, qui lit au fond des cœurs, sait que je n'ai eu en vue que sa gloire. Puisque je me suis rendu indigne d'être employé à la sanctification des âmes, je tâcherai du moins de me sanctifier moi-même par la pratique de l'obéissance.

Ce fut tout. Le saint apôtre n'avait rien ignoré du complot ténébreusement ourdi contre lui; ses amis l'en avaient averti en l'engageant à prendre les devants, à démasquer les coupables, à prévenir l'évêque. Il s'était constamment refusé à toute démarche de ce genre, avait prié pour ses ennemis et s'était abandonné à la Providence, en remerciant Dieu de lui donner part aux ignominies de son divin Fils. Toujours calme, doux, modeste et recueilli, il quitta le prélat et retourna à ses travaux apostoliques, sans rien perdre de son angélique sérénité.

L'évêque, profondément édifié d'une telle vertu, regrettait déjà les paroles qu'il lui avait adressées, et se demandait s'il ne devait pas les rétracter, lorsque le comte de la Mothe se fit annoncer :

— Monseigneur, lui dit-il aussitôt, j'ai appris, dans une de mes terres où j'étais depuis quelques jours, que notre saint missionnaire est victime de la plus odieuse méchanceté, et qu'il a été indignement calomnié près de vous. J'ai voulu tout examiner, j'ai été jusqu'au fond de cet abominable mystère d'iniquité, et je suis accouru pour vous le dévoiler.

— Je commençais à croire, en effet, dit le prélat, qu'il y avait un mystère infernal dans cette affaire. Expliquez-vous, monsieur le comte.

— Voici, Monseigneur, reprit-il : Un curé, dont les mœurs scandaleuses ont attiré votre juste sévérité, a juré de se venger de l'apôtre ennemi de tous les vices, et il s'est entendu pour cela avec quelques misérables aussi pervertis que lui. Ce sont ces malheureux, corrompus par le vice, qui ont calomnié près de vous celui dont le zèle les condamne et leur fait obstacle. Je suis le Père de Régis dans toutes ses courses évangéliques et je vous déclare, Monseigneur, qu'il ne s'est jamais rendu coupable de la violence et de l'emportement dont on ose l'accuser. Il blâme le vice, il le flétrit comme il le doit ; il condamne l'erreur, il en indique la source, il en démontre les tristes fruits ; mais il fait tout cela avec autant de sagesse que de zèle, avec autant de modération que de force, et tout en lui prouve qu'il est constamment dirigé par l'esprit de Dieu. C'est le prédicateur le plus éminemment évangélique que j'aie jamais entendu ! Monseigneur, je lui dois plus que la vie ! Et, remarquez une chose : les calomniateurs avaient arrangé leur plan avec un talent infernal. Monsieur de Simiane les gênait, attendu qu'il a toujours suivi le saint Jésuite, et qu'il aurait pu les convaincre aisément de mensonge ; mais ils l'ont su parti pour Viviers et ils ont saisi le moment, espérant qu'à son retour vous auriez déjà congédié le missionnaire et ne voudriez pas compromettre votre dignité en revenant sur cette mesure.

L'évêque en savait assez. Toutefois, l'abbé de Simiane lui paraissant être un juge plus compétent, il attendit son retour de Viviers, et lui fit part de ce qui s'était passé en son absence, en lui demandant son opinion ; le vicaire général lui répondit sans hésiter :

— J'ai suivi le Père de Régis dans toutes les paroisses qu'il a évangélisées, j'ai entendu toutes ses prédications, et je puis assurer que je n'ai jamais rencontré d'apôtre aussi zélé, aussi charitable, aussi rempli de l'esprit de Dieu. C'est un saint ! je ne l'ai jamais vu manquer de mesure ni de prudence. Mais ne nous étonnons pas, Monseigneur, des calomnies dont on cherche à le noircir. Il est l'ennemi du vice, n'est-il pas tout simple que le vice soit contre lui ? Rien ne justifie mieux le Père Régis que les fruits de son apostolat dans le diocèse. Tous les lieux qu'il a parcourus jusqu'ici, sont transformés, et nous le devons à son infatigable zèle et à son incomparable charité. Ce serait, à mon avis, abandonner les intérêts de Dieu, que de sacrifier ce saint religieux à la vengeance de ses ennemis. Car s'il est persécuté, c'est parce qu'il a travaillé avec un dévouement admirable à la gloire de Dieu.

L'évêque était ravi. Il voulut témoigner publiquement au saint Jésuite sa profonde estime et sa vive reconnaissance, afin de manifester par là son mépris pour les calomnies qu'il regrettait d'avoir écoutées un instant.

A la fin d'août 1634, le prélat, obligé de se rendre à l'assemblée provinciale, et de là à l'assemblée générale du clergé, convoquée à Saint-Germain-en-Laye, fut forcé d'interrompre sa tournée pastorale, ce qui interrompait aussi l'apostolat de notre saint. En se séparant de lui, l'évêque écrivit au Père provincial pour le remercier du bien inespéré qu'il avait fait à son diocèse, en lui donnant un tel missionnaire :

« C'est, lui mandait-il, un homme puissant en œuvres et en paroles, infatigable au travail, aussi prudent que zélé ; d'une charité admirable, de la vie la plus irréprochable, la plus mortifiée, la plus sainte. Je n'ai à me plaindre que de sa dureté pour lui-même. Je lui ai fait des observations sur ce point, et je dois à la vérité de dire qu'il n'en a point tenu compte. Je vous le rends pour un temps, en vous priant d'employer votre autorité sur lui pour l'obliger à ménager désormais une santé si précieuse pour la gloire de Dieu... »

Le provincial donna l'ordre au Père de Régis de se rendre au collège du Puy, où il serait à la disposition du recteur en attendant qu'on l'envoyât à de nouvelles missions.

IV

Le Chaylard.

Le 11 octobre 1634, le recteur du collège du Puy, écrivant au général de la Compagnie de Jésus, se félicitait de posséder depuis six semaines le missionnaire devenu si célèbre par ses innombrables conquêtes dans le Bas-Languedoc, et il ajoutait :

« Tout le monde convient que le Père Régis a un talent merveilleux pour les missions. Il est soutenu d'un zèle très-ardent pour la gloire de Dieu, et il n'en a jamais donné des marques plus éclatantes que lorsqu'il a accompagné monseigneur l'évêque de Viviers dans la visite de son diocèse. Je ne saurais dire le nombre extraordinaire des conversions qui ont eu lieu, autant par les rares exemples de sa vie que par la vertu efficace de sa parole ; ce qui fait qu'on le regarde déjà comme l'apôtre du Vivarais. C'est un saint missionnaire, qui ne respire que la gloire de Dieu et le salut des âmes... »

Mais les missions de France ne suffisaient plus à l'ambition de Jean-François. Peu de jours après son arrivée au Puy, le collége avait reçu communication des dernières nouvelles des travaux de la Compagnie de Jésus dans le Canada, et ces nouvelles avaient profondément ému le cœur de notre héros. Les Pères Paul Lejeune, de Brébeuf, Daniel et autres, bravant des dangers inouïs, surmontant des difficultés de tout genre, souffrant la faim, la soif et toute sorte de privations, étaient parvenus à pénétrer, au péril de leur vie, chez les Hurons, chez les Algonquins et chez les Iroquois. Ces peuples anthropophages, vivant au fond des forêts, comme les animaux sauvages dont ils partageaient la férocité, semblaient disposés à se laisser subjuguer par la douce charité des apôtres qui leur apportaient le nom de Jésus-Christ. La moisson pouvait être abondante, mais les dangers étaient grands et les ouvriers manquaient. Le Père Lejeune, afin d'attirer un plus grand nombre de ses frères, faisait briller à leurs yeux la couronne du martyre déjà conquise par plusieurs dans cette nouvelle colonie.

C'était assez pour enflammer le zèle des vaillants athlètes de la Compagnie de Jésus; notre saint ne pensait plus qu'aux dangereuses missions du Canada et se sentait douloureusement attristé lorsqu'on cherchait à le détourner de cette pensée :

— Vous faites tant de bien ici, lui disait un Père, qu'il serait très-regrettable que vous abandonnassiez ce ministère. Les supérieurs ne vous le permettront pas; n'y pensez plus. Aller au Canada, c'est courir à la mort, et vous pouvez sauver un si grand nombre d'âmes sans sortir de votre patrie et sans exposer votre vie !

— Je sais très-bien que je m'exposerais à une mort peut-être très-cruelle, répondit-il, mais je ne ferai en cela que ce qu'ont fait tant d'autres de nos frères qui ont eu le bonheur de mourir pour Jésus-Christ dans les Indes, au Japon, en Afrique et dans les deux Amériques. Ne faut-il pas que quelques-uns de nous se sacrifient pour ces pauvres idolâtres? Et pourquoi ne vaut-il pas mieux que je sois du nombre, moi si inutile et si misérable?

Persuadé que ce désir venait de Dieu, le Père de Régis écrivit le 15 décembre au général de la Compagnie de Jésus :

« Mon très-révérend Père,

» Je me sens un si véhément désir de passer au Canada, pour m'y consacrer au salut des peuples sauvages qui l'habitent, que je croirais manquer à l'appel divin, si je ne vous manifestais les sentiments que Dieu me donne à cet égard. Je vous les expose aujourd'hui, en vous suppliant très-instamment d'exaucer mes vœux, malgré mon indignité. Ma confiance en la bonté de Dieu et en la vôtre est si grande, qu'elle ne me permet pas de douter que vous m'accorderez la grâce que je vous demande avec larmes et que je souhaite avec ardeur.

» Vous savez, mon très-révérend Père, que je suis d'un tempérament à l'épreuve des plus grandes fatigues. Plût à Dieu que ma vertu fût aussi forte que ma santé est vigoureuse ! Mais j'espère qu'elle se fortifiera dans l'infirmité même, et qu'en travaillant pour la gloire de Dieu, sa divine grâce soutiendra ma faiblesse. Je sais que mes fautes ne pourront qu'être très-fréquentes au milieu de nations si perverses, et, par ce motif, je prends la liberté de me recommander à vos saints sacrifices... »

Le 30 janvier 1635, le Père général lui répondit :

« La noble et sainte ardeur que vous témoignez pour la propagation de la foi dans le nouveau monde, me donne une grande consolation, et j'en rends grâces à celui qui en est l'auteur. J'aurai égard à vos pieux désirs, lorsque le temps les aura un peu mûris. En attendant l'ordre de la Providence, affermissez ces bons sentiments par l'oraison et par la pratique des vertus nécessaires au ministère évangélique, pour être en état de surmonter, non plus de loin, mais de près, la foule de difficultés qui se présenteront dans l'exercice de votre zèle. Les désirs dont vous me faites part ne peuvent venir que du ciel : vous devez les estimer, et les cultiver avec d'autant plus de fidélité, qu'ils sont le prix du sang de Jésus-Christ. Je suis persuadé que vous vous y appliquerez. Je me recommande à vos saints sacrifices. »

Jean-François, heureux d'une réponse aussi favorable, jouissait par avance de toutes les souffrances qu'il espérait éprouver au Canada, et de la pensée que Dieu daignerait lui accorder la grâce de trouver le martyre en annonçant l'Évangile de Jésus-Christ.

Mais, pendant qu'il se complaisait à nourrir chèrement le désir de cet apostolat parmi les anthropophages, la divine Providence lui préparait d'autres labeurs.

L'évêque de Viviers avait dit qu'il ne rendait l'incomparable missionnaire à sa Compagnie que pour un temps; maintenant il le réclamait et priait le Père de la Case, provincial de Toulouse, de le lui accorder de nouveau pour évangéliser la baronnie du Chaylard, presque entièrement peuplée de calvinistes, ou de catholiques livrés à toutes leurs passions. Le comte de la Mothe, seigneur suzerain de ce fief important, sollicitait instamment cette faveur.

Le provincial écrit aussitôt à Jean-François et lui ordonne de se rendre sans délai au château du Chaylard, où il était attendu. Le recteur du collége du Puy désigne le Père Claude Bensac pour l'accompagner. Notre saint allait partir, lorsque l'un des gens du comte de la Mothe vient lui dire :

— Mon révérend Père, j'ai amené des chevaux que monseigneur met à votre disposition, afin que vous ne fassiez pas ce voyage à pied, les chemins étant très-mauvais en hiver.

Jean-François n'était pas seul, il dut accepter et partir à cheval avec le Père Bensac; le domestique du comte les suivait. C'était au mois de février 1635. Le froid était glacial dans ces montagnes et les chemins étaient couverts de neige; si nos voyageurs eussent été seuls, ils se seraient sûrement égarés; mais, guidés par le fidèle serviteur de monsieur de la Mothe, ils arrivèrent sans accidents au château du Chaylard [1], où le suze-

---

[1] Ce fief n'était pas ancien dans la famille de la Mothe-Brion : en

vain les attendait avec un extrême désir de revoir son saint ami.

Les habitants, prévenus par le comte de l'arrivée du célèbre missionnaire, se pressèrent en foule à sa première instruction et se sentirent tellement émus, que les larmes s'échappaient de tous les yeux et que la plupart des auditeurs éclataient en sanglots. Dès le premier jour ils entourèrent le saint tribunal; les pécheurs et les calvinistes se convertissaient en masse : il semblait que Dieu lui-même parlât au fond de toutes ces âmes par la bouche de son apôtre aimé. Chacun allait répétant, en pleurant sa vie passée :

— Le Père est un vrai saint! On ne résiste pas à un saint!

Ce n'était pas assez pour le zèle de Jean-François : le salut des pauvres disséminés dans la campagne, le préoccupait sans cesse. Le froid, la difficulté des chemins, la longueur des distances les empêchaient de venir à la ville; il brava toutes les fatigues et tous les dangers pour aller à eux. Il fallait enfoncer dans la neige, traverser des torrents, pénétrer dans d'épaisses forêts, gravir des montagnes couvertes de glace, n'avoir d'autre appui que les aspérités des rochers, et risquer à tout instant de rouler au fond d'épouvantables précipices... Rien n'ébranlait le courage de l'apôtre! Il savait qu'il découvrirait une brebis perdue, il espérait la ramener au bercail, et il ne demandait pas d'autre prix de tant de fatigues, de tant de périls.

La ville du Chaylard, étant entièrement renouvelée, il se livra exclusivement à ce laborieux apostolat des campagnes ; il y consacrait ses journées et revenait le

1569. La baronnie du Chaylard dépendait de Guillaume de la Cropte qui en était seigneur suzerain.

soir au château; mais souvent il arriva que s'étant égaré dans ces montagnes, il fut obligé de passer la nuit dans une forêt ou dans le creux d'un rocher. Lorsqu'il rentrait le soir au château, ses forces étaient épuisées au point qu'il se soutenait à peine, et on le suppliait vainement de prendre une nourriture plus solide et quelques jours de repos :

— Dieu lui-même veille sur ma santé, répondait-il ; peut-elle être en de meilleures mains? Dieu n'est-il pas le plus tendre et le plus charitable de tous les pères?

Un jour, il était si exténué par les fatigues de la journée qu'en arrivant dans sa chambre du Chaylard [1], il dit au Père Bensac :

— Je n'en puis plus ! Dieu soit loué ! je n'ai jamais été aussi heureux qu'aujourd'hui !

— Comment ! s'écria le Père Bensac, vous avouez que vous n'en pouvez plus, et vous vous trouvez plus heureux que jamais ?

— Ah! c'est que la vie me serait insupportable, je vous l'avoue, mon cher Père, reprit notre saint, si je n'avais rien à souffrir pour Jésus-Christ ; c'est ma seule joie, ma seule consolation en ce monde.

Le lendemain, il reprenait ses courses apostoliques avec le même courage, la même charité, la même ardeur. Tout le monde était persuadé qu'un miracle permanent pouvait seul le soutenir dans ces travaux impossibles. L'hiver est long dans les Cévennes : pendant que notre saint allait ainsi, à travers tant de dangers, à la recherche d'une pauvre masure, d'une cabane isolée, d'une grotte de montagne recélant toute une famille de misérables hérétiques ou de catholiques n'ayant de chrétien que le nom, il arrivait parfois que le Père

[1] On voit encore au château la chambre qu'il y occupait.

Bensac ne pouvait le suivre et l'attendait à distance.

Un jour, ils gravissaient péniblement ensemble une des montagnes les plus élevées du Vivarais, lorsque la neige commençant à tomber, au moment où les deux religieux venaient de se séparer, Jean-François se trouva dans l'impossibilité de redescendre après avoir rempli son ministère dans le petit hameau qu'il venait d'évangéliser. Partout la neige s'était élevée à une hauteur qui rendait les chemins impraticables ; l'œil le plus exercé n'aurait pu reconnaître les sentiers. En écoutant la sainte parole de l'apôtre, chacun s'était oublié, ils étaient tous sous le charme de cette éloquence populaire à laquelle rien ne résistait, et nul ne s'était aperçu de l'abondance de neige dont le ciel couvrait la montagne :

— Vous resterez avec nous jusqu'à la fonte, mon Père, lui disaient ces bonnes gens ; nous vous ferons une cabane, mais, malheureusement, nous sommes trop pauvres pour vous offrir autre chose que notre pain noir !

— Vous êtes mes enfants bien-aimés, précisément parce que vous êtes pauvres, leur répondit le saint missionnaire ; je serai donc heureux de partager avec vous les maigres aliments qui vous nourrissent. Jésus-Christ était pauvre, lui aussi, mes bons amis ; il n'avait pas même une pierre pour reposer sa tête !...

Les montagnards s'empressent de construire une cabane avec des branches d'arbres, ils la couvrent de paille, et Jean-François s'y établit, n'ayant d'autre lit de repos que le sol humide et nu, d'autre nourriture que le pain noir de la charité de ses hôtes.

Le Père Bensac l'attendait toujours dans le petit hameau où il s'étaient séparés, et qui, situé sur une partie beaucoup moins élevée, avait été assez épargné par la neige pour lui permettre de se reconnaître. Les habitants, connaissant tous les inconvénients de la situation pour le Père de Régis, dirent à son compagnon :

— Vous attendrez en vain, mon Père ; la neige l'a surpris là-haut, il est impossible à présent qu'il descende avant la fonte, et il est là pour quinze jours au moins, peut-être davantage.

Le Père Bensac prit donc le parti de retourner au Chaylard et de travailler à entretenir le bien opéré par le saint apôtre, en attendant qu'il plût à la Providence de permettre le retour de Jean-François. Mais les jours s'écoulaient, et le saint missionnaire ne revenait pas ! Le comte de la Mothe n'en souffrait pas moins que le bon Jésuite, plus encore peut-être, car il savait tout ce que son ami si vénéré souffrait de privations, et il craignait que l'atmosphère glaciale à laquelle il était exposé la nuit comme le jour, ne compromît sérieusement sa vie. Quant à lui envoyer des secours, il n'y fallait pas songer plus qu'à le ramener : les voies étaient obstruées et méconnaissables.

Le temps s'écoulait toujours, et Jean-François ne reparaissait pas ! Monsieur de la Mothe envoyait ses gens en éclaireurs, le Père Bensac les accompagnait souvent, et l'on reconnaissait, hélas ! que la neige était encore là et n'annonçait pas une prochaine délivrance pour le saint tant aimé ! Il y avait plus de quinze jours qu'il était ainsi retenu, lorsque vint la nouvelle si désirée : la neige commençait à fondre !

Quelques jours après, le Père Bensac et le comte de la Mothe avaient l'indicible consolation de presser sur leurs cœurs le Père de Régis, que la Providence avait maintenu dans un état de santé aussi satisfaisant que possible, et que Notre-Seigneur avait comblé des plus délicieuses consolations pendant cette captivité de trois semaines.

Notre saint avait établi au Chaylard et dans tous les

villages qu'il avait évangélisés, les associations et les bonnes œuvres qui devaient garantir la durée des fruits prodigieux de sa mission ; mais le comte de la Mothe ne put consentir à son départ, avant qu'il n'eût donné au village de Lachamp, dépendant également de sa suzeraineté, la consolation d'entendre sa parole.

Lachamp était catholique, l'hérésie n'avait pu y pénétrer, la foi s'y était conservée pure; les mœurs y étaient honnêtes, la religion y était respectée et pratiquée. Mais cette terre, assez éloignée de la baronnie du Chaylard, n'avait pu profiter des bienfaits de la mission, et le peuple sollicitait, par l'intermédiaire de son pasteur, le bonheur de posséder le saint apôtre pendant quelques jours et d'entendre la douce voix à laquelle Dieu attachait de si abondantes bénédictions.

Lorsqu'on apprit à Lachamp que le Père de Régis avait promis de céder au désir qui lui était si vivement exprimé, ce fut une joie des plus touchantes. Les bons villageois couraient dans tous les environs, annonçant la grande nouvelle à leurs voisins ; ceux-ci à d'autres, et, de village en village, le bruit se répandit au loin que *le saint* allait venir à Lachamp, qu'il y prêcherait, qu'il y confesserait, qu'il y apporterait toutes les bénédictions du ciel.

Le jour de son arrivée était connu, toutes ces populations accoururent au-devant de lui et le suivirent à l'église de Lachamp, où il monta en chaire aussitôt. Le repos lui était impossible en ce monde, il n'en voulait d'autre que celui de l'éternité. Son visage exténué, la mortification empreinte sur ses traits, le recueillement si doux que l'on aimait en lui, le calme céleste de son regard impressionnèrent si profondément cette foule, qu'elle fondit en larmes dès les premières paroles qu'il lui adressa. Les jours suivants, la foule était plus considérable encore et débordait sur la place, car les calvinistes ne pouvant s'expliquer les succès du saint Jésuite étaient venus de très-loin pour se rendre compte de cette merveille. Ils se trouvèrent pris dans leurs propres filets : la plupart d'entre eux s'en retournaient vaincus, et peu de temps après ils abjuraient leurs erreurs et rentraient dans le sein de l'Église.

La moisson était si abondante, que les journées ne suffisaient pas au travail de l'apôtre, il y consacrait encore une partie de la nuit. Souvent, il fallait en quelque sorte l'arracher du confessionnal, pour le forcer à prendre le peu de nourriture qu'il s'accordait d'ordinaire, mais dont il oubliait le besoin depuis qu'il était à Lachamp.

Il sortait un jour de l'église, épuisé de fatigue, ayant prêché ou confessé toute la matinée, lorsque se présentent plusieurs groupes de montagnards, arrivant de villages très-éloignés, et qui, le reconnaissant à son recueillement et à sa douce gravité, l'entourent avec empressement et lui disent :

— Mon Père, pour l'amour de Dieu, ne vous en allez pas !

— Mon Père, ne nous refusez pas votre charité !

— Mon Père, nous avons marché toute la nuit pour venir vous entendre prêcher !

— Mon Père, nous avons fait douze grandes lieues depuis hier, par des chemins horribles, pour recevoir vos instructions !

— Mon Père, donnez-nous la consolation que nous sommes venus chercher de si loin !

— Oui, mes chers enfants ; oui, venez, je vous porte tous dans mon cœur, leur dit Jean-François en les regardant avec un sourire angélique.

Et il rentre dans l'église, oublie sa fatigue, oublie qu'il

est à jeûn, instruit ces bonnes gens, les confesse, les fait prier avec lui et les renvoie comblés de joie.

Le comte de la Mothe, ravi du succès des missions données par le saint Jésuite dans ses terres du Vivarais, voulut en perpétuer le souvenir et fonda au Chaylard une petite résidence de deux missionnaires de la Compagnie de Jésus. Il affecta à cette œuvre une belle maison dans la ville, et un capital de seize mille livres, somme considérable pour l'époque. Il disait à son gendre, le comte de Fay de la Tour-Maubourg [1] :

« Je n'ai jamais vu un missionnaire plus saint que le Père Régis, ni des missions plus fructueuses que les siennes. Quant à sa personne, je l'ai observé de près pendant huit mois qu'il a instruit mes vassaux : je n'ai jamais pu remarquer en lui aucune trace des passions humaines ; tout paraissait surnaturel dans sa conduite ; je ne lui ai connu qu'une seule passion, qui est celle de faire connaître Dieu, et de le faire aimer.

» Non content de sanctifier le lieu qui était comme le centre de ses missions, il parcourait tous les villages et toutes les cabanes des environs. Les neiges, les glaces, le froid le plus violent, les vents les plus piquants, ne furent jamais capables de l'arrêter : quelque temps qu'il fît, il allait de chaumière en chaumière, catéchisant, administrant les sacrements, consolant et assistant les pauvres, travaillant sans relâche et ne prenant aucun repos, oubliant le sommeil et la nourriture. Je regardais comme un grand prodige qu'il pût suffire à des fatigues si excessives. Il traitait son corps d'une manière impi-

---

[1] Le comte de la Mothe-Brion avait deux filles, dont l'une épousa Jacques de Banne, et l'autre Jean de Fay de la Tour-Maubourg. Il avait aussi un fils, René de la Mothe, marié, en 1650, à Paule de Clermont de Chaste, dont il n'eut qu'une fille, qui épousa, en 1669, le comte Charles de Sassenage.

toyable, tout affaibli et exténué qu'il était d'ailleurs, joignant au sacrifice continuel qu'il faisait de lui-même dans ses voyages, des macérations étonnantes, seules capables d'abréger ses jours. Un peu de pain et de lait, ou des légumes cuits à l'eau et sans aucun assaisonnement, faisaient toute sa nourriture. Trois ais ou le plancher étaient son lit; encore ne prenait-il que deux ou au plus trois heures de sommeil. Il macérait toutes les nuits sa chair par de sanglantes disciplines. J'ai su qu'il était toujours couvert d'un rude cilice. Je lui représentais qu'une vie aussi austère ne pouvait que consumer des forces utiles à la gloire de Dieu par le bien qu'il faisait aux âmes; il ne tenait aucun compte de mes observations. Le peuple le considérant comme un vrai saint, et recevant ses instructions comme des oracles du ciel, il a fait dans mes terres tout ce qu'il a voulu; les fruits qu'il y a produits surpassent tout ce que j'en pourrais dire. Non-seulement il a converti un grand nombre de pécheurs et d'hérétiques, mais il a obtenu la réforme de plusieurs prêtres, dont les mœurs étaient en opposition avec la sainteté de leur caractère, et il a ramené à la perfection monastique bien des religieux tombés dans l'irrégularité. Enfin, il a opéré une réforme générale par son zèle incomparable et par sa charité tout évangélique. Je regarde la mission qu'il a faite dans mes terres, comme un des bienfaits les plus signalés que j'aie jamais reçus de la main de Dieu[1]. »

---

[1] Déposition de M. de la Tour-Maubourg.

V

Diocèses de Privas et de Valence.

1635

La ville de Privas, principal foyer de la révolte des calvinistes dans le Vivarais, avait été châtiée sévèrement par Louis XIII, en 1629, et n'en était pas plus soumise. L'hérésie impose le joug et ne le reçoit jamais.

Jean-François de Régis, instamment sollicité d'entreprendre la conversion des habitants de cette triste cité, se rendit à ce vœu aussitôt après avoir terminé la mission si consolante de Lachamp. Mais cette fois, hélas! nul ne vint au-devant de l'apôtre; la curiosité fut impuissante à lui amener un seul auditeur! On redoutait la présence de notre angélique missionnaire; on redoutait son attrayant regard, sa séduisante sainteté, son entraînante parole; on fuyait à son approche, on se renfermait avec affectation, on semblait avoir peur d'un Jésuite!

Le Père de Régis ne se laisse pas décourager par le mépris qu'on lui témoigne; il prie, il souffre, il se mortifie et il espère. En attendant le moment de la grâce, il se consacre exclusivement au soin des pauvres malades de l'hôpital; il cherche même ceux qui sont restés dans leur demeure, et leur prodigue les aumônes, les consolations et les services de sa tendre charité. Il fait le lit des uns, panse les plaies des autres, fait du bien à tous.

Les malades, d'abord étonnés d'un tel dévouement, ne pouvaient comprendre la douce compassion dont ils étaient l'objet. Les infirmiers hérétiques ou mauvais catholiques ne les avaient pas habitués à ces soins délicats. Bientôt il s'attachèrent à celui dont la présence seule était un soulagement pour eux; et Jean-François se voyant aimé, eut la consolation de commencer à faire aimer Dieu.

Sa vie si parfaitement évangélique impressionnait le peuple; on le considérait avec respect, on ne cherchait plus à l'éviter, on semblait presque disposé à l'écouter. Il profita de cette disposition, mais avec prudence. Il attira les enfants, leur fit le catéchisme, se fit aimer de ces jeunes cœurs, et ne tarda pas à voir leurs parents venir chercher aussi l'instruction dont ils avaient grand besoin. Alors, on parla du saint Jésuite, de sa douceur, de sa bonté, de sa charité, du bien qu'on éprouvait à l'entendre; alors, les calvinistes ne résistèrent plus au désir de le voir et de l'écouter dans ses catéchismes. Alors, enfin, la mission put être sérieusement entreprise.

Les hérétiques devenant chaque jour plus avides de sa parole, le Père de Régis s'attacha spécialement à combattre leurs erreurs et convertit plusieurs d'entre eux. Il ramena la foi dans les âmes qui ne s'étaient pas ouvertement séparées de l'Église, mais qui vivaient dans le mépris, ou tout au moins dans l'oubli de ses saintes lois, et fit encore beaucoup de conversions parmi eux. Mais il ne restait plus une seule église à Privas; les guerres civiles, la peste, la famine avaient porté la ruine et la désolation dans cette ville; la misère y était extrême, et Jean-François ne put pousser aussi loin qu'ailleurs le bien qu'il avait commencé. Il fallait encore quelques années à ce peuple pour réparer tant de désastres et relever tant de ruines. Toutefois, si le catholicisme ne fit pas de progrès après la mission de notre saint, les conversions qu'il obtint furent durables, et lorsque monsieur

Olier, fondateur de la société de Saint-Sulpice, envoya ses missionnaires à Privas, en 1654, ceux-ci trouvèrent le terrain admirablement préparé. Le souvenir du saint Jésuite s'y conservait précieusement, et pourtant, la mort avait moissonné dans ces vingt-neuf années, la plus grande partie des conquêtes de son apostolat : il ne restait plus alors que quarante catholiques ; mais c'était assez pour l'entraînement nécessaire au premier moment.

Jean François de Régis était encore à Privas, lorsque Charles-Jacques Gelas de Leberon, évêque de Valence, lui demanda de porter le secours de sa parole aux habitants de Saint-Agrève. Le prélat avait appris, d'abord par l'évêque de Viviers, à l'assemblée de Saint-Germain-en-Laye, puis à son retour, par la voix publique, les bénédictions que Dieu se plaisait à répandre sur les travaux du Père de Régis, et il avait obtenu des supérieurs du saint missionnaire, qu'il évangélisât une partie de son diocèse. Plusieurs paroisses sollicitaient à la fois la même grâce, mais le choix de l'évêque devait déterminer celui de notre saint.

Toutefois, il ne pouvait oublier les sauvages du Canada, et le temps s'écoulant sans lui apporter de nouveaux ordres de Rome à ce sujet, il désirait renouveler ses instances auprès du Père général. La Compagnie de Jésus possédait un collège à Aubenas, dont le Père Labatut était recteur, et la distance est courte de Privas à Aubenas. Jean-François s'y rendit, heureux de se retrouver avec plusieurs de ses frères, de se retremper quelques jours dans la solitude et la retraite, et de consulter le Père Labatut dont les lumières et l'expérience lui inspiraient une grande confiance. Le Père Labatut ne partagea point son opinion :

— Le Vivarais, lui dit-il, présente à votre zèle un vaste champ et l'espérance d'une riche moisson. Dieu semble vous avoir choisi pour évangéliser ce pays où vous avez déjà travaillé avec un succès prodigieux : je suis persuadé que votre vocation est là et non dans l'apostolat du Canada.

— Je crois pourtant que ce désir vient de Dieu, dit humblement notre saint, et je me crois autorisé à le penser, puisque le très-révérend Père général l'a jugé ainsi et me l'a écrit.

— Je n'en doute pas non plus, reprit le recteur ; mais vous savez que Dieu inspire parfois de ces sortes de désir, afin qu'on ait le mérite de lui en faire le sacrifice. Au reste, écrivez de nouveau au très-révérend Père général ; cette fois, sans doute, il vous répondra d'une manière décisive, et vous serez ainsi fixé sur la volonté de Dieu.

Jean-François suivit ce conseil et écrivit, le 21 novembre 1635, à son supérieur général :

« Mon très-révérend Père,

» Vous avez eu la bonté de m'écrire que vous auriez égard au dessein que Dieu m'a inspiré d'aller annoncer l'Évangile aux peuples du Canada, lorsque le temps aurait mûri ma vocation. Je vous supplie de faire attention que ce dessein, que Dieu a fait naître dans mon cœur, il y a une année entière, et qui s'y est toujours fortifié depuis le premier moment, est un fruit du ciel, parvenu à parfaite maturité, ayant été si souvent arrosé de mes larmes, et si longtemps échauffé par le feu de l'Esprit-Saint. Ayez donc la bonté d'exaucer des vœux si ardents !

» Plusieurs s'efforcent de me détourner de cette pensée. Une telle mission leur paraît difficile et périlleuse, sans doute parce qu'ils m'en jugent indigne ; mais, malgré mon indignité, j'ose attendre cette grâce, que vous m'avez fait espérer par votre lettre. Daignez, mon très-révérend Père, me l'accorder, je vous en conjure par votre zèle pour la gloire de la divine Majesté ! Cependant, quoi qu'il vous plaise m'ordonner, j'exécuterai vos ordres avec la plus respectueuse soumission. »

Après avoir écrit cette lettre, où nous voyons si bien le zèle et la candide humilité de son âme, le Père de Régis se sépara de ses frères d'Aubenas et prit, avec le Père Bensac, le chemin de Saint-Agrève. C'était une petite ville où régnaient à la fois tous les vices, et où le bas peuple était complétement abruti par la plus grossière intempérance. L'hérésie l'avait assez perverti de son souffle, pour ne rien exiger de lui au delà de cet avilissement, il était donc en partie resté catholique, mais de nom seulement.

Plus heureux qu'à Privas, Jean-François se vit accueilli par plusieurs habitants avec une sympathie encourageante. Il prêcha et fut écouté ; il appela les enfants et les vit accourir en foule ; il tonna contre les vices, et les pécheurs les abandonnèrent. Quelques-uns résistèrent assez longtemps ; mais la patiente charité de l'apôtre finit par les vaincre.

Un jour on l'avertit que de malheureux buveurs se sont pris de querelle dans un cabaret, qu'ils en viennent aux mains, et qu'ils profèrent d'horribles blasphèmes. C'était un dimanche. L'âme de notre angélique missionnaire frémit de douleur et d'indignation ; son cœur ne peut supporter sans déchirement la pensée que Dieu est si cruellement offensé en ce saint jour ; son zèle l'emporte, il court résolûment au lieu désigné, n'y voit que des calvinistes, mais n'hésite pas à se jeter entre les combattants pour les séparer, en leur reprochant avec une extrême douceur l'excès de leur intempérance et de leur impiété :

— De quoi vous mêlez-vous, jésuite! papiste! s'écrie l'un d'eux en lui donnant un soufflet.

— Frappez, mon bien cher frère, — lui répond humblement notre saint, en lui présentant l'autre joue, — frappez ; je vous remercie de me traiter ainsi; si vous me connaissiez, vous sauriez que je mérite bien d'autres châtiments!

Au même instant, tous ces lions, devenus doux comme des agneaux, demandent pardon au saint Jésuite de l'outrage qu'il vient de recevoir, ils lui promettent de ne se plus exposer à renouveler ce scandale, et ils sortent aussitôt du cabaret, laissant notre Jean-François tout consolé d'avoir empêché un plus grand mal. Dans le nombre d'hérétiques qu'il ramena à la foi de leurs pères, les témoins de ce grand acte de zèle et de charité évangéliques ne furent par les derniers.

Après avoir converti la petite ville de Saint-Agrève et y avoir établi l'ordre, la paix, la piété et la fréquentation des sacrements, le Père de Régis s'occupa de l'évangélisation des campagnes dans les environs. Il commença ces courses dans les premiers jours de janvier 1636, et se fit entendre avec les mêmes succès dans les bourgs de Desaignes, de Nozières, de Rochepaule et dans tous les villages qui les séparaient ; il alla ainsi, toujours prêchant, toujours confessant, et, par des chemins presque impraticables en hiver, jusqu'à Saint-Barthélemy-le-Plain, près de Tournon.

A la fin de février, d'après le désir que lui en avait exprimé l'évêque de Valence, Jean-François, de retour à Saint-Agrève, où il fortifiait le bien si rapidement obtenu par son zèle, allait prendre la route de Saint-André-des-Effangeats, afin d'y commencer une mission qui devait s'étendre dans toute la partie nord du diocèse, lorsqu'il voit arriver une foule considérable de villageois sollicitant le bonheur de l'entendre.

— Mes chers enfants, leur dit-il, je ne puis retarder mon départ; je suis attendu à Saint-André, il ne m'est pas possible d'avoir la consolation de vous faire le bien que vous désirez !...

— Eh bien! mon Père, nous allons vous suivre à Saint-André et nous vous entendrons, et vous nous confesserez, n'est-ce pas?

— Oh! bien volontiers, mes bons amis. Je vous aime tous bien tendrement et ne voudrais certainement pas vous refuser mon ministère. Venez, mes enfants, venez avec nous.

Et le voilà escorté de cette foule de bons paysans, leur faisant chanter des cantiques, réciter des prières, faire des actes de contrition et d'amour de Dieu, et leur adressant, de temps à autre, des paroles brûlantes qui les ravissent. Ces chants, ces prières, ce mouvement inaccoutumé attiraient l'attention dans les hameaux et les villages que l'on traversait, et aussitôt se faisaient entendre les cris : « C'est le saint! voilà le saint! Venez voir le saint! » Tous ces villageois se joignaient promptement à la pieuse troupe, et la foule allait grossissant toujours.

Pendant que les montagnes retentissaient du chant des cantiques et que leurs divers échos les répétaient au loin, deux voyageurs s'arrêtaient, étonnés, près du village de Saint-Pierre-de-Machabée :

— Entendez-vous ces chants, mon Père, dit l'un à son compagnon.

— Oui, vraiment; c'est un cantique... Et quelle multitude de voix! répond l'autre.

— C'est assez étrange : un cantique en plein air dans

8.

les Cévennes! reprend le premier; le Père Régis doit être pour quelque chose dans ce miracle.

C'était le Père Gabriel Clément, alors procureur au collége de Tournon, qui, allant au Puy avec un des Pères du même collége, ne pouvait s'expliquer autrement cette pieuse manifestation dans un pays où l'hérésie dominait depuis si longtemps. Au moment où il exprimait sa surprise au religieux qui l'accompagnait, quelques montagnards passent près de lui; il leur demande :

— Quels sont donc tous ces chants que l'on entend au loin, mes amis?

— C'est le saint qui passe là-bas, répond l'un des paysans, et qui est accompagné de tous les habitants des villages qu'il traverse.

— Et où va-t-il? demande encore le Père Clément, qui se doutait bien de quel *saint* il était question.

— Il va faire la mission à Saint-André.

Au delà de Saint-Pierre, nos deux voyageurs voient une masse de peuple courant en toute hâte; le Père Clément s'adresse à un bon vieillard dont l'âge retardait la marche, et il lui dit :

— Où vont donc tous ces braves gens, mon ami? ils courent comme s'ils étaient poursuivis par la maréchaussée!

— Ah! c'est qu'ils vont au-devant du saint, qui va prêcher à Saint-André aujourd'hui même.

Arrivés à Saint-André, nos Jésuites vont jusqu'à l'église et trouvent la place envahie par la foule :

— Qu'y a-t-il donc ici aujourd'hui? demande le Père Clément. Pourquoi tant de monde réuni sur la place?

— C'est que nous attendons le saint, qui va venir commencer la mission.

Ce dut être, pour les deux religieux, un moment de

bien douce joie, que celui où il leur fut donné d'entendre parler avec ce sentiment de vénération, d'un de leurs frères les plus appréciés dans la province, et de l'entendre désigner ainsi, avec cette naïve confiance qui ne peut douter d'être comprise !

Enfin, *le saint* parut, précédé, accompagné et suivi d'une foule si considérable que l'église n'eût pu la contenir. Les populations de Saint-Julien, de Saint-Bonnet-le-Froid, de Vocance, de Vanose-en-Vocance et autres avaient été à sa rencontre, et un grand nombre de seigneurs et de châtelaines l'attendaient dans l'église avec les habitants de la localité et ceux du voisinage qui avaient pu trouver place parmi eux. Le comte de la Mothe marchait à côté de son saint ami, avec le Père Bensac.

L'avidité du peuple était telle, pour entendre la parole du *saint*, que notre missionnaire ne put prendre un seul instant de repos. Il parla d'abord sur la place pour satisfaire l'empressement général, puis il monta en chaire pour ceux qui remplissaient l'église ; lorsqu'il eut fini de parler, on se précipita si vivement autour du confessionnal, et les pécheurs qui voulaient revenir à Dieu étaient si nombreux, que l'incomparable apôtre les entendit pendant plusieurs heures, malgré les fatigues d'une si pénible journée.

Cette mission opéra des prodiges. Le comte de la Mothe, après l'avoir suivie, écrivait :

« Notre missionnaire exposait les vérités chrétiennes avec une netteté et une simplicité qui les rendaient sensibles aux plus stupides ; avec une solidité et une force qui portaient la conviction dans les esprits les plus opiniâtres ; avec une onction divine qui forçait les plus insensibles à les aimer. Sa vie si sainte donnait une nouvelle efficacité à ses discours : sans parler, il persuadait et touchait. C'était dans l'occasion, au pied du Crucifix, qu'il puisait le feu sacré dont ses paroles étaient animées, et qui faisaient de si vives impressions dans les cœurs.

Notre saint demeurait au presbytère, ainsi que le Père Bensac, dont il ne se séparait pas. Le curé de Saint-André avait chez lui un de ses neveux, enfant de sept ans, qu'il affectionnait avec une tendresse paternelle, et il était heureux de voir l'aimable attention que le Père de Régis portait sur cet enfant, chaque fois qu'il le rencontrait. Nous savons tout l'intérêt que notre saint Jésuite portait à l'enfance et à la jeunesse, et combien il savait s'en faire aimer.

Une nuit, tout le monde est réveillé brusquement au presbytère, par des cris reconnaissables pour chacun : c'était le neveu du curé, qui s'était levé, avait voulu descendre l'escalier, était tombé et avait roulé jusqu'à la dernière marche. Le curé vole au secours de l'enfant, le croyant brisé dans sa chute, et poussant des plaintes déchirantes. Mais en passant devant la porte de la chambre occupée par le Père de Régis, il la voit ouverte, et le saint accourant lui dit avec l'empressement de la charité :

— Ne vous affligez pas! le cher enfant ne s'est fait aucun mal ; rendons grâce à Dieu, dont l'adorable bonté l'a garanti de ce danger.

L'enfant n'avait en effet aucun mal ; il avait crié tout simplement par précaution : persuadé qu'il avait besoin de secours, il en appelait à sa manière, il pleurait à effrayer toute la maison. Il ignorait, et il n'était pas d'âge à le comprendre, que la présence du saint missionnaire avait attiré sur lui une bénédiction toute spéciale, et l'avait préservé de tout mal dans cette circonstance. Le curé n'en douta pas, et, depuis ce jour, il disait souvent :

— C'est au saint Père Régis que je suis redevable de la conservation de mon neveu. Il était en oraison au moment de l'accident, il a connu la chute de l'enfant, il a su qu'elle n'avait point de résultat fâcheux, il me l'a assuré, tout cela sans sortir de sa chambre. Dieu seul pouvait l'avoir ainsi éclairé.

Le centre de la mission était Saint-André ; mais Jean-François évangélisait aussi les environs et ne pouvait suffire à l'empressement des bons montagnards que sa réputation seule disposait à une sincère conversion.

Un jour, après avoir marché, prêché et confessé sur toute la route, depuis le matin, il arrivait le soir à Chambon, village entièrement calviniste, et voyant le Père Bensac exténué de fatigue, il lui dit :

— Nous allons nous arrêter ici, vous souperez bien, vous vous reposerez et nous repartirons ensuite, puisque nous sommes maintenant bien près de notre destination.

— Nous arrêter ici, mon Père ! chez des hérétiques ? Et qui voudra nous recevoir !

— L'hôtelier ; c'est à l'hôtellerie que je vous conduis.

— Vous ne pensez donc pas que vous êtes sans argent ? reprit le Père Bensac ; l'hôtelier étant hérétique, ne fera sûrement ni aumône ni crédit à des Jésuites.

— Prions, cher Père, dit notre saint, et ayons confiance en Dieu.

— L'hôtelier ne prendra pas nos prières en paiement, soyez-en sûr.

Ils étaient déjà entrés dans l'hôtellerie et y avaient déjà demandé une chambre. Jean-François se met en prières, le Père Bensac hésitait et lui dit :

— Sérieusement, vous croyez que ce calviniste va se payer de nos prières ?

— Ne vous préoccupez pas de cela, mon Père, lui dit Jean-François ; nous avons une bonne et belle ressource dans la Providence, qui ne nous a jamais délaissés dans nos besoins. Confiance et courage !

Il prie et, se relevant bientôt, il entre dans une chambre voisine, où plusieurs jeunes gens jouaient en attendant le souper. Le saint les salue, s'assied, et veut engager la conversation ; mais les jeunes calvinistes, ne pouvant comprendre la témérité du Jésuite qui ose se présenter au milieu d'eux, se regardent, ricannent, lancent de vives épigrammes à notre saint et s'étonnent qu'il les supporte sans bouger. Enhardis par sa patience et son humilité, ils vont plus loin et lui adressent des injures. Le Père de Régis les reçoit avec la même dignité et la même douceur ; mais il commence à parler, lui aussi. Il était venu là pour gagner au moins une âme à Dieu, il ne veut pas se retirer sans avoir tenté de la sauver. Il parle, il met tout son cœur dans sa voix et dans sa pénétrante parole, et il se voit aussitôt entouré de respect, et tous ces fougueux ennemis de l'Église et de la Compagnie de Jésus lui demandent de leur pardonner les insultes qu'ils ont osé lui faire, et lui promettent de réfléchir, de prier et de profiter de ses charitables avis. L'un d'eux sort un instant de la chambre et y rentre bientôt après. Quel motif le portait à disparaître au moment où l'émotion était si vive pour tous ? C'était le secret de la Providence.

Notre saint apôtre avait à peine rejoint le Père Bensac, que l'hôtelier faisait servir un excellent souper aux deux Pères et leur disait :

— Vous n'avez rien demandé, mais un des jeunes gens qui sont là, est venu me donner l'ordre de vous bien servir, de vous bien traiter et de ne rien accepter de vous, parce qu'ils veulent payer votre dépense, disant que celui qui est allé les voir est un vrai saint.

« Quelle Providence ! — disait souvent le Père Bensac en se rappelant cette circonstance. — Quelle confiance de la part du Père Régis, et quelle attention de la part de Dieu ! »

VI

Marlhes.

1636

Le Forez, dépendant autrefois du Lyonnais, se divisait en *haut* et *bas*, et avait Montbrison pour capitale. La partie du Vivarais sur laquelle est situé Saint-André-des-Effangeats, touche aux confins du Haut-Forez ; ne soyons donc pas étonnés que la réputation de Jean-François de Régis remplît cette dernière partie de la province.

Sur les instances de leurs paroissiens, plusieurs curés avaient désiré attirer le saint Jésuite pour l'évangélisation de leurs paroisses, et Jacques André, curé de Marlhes, ayant pris les devants, avait obtenu la promesse de le posséder vers la fin du mois de mars, aussitôt après la mission de Saint-André.

L'hiver était encore dans toute sa rigueur, sur ces montagnes couvertes de neige ; les chemins étaient obstrués en partie, les sentiers difficiles à reconnaître, et la moindre élévation dans la température pouvait amener la chute des neiges si redoutée des voyageurs ; les montagnards eux-mêmes osaient à peine sortir de leurs demeures. Mais nul danger n'arrêtait le zèle de notre saint. Il avait promis aux envoyés du curé de Marlhes d'ouvrir la mission dans cette paroisse le jour de la fête de l'Annonciation, 25 mars, il tenait à ne pas manquer à sa parole. Son compagnon, effrayé de ce courage, cherchait à le détourner d'un voyage aussi périlleux :

— Rien ne m'arrêtera, mon cher frère, lui répondit-il, j'ai donné ma parole, nous sommes attendus, il faut partir au nom du Seigneur.

Ils partirent en effet ; mais après avoir marché toute la journée, « la nuit nous surprit, raconte Claude Bensac, que nous étions encore fort éloignés de notre terme. Je conseillai au Père Régis de gagner un village, où je savais qu'un de nos amis se ferait un plaisir de nous recevoir chez lui :

» — Nous avons fait annoncer la mission pour demain, me répondit-il ; quoi qu'il nous en coûte, il faut en faire demain l'ouverture, pour ne pas frustrer l'attente des peuples qui en sont avertis.

» — Il y a danger, lui répartis-je, que nous ne nous égarions, et que nous ne soyons obligés de passer la nuit dans ces lieux déserts.

» — Ayez confiance, mon frère, me dit-il, nos anges gardiens marchent devant nous ; guidés par de tels conducteurs, nous n'avons rien à craindre.

» Cela me rassura quelques moments ; mais mes craintes revinrent, dès que je m'aperçus que nous étions égarés. Nous errâmes deux heures entières dans les bois et dans les montagnes, ne faisant que monter et descendre, au milieu des neiges et des endroits escarpés, sans savoir où nous allions, ni où nous étions. Il arrivait de temps en temps que je tombais dans un fossé, et puis dans un autre. L'obscurité de la nuit, l'abondance de la neige ; le hurlement des loups, qui sont là en grand nombre, tout cela était horrible. Je ne pus m'empêcher de reprocher au Père Régis de nous avoir engagés sans raison dans un si grand danger; mais lui me reprochait, à son tour, ma défiance, et me disait :

» — Quoi donc, mon frère, perdrez-vous votre cœur pour si peu de chose ? C'est le Seigneur qui nous sert de guide ; que ne devons-nous pas espérer sous sa conduite ? Ne perdons pas l'occasion que le ciel nous offre d'augmenter notre couronne.

» Mais je l'écoutais à peine, tant j'étais saisi de peur. Je craignais à tout moment de rouler dans un abîme, ou de m'enfoncer tout entier dans les neiges, ou d'être dévoré par les loups qui rôdaient autour de nous. Enfin, nous retrouvâmes notre chemin, et nous arrivâmes à Marlhes un peu après minuit, à demi morts de froid et de fatigue, et je tiens pour un miracle que nous nous soyons tirés d'un si grand péril. Dieu nous sauva certainement à cause de la grande sainteté du Père Régis, qui, lui, mettant toute sa confiance dans la Providence, ne perdit rien de sa tranquillité durant ce dangereux voyage. »

La mission commença le lendemain, au milieu d'un concours immense. Les populations accouraient de tous les villages environnants pour voir et entendre celui dont la renommée publiait tant de merveilles, et le bon Père de Régis, pour leur éviter la peine de venir à lui, allait souvent les instruire et les confesser chez eux.

Un jour, il revenait à Marlhes, après une de ses courses apostoliques dans les montagnes, lorsqu'une femme du village, s'apercevant que le manteau du *saint Père* est déchiré, court à lui et lui demande de vouloir bien lui permettre de le raccommoder. Le bon Père lui remet son manteau en lui exprimant sa reconnaissance ; car il était aussi touché de la charité de cette femme, que s'il n'eût rien fait pour mériter son attention. La villageoise emporte le précieux et pauvre vêtement, elle enlève la partie déchirée par les ronces, elle la remplace par un autre morceau d'étoffe allant tant bien que mal, elle conserve les lambeaux qu'elle a retirés et, après avoir rapporté le manteau au presbytère, elle rentre en toute hâte dans sa demeure. Ses deux enfants étaient malades : l'aîné était hydropique, l'autre avait une fièvre ardente. Elle prend les lambeaux du vêtement de notre saint, bien persuadée que le Père de Régis doit y avoir laissé une vertu miraculeuse, elle les pose sur ses enfants, et au même instant Dieu leur rend la santé.

Tout le village connaissait l'état des deux enfants, tout le village les vit guéris à la fois le même soir, et ce fut, dès lors, à qui obtiendrait les précieux lambeaux pour les malades. Dieu s'en servit si bien à la gloire du saint Jésuite, qu'ils opérèrent des guérisons innombrables dans une grande partie du Haut-Forez. La réputation de sainteté du Père de Régis en fut sensiblement accrue, les plus grands pécheurs désiraient le voir, le connaître et ne pouvaient résister à sa parole. Mais laissons le curé de Marlhes nous raconter lui-même les travaux et les succès de notre saint :

« Infatigable au travail, appliqué jour et nuit aux fonctions du ministère évangélique, dans l'espace d'un mois, il entendit lui seul, dans ma paroisse, plus de deux mille confessions, presque toutes générales : il entendait plus volontiers celles des pauvres que celles des personnes de qualité. Il se dévouait au service des malheureux qu'il secourait avec la bonté d'un père. Il demandait l'aumône pour eux, visitait les infirmes, assistait les mourants.

» Il était dans une amère affliction, lorsqu'il apprenait que Dieu était offensé. Dans ces occasions, il oubliait sa douceur naturelle, il paraissait transporté d'une sainte colère, et, d'un ton de voix foudroyant, il menaçait, il effrayait les plus déterminés pécheurs. Il aurait sacrifié mille fois sa vie pour empêcher un seul péché mortel. Une seule de ses paroles embrasait les cœurs les plus froids et amollissait les plus durs. Aussi les conversions furent innombrables. Après la mission, je ne reconnaissais plus mes paroissiens, tant ils étaient changés, transformés.

» Non content de se sacrifier tout entier au service de ma paroisse, il faisait des courses dans tout le voisinage, avec un courage qui étonnait tous ceux qui le voyaient. Quelquefois, il partait de chez moi par des temps capables d'intimider les plus hardis. Ni la véhémence du froid, qui est insupportable dans nos montagnes, ni les torrents enflés par les pluies, ni l'abondance des neiges qui fermaient les passages, n'étaient capables d'arrêter le zèle de cet homme apostolique. Il semblait même avoir communiqué son intrépidité aux autres ; car, lorsqu'il allait prêcher dans la montagne, malgré tous les périls, on le suivait en foule. Les paysans l'attendaient sur le chemin et se joignaient aux premiers ; sa douceur et sa sainteté avaient un charme qui attirait tout le monde à sa suite.

» Je l'ai vu, dans les temps les plus rigoureux, obligé de s'arrêter au milieu des forêts pour satisfaire l'avidité des fidèles, qui voulaient l'entendre parler du salut. Je l'ai vu, au sommet d'une montagne, élevé sur un monceau de neige glacée, distribuer le pain de la parole, passer des journées entières dans ce saint exercice, et employer la nuit à entendre les confessions. Mille fois il aurait succombé à tant de travaux, si Dieu ne l'eût soutenu par un miracle continuel, pour sa gloire et pour le salut des âmes.

» Grâce à lui, deux mille fidèles, environ, s'approchèrent de la sainte table, et, non-seulement ma paroisse, mais Clavas, le Bourg-Argental, Saint-Sauveur, Saint-Julien-Molin-Molette, et autres lieux eurent part aux grandes bénédictions que Dieu répandit sur les travaux et le zèle de ce saint missionnaire. »

Nous ne parlerons pas de la douleur que firent éclater toutes les populations évangélisées par notre saint, à l'annonce de son départ. Il eût désiré se dérober aux témoignages déchirants des regrets qu'il laissait dans tous les cœurs, mais il ne put éviter l'empressement général. On savait que la mission de Marlhes étant terminée, il partait sans s'accorder un seul jour de repos, et retournait au Puy pour y passer tout l'été dans l'exercice d'un autre apostolat, et on voulait l'accompagner au moins jusqu'à la limite du Haut-Forez. Ce fut, en effet, au milieu de ces bons villageois, chantant en pleurant les cantiques qu'il leur désignait, que le doux et aimable apôtre fit une partie de son voyage du retour.

Au moment de se séparer de lui, tout ce peuple s'agenouilla et demanda la bénédiction du *saint Père*; Jean-François les bénit, leur fit une dernière et touchante exhortation, qui redoubla l'émotion déjà si vive de la foule en pleurs, et on se sépara. C'était à la fin d'avril.

Il y avait encore de grands dangers à courir dans les forêts et les gorges profondes des montagnes; le Père Bensac n'était pas aussi intrépide que Jean-François et, malgré sa propre expérience, il tremblait souvent et ne pouvait s'empêcher de penser que le saint missionnaire tentait un peu la Providence; il le lui dit même un jour assez nettement.

— Ne craignez rien, mon cher frère, lui répondit le Père de Régis ; Dieu lui-même *est notre conducteur ; sa Providence est attentive sur nos pas. Le Seigneur veille à ma conservation, que puis-je craindre ? Le Seigneur est le défenseur de ma vie*, les plus grand périls peuvent-ils m'effrayer?

Et Claude Bensac, un peu remonté, reprenait courage et sentait renaître la confiance ; toutefois, son humilité aidant, il se disait bientôt intérieurement : « Le Père Régis est un saint, Dieu fera des miracles pour lui, je n'en doute pas ; le passé suffit bien pour répondre de l'avenir ; mais moi, qui ne suis qu'un misérable pécheur, puis-je espérer d'échapper aux dangers qui nous menacent ? Si Dieu daigne me protéger, ce ne peut être, assurément, qu'en faveur de son saint apôtre. »

— Nos Pères du Canada, reprenait le saint missionnaire, sont exposés à de bien plus grands périls. Que je serais heureux de les partager ! et quel bonheur ce serait pour moi, s'il m'était donné de mourir pour Jésus-Christ en travaillant au salut des Hurons, des Algonquins et des Iroquois !

Malgré toutes les craintes du Père Bensac, Dieu protégea nos voyageurs jusqu'au bout, et les fit arriver au collége du Puy, sans accident, à la fin du mois d'avril 1636.

VII

Le Puy.

1636

— Vous voilà donc, bon Père Régis ! Vous devez être bien fatigué, après des courses aussi pénibles ?

— Pas du tout ; je ne me suis jamais mieux porté.

— Vraiment ? Mais c'est une grâce merveilleuse ! De telles missions dans les montagnes écraseraient le plus solide.

— Je me sentais plus de force à la fin qu'au commencement.

— C'est prodigieux ! L'hiver a été pourtant bien rude ici, et il devait être bien plus rigoureux dans les montagnes ?

— Je vous assure, mes chers Pères, que je suis tout prêt à recommencer, et à partir demain pour de nouvelles missions, si les supérieurs me l'ordonnent.

Ainsi répondait Jean-François à la sollicitude affectueuse de ses frères du collége, tous heureux de le revoir après une longue absence, dont tous les instants avaient été consacrés, jour et nuit, à la gloire de Dieu. Le Père Sébastien Vineau, recteur, lui remit une lettre du général de la Compagnie, en réponse à celle que notre saint lui avait écrite à Aubenas. Jean-François se recueillit avant de l'ouvrir : Dieu allait manifester sa volonté au sujet de la mission du Canada, et le cœur de l'humble Père de Régis battait plus vite et plus fort à la pensée de cette décision... Hélas ! la réponse du Père général, datée du 13 janvier, anéantissait toutes ses espérances ! Il lui mandait :

« Un si grand nombre de nos Pères français demandent avec empressement la même faveur, qu'il est impossible de l'accorder à tous. Les ressources de cette mission sont trop bornées pour nous permettre d'augmenter le nombre des ouvriers à ce point. Plus tard, si elles deviennent plus considérables, et que nous puissions multiplier les missionnaires, nous aurons égard à l'ardeur de votre zèle. En attendant, continuez à acquérir les vertus apostoliques, et surtout l'amour de la Croix, viatique nécessaire pour travailler utilement à la gloire de Dieu, dans des missions où il y a tant à souffrir. »

Notre angélique missionnaire ne vit qu'une chose dans cette affligeante réponse : son indignité personnelle : « Mes péchés, se disait-il, m'ont ravi la couronne du martyre ! Dieu est souverainement juste : il a parlé par mes supérieurs, je n'ai qu'à accepter son jugement et à travailler à sa gloire sur les lieux où sa volonté me retient. »

Le lendemain, il était appelé par Just de Serre, alors évêque du Puy, qui lui dit :

— Je désirais fort votre retour. Vous connaissez l'état spirituel de cette ville? Il n'en est pas de plus triste. Les efforts de l'hérésie n'ont pas été vains ! La foi est altérée dans bien des âmes, la corruption s'est glissée dans toutes les classes, le clergé est tombé dans une sorte d'indifférence déplorable ; il faut absolument une mission au Puy ! Dieu a béni si abondamment celles que vous avez faites dans les campagnes, que nous avons tout lieu d'espérer des fruits semblables dans notre ville épiscopale. Je vous donne tous mes pouvoirs pour la réforme de la ville et du diocèse. Vous rencontrerez des obstacles, vous trouverez des difficultés, les contradictions seront grandes et nombreuses ; mais comptez sur mon appui : je vous soutiendrai de toute mon autorité, et Dieu qui m'a inspiré ce dessein bénira votre zèle et vos travaux.

— Monseigneur, lui répondit notre saint, je n'épargnerai rien pour atteindre le but que vous vous proposez, et j'avoue que je redoute mes propres péchés, bien plus que les contradictions des hommes. Mais j'attends tout de la bonté infinie de Dieu, en qui j'espère uniquement.

Jean-François se mit à l'œuvre aussitôt, et commença par faire des catéchismes, dans l'église du collége [1], l'un pour les enfants, l'autre pour le peuple. « Dans ces catéchismes, dit Pierre le Blanc de Chantemule, vicaire général du diocèse, il développait les mystères de la religion avec une netteté qui les rendait sensibles aux intelligences les plus bornées, et avec une force qui persuadait les plus incrédules. On eût cru que ces mystères étaient sans voile pour le saint missionnaire, et qu'il les contemplait à découvert, tant sa foi paraissait vive et animée. »

Son visage semblait entouré d'une auréole divine; son regard était céleste, son accent inspiré, sa parole brûlante. Ses auditeurs étaient sous le charme. Il parlait pour le peuple et les ignorants, et les grands de la terre, les savants, les religieux, les prêtres, toutes les classes, toutes les intelligences se pressaient à ses instructions. Bientôt l'église du collége ne pouvant plus contenir la foule toujours croissante, les religieux bénédictins proposèrent la leur, appelée *Saint-Pierre-le-Monastier*[2]. Son vaisseau beaucoup plus vaste pouvait re-

---

[1] Cette église est aujourd'hui celle de la paroisse Saint-Georges; le collége est occupé par le lycée; on y conserve la chambre de saint Régis, dont on a fait une chapelle.

[2] L'église et le monastère disparurent dans la tourmente révolutionnaire à la fin du dernier siècle.

cevoir plus de quatre mille auditeurs. Toutefois, il ne tarda pas à devenir insuffisant : on livra les tribunes à l'empressement général, et l'on fit construire des gradins en amphithéâtre pour satisfaire l'avidité publique. Et pourtant, quelle simplicité dans ce prédicateur si humble et si évangélique !

— Qu'a-t-il donc de si extraordinaire? demandaient ceux qui ne pouvaient trouver place et n'avaient pas encore entendu notre saint.

— Il prêche Jésus-Christ, répondaient de plus heureux ; il prêche réellement l'Évangile. C'est la parole de Dieu elle-même qu'il fait entendre, et non la parole humaine. Il ne se recherche pas, il ne se prêche pas lui-même, comme beaucoup d'autres.

Le prédicateur de la cathédrale, orateur distingué, se voyait abandonné pour un missionnaire des campagnes et ne comprenait rien à ce mystère. Il souffrait de la désertion qui se faisait autour de sa chaire et se demandait à quoi elle pouvait tenir. Peut-être craignait-il une sorte de cabale organisée par des ennemis inconnus. Quelle que fût sa pensée, elle le détermina à tenter une démarche. Le Père Jean Filleau, provincial, venait d'arriver au Puy, il va le trouver :

— Mon Père, lui dit-il, le Père Régis est un saint, c'est incontestable ; mais, habitué à l'évangélisation des campagnes, convient-il qu'il prêche dans une ville comme le Puy? Son langage populaire est-il bien digne de la chaire? Il est bas, trivial, de mauvais goût, et ne peut être que fort nuisible à son ministère.

— Je ne l'ai jamais entendu, répondit le Père Filleau ; allons-y ensemble ; c'est à examiner, et je dois le faire sans délai, mon départ étant prochain.

Le provincial disait vrai : il n'avait jamais entendu l'humble missionnaire, mais il savait parfaitement à quoi s'en tenir, il devinait le froissement de l'éloquent prédicateur, qui n'osait avouer et le fond de sa pensée et le but réel de sa visite, et il voulait le convaincre par les faits. Il prit avec lui le Père Antoine de Mangeon, alors professeur de philosophie au collége, et l'on se rendit à Saint-Pierre-le-Monastier. L'église était comble, toutes les places étaient toujours envahies plus de deux heures d'avance, et il fut assez difficile à nos trois auditeurs de pénétrer de manière à pouvoir tout entendre.

En écoutant la parole inspirée du Père de Régis, son provincial oubliait de l'examiner comme il avait promis de le faire... il pleurait; tout l'auditoire fondait en larmes, et le prédicateur de la cathédrale était lui-même visiblement ému. En sortant, le provincial dit au Père Antoine de Mangeon :

— Ah! mon Père, plût à Dieu que tous les orateurs sacrés prêchassent avec cette onction divine! Laissons prêcher le saint missionnaire avec sa simplicité apostolique : le doigt de Dieu est là!

Et en rentrant au collége, il dit à plusieurs Pères :

— Je suis dans l'admiration des catéchismes du Père Régis! Ah! je ne suis plus étonné du grand concours de toutes les classes à ses instructions, ni des fruits merveilleux qu'elles produisent dans les âmes. Pour moi, si je demeurais au Puy, je n'en voudrais perdre aucune.

Le lendemain, veille de son départ, le Père Filleau voulut entendre encore le catéchisme de l'incomparable missionnaire. Il appelle le Père de Mangeon et lui dit de l'accompagner à Saint-Pierre :

— Mon révérend Père, lui répond le jeune religieux, il est midi, l'instruction commence à midi et demi, nous ne pourrons trouver place nulle part.

— N'importe, reprend le provincial; je veux avoir une fois encore la consolation de voir cette immense foule de tout rang, qui me fit hier un si grand plaisir.

Le Père de Mangeon ne s'était pas trompé : il fallut rester debout, au bas de l'église, il fut impossible de percer la masse de peuple qui remplissait la vaste enceinte. Le Père Filleau laissa couler ses larmes comme la veille, il ne pouvait surmonter son émotion :

— S'il prêchait à quatre lieues, disait-il en sortant, j'irais l'entendre à pied! Cet homme-là est plein de Dieu! plein de l'amour de Jésus-Christ! Il n'a pas son pareil!

Et quelques jours après, rendant compte au Père général de sa visite au collége du Puy, il lui mandait :

« Entre tous les religieux du collége, le Père Jean-François Régis est digne de toutes louanges. Dieu lui a donné une grâce particulière pour expliquer la doctrine chrétienne; le concours du peuple à ses catéchismes est prodigieux. Il est difficile de dire le fruit que cet infatigable ouvrier produit dans les âmes. »

Un autre Père, écrivant aussi au général, lui disait :

« Parmi les ouvriers les plus zélés de ce collége, le Père Régis se fait admirer par sa charité et par son zèle inépuisable pour la conversion des pécheurs. Il y a d'ordinaire à ses catéchismes plus de quatre mille personnes. C'est une opinion commune, qu'une seule de ses instructions produit des fruits plus abondants que plusieurs sermons des plus excellents prédicateurs. »

Dom André Pavé, religieux bénédictin, écrivait de son côté :

« Nous avons entendu le Père Régis prêcher dans l'église de notre monastère avec un zèle qui remuait toute la ville, et qui enflammait les plus tièdes du feu de l'amour divin. J'ai connu un nombre infini de pécheurs qu'il a retirés du désordre, et de gens de bien qu'il a conduits à une haute perfection. Il ne parlait de

Dieu qu'avec une sorte de transport qui nous enlevait. Charmés de ses discours, et plus encore de ses exemples, nous bénissions Dieu, dans notre communauté, d'avoir suscité de nos jours ce fervent apôtre, pour réformer les mœurs des habitants de cette ville, qui étaient tombés dans un déplorable relâchement. »

Il est vrai que la sainte vie de notre humble apôtre était à elle seule la plus éloquente prédication. Jamais il ne prenait un instant de délassement, quelles que fussent ses incomparables fatigues. L'oraison était son seul repos. Après son catéchisme, il visitait les pauvres honteux, les malades des hôpitaux et les prisonniers. Il les instruisait, les faisait prier avec lui, les disposait à recevoir les sacrements et leur distribuait des aumônes.

Un demi-siècle de guerre civile avait considérablement appauvri les provinces qui y avaient pris part. La misère était navrante dans le bas peuple, et Jean-François s'était fait indiquer les familles les plus nécessiteuses et les avait inscrites par quartiers, afin de les visiter par lui-même, et de leur envoyer ensuite les dames qu'il avait choisies, comme il l'avait fait à Montpellier, pour en former une association de charité. Notre saint avait trop d'ascendant sur les âmes, trop d'influence sur les esprits pour que ses projets rencontrassent des obstacles de la part des personnes qu'il appelait à le seconder. Les femmes les plus pieuses, dans la noblesse et la haute bourgeoisie, accouraient d'elles-mêmes lui offrir leurs services pour le soulagement des pauvres, et bientôt il en compta un nombre plus que suffisant.

Il les réunit, leur fit une touchante exhortation, leur partagea les divers quartiers de la ville et les chargea de l'entretien des familles pauvres. Elles devaient, à tour de rôle, leur procurer du pain, du potage et de la viande. Chacune avait une part de travail dans son quartier. Quelques-unes composaient ce que nous appellerions aujourd'hui *le comité*, et administraient les petites affaires de l'association. D'autres étaient chargées de quêter à des époques déterminées, dans les principales maisons et à la porte des églises. Jean-François avait tout prévu, tout organisé, tout réparti de telle sorte, qu'il n'y eût qu'à assigner à chaque associée la fonction qu'elle devait exercer.

Mais ce n'était pas assez pour le cœur du Père de Régis. Lui-même se donnait le soin de quêter pour pouvoir soulager plus abondamment les pauvres qu'il chérissait. Le saint apôtre n'avait pas le temps de faire des visites ; mais on avait un moyen certain de l'attirer et d'obtenir la faveur de le posséder un instant chez soi : c'était de lui dire :

— Mon Père, quand vous aurez besoin de moi pour vos pauvres, n'oubliez pas mon adresse.

— Donnez, donnez, répondait-il, et, de votre côté, n'oubliez pas que je reçois tout : linge, vêtements, chaussures, meubles, tout ce que l'on veut bien me donner.

Il avait en effet tout une friperie au collége. Le Père recteur lui avait abandonné une chambre, l'une des plus grandes, dans laquelle il déposait tous ces objets. Les pauvres le savaient et assiégeaient le collége, demandant leur bon *saint Père*, pour lui confier leurs besoins les plus pressants. Il avait chargé une bonne et pieuse femme, Marguerite Baud, veuve de Nicolas Cornilhon, écrivain public [1], de la provision de blé destinée aux indigents, et il lui envoyait tous ceux qui venaient au collége lui en demander. Marguerite n'en donnait jamais que sur l'ordre du Père de Régis et dans la proportion qu'il indiquait.

[1] Le Père la Broue.

Dans la belle saison, les grands et les riches désertaient la ville pour aller à la campagne, et les ouvriers manquaient souvent de travail. Le bon Père s'en affligeait et demandait à sa charité un remède à ce mal ; sa charité lui répondit en lui inspirant la pensée de faire lui-même quelques commandes. Puis, l'ouvrage fait, il le portait aux plus riches habitants que leur position retenait à la ville, et il les priait de l'acheter à un prix fort au-dessus de sa valeur. Il proposait ce marché avec tant de douceur et de charme, qu'il n'était jamais refusé. On souriait, on acceptait, on payait tout ce qu'il voulait et on se tenait pour très-heureux d'avoir reçu cette visite intéressée *du saint Père*. On lui demandait seulement sa bénédiction, qu'il donnait toujours avec une expression de piété et d'autorité des plus émouvantes : on sentait que Dieu lui-même bénissait par le ministère de son saint apôtre.

Parmi les pauvres dont notre saint soulageait la misère, il y avait bien quelques-uns de ces mendiants qui fuient le travail et lui préfèrent l'obole de la charité ; aussi se plaignait-on quelquefois au Père de Régis de sa trop grande facilité à se laisser tromper par de misérables vagabonds :

— Ne vaut-il pas mieux, répondait-il, être trompé en donnant l'aumône à un malheureux qui en est indigne, que de se tromper soi-même en la refusant à un indigent qui peut la mériter réellement ?

Les prisonniers pour dettes l'intéressaient vivement. Il fonda en leur faveur une association de dames, chargées de les visiter, de les secourir, de les consoler et de travailler à les acquitter. Lui-même ne négligeait aucune démarche pour apaiser les créanciers et les amener à composition, et pour obtenir des magistrats leur plus prompt élargissement.

Il semblait se multiplier pour suffire à tant de travaux ; nul ne comprenait une telle vie sans un miracle incessant ; car les forces humaines seules eussent succombé mille fois à un tel labeur. Souvent, lorsqu'il rentrait au collége, nous dit le Père la Broue, qui y résidait et en était témoin, les religieux qui le rencontraient lui disaient :

— Eh bien ! Père Régis, de bonne foi, n'êtes-vous pas exténué de fatigue après une telle journée ?

— Non, vraiment, répondait-il en souriant, je suis au contraire frais comme la rose ! Sérieusement, ajoutait-il, il me semble que je ne fais rien.

— Il n'en conviendra jamais, disaient les Pères, en riant de la gaieté qui le faisait se comparer à une rose, tandis que sa pâleur accusait l'excès de sa grande fatigue et de son jeûne prolongé.

Après des journées ainsi remplies, il se reposait, nous l'avons dit, dans l'oraison, dont il ne pouvait se passer ; mais il avait demandé de l'interrompre dès qu'il serait appelé pour un mourant ; et afin d'être toujours prêt pour ce ministère, il ne se déshabillait jamais la nuit.

— Le bien que nous faisons aux pauvres pécheurs, disait-il, est toujours incertain : nous semons le bon grain ; mais l'ennemi survient ensuite et sème l'ivraie qui étouffe la bonne semence. Le bien que nous faisons aux mourants, n'est plus exposé à l'inconstance humaine, ni aux artifices de l'esprit malin ; il fixe l'état du chrétien pour toujours.

Cette pensée lui faisait tout quitter pour courir auprès des mourants qui demandaient le secours de son ministère ; et ils étaient nombreux, car sa douce charité était proverbiale, et tous les malades désiraient recevoir au moins quelques paroles de consolation *du saint Père*, pour les aider à bien mourir.

VIII

Suite.

Ce n'était pas assez pour Jean-François de Régis d'avoir fondé une association pour le soulagement des pauvres et des malades, et une autre pour secourir les prisonniers : il nourrissait encore une pensée qu'il sentait venue d'en haut, mais dont l'exécution présentait d'incalculables difficultés. Il s'adresse un jour à une personne de grande vertu, vivant dans le célibat et jouissant d'une fortune considérable :

— Je voudrais, lui dit-il, trouver un asile pour une pauvre pécheresse scandaleuse, dont le repentir est sincère : votre position indépendante vous permet de m'aider dans cette œuvre importante, il faut le faire.

La bonne *damoiselle* Rigault n'aurait pas choisi cette œuvre, assurément ; mais l'apôtre du Puy, le *saint Père*, la lui proposait, elle n'eut pas même la pensée de reculer un instant et lui répondit qu'elle était prête à tout et se mettait à sa disposition. La pécheresse lui fut donc amenée, puis une seconde, puis une troisième, puis encore...

— Mon Père, lui dit-elle un jour, où s'arrêtera le nombre des pensionnaires que votre zèle me destine? Ma famille se plaint ; ma maison a des bornes et mes revenus n'augmentent pas. J'ai déjà six de vos converties, et si vous vouliez maintenant penser à diriger les autres d'un autre côté, je vous en serais reconnaissante.

— C'est ce que j'ai déjà fait, lui répondit doucement le saint Jésuite : plusieurs personnes en ont leur part ;

mais je cherche des ressources pour vous décharger un peu ; nous arrangerons cela.

Évidemment, il y avait peu à espérer ; damoiselle Rigault le comprit et continua de se dévouer, malgré les insinuations de sa famille, qui voyait avec peine les dépenses dans lesquelles ce dévouement l'entraînait.

C'était presque chaque jour, que Jean-François de Régis enlevait à l'enfer une de ces pécheresses qui étaient le scandale de la ville et entretenaient le plus affreux désordre dans les mœurs. Il voulait créer pour elles une maison de refuge, et pour cela il fallait amener des dons considérables, préparer des directrices capables, et tout disposer pour un temps plus éloigné. En attendant, le plus pressé étant d'empêcher le mal, il recueillait ces malheureuses et en faisait de sincères pénitentes. Il les recherchait avec un zèle infatigable, il s'informait de leur demeure, il allait à elles, il leur parlait avec une force qui les subjuguait, et il les arrachait à leur vie criminelle.

Un jour, on lui dit qu'il s'en trouve une chez un artisan de la ville ; il y court, dit à cet homme ce qu'il vient d'apprendre, et le voit entrer dans une colère violente, accompagnée de menaces. Notre saint, loin de s'effrayer, lui dit :

— Vous niez en vain, cette pécheresse est chez vous, au grand scandale de tous vos voisins : remettez-la-moi !

— Retirez-vous, laissez-moi tranquille, s'écrie le coupable, ou je vous chasse de force !

— Malheureux ! — lui dit Jean-François, transporté d'indignation, — si vous ne me la remettez pas de bonne grâce, je vous l'enlèverai malgré vous !

Et saisissant cet homme par le corps, il le met dehors, rentre dans la maison, ferme la porte, cherche la femme dans l'intérieur, la trouve blottie dans une cachette, lui parle avec toute la force de la vertu, toute l'autorité de la sainteté, et la fait fondre en larmes. La voyant subjuguée, il lui dit:

— Maintenant, ma fille, suivez-moi!

Et cette femme, devenue timide et docile, le suit jusque dans la demeure d'une dame à qui il la confie. Cette conversion fut des plus sincères. A partir de ce jour, cette pécheresse vécut jusqu'à sa mort dans la pénitence et dans la pratique de toutes les vertus chrétiennes.

Un autre jour, le Père de Régis apprend qu'une femme, appartenant à une famille considérée, vient d'abandonner sa maison, son mari et ses devoirs ; la ville entière criait au scandale. Le saint apôtre, de concert avec le mari abandonné, la fait mettre en prison, afin d'empêcher le mal et de travailler à la conversion de cette âme égarée. Mais son complice s'empresse de mettre en œuvre tous les moyens en sa puissance, et parvient à obtenir du juge une sentence d'élargissement. A cette nouvelle, notre saint fait éclater la plus vive douleur. L'offense de Dieu allait se renouveler ; la position des coupables rendait leur exemple d'autant plus dangereux qu'ils étaient plus connus ; comment empêcher ce scandale ? Et les larmes du saint coulaient abondamment.

Après quelques instants de prière, il prend avec lui le Père Charbonnier, va chez le magistrat qui a rendu la sentence, et le supplie vainement d'en suspendre l'exécution. Le juge, gagné par les coupables, n'accepte aucun des motifs que le saint apôtre fait valoir, et, dans l'impuissance de les combattre par le raisonnement, il congédie brusquement celui que toute la ville vénérait comme l'envoyé du Ciel.

En sortant de là, les deux Pères entrent chez un de

leurs amis, monsieur Doyde[1]. Le Père de Régis fondait en larmes, on s'empresse autour de lui, on lui demande la cause d'une si vive douleur, il l'avoue et ajoute :

— C'est ainsi que, par des vues tout humaines, on sacrifie lâchement les intérêts de Dieu !

Et ses larmes redoublent. Chacun cherche à le consoler ; « mais, dit le Père du Fournel, il était inconsolable. » Le Père Charbonnier lui dit :

— Souvenez-vous, mon très-cher Père, de cette parole de notre bienheureux Père : « Je regarderais tous les travaux de ma vie comme bien employés, s'ils avaient empêché un seul péché mortel. » Et vous, mon cher Père, vous en avez empêché plusieurs, pendant que cette malheureuse femme a été détenue en prison. Il ne tient pas à vous d'empêcher encore ceux qu'elle peut commettre, puisque vous avez fait tout ce qui était en votre pouvoir pour faire prolonger sa détention.

Jean-François écoutait en silence, mais, dit encore le Père du Fournel, « son âme refusait d'être consolée. Ses larmes ne cessèrent de couler jusqu'à ce que, éclairé tout à coup d'une lumière d'en haut, que tous ceux qui étaient présents regardèrent justement comme prophétique, il se leva, et, frappant fortement sur la table, il s'écria avec indignation :

» — Vive Dieu ! Avant qu'une année se passe, quelqu'un se repentira, Dieu sera vengé !

» La prédiction fut justifiée par l'événement : dans l'année même, le magistrat fut frappé de mort. »

---

[1] Le Père d'Aubenton dit que ce fut chez M. de Brige, ami de saint Régis ; nous suivons la relation du père du Fournel conservée à l'évêché du Puy, dans les dossiers des informations juridiques pour la canonisation du saint apôtre, relation dont la copie exacte est sous nos yeux, et que nous devons à l'obligeance du révérend Père Ramière.

Ce n'était pas la première fois que l'on voyait la justice divine appesantir sa main sur les pécheurs dont l'obstination avait résisté aux instances de la charité apostolique de Jean-François. Une jeune femme avait peu auparavant brisé avec éclat le joug du devoir, sa conduite était un scandale public. Le Père de Régis, après avoir épuisé toutes les ressources de son zèle pour la ramener à Dieu et à sa famille, lui dit un jour :

— Madame, Dieu se lasse de votre résistance, il ne tardera pas à la punir !

La jeune femme, sourde à cette menace, comme elle l'avait été aux sollicitations les plus touchantes de la charité de notre saint, n'avait pas su mettre à profit le délai indiqué par cette menace même, et quelques jours après, un coup d'arquebuse, qui ne lui était certainement pas destiné, l'avait étendue morte à côté de celui qui avait partagé sa conduite insensée.

Ces exemples devinrent assez nombreux pour effrayer de grands pécheurs et les amener aux pieds de celui qui ne cessait de les appeler et de leur tendre les bras. Quelques-uns, incorrigibles et obstinés, s'irritaient de son zèle et s'en plaignaient ouvertement ; le Père de Régis ne tenait compte de leurs plaintes ni de leurs menaces. Un jour, on vient l'avertir que l'un de ces malheureux s'est emparé d'une jeune orpheline et ne peut tarder à la perdre. Le saint Jésuite quitte tout et court en hâte chez le ravisseur. Celui-ci devine ses intentions :

— Que venez-vous chercher ici, mon Père ? lui dit-il ; vous vous mêlez de ce qui ne vous regarde pas !

— Je viens, répondit l'apôtre chercher l'innocente brebis que vous enlevez à Dieu, comme un loup ravisseur.

— Mon Père, retirez-vous, croyez-moi, si vous ne voulez payer cher votre imprudence !

— Je ne me retirerai pas sans emmener la jeune orpheline, dont je veux mettre la vertu en sûreté. Vos menaces ne m'ébranleront pas : je me ferai gloire, au contraire, d'être immolé à votre aveugle fureur.

Le jeune homme, ne se possédant plus, tire son épée et va s'élancer sur le saint Jésuite... Celui-ci découvre sa poitrine et s'écrie avec l'accent de la plus vive foi et de la plus ardente charité :

— Ah! frappez! je répandrai très-volontiers mon sang pour Jésus-Christ! Frappez! Je mourrai content, si, à ce prix, je puis empêcher que Dieu soit offensé!

Le coupable était désarmé. Le regard inspiré, la voix touchante, l'action héroïque du Père de Régis avaient quelque chose de surhumain qui le terrifiait. Notre saint profite de cette impression, il saisit le moment favorable que la Providence lui présente, et ordonne à la jeune fille de le suivre. Elle obéit; il la conduit dans une maison sûre et la confie à la garde d'une personne de haute piété. Elle y vécut d'une manière exemplaire jusqu'à sa mort, et ne cessa de manifester la plus vive reconnaissance pour celui à qui elle était redevable de la conservation de sa vertu.

Le nombre des jeunes femmes recueillies ainsi par Jean-François et placées dans diverses maisons de la ville, était devenu si considérable, que les revenus des personnes charitables qui en acceptaient la charge, ne suffisaient plus; il fallait recourir aux aumônes. Celles que notre saint réclamait directement étant plus abondantes que celles qu'il recevait par ses intermédiaires, il s'était dévoué à cette œuvre si pénible, et, malgré ses innombrables travaux, il allait quêter de porte en porte, régulièrement. L'insulte et l'outrage lui étaient souvent prodigués dans les rues de la vieille cité; les hommes dont l'immoralité était connue, ne lui épargnaient aucun des propos les plus douloureux pour son âme angélique; mais toujours heureux de souffrir dans l'exercice de son laborieux apostolat, en déplorant l'offense de Dieu, il se réjouissait intérieurement de rencontrer de si cuisantes épines sur son chemin. Le recteur du collége, instruit de ces insultants propos, défendit à Jean-François de continuer ses quêtes. Le saint religieux obéit et les abandonna à la Providence, en les confiant à quelques dames des plus zélées pour l'œuvre commencée.

L'une d'elles, celle qui s'était chargée la première de plusieurs pécheresses, damoiselle Rigault, se croyant blessée dans son amour-propre par un des Pères du collége, laisse bouillonner son cerveau, accueille toutes les idées qui le traversent sans en calculer la valeur, s'irrite, s'exalte, voit sa dignité compromise, et se dit qu'elle se doit à elle-même de rompre fièrement avec tous les Pères du collége. Armée de cette grande résolution, elle part, se rend au collége et demande le Père de Régis; le *saint Père* se présente, doux, simple, gracieux, aimable comme toujours. Damoiselle Rigault évite de le regarder; elle sent qu'elle serait vaincue. Après lui avoir raconté ce qui s'était passé entre elle et le Jésuite dont elle croit avoir à se plaindre, elle ajoute:

— Je ne veux donc plus avoir rien à démêler ici, et vous prie d'aviser à placer ailleurs les repenties que vous avez mises chez moi; car je vous déclare, mon Père, que je ne veux ni ne dois m'en occuper désormais. Et si vous ne m'en débarrassez au plus tôt, je les mets toutes à la porte!

— Serait-il bien possible, ma fille, lui dit Jean-François d'une voix émue, et du ton le plus insinuant, serait-il bien possible, que vous, qui faites profession de piété, vous voulussiez vous venger sur Dieu de l'injure que vous croyez avoir reçue d'un homme? Vous voudriez donc faire porter à ces pauvres âmes la peine d'une faute qu'elles n'ont pas commise?

— Mais, mon Père, si elles n'ont pas commis celle-là, elles en ont commis d'autres à mon préjudice : songez que ces malheureuses me volent, j'en ai la certitude; elles me ruineront!

Le Père de Régis prend son crucifix, le montre à la plaignante et dit avec une émotion qui fait trembler sa voix :

— Regardez-le! c'est son amour pour nous qui l'a réduit à cette complète nudité. Ah! ma fille, ce nous serait trop d'honneur que de mourir sur un fumier pour son amour [1].

— Mon Père, mon Père, vous avez raison ! Non, je ne les renverrai pas, je les garderai, j'en prendrai d'autres encore; pardonnez-moi!

Damoiselle Rigault avait compris enfin que son amour-propre s'était seul mis en frais. La voix du saint Père, était si douce, si pénétrante, qu'elle n'avait pu lui résister ; et le charitable apôtre voyait avec bonheur s'apaiser cette violente tempête; car il eût été bien difficile de trouver un asile pour toutes les pécheresses recueillies par damoiselle Rigault.

Cependant, il nourrissait toujours la pensée de réunir toutes les femmes qu'il avait retirées du désordre, dans une même maison où elles seraient soumises à une règle commune, et où leur persévérance serait plus assurée.

Il soumit à l'évêque ce projet qu'il avait mûri devant Dieu, et qu'il reconnaissait lui avoir été inspiré d'en haut. Le prélat l'accueillit avec empressement et promit de l'appuyer de son autorité, et Pierre le Blanc, de

---

[1] Le P. la Broue.

Chantemule, proposa de concourir avec zèle à son exécution. Certain d'être secondé, Jean-François demande l'approbation de son supérieur. Le Père Vineau s'effraie des nombreuses difficultés qui vont se présenter :

— Vous allez soulever toute la ville, lui dit-il, et irriter contre vous toutes les mauvaises passions! N'avez-vous pas déjà assez entrepris, assez fondé? Le zèle doit avoir des bornes et, surtout, il doit être prudent : je vous conseille de renoncer à l'idée de cet établissement.

— Il est vrai, mon révérend Père, lui répondit notre saint, qu'une semblable entreprise doit rencontrer des obstacles et n'est pas sans péril pour celui qui s'en chargera; mais, persuadé comme je le suis, que cette pensée vient de Dieu, je mets toute ma confiance en lui, et j'entreprendrai cette œuvre sans hésiter, à mes risques et périls, si votre révérence veut bien m'y autoriser. J'ai souvent éprouvé que Dieu soutient et protége ceux qui s'abandonnent entièrement à lui. Il me semble, d'ailleurs, que je pourrais conduire et amener toutes choses avec tant de ménagement et de douceur, qu'il est à espérer que j'en viendrais à bout sans inconvénient grave, et sans mettre le trouble dans la cité.

— Mais quelles sont vos ressources? reprit le Père recteur; qui achètera la maison? qui fournira à l'entretien et à la nourriture de toutes ces pénitentes? où trouverez-vous des personnes capables de diriger ces pauvres femmes et d'administrer la maison? Il faut de bonnes têtes et des caractères fermes, pour entretenir la discipline parmi ces converties.

— Mon révérend Père, Dieu qui m'a inspiré ce dessein me donnera certainement les moyens de l'exécuter, dit humblement Jean-François. Je sais que je puis compter sur plusieurs personnes riches et dévouées à cette œuvre, pour l'acquisition de la maison et des meubles ; d'autres se chargeraient de la soutenir. Quant à la direction et à l'administration, j'ai à peu près aussi tout ce que nous pouvons désirer : ce sont des personnes d'une sagesse et d'une vertu éprouvées, et qui, avec l'aide de Dieu, gouverneront très-bien cette communauté.

— Je ne prétends pas, ajouta le Père Vineau, que vous abandonniez absolument ce projet, mais seulement que vous en différiez l'exécution à un moment plus opportun. Plus tard, peut-être, les conjonctures seront plus favorables. Ne précipitez rien ; le temps amènera toutes choses. En se pressant trop, on gâte tout.

— Si nous attendons, mon révérend Père, répliqua le saint apôtre, il me semble que nous nous exposons à perdre toutes les chances favorables qui se présentent aujourd'hui. Jamais peut-être les conjonctures ne seront aussi heureuses. Permettez-moi de vous faire observer que monseigneur l'évêque approuve ce projet, que son grand vicaire offre de travailler à son exécution, que la maison nous est assurée, que les autres ressources sont immanquables. Si nous laissons échapper tout cela, sommes-nous assurés que la Providence, qui nous le présente aujourd'hui, nous attendra et nous le donnera quand nous voudrons l'accepter ? Et d'ici là, que de péchés mortels se commettront, que nous aurions pu empêcher !

— J'en conviens, dit le recteur ; mais je crains que vous ne vous fassiez bien des ennemis, et que leur colère ne retombe sur nous tous et sur la Compagnie. Cependant, vos raisons sont bonnes... Eh bien ! agissez ! Je vous laisse libre.

Le Père de Régis ne perd pas un instant. Il voit les personnes sur lesquelles il comptait le plus, et il leur annonce avec joie que le moment est venu et qu'il faut le saisir avec tout le zèle qui les anime. Mademoiselle Rigault, nous devons le dire à sa louange, tenait à réparer les erreurs de son amour-propre. L'occasion lui paraît merveilleuse, elle se hâte d'en profiter. Au premier mot du *saint Père*, elle s'écrie :

— Mon révérend Père, j'achète la maison ! Promettez-moi que vous n'en parlerez à personne, si ce n'est pour dire qu'elle est à vous !

La maison achetée est promptement meublée et outillée ; mais quelques âmes craintives s'efforcent de détourner Jean-François d'une telle entreprise :

— C'est vouloir l'impossible, lui disaient-elles ; car si vous parvenez à établir cette maison de refuge, vous ne pouvez espérer qu'elle se soutiendra, et tout ce que vous aurez élevé à si grands frais, s'écroulera et tombera bientôt en ruines.

— Vous auriez raison, répondait-il, si je prétendais établir le Refuge en comptant seulement sur les secours humains ; mais Dieu étant mon unique appui, j'espère en lui avec d'autant plus de confiance, que les hommes me sont moins favorables dans cette importante affaire.

Il continua donc ses démarches, et bientôt ses efforts furent couronnés de succès : toutes les pénitentes, au nombre de vingt, étaient réunies en communauté, sous la direction de personnes intelligentes, capables et sérieusement dévouées à cette œuvre réparatrice.

Mais l'enfer ne pouvait voir sans frémir les succès de l'apôtre du Puy. Le Refuge allait lui enlever encore de nouvelles victimes, les mœurs en seraient améliorées, Dieu serait moins offensé, il fallait, à tout prix, entraver les progrès de cet établissement, et tâcher d'en amener la ruine entière. Alors, paraît un mémoire outrageant pour toutes les personnes qui ont concouru à l'œuvre du Refuge, et le saint Jésuite, à qui l'idée première en appartient, n'est pas épargné : il est taxé d'imprudence, d'irréflexion, d'importunité, d'imprévoyance et d'emportement de zèle.

Les hommes dépravés s'efforcent hypocritement de faire accepter les idées qui circulent déjà dans la ville au moyen du mémoire, et des chrétiens bien intentionnés croient rendre un service éminent à la Compagnie de Jésus, en avertissant les Pères du collége des bruits fâcheux répandus contre le zèle indiscret du Père de Régis.

Les Pères s'en effraient, on en appelle au supérieur, et le Père Vineau croit voir déjà toutes ses craintes réalisées:

— Songez, lui disait-on, que c'est une entreprise folle : jamais ces femmes ne se conformeront à la discipline nécessaire ; jamais elles ne se convertiront sérieusement. Et puis, le Père Régis se rend importun à toute la ville, par des quêtes renouvelées dont tout le monde se lasse, et il force les gens honnêtes à contribuer malgré eux à cet établissement. N'est-il pas téméraire de s'engager dans une œuvre semblable, lorsqu'on n'a pas les moyens de la soutenir?

C'était plus qu'il ne fallait pour indisposer le Père Vineau. Tout ce qu'il venait d'entendre, il l'avait prévu, il l'avait redouté. Il fait appeler notre saint et lui dit :

— J'ai reçu des reproches sur votre établissement du Refuge, et ils sont fondés. Il est prouvé que vous manquez de ressources pour le soutenir, il faut donc cesser de vous en occuper et l'abandonner absolument.

Le saint apôtre reçoit cette injonction en toute humilité ; il ne réplique pas un seul mot, se retire et va consulter Dieu dans l'oraison. Bientôt, ne doutant plus qu'il ne lui reste un dernier effort à tenter, il revient à son supérieur et lui dit avec larmes :

— Mon révérend Père, je me soumets humblement à votre décision ; mais je vous conjure d'avoir pitié des pauvres âmes qui vont périr infailliblement, si on abandonne le soin du Refuge ! Si vous ne me permettez plus de m'en occuper, souffrez que j'en décharge ma conscience et que j'en charge entièrement la vôtre.

— Votre zèle pour leur salut est louable, assurément, lui répondit le Père recteur ; mais je ne puis vous autoriser à vous mêler plus longtemps d'un établissement ruineux, qui n'a ni fonds, ni revenus, et qui ne peut manquer de tomber, à la confusion de ceux qui l'ont entrepris.

— J'avais toute confiance, mon révérend Père, ajouta Jean-François, que la Providence ne laisserait pas tomber une œuvre que Dieu lui-même m'a inspirée pour sa gloire et le salut de tant d'âmes qui se perdent et en précipitent plusieurs autres en enfer. J'ai encore la promesse des personnes qui m'ont aidé jusqu'ici, et qui seront fidèles aux engagements qu'elles ont pris de contribuer au soutien d'une œuvre si nécessaire.

— Tout cela est insuffisant, reprit le supérieur ; et je vous défends de revoir aucune de ces femmes, et de vous occuper désormais de cette affaire en aucune manière, avant que l'on ait assuré des revenus pour la maintenir et en garantir la durée.

Le Père de Régis se soumit, ne reparut pas au Refuge, mais ne perdit rien de sa confiance dans l'avenir de cette maison. Il disait à un de ses amis :

— Toutes ces traverses semblent menacer le Refuge d'une ruine prochaine ; et pourtant je ne doute pas que la Providence ne le protége et ne le fasse fleurir avec d'autant plus de vigueur, qu'il aura rencontré plus d'opposition. Un des caractères des œuvres de Dieu est d'être traversées. Je suis donc plein de confiance.

Il ne perdait rien en effet de sa douce sérénité, ce qui faisait dire à ses frères que rien ne serait capable d'ébranler son âme. Nul d'entre eux ne se souvenait de l'avoir jamais entendu s'excuser en aucun cas, ni d'avoir vu la moindre altération sur son visage, quelque reproche qu'on lui eût adressé. Cette observation se renouvelait un jour en présence d'un des religieux du collége, qui y résidait depuis peu, mais qui connaissait la réputation de sainteté du Père de Régis. Il se promit de la mettre à l'épreuve et n'y manqua pas. Choisissant le moment le plus favorable, il prend notre saint en particulier :

— Je sais tout ce qui a été dit contre vous au sujet du Refuge, lui dit-il, et, je dois vous l'avouer, bien des gens pensent que votre vertu n'est que l'effet de votre humeur, et d'autres que les entreprises de votre zèle ne sont que les saillies indiscrètes d'un naturel ardent et impétueux. De là vient que de toutes parts on se plaint de votre imprudence, qui vous attire chaque jour de nouvelles affaires et beaucoup d'ennuis à la Compagnie. C'est un sentiment presque universel, que vous ne pouvez vivre en repos, ni y laisser vivre les autres. Vous savez qu'on est scandalisé de ce que, sous prétexte de zèle, il n'y a pour vous ni règle, ni observation régulière, et que le séjour de la maison vous est à charge? Je sais même que certaines gens ont formé de terribles soupçons contre vos mœurs, en voyant votre empressement à converser avec des pécheresses scandaleuses. Je veux croire que vos intentions sont très-pures, mais il est difficile de ne pas convenir que vous manquez de discrétion et de sagesse. Pour moi, j'admire la modération des supérieurs. Si j'étais à leur place, je saurais bien vous obliger à changer de conduite. Si vous me croyez, vous n'attendrez pas qu'on vous y force. C'est un ami qui vous avertit; profitez de ses conseils, en vous corrigeant de votre bizarre singularité. Tâchez de vivre comme tous nos Pères du collége.

— Mon bien cher frère, répond l'humble Jean-François, je ne saurais douter d'une amitié dont vous venez de me donner une telle preuve. Je vous en suis d'une reconnaissance que je ne saurais exprimer. Continuez-moi vos charitables avis, je vous en conjure, et ajoutez à ce bon office, celui de me faire des répréhensions plus fortes encore, afin de me guérir de mon insupportable orgueil. Je vous promets de travailler à me corriger des défauts dont vous avez eu la charité de me parler.

Le religieux qui venait d'éprouver ainsi la vertu de notre saint, avait peine à croire à une telle perfection. Il avait imaginé tout ce qu'il avait cru capable d'émouvoir le côté humain du Père de Régis, et il n'avait pu frapper que le saint : l'homme était mort, il était insensible au blâme comme à la louange, il se réjouissait seulement de ce qui pouvait maintenir son orgueil sous la domination de son humilité. Cette épreuve ne fut pas sans utilité pour son auteur [1]. Ce bon religieux n'ignorait pas d'ailleurs que Jean-François n'agissait qu'avec l'approbation de ses supérieurs et de l'autorité diocésaine. Pierre le Blanc de Chantemule, vicaire général de l'évêque du Puy, dit en parlant de son zèle :

« Il ne faisait rien et n'entreprenait rien sans me l'avoir communiqué, et sans avoir eu auparavant mon agrément, voulant dépendre en tout des évêques dans les diocèses desquels il travaillait, et de leurs vicaires

---

[1] Ce trait ne se trouve que dans les premières éditions du Père d'Aubenton ; les éditeurs l'ont supprimé dans les suivantes. Nous le trouvons aussi dans la *Vie du R. P. Régis* par le Père la Broue. Ce dernier auteur tenait le fait du religieux même qui avait voulu éprouver la vertu du Père de Régis, et qui se plaisait à le raconter.

généraux. En quoi il a été un parfait imitateur de l'obéissance de saint François Xavier, comme il l'a été de son zèle. Je l'ai toujours regardé comme un ange par la pureté de ses mœurs ; comme une fidèle copie et un digne frère de saint François Xavier par l'ardeur de son zèle ; comme le père des pauvres par l'excellence de sa charité ; comme un saint de premier ordre par l'assemblage de toutes les vertus chrétiennes et évangéliques. Tous les habitants du Puy l'ont toujours regardé, et le regardent encore, non-seulement comme un saint, mais comme l'apôtre de leur ville, qu'il a instruite, réformée, sanctifiée par ses sermons et ses exemples, n'épargnant pour cela ni son repos, ni sa réputation, ni sa vie même, dont il a fait un sacrifice continuel pour le salut de leurs âmes. »

Cependant, le mois de novembre appelait notre saint apôtre à ses missions des campagnes ; il régla tout au Puy pour une nouvelle absence, et il partit après les fêtes de la Toussaint.

IX

Fay-le-Froid.

Novembre 1636 à Février 1637.

— Notre pauvre Claude ne guérira jamais ! Voilà plus d'un mois que le cher enfant n'y voit plus du tout, il restera aveugle ! Je n'ai plus d'espoir.

— Ne désespérons pas encore, mon cher Hugues, Dieu est plus puissant que les médecins ; prions toujours, peut-être serons-nous exaucés un jour.

Hugues Sourdon, docteur en droit, vivait retiré dans

le petit bourg de Fay-le-Froid, avec sa pieuse femme et Claude, leurs fils unique, alors âgé de quatorze ans. Cet enfant, si chèrement aimé, était défiguré par une humeur portée sur son visage, et qui, après l'avoir rendu longtemps malade, lui avait fait perdre la vue et lui causait des douleurs intolérables sur les yeux. Tous les remèdes de la science avaient été infructueux, il ne restait plus aux parents de Claude d'autre ressource que la prière et l'espérance en Dieu ; mais l'espérance commençait à défaillir dans le cœur de Hugues :

— Il me vient une idée, lui dit un jour sa femme : le saint Père Régis donnera des missions dans la campagne, l'hiver prochain ; il faut être les premiers à le demander, et lui proposer d'en établir le centre chez nous. Claude pourrait bien être guéri par ce saint ! Il est connu dans tout le pays qu'il a déjà fait beaucoup de miracles, bien qu'il n'en veuille pas convenir.

Cette idée avait paru lumineuse à Hugues : on s'était entendu aussitôt avec le bon curé, on était allé au Puy, on avait obtenu la promesse du saint apôtre, et, depuis ce moment, — c'était au mois de mai, — les jours avaient semblé d'une bien longue durée au docteur en droit et à la bonne mère de Claude. Aussi, leur joie fut grande lorsque l'hiver commença à se faire sentir dans leurs montagnes.

Fay-le-Froid est à la distance de sept lieues environ du Puy-en-Velay ; c'est un bourg enfoncé dans les montagnes et entouré alors d'épaisses forêts à peu près impraticables. Ce fut là que notre saint commença son apostolat d'hiver, avec l'intention d'évangéliser tous les villages environnants, tels que Saint-Symphorien, Saint-Julien, Chagnac, Champeloux et autres.

Il avait été convenu qu'il accepterait l'hospitalité dans la pieuse famille Sourdon. Les instances de Hugues avaient été si vives, que Jean-François n'avait pu se refuser à son touchant empressement.

Le jour même de son arrivée, Hugues lui présenta son fils et lui dit :

— Mon révérend Père, le cher enfant est aveugle depuis plus de six mois! les médecins n'ont pu lui rendre la vue, mais si vous voulez prier Dieu de le faire, il vous exaucera !

— Bien volontiers, répond le saint apôtre. Ayez bien confiance en la bonté infinie de Dieu, mon enfant, dit-il à Claude; nous allons le prier ensemble de vous guérir.

Il passe dans une autre chambre, on le suit, il se met en prière, et un instant après, Claude s'écrie qu'il voit! Il était guéri. Le saint Jésuite s'éloigne, il se dérobe à tous les témoignages de reconnaissance dont on veut l'entourer, et se rend à l'église où il est attendu pour faire le catéchisme aux enfants. Claude Sourdon le suit, assiste à l'instruction et reconnaît chacune des personnes qui remplissent la nef. L'heureux enfant croyait à peine à son bonheur [1].

Le bruit de ce miracle s'étant rapidement répandu, Jean-François voyait venir à lui, le lendemain, un homme de quarante ans, conduit par un membre de sa famille. Cet homme était aveugle depuis huit ans et suppliait le saint Jésuite de le guérir, de lui rendre la vue, comme il l'avait rendue au fils de monsieur Sourdon. Le saint missionnaire le regarde avec une ineffable expression de charité, il fait sur lui un grand signe de croix, et l'aveugle voit! Il était guéri.

Tout le pays, bientôt instruit de ces deux miracles,

---

[1] Il l'attesta sous serment, à l'âge de 80 ans, en présence des évêques du Puy et de Valence.

veut voir et entendre *le saint Père;* on accourt à Fay de tous les environs, et les hérétiques même se joignent aux catholiques, et franchissent de grandes distances pour connaître ce saint Jésuite qui rend la vue aux aveugles par le signe de la croix. Le peuple est ignorant, il ne sait pas lire; mais il sait que les ministres de la réforme n'ont jamais fait de telles merveilles, et il se demande si cela seul ne prouve pas que la véritable religion est du côté du *saint Père,* ainsi que l'on avait surnommé le Père de Régis. Et lorsque ces pauvres ignorants voyaient ce Père si vénéré, ils étaient séduits, entraînés et tombaient à ses pieds.

Les savants accouraient aussi pour entendre le langage tout évangélique de notre saint. Les prêtres et les religieux, les châtelains et les personnes éclairées, venaient de quatre et cinq lieues, à travers les forêts et les montagnes, malgré la neige et le froid, attirés par cette éloquence populaire dont le charme et la force étaient incomparables et irrésistibles.

Quelquefois, cependant, de malheureux pécheurs lui résistaient obstinément; mais la justice de Dieu ne tardait pas à leur prouver que ce n'est pas en vain que l'on méprise sa parole et que l'on repousse sa grâce.

Un riche habitant de Fay, abandonné aux plus honteuses passions avait refusé d'entendre l'apôtre aimé du Ciel; mais notre saint avait pris des informations, ainsi qu'il le faisait toujours, sur le lieu qu'il évangélisait, sur le nombre des pécheurs incorrigibles jusqu'alors, sur celui des familles divisées, sur tout ce qui pouvait lui faciliter le plus grand bien à faire. Il savait que le personnage que nous venons de signaler, avait chez lui une femme de mauvaises mœurs, au grand scandale de cette petite localité, où tout le monde se connaissait. Or, nous savons le zèle du Père de Régis sur ce point.

La réforme des mœurs était sa principale occupation dans tous les lieux où il donnait une mission.

Sans perdre un instant, il va chez ce pécheur, lui parle avec sa douceur ordinaire, le presse vivement de revenir à Dieu, et n'obtient pas même une parole de politesse en échange de son aimable charité; le coupable ne daigne seulement pas porter son regard sur lui. Jean-François se retire; mais il revient le lendemain, après avoir longtemps prié pour ce pécheur. Il lui redit le scandale occasionné par l'immoralité de sa vie, il cherche à lui inspirer une juste horreur de ses désordres, il le supplie d'en calculer les effrayantes conséquences pour un avenir éternel, et il lui demande avec larmes s'il voudrait paraître au tribunal divin, dans l'état déplorable où se trouve son âme; car la mort peut se présenter et le frapper au moment le plus imprévu pour lui. A cette sorte de menace d'une mort imprévue, le pécheur s'écrie :

— Mon Père, c'en est trop! Retirez-vous sur-le-champ! Quand je voudrai vous entendre prêcher, j'irai à l'église; d'ici là, je veux être tranquille chez moi! Sortez!

— Je vous en supplie, reprend l'apôtre, ayez pitié de votre âme!

— Encore? rugit le malheureux pécheur, ne m'avez vous pas entendu?

Et s'élançant sur le saint, il le saisit au corps, le jette dehors et ferme la porte sur lui. Jean-François pleurait; il pleurait abondamment! non du traitement qu'il recevait, mais de douleur de ne pouvoir empêcher l'offense de Dieu et arracher cette âme à l'enfer. Il retourna à la charge le lendemain et les jours suivants, pendant un mois entier : ce fut toujours avec la même charité et le même insuccès. Enfin, après avoir épuisé toutes les ressources de son zèle, il se présente encore devant l'impénitent et lui dit avec force et autorité :

— Dieu vous appelle et vous sollicite depuis longtemps : loin de vous rendre aux instances de sa miséricorde, vous irritez de plus en plus sa justice ; je vous déclare donc que c'est la dernière fois qu'il vous invite à la pénitence par la voix de son ministre.

Un silence méprisant fut toute la réponse du coupable endurci ; mais, peu de jours après, un coup de fusil mal dirigé l'atteignait en pleine poitrine, et il tombait dans l'éternité sans avoir le temps de s'en apercevoir. Ce fut un cri général dans le village, au moment de cet événement ; chacun disait : « Il a maltraité le saint Père, il n'a pas voulu se convertir, il a fait pleurer un saint, Dieu l'a puni ! » Et cette nouvelle allait se répandant au loin et produisant de nombreuses conversions. Laissons parler maintenant Claude Sourdon ; laissons-le nous rendre compte de la mission de Fay-le-Froid, et de ses environs :

« J'ai toujours considéré, nous dit-il, comme une des plus grandes grâces que j'aie reçues du ciel, l'honneur d'avoir vu chez mes parents, et dans ma maison, le Père Jean-François Régis, pendant la mission qu'il fit dans le pays. Tout en lui respirait la sainteté : quelque chose de surhumain paraissait sur toute sa personne et imprimait le respect. On ne pouvait le voir ou l'entendre sans se sentir pénétré d'amour pour Dieu. Il célébrait les saints mystères avec une dévotion si tendre, que l'on croyait voir un ange à l'autel. Je l'ai vu quelquefois dans les entretiens familiers, se taire tout à coup, se recueillir, s'enflammer ensuite et parler des choses divines avec tant de feu, que son cœur semblait céder à une impulsion céleste. Mais l'esprit divin dont il était rempli, ne se faisait jamais mieux sentir que dans ses instructions au peuple. Il enseignait les vérités chrétiennes avec une force et une charité qui portaient la conviction dans les esprits les plus rebelles. Son style était simple ; son onction pénétrante, sa voix forte, agréable et persuasive.

» La prédication finie, on accourait en foule au sacré tribunal, où il passait des journées entières sans prendre la moindre nourriture. Quelquefois, la multitude de ceux qui venaient de fort loin pour l'entendre et se confesser à lui, était si grande, qu'il semblait que toutes les populations du Velay étaient réunies à Fay. Alors, non content d'entendre les confessions pendant le jour, il les entendait encore une partie de la nuit ; et, quoiqu'il fût à jeun, il fallait lui faire violence et l'arracher du confessionnal, pour l'obliger à prendre quelques aliments avant minuit.

» Nous étions dans le plus grand étonnement de le voir résister à tant de fatigues, et ma mère prenait quelquefois la liberté de lui en faire des reproches, mais inutilement. Ce qui augmentait notre admiration était de le voir toujours entouré de paysans, qui, descendant des montagnes du Velay, se succédaient sans cesse pour le voir, l'écouter, lui parler, sans que jamais il se plaignît ni de leur importunité, ni de leur multitude, ni de leurs manières. Au contraire, nous lui vîmes toujours une douceur admirable au milieu de ces foules grossières ; l'épanouissement de son visage témoignait la joie de son cœur, toutes les fois qu'il les entretenait.

» Après avoir travaillé avec un zèle infatigable au salut des habitants de Fay, il se donna tout entier à celui des peuples voisins. Il partait tous les jours de grand matin, pour aller visiter les paysans dispersés dans les bois ou sur les montagnes. Quelquefois il pleuvait à verse, ou le vent soufflait avec violence ; d'autres fois, la fonte des neiges et les torrents grossis rendaient le pays impraticable; mais rien n'était capable de l'arrêter. Ma mère s'efforçait en vain de le détourner de l'idée d'entreprendre de pareilles courses, en un temps où les plus hardis du pays n'osaient sortir de leurs maisons : c'était inutilement qu'on lui représentait le péril évident auquel il exposait sa vie, il était impossible de le retenir. Il allait ainsi de chaumière en chaumière, toujours à pied et à jeun, si ce n'est que parfois ma mère le forçait de prendre une pomme, qu'il mettait dans sa poche. Il ne revenait qu'à la nuit, et toutes les fatigues de la journée ne l'empêchaient pas de reprendre ses occupations ordinaires; il se délassait d'un travail par un autre travail.

» Lorsqu'il avait fini la mission dans un village et qu'il allait en donner une autre dans un village voisin, il était beau, il était touchant de le voir suivi d'une multitude innombrable de montagnards et de personnes de tout rang. Les calvinistes, attirés par sa sainteté, l'accompagnaient aussi avec le même empressement.

» Le succès dont Dieu bénit ses travaux ne se peut exprimer : un grand nombre d'hérétiques convertis, plusieurs femmes de mauvaise vie retirées du désordre, les querelles apaisées, les haines éteintes, la paix rendue aux familles divisées jusque-là, l'usage des sacrements rétabli, les enfants instruits, les peuples réformés, l'impiété exterminée, la sanctification de tout le pays, furent le fruit de son zèle apostolique. »

X

Le Puy.

1637

Un messager de Fontcouverte était arrivé au collége du Puy, quelques jours après le départ de Jean-François pour la mission de Fay-le-Froid. Le noble châtelain du vieux manoir, Jean de Régis, était mort le 4 novembre 1636, privé de la présence de son Jean-François, de ce fils dont tout le Velay et le Vivarais proclamaient au loin l'éminente sainteté et les miracles nombreux.

Les historiens du glorieux apôtre nous laissent ignorer le moment où cette douleur de famille vint l'atteindre; mais nous ne pouvons douter qu'il ne partageât le deuil de ceux qu'il n'avait quittés que pour Dieu; son cœur nous est connu. Ce que nous savons seulement, c'est que, entièrement absorbé par ses innombrables travaux, il ne put aller consoler sa pieuse mère et adoucir ses regrets.

Notre saint arrivait au Puy pour le carême, et y était attendu avec impatience par tous les pauvres de la ville. Quel que fût le zèle des *Dames de la Miséricorde*, ainsi que l'on nommait l'association de charité établie par le Père de Régis, les indigents se persuadaient qu'ils seraient secourus plus largement si *le saint Père* était là; car la misère était horrible dans toute la province, par l'effet des mauvaises récoltes de l'année précédente, et par les menaces effrayantes de l'année qui commençait. On s'attendait à une disette désastreuse pour la population du Puy. Le retour de l'apôtre fut donc accueilli avec des larmes de joie et d'espérance par tous ses pauvres chéris. Ils se portèrent en masse au collége, tous voulaient le voir, lui parler, lui demander de les bénir, lui dire qu'il était leur Père, leur Providence, leur seul espoir.

— Oui, mes chers enfants, leur répondait Jean-François, j'aurai soin de vous tous ! N'êtes-vous pas les bien-aimés de mon cœur? N'êtes-vous pas mon trésor et ma gloire? Oui, comptez sur moi, mes enfants; je ne vous abandonnerai jamais !

Puis il bénissait tous ces pauvres couverts de haillons, il les embrassait et les renvoyait heureux et pleins de confiance. Nul ne songea plus à se plaindre de l'insuffisance des secours qu'on lui accordait : le *saint Père* était au collége, il était dans la ville, donc tout était pour le mieux.

Dès le lendemain de son arrivée, il avait repris avec son activité ordinaire, toutes ses œuvres, toutes ses prédications, toutes ses confessions, et il était assailli comme d'ordinaire. C'était le jour, c'était la nuit, c'était à toute heure que l'on recourait au *saint Père*, et lui-même, souvent inspiré d'en haut, allait où il n'était point appelé, et où sa présence était bien nécessaire pour sauver une âme que le démon voulait ravir à Dieu.

Le dimanche de la Quinquagésime, il venait de faire son catéchisme à Saint-Pierre, lorsque, tout à coup, il s'arrête devant la porte d'une maison, et paraît immobile. Une puissance mystérieuse le retient, le ravit, il semble en extase. Une jeune femme le remarque; elle est près d'une fenêtre, au rez-de-chaussée, elle l'a vu s'arrêter, lever les yeux au ciel et demeurer ainsi sans mouvement. Elle fait part de son observation à sa sœur, qu'une maladie grave et alarmante retient dans son lit depuis plusieurs jours. Celle-ci, âgée de vingt-neuf ans, non mariée, n'ayant vécu que pour le plaisir et la vanité, ne sentait pas que la mort approchait et que son âme allait paraître, dans l'état le plus déplorable, devant le Juge souverain.

Au nom du Père de Régis, elle s'émeut, elle se trouble ; ce nom vénéré vibre au fond de sa conscience comme la voix du remords :

— Ma sœur, dit-elle, priez le Père de Régis d'entrer et de venir me voir !

Le saint apôtre attendait cet appel : sans laisser à la sœur le temps d'achever, il entre, va près de la malade, lui parle avec la plus douce charité et lui annonce sa fin très-prochaine. La grâce accompagnant chacune de ses paroles, pénètre le cœur de la malade : elle se confesse avec tous les témoignages du plus sincère repentir, perd ses facultés peu d'instants après, et meurt le lendemain.

Cependant, les plaintes au sujet de l'établissement du Refuge se renouvelaient plus vives et plus amères depuis quelque temps. Le recteur du collége fatigué d'entendre blâmer à ce point le zèle du Père de Régis, crut devoir y mettre de nouvelles entraves. Le saint apôtre, obéissant avant tout, n'entrait plus au Refuge et ne s'en occupait plus que devant Dieu seul, dans ses longues oraisons nocturnes ; mais le Père Vineau pensait fermer la bouche aux hommes dépravés, en enrayant les œuvres les plus importantes, créées par l'incomparable charité du Père de Régis, et en restreignant même le nombre de ses visites aux pauvres, aux malades des hôpitaux et aux malheureux prisonniers.

Pour le cœur de Jean-François, si embrasé de la charité de Jésus-Christ, l'épreuve était des plus douloureuses. Mais il ne laissa échapper ni une parole, ni un mouvement de plainte : il se soumit humblement, bien convaincu d'ailleurs que Dieu ne prolongerait pas indéfiniment ce martyre de son âme. Ceux qui avaient provoqué cette mesure, triomphaient. Toutefois, ils auraient voulu plus encore : le Père de Régis les gênait, ils désiraient le supprimer ; c'était un obstacle dont il fallait se débarrasser.

Un jour, notre saint passait dans une petite rue peu fréquentée, à l'extrémité de la ville, lorsqu'il aperçut un jeune homme qu'il reconnut parfaitement, et dont une lumière surnaturelle lui fit connaître les infernales intentions. Ce malheureux l'attendait, en effet, pour lui passer son épée au travers du corps. Le saint Jésuite va au-devant de lui, le regarde avec une expression céleste, et lui dit de sa voix la plus douce :

— Je sais le dessein qui vous a conduit ici, mais vous ne l'exécuterez pas.

Il l'embrasse affectueusement, puis il reprend :

— Ah ! mon frère ! pourquoi voulez-vous tant de mal à celui qui voudrait, au péril de sa vie, vous procurer le plus grand de tous les biens, le salut éternel ?

— Mon Père ! mon Père, pardonnez-moi ! s'écrie le jeune égaré ; je suis vaincu, faites de moi tout ce que vous voudrez !

Et l'apôtre l'emmena, le confessa et le convertit si bien, qu'il vécut, jusqu'à la fin, de la manière la plus édifiante.

Un autre jour, vers le soir, trois jeunes gens des premières familles de la ville, se présentent à la porte du collège et demandent le Père de Régis. Le Frère portier l'avertit :

— Je sais ce que c'est, répond notre saint ; ouvrez-leur la porte de l'église, et dites-leur que je vais les y aller joindre.

Il s'y rend, s'arrête quelques instants devant le très-saint Sacrement, offre à Notre-Seigneur son sang et sa vie pour sa gloire, et va droit ensuite aux misérables pécheurs qui l'attendent :

— Je n'ignore pas que vous en voulez à ma vie, leur dit-il, et je mets en Dieu toute ma confiance, toute mon espérance. Ce n'est pas la mort qui me touche; elle est l'objet de tous mes vœux, c'est l'état de damnation dans lequel je vois vos âmes !

Les coupables n'en voulaient point à sa vie précisément. Ces jeunes gens avaient cru se reconnaître dans un sermon du saint Jésuite, ils lui avaient supposé l'intention de les désigner de manière à les faire reconnaître aussi à tout l'auditoire, nous dit le Père la Broue, et ils avaient juré de s'en venger en lui donnant, à la porte du collége, ce qu'ils appelaient *une volée de coups de bâtons*.

N'ayant communiqué leur diabolique projet à qui que ce fût, ils ne pouvaient comprendre comment le Père de Régis en était instruit. Ils étaient saisis d'étonnement et restaient dans une sorte de stupéfaction. Le saint Jésuite profite de cette disposition, il ajoute :

— Je vous conjure de revenir à Dieu ! Je sais que vos consciences sont souillées de beaucoup de péchés; mais vous ne devez pas désespérer de la miséricorde divine, toujours prête à vous pardonner.

En leur parlant ainsi, il leur pressait les mains, il les embrassait, il leur témoignait une si tendre charité, qu'ils tombèrent à ses pieds tous les trois en lui promettant de se convertir sincèrement. L'un d'eux se confessa aussitôt, les autres remirent au lendemain et furent exacts au rendez-vous. Leur retour à Dieu fut éclatant et complet. Eux-mêmes s'empressèrent de publier les détails que nous venons de raconter, et pas un des trois convertis ne se démentit jusqu'à la mort.

Toutefois, le Père Vineau continuait à voir un danger réel dans le zèle apostolique de Jean-François, et il tenait à prouver qu'il était loin de l'encourager, et le désapprouvait au contraire de tout son pouvoir. Il ne perdait aucune occasion de le blâmer et de l'humilier en public comme en particulier. N'en soyons pas surpris : Dieu permettait cette sorte d'aveuglement de la part du timide supérieur, pour faire briller d'un plus pur et nouvel éclat la profonde humilité de notre saint apôtre. Il acceptait les reproches publics avec autant de douceur et d'abnégation que si le Père Vineau les lui eût adressés dans l'intimité avec la plus tendre charité.

Un jour de fête, Jean-François était allé prêcher et confesser à peu de distance de la ville. La journée avait été laborieuse : le peuple, accouru de plusieurs villages, remplissait l'église à mesure que d'autres populations en sortaient, et le saint missionnaire n'était pas sorti du confessionnal depuis qu'il avait quitté la chaire. En rentrant, le soir, son compagnon lui dit :

— Je suis peiné de savoir que, après une journée de si grandes fatigues, le Père recteur vous réserve une dure mortification, au sujet d'une accusation portée contre vous; mais j'en connais la fausseté, et j'espère bien désabuser le Père recteur.

— N'en faites rien, je vous en prie, dit l'apôtre; ce serait me frustrer de la récompense de mon travail d'aujourd'hui ; car les humiliations sont les témoignages les plus certains et les plus précieux de la bonté divine. Il y a longtemps que j'ai fait à Dieu le sacrifice de ma réputation. Du moment où je me suis senti appelé au ministère évangélique, je ne me suis plus regardé que comme une victime dévouée à la persécution des hommes.

Cette épreuve était soutenue, elle était longue, le saint religieux ne s'en plaignait nullement ; mais les pauvres gémissaient et réclamaient leur *saint Père*. Jean-François sentait son cœur déchiré par leur vive douleur. Après avoir longtemps prié, un jour, pour ses pauvres tant aimés, il lui sembla devoir tenter en leur faveur une nouvelle démarche auprès de son supérieur. Il va donc le trouver et lui dit, en se mettant à ses pieds :

— Mon Père, je vous supplie de considérer mon incapacité ! Je suis sans talents, sans vertus, et bon tout au plus à instruire et à servir les pauvres. C'est le seul bien que je puisse faire, la seule consolation que je puisse goûter en cette vie. Je vous conjure, par les entrailles de la miséricorde de Jésus-Christ, d'avoir pitié de tant de pauvres âmes qui sont maintenant abandonnées et qui implorent mon secours !

— Non, lui répondit le supérieur. La vivacité et l'indiscrétion de votre zèle ne peuvent que jeter le trouble dans la cité. Vous n'instruirez plus les pauvres, vous ne les confesserez plus, vous ne les visiterez plus qu'aux jours et heures qui vous ont été désignés pour cela ; allez.

L'humble apôtre se prosterna, se retira ensuite sans laisser paraître la moindre émotion, et se rendit auprès de Notre-Seigneur pour renouveler le sacrifice le plus pénible à son cœur, et le plus méritoire assurément qui lui eût été imposé jusque-là. Il pleurait abondamment ; il lui semblait toujours entendre les voix discordantes de ses pauvres chéris l'appeler, réclamer ses soins paternels, l'accuser avec des larmes et des cris déchirants, de n'avoir plus pour eux le cœur et les entrailles du plus tendre des pères. Et Notre-Seigneur, touché de la douleur de cette âme si éminemment apostolique, voulut bien enfin mettre un terme à sa cruelle épreuve. Peu de jours après, le Père Vineau fit appeler Jean-François, l'embrassa affectueusement, et lui dit avec bonté :

— J'ai été trompé sur votre compte, Père Régis ; je le reconnais simplement. Vos ennemis s'étaient si bien entendus et avaient ourdi leur trame avec une telle habileté, que je suis tombé dans leurs piéges. Désormais, je vous laisse toute liberté pour l'exercice de vos fonctions évangéliques. Je vous crois réellement animé de l'esprit de Dieu, c'est donc en toute confiance que je vous abandonne à votre zèle ; je suis persuadé qu'il sera toujours réglé par la prudence.

Du Refuge, il n'en était nullement question : le Père recteur n'en parlant pas, Jean-François ne se permit pas de lui en faire l'observation ; il se contenta de reprendre ses œuvres sans s'occuper de celle-ci, mais avec la certitude qu'elle était l'œuvre de Dieu et qu'elle triompherait de l'opposition humaine dans un temps peu éloigné.

La confiance de notre saint ne fut pas trompée. Le Père Vineau, contre toute prévision, reçut l'ordre de son changement, presque aussitôt ; il fut envoyé à Béziers, et le Père Ignace Arnoux vint le remplacer au collége du Puy.

Le Père Arnoux, qui avait été confesseur de Louis XIII, était un des membres les plus éminents de la Compagnie de Jésus, en France. Il savait tout le mérite de Jean-François, il admirait ses vertus apostoliques, il avait entendu raconter les prodiges opérés par sa simple et brûlante parole, il n'ignorait pas les miracles échappés à son zèle et à sa charité, et il bénissait Dieu de l'envoyer au Puy, où il aurait le bonheur de vivre avec celui qu'il pressentait de voir être un jour une des plus éclatantes gloires de la Compagnie de Jésus.

Dès son arrivée, il engagea le Père de Régis à reprendre la direction de l'œuvre du Refuge et à la conduire activement à l'achèvement désiré. Le jour même, le zèle de notre saint apôtre faisait mouvoir tous les ressorts dont il pouvait disposer, et chacune des personnes sur lesquelles il avait compté s'empressa d'y contribuer avec une générosité qui dépassait même ses espérances. En très-peu de temps, un fonds considérable était affecté à cet établissement, et lui assurait un revenu suffisant pour en garantir l'avenir.

La joie des pénitentes, en revoyant leur *saint Père*, ainsi qu'elles l'appelaient, ne put se traduire que par de douces larmes. Toutes se mirent à ses pieds, et il les bénit avec une expression de bonté toute céleste. Lui aussi était heureux : c'était le plus tendre des pères, se retrouvant au milieu de ses enfants, après une longue et douloureuse séparation.

L'avenir de la maison étant assuré, il fallait en régler définitivement la discipline et l'administration; il lui fallait des statuts. Jean-François avait tout prévu, tout organisé d'avance, il n'eut qu'à rédiger ce qu'il méditait depuis un an, et bientôt il eut la consolation de voir son œuvre en pleine prospérité. Dieu la bénissait visiblement. L'évêque témoignait la plus vive reconnaissance au saint fondateur, et l'abbé le Blanc de Chantemule ne pouvait se lasser de bénir et de louer son zèle et son ingénieuse charité. Toutes les âmes chrétiennes se réjouissaient de ce succès et en espéraient une amélioration sensible pour les mœurs. Chacun enfin remerciait Dieu et son saint apôtre d'avoir mis des bornes aux scandales qui avaient si longtemps déshonoré la cité consacrée à la Vierge Immaculée.

Mais l'enfer vaincu rugissait sourdement.

XI

Le Puy.

(Suite.)

Il était près de sept heures du soir. Une femme, bien connue par sa piété et ses bonnes œuvres, frappe vivement à la porte du collége, demande le Père de Régis et paraît en proie à la plus grande agitation. Elle échange quelques mots avec le saint apôtre et se retire. L'instant d'après, Jean-François entre chez le Père Arnoux, son supérieur, et lui dit :

— Mon révérend Père, quelques jeunes gens, n'écoutant que leurs passions, se sont portés au Refuge et veulent en forcer les portes ou y mettre le feu pour en arracher les pénitentes. Je vous demande la permission d'aller au secours de ces pauvres âmes, qui m'appellent à grands cris !

— Mais, mon cher Père, répond le recteur, que ferez-vous seul contre tous ces jeunes fous transportés de fureur et qui n'écoutent plus que la voix de la passion ?

— Je me mettrai sur le seuil de la porte, mon Père, et à moins qu'ils ne m'enfoncent leur épée dans le corps, nul d'entre eux ne pénétrera dans la maison ! Je suis déterminé à périr, plutôt que de laisser périr l'œuvre de Dieu !

— Ce serait une imprudence, reprit le Père Arnoux ; vos ennemis seraient ravis de vous voir vous mettre ainsi à leur merci, ils saisiraient l'occasion de vous insulter, il pourrait même arriver quelque chose de plus fâcheux, et le public ne manquerait pas de l'attribuer à votre propre faute, il vous accuserait d'imprudence.

— Mon révérend Père, je vous en conjure ! le temps

presse, il n'y a pas une minute à perdre! Cet établissement nous a tant coûté de peines de tout genre! Il serait bien douloureux de voir renversé en quelques instants le fruit de nos longs et pénibles travaux pour la gloire de Dieu!

— Mon cher Père, je ne puis pas permettre que vous alliez exposer votre vie en vous livrant à la merci de cette fougueuse jeunesse. Je serais responsable de ses excès à votre égard.

— Ah! mon Père! s'écria notre saint, emporté par son zèle, ne craignez-vous pas bien plus encore, de vous rendre responsable de toutes les âmes qui courent risque de se perdre si on les abandonne? Consentirez-vous que l'œuvre de Dieu soit détruite, par la seul crainte du péril auquel serait exposé un misérable comme moi? Eh! je m'estimerais trop heureux, si je perdais la vie pour une si belle cause!

— Allez donc, cher Père! Allez sous les auspices de la Providence, dit le recteur : allez où le ciel et votre zèle vous appellent!

L'intrépide Jean-François part comme un trait. À la porte du collége il rencontre le Père Antoine de Mangeon :

— Je cours au Refuge, lui dit-il, et Dieu seul sait si j'en reviendrai vivant; dans le cas où il me ferait la grâce de mourir de la main de ces furieux, veuillez vous charger de distribuer à mes pauvres pénitentes la petite somme que j'ai déposée pour cette œuvre entre les mains du Père procureur.

— Très-volontiers, lui répond le Père de Mangeon ; mais j'espère bien vous revoir plein de vie.

Il ne se trompait pas : notre saint n'avait fait que quelques pas dans la rue, lorsqu'on vint lui dire que tout était rentré dans l'ordre. Les cris des pénitentes appelant à leur secours, avaient attiré tant de monde, que les jeunes insensés avaient jugé prudent de s'éloigner et de renoncer à leur coupable entreprise. Jean-François rentra aussitôt au collége et s'empressa d'aller rassurer son bon Père recteur. Peu d'instants après, le Père de Mangeon lui disait gaîment :

— Convenez, Père Régis, que cette fois vous aviez bien cru aller au martyre? vous aviez au moins fait votre testament en bonne forme !

— Il est vrai, répondit notre Jean-François ; mais si Dieu n'a pas voulu de moi, il veut bien de son œuvre du Refuge, puisque le démon fait tant d'efforts pour la détruire. Vous verrez que cette dernière violence amènera de nouveaux succès.

C'est ce qui eut lieu en effet : chacun crut voir la protection divine sur cet établissement ; il ne cessa de prospérer depuis, et il aida merveilleusement le saint fondateur à la réforme des mœurs de la ville. Toutefois, si les attaques ne se portaient plus sur cet asile ouvert au repentir et à la pénitence, le Père de Régis n'en était pas moins poursuivi par la vengeance aveugle de ceux à qui son zèle avait arraché les objets de leurs malheureuses passions. Mais qu'importait la vie à notre saint Jésuite ? Ne l'avait-il pas consacrée tout entière à la gloire de Dieu et au salut des âmes ? Et le martyre n'était-il pas l'objet de tous ses vœux ?

Une jeune femme d'une grande beauté et d'un esprit distingué, gâtée par les adulations que le monde prodigue à ses victimes, était tombée insensiblement au fond de l'abîme et ne désirait pas en sortir. Le scandale de sa conduite, devenu public, troublait les familles et occasionnait de graves désordres. Le saint apôtre lui fait parler en son nom, elle lui fait répondre qu'elle est seule responsable de ses actions et ne reconnaît à qui que ce soit le droit de se mêler de sa conduite. Jean-François insiste, toujours par intermédiaire, et la fait menacer de la colère du Ciel ; elle se rit des menaces de l'apôtre et semble les mépriser. Le saint Jésuite n'hésite plus, il va parler lui-même à la pécheresse, lui inspire une vive horreur de ses désordres, la voit pleurer amèrement sa vie passée, et a la consolation de lui ouvrir la porte du Refuge, où elle va finir ses jours dans la plus sincère pénitence.

Cette disparition, promptement ébruitée, irrite ceux qui partageaient les égarements de cette jeune femme. Ils comprennent qu'une conversion si prompte ne peut être attribuée qu'à l'intervention directe de celui à qui nul pécheur ne résistait, et ils jurent d'en tirer vengeance. Ils l'attendent donc un jour, au nombre de quatre, à sa sortie du Refuge, et l'attaquent près de la porte des Orphelins, avec une violence qui le renverse. Ils le frappent de toute la force de leurs bras ; le saint apôtre n'oppose aucune résistance. Étendu à terre, les mains et les yeux élevés vers le ciel, il prie et s'abandonne à l'aveugle fureur de ses ennemis, en offrant à Dieu pour leur conversion, les coups redoublés que ces forcenés portent sur lui.

Cependant, les cris poussés par Marguerite Tavenot, qui, passant non loin de cette scène sacrilége, avait reconnu le *saint Père*, et appelait au secours, ses cris attirent au dehors les paisibles habitants du voisinage ; ils accourent en toute hâte, voient s'éloigner les assassins et les reconnaissent pour appartenir aux premières familles du Velay. On voulait ensuite s'occuper du saint Jésuite, il ne le permet pas : Dieu lui donnant une force toute surnaturelle, il se relève et calme les personnes qui l'entourent en les assurant qu'il ne se ressent point des coups multipliés qu'il a reçus :

— Ce que l'on souffre pour Dieu, ajoute-t-il, ne mérite

pas le nom de souffrance. Les croix de la vie apostolique ont une onction qui les adoucit et les fait trouver légères.

Et, levant vers le ciel son angélique regard, il s'écrie avec un accent des plus émouvants :

« Que ne puis-je, ô mon Dieu, souffrir davantage pour la gloire de votre saint nom ! »

Ses amis le suppliaient de ne se pas exposer à de nouvelles attaques, qui pouvaient un jour priver le Puy de son apôtre le plus aimé ; mais toutes leurs instances échouaient devant l'intrépidité de son zèle. Il savait qu'une femme dont les talents faisaient accourir la foule au théâtre d'un bateleur, s'efforçait ensuite d'entraîner la jeunesse dans une voie coupable. Les familles honnêtes se désolaient, toute la ville déplorait de tels excès. Malheureusement, le magistrat chargé de réprimer les désordres publics, fermait les yeux sur les nombreux duels et les rixes sanglantes qui chaque jour troublaient la cité. Les parents chrétiens venaient solliciter de notre saint des prières et des consolations, chacun lui rapportait des faits qui jetaient dans son âme la plus vive douleur, et il demandait à Dieu de lui inspirer un moyen de remédier à de si grands maux et d'empêcher la perte de tant de pauvres âmes égarées.

Un jour, il se présente chez le magistrat que nous venons d'indiquer ; il lui dit toutes les plaintes des familles et ajoute :

— Ces désordres sont graves ; le devoir de votre charge est d'en arrêter les progrès, et si vous manquiez de fermeté en cette circonstance, vous vous rendriez complice, devant Dieu, de tous les crimes que cette femme occasionne. Tout le monde estime avec justice votre probité bien connue ; mais Dieu en jugera un jour tout autrement, si vous n'employez pas votre autorité pour arrêter une telle source de crimes.

— Je conviens, mon révérend Père, de la grandeur du mal et de la nécessité du remède, dit le magistrat un peu embarrassé ; j'ai la meilleure volonté du monde, assurément ; mais vous savez vous-même qu'il n'est pas toujours possible de faire ce que l'on désire et ce que l'on veut. Des hommes de distinction sont mêlés dans l'affaire, il faut les ménager ; il faut éviter l'éclat, bien choisir le moment, prendre des mesures sages et prudentes. J'y penserai, mon Père ; et je vous prie de croire que je ferai tous mes efforts pour atteindre votre but.

— Eh ! quoi, monsieur ! reprend l'apôtre, vous convenez de l'énormité du mal, et vous voulez différer le remède, qui est entre vos mains ? Souffrirez-vous que la majesté de Dieu soit offensée pendant tout ce temps-là ? Comptez-vous donc pour peu de chose les outrages faits au souverain Maître que nous servons ? Le péché vous paraît-il si peu de chose, que vous deviez permettre qu'il se multiplie, pour éviter l'éclat et le bruit ? Souffrez que je vous dise, avec tout le respect qui vous est dû, que le bruit qu'il faut éviter est celui qui cause le scandale, non celui que causera le remède que vous y apporterez.

Le magistrat devenait soucieux et gardait le silence. Il vénérait le Père de Régis, il savait que la justice divine avait frappé plusieurs de ceux qui avaient osé résister à son zèle, et il se demandait si, tout considéré, il n'était pas plus prudent de plaire au *saint Père* qu'à tous les grands de la terre, beaucoup moins puissants que lui. Le résultat de ses réflexions ne pouvait être douteux pour notre saint, qui devinait tout ce qui se passait dans cette âme naturellement timide. Il lui parla encore avec autant de force que de douceur, et il finit par remporter une victoire complète.

La principale coupable fut éloignée de la ville, et l'ordre public fut rétabli :

— Si je n'avais pu vaincre le magistrat, disait ensuite notre saint, j'étais résolu à attaquer le démon lui-même, et je l'aurais fait ! Je serais allé prêcher sur la même place, et en face des tréteaux de ce suppôt de l'enfer [1] !

Le saint apôtre n'en était que plus en butte à la persécution des hommes les plus vicieux. Il avait déclaré à l'immoralité une guerre d'extermination ; l'immoralité le lui rendait, en le poursuivant de sa vengeance et de sa haine.

La vie de notre saint Jésuite était si parfaitement réglée, hors les cas extraordinaires, que l'on savait toujours où il était possible de le rencontrer. Ses visites aux pauvres, aux malades des hôpitaux, au Refuge, à la prison, avaient leurs jours et leurs heures connus de toute la ville. Rien n'était donc plus aisé que de l'attendre au passage.

Quelques jours après la victoire qu'il avait remportée au sujet de la jeune femme employée sur les planches, plusieurs jeunes gens, l'attendant à sa sortie du collége, marchent à sa suite, l'accablent d'injures, se moquent de lui, et, voyant qu'il ne paraît pas les entendre, ils avancent le pas, prennent les devants, ramassent de la boue à pleines mains, se retournent et la lancent à son visage. Jean-François continue sa marche silencieuse, calme et recueillie ; il met la main dans sa poche, en retire son mouchoir, essuie son gracieux visage et ne paraît nullement affecté du procédé.

Les jeunes insensés ne peuvent comprendre tant de vertu ; ils sont interdits un instant, regardent le saint

---

[1] Le P. la Broue.

Jésuite s'éloigner, ne pensent plus à le suivre, semblent se consulter du regard, et finissent par s'écrier :

— Mais c'est admirable ! — C'est un vrai saint ! — C'est incroyable !

Après ce premier moment de saisissement, ils sont forcés de convenir que toute la supériorité reste du côté de l'apôtre qu'ils n'ont pu parvenir à émouvoir :

— S'il s'était enfui tout d'abord, dit l'un, nous pourrions penser que c'est de la lâcheté ; mais il n'a pas marché plus vite, il nous a laissés dire, il a supporté, avec un calme qui n'est pas naturel, et l'insulte et l'outrage : c'est vraiment héroïque !

— Quant à moi, dit un autre, je renonce à m'en venger ; c'est se compromettre. Le beau rôle, que nous avons joué là !

— Il est vrai que nous n'y avons pas cueilli des lauriers très-brillants, dit un troisième, et qu'il eût mieux valu le laisser tranquille.

Un peu honteux de leur défaite, les jeunes étourdis se repentaient de leur mauvaise action ; mais, plus affectés de l'échec subi par leur amour-propre, que de l'injure faite à Dieu, dans la personne de son ministre, ce regret demeura stérile pour le salut de leurs âmes. Il en fut autrement pour un officier de l'armée royale, à qui notre saint avait enlevé l'objet de sa passion criminelle.

C'était un dimanche. Jean-François allait prêcher à la campagne et y était attendu avec empressement par les bons paysans des environs. C'était, sans doute, à Vals qu'il allait se faire entendre ; car, arrivé à l'endroit où le chemin, entre le Puy et Vals, formait un coude et tournait brusquement à droite, il voit un homme s'élancer sur lui, l'épée à la main. C'était l'officier dont nous venons de parler. Il saisit le saint apôtre par le bras et lui dit d'une voix étouffée :

— Il faut qu'aujourd'hui même tu meures de ma main !

— Permettez-moi de penser à Dieu un moment, lui répond Jean-François, avec une ineffable douceur.

Il s'agenouille, offre sa vie à celui de qui il la tient, se relève et dit à son meurtrier :

— Maintenant, vous pouvez faire de moi ce qu'il vous plaira. Je ne désire rien plus ardemment que de mourir pour Jésus-Christ.

L'homme de guerre avait laissé tomber son épée ; des larmes s'échappaient de ses yeux, le repentir pénétrait son âme. Il implore le pardon de l'apôtre, il l'assure que le souvenir de son crime ne s'effacera jamais de sa mémoire et qu'il en fera pénitence tous les jours de sa vie.

Une croix de pierre fut élevée plus tard, par la dévotion publique, sur le lieu témoin de cet attentat et de cette conversion. On venait y prier l'apôtre du Puy, et Dieu ne permit pas que cette croix disparût jamais, pas même durant les plus mauvais jours de nos tempêtes révolutionnaires. Aujourd'hui, cette croix ne se trouve plus à la place où elle fut primitivement élevée : la route ayant été rectifiée, le coude qu'elle formait a disparu, et le propriétaire du champ au bord duquel s'élevait ce pieux souvenir l'avait nécessairement renversé. La piété des fidèles a réclamé, et la Croix du saint apôtre a reparu triomphante au bord du chemin actuel, à très-peu de distance de son emplacement primitif.

Le cimetière est dans ce voisinage ; il est commun au Puy et au village de Vals, lorsqu'un convoi mortuaire passe devant la Croix de saint Jean-François Régis, il s'arrête un moment, on récite le verset *Maria Mater gratiæ*, et l'on se remet en marche.

Cette pieuse coutume, si gracieuse et si touchante,

semble indiquer que saint Régis attribua la conservation de sa vie et la conversion du meurtrier à l'intercession de la Vierge Immaculée qu'il aimait d'un si tendre amour et dont nous avons vu qu'il recevait des faveurs signalées.

XII

Suite.

Ainsi qu'on l'avait prévu généralement, la récolte avait fait défaut; en cette année 1637, la disette était grande, la misère effrayante, le peuple manquait de pain et se portait au collége des Jésuites pour en demander au Père des pauvres, à Jean-François de Régis. Le bon Père donnait aux plus indigents un ordre pour Marguerite Baud, dont nous avons déjà parlé, et cette pieuse veuve leur distribuait des mesures de blé qu'ils allaient aussitôt porter à la mouture pour en faire du pain.

Marguerite tenait ce blé, non dans un grenier, mais dans un grand coffre qu'elle fermait soigneusement après chaque distribution, et dont elle portait la clef sur sa personne [1]. Les pauvres ne se lassaient pas de recourir au saint Père, et le saint Père ne se lassait pas davantage de les envoyer à Marguerite; mais le coffre n'était pas inépuisable, et vint le moment où il ne resta plus un seul grain de froment. Marguerite se promettait d'aller en avertir le Père des pauvres, lorsque lui

---

[1] Nous avons sous les yeux la déposition de Marguerite Baud, veuve Cornilhon, dans laquelle nous trouvons ces détails.

arrive une femme munie de l'ordre du saint apôtre, et demandant une mesure de grain :

— Il n'en reste pas un seul grain, répond la bonne veuve, et j'allais en avertir le saint Père. J'y vais de ce pas, revenez plus tard, et, s'il en fait apporter, vous en aurez.

Elle court au collége :

— Mon Père, je n'ai plus de blé, et voilà cette femme qui me suit et à qui j'en ai refusé.

— Retournez chez vous, lui dit Jean-François, et donnez-lui sa mesure.

— Je serais bien en peine, mon Père, puisqu'il ne reste plus un seul grain !

— Allez, allez donner du blé à cette pauvre femme.

— Vous vous moquez de moi, mon Père !

— Non, il y a du blé chez vous ; allez en donner.

« Pour obéir, dit la veuve Cornilhon, j'allai ouvrir le coffre fermé à clef, et, en l'ouvrant, le blé s'épancha de tous côtés, si fort le coffre était rempli, et il s'en épancha un boisseau. Toute surprise de cette merveille, après avoir donné du blé à la femme que le Père m'avait envoyée, je sors, et voyant le Père qui passait en vue, je cours après lui, pour lui dire la merveille ; mais le serviteur de Dieu, en souriant, sans vouloir m'écouter, me dit que le grenier de Dieu était toujours plein. »

Toute la ville, émerveillée de ce miracle, ne parlait plus d'autre chose, et, lorsque les moins crédules demandaient la vérité à notre saint Jésuite, il n'avait d'autre réponse que celle qu'il avait déjà faite à Marguerite, et qu'il accompagnait du même sourire :

— Les greniers du Père céleste, disait-il, sont toujours pleins.

Une autre fois, le coffre se trouvant entièrement vide avant que de nouvelles aumônes fussent venues entretenir la provision des pauvres, Marguerite balaye la poussière de l'intérieur; après l'avoir bien nettoyé, elle le ferme à clef et va trouver le Père de Régis :

— Mon Père, je viens vous avertir que je n'ai plus de blé ; n'en achèterez-vous pas ?

— Il y en a encore ; il est inutile d'en acheter.

— Mon Père, j'ai balayé le coffre, je l'ai fermé à clef, je n'ai donné la clef à personne, et il n'y en a pas deux ; on ne peut donc avoir mis du blé pendant que je suis ici.

— Allez, reprend le Père de Régis, il y a du blé dans le coffre.

La bonne veuve, soupçonne un nouveau miracle et obéit ; elle rentre chez elle, trouve son coffre parfaitement fermé, l'ouvre en tremblant d'émotion et le voit entièrement plein. « Or, nous dit-elle, le coffre contient environ quarante quartauts de blé. » Marguerite ne manquait pas de foi, certainement, mais elle aimait mieux avoir la certitude que la provision des pauvres était assez considérable pour donner à chacun la mesure ordonnée par le saint Jésuite, que d'essayer de remplir cette mesure, lorsque la quantité de grain lui paraissait insuffisante.

La famine augmentait toujours, et le saint apôtre cherchait sans cesse à obtenir de nouvelles aumônes pour soulager l'immense misère qui faisait chaque jour de nombreuses victimes. Mais les riches craignaient pour eux-mêmes et ne donnaient presque plus pour soutenir la vie des pauvres. Le Père de Régis, confiant dans la Providence, qui s'était déjà montrée si magnifiquement favorable, lui abandonne le soin de nourrir tous les indigents qui viendront lui demander du pain au collège ou dans les rues de la ville ; et ils étaient nombreux, car tous ceux de la campagne affluaient au

Puy pendant la famine, et tous allaient au *Père des pauvres :*

— Allez demander une mesure de blé à Marguerite, leur disait-il, allez, mes chers enfants, vous êtes mes bien-aimés !

Marguerite distribuait toujours ses mesures, se disant intérieurement que le Père des pauvres saurait remplir le coffre une fois de plus. Le blé diminuait cependant, et les demandes augmentant, Marguerite se vit un jour entre plusieurs indigents à satisfaire et une demi-mesure de grain. Elle va trouver notre saint :

— Mon Père, vous m'avez envoyé plusieurs pauvres à la fois, et je n'ai qu'un demi-quartaut de blé pour tous ! Je ne puis en donner qu'à un seul.

— Il faut en donner à tous ; allez, il y a assez dans le coffre pour donner une mesure à chacun.

— Je puis vous assurer, mon Père, qu'il n'y en a qu'un demi-quartaut.

— Allez, vous dis-je ; il y en a, et pour tous.

Marguerite était rassurée. Elle revient à son coffre et le trouve seulement à moitié plein. La chose lui paraît étrange. Pourquoi le saint Père l'a-t-il moins rempli cette fois ? Les pauvres sont pourtant beaucoup plus nombreux. N'importe, elle distribue son blé miraculeux, sans chercher davantage à s'expliquer cette énigme. A la fin de la journée, le coffre paraissait exactement au même point qu'avant la distribution. Le lendemain, elle en donne une quantité plus considérable que la veille, et le coffre est toujours à moitié ! Il en fut ainsi durant trois mois encore que dura la famine.

Nul dans la ville ne pouvait comprendre comment le saint Jésuite suffisait à nourrir tant de peuple. On savait bien les deux premiers miracles ; mais cette multiplication continuée pendant trois mois émerveillait les plus incrédules ; car il n'eût été possible de se procurer à aucun prix tout le blé consommé par les pauvres de la ville et des environs. Les magistrats voulurent faire une enquête des plus rigoureuses ; on alla jusqu'à interroger le saint lui-même, qui ne crut pas devoir dissimuler la vérité, et avoua, à la gloire de Dieu, que la Providence avait eu soin de ses pauvres et leur avait donné à tous, miraculeusement et abondamment, le nécessaire pour le soutien de leur vie. Après toutes les informations juridiques, le miracle étant reconnu incontestable, il en fut dressé des procès-verbaux que l'on déposa entre les mains de l'autorité ecclésiastique et de l'autorité civile.

La famine avait occasionné des maladies dans les dernières classes de la population, l'hôpital était encombré, l'air des salles était vicié par cette agglomération, on y respirait un air infect et malsain, l'atmosphère y était suffocante. Notre saint ne semblait pas s'en apercevoir. Il visitait ses chers malades avec une charité égale à son zèle ; il allait d'un lit à l'autre, les consolait, les encourageait, les embrassait avec une tendresse de père, et leur rendait tous les services qu'il croyait leur être agréables. Nul ne comprenait qu'il pût suffire à tant de soins et de fatigues. Et ce n'était pas seulement à l'hôpital qu'il visitait les pauvres malades, il allait encore à la recherche de ceux qui gémissaient sur le grabat de leur demeure.

Un jour, il entend parler d'un malheureux couvert de plaies, abandonné de tout le monde, dévoré par une décomposition infecte, et dont personne ne peut plus approcher. Les yeux du saint Jésuite se remplissent de larmes ; il demande l'adresse de ce pauvre affligé et s'empresse d'aller lui prodiguer les soins et les consolations de son inépuisable charité. Cet homme était à l'extrémité de la ville, il alla le voir chaque jour, sans négliger l'hôpital, la prison, aucune de ses œuvres. Il lui procura des vêtements et du linge, lui-même nettoyait et lavait ses plaies, lui portait à manger, lui donnait tous les soins de l'infirmier le plus intelligent et le plus dévoué. Le pauvre malade croyait voir un ange dans la personne si aimable et si gracieuse du Père de Régis ; il cherchait à lui exprimer un jour toute la reconnaissance de son cœur :

— Ah ! mon très-cher frère, lui dit notre saint, c'est à moi à vous remercier ; car je gagne plus que vous dans les petits services que je vous rends. Ce que je fais n'est rien en comparaison de ce que je vous dois et de ce que je voudrais faire pour vous. Je vous demande même une grâce, c'est de me pardonner d'avoir commencé si tard à vous porter secours.

Le malade pleurait d'attendrissement. Jean-François le pressait sur son cœur, l'embrassait affectueusement et lui redisait les plus douces paroles.

Il donnait aussi des soins touchants à une pauvre femme dont le visage était rongé par un chancre, et qui s'était retirée dans la partie la plus reculée du faubourg Saint-Gilles, afin de se dérober à tous les regards. Son indigence était telle, qu'elle serait morte ignorée dans la masure qui l'abritait, si notre saint ne l'eût découverte et n'eût soulagé son extrême misère. C'était lui qui apportait à manger, chaque jour, à cette pauvre abandonnée ; c'était lui qui quêtait pour elle tous les objets dont elle avait besoin, et qui lui apportait du linge, des médicaments, des vêtements. Elle était assise à terre, sur une litière de paille d'une odeur nauséabonde : il lui donna de la paille fraîche, et, ne voyant pas une chaise qui pût lui faciliter un changement de position, il s'en fit donner une et la lui apporta.

Cette chaise, pieusement conservée comme un monument de la charité du saint apôtre, devint l'instrument de nombreux miracles. Naguère encore, les femmes en travail la faisaient demander, et plusieurs, en très-grand danger, furent promptement délivrées, et leurs enfants sauvés, dès qu'on les eut posées sur ce siége miraculeux.

« Je ne puis exprimer, — dit le Père Antoine de Mangeon, alors au collége du Puy, — jusqu'où allait la tendresse que le Père Régis avait pour les pauvres, surtout pour les malades les plus affreux, et que l'infection rendait insupportables à tout le monde. Nos Frères qui l'accompagnaient, disaient qu'il fallait qu'il eût perdu entièrement le sens de l'odorat, ou qu'il eût une force plus qu'humaine, pour demeurer des heures entières, comme il faisait, auprès de certains malades, dont la puanteur saisissait et faisait soulever le cœur, aussitôt qu'on les approchait. Cependant on le voyait entrer avec je ne sais quel épanchement de joie, dans ces lieux infects, comme s'il fût entré dans un palais. Nos Frères l'accompagnaient volontiers, pour être témoins de sa charité qui les charmait; mais comme le saint homme était aussi indulgent envers les autres qu'il était dur envers lui-même, il les obligeait de rester à la porte de la maison, pendant que lui goûtait de saintes délices avec ses chers pauvres, au milieu de l'infection la plus effroyable. C'étaient là ses plaisirs les plus ordinaires. Après s'être fatigué dans le ministère de la prédication et des confessions, il allait se délasser auprès des pauvres et des malades. Toutes les fois qu'on le voyait passer dans les rues : « Il va, disait-on secourir un pauvre, ou secourir un malade ; » et on ne se trompait presque jamais. »

Le Père de Régis, nous l'avons dit, avait ses jours fixés pour la visite des malades pauvres restés chez eux ; mais s'il se présentait une occasion de les voir une fois de plus, il ne la manquait pas. Nous savons sa préférence pour cette partie du troupeau de Jésus-Christ.

Un religieux de la Compagnie de Jésus venant de Lyon et s'arrêtant au Puy, on lui proposait de visiter la ville avant de se remettre en marche pour sa destination. Jean-François allait sortir, il offre de conduire le voyageur; la chose est acceptée, et les voilà cheminant gravement ensemble vers le premier but convenu. Tout à coup, le Père de Régis s'arrête :

— Mon Père, dit-il au voyageur, voulez-vous que nous entrions un instant dans cette maison, où j'ai un pauvre malade à qui nous ferons du bien ?

— Très-volontiers, répond le bon religieux.

Ils entrent, le Père de Régis adresse au malade de touchantes et brûlantes paroles, il lui fait faire des actes de foi, de confiance, d'amour de Dieu, de soumission à son adorable volonté, et il le laisse heureux et consolé. Les deux Pères reprennent leur marche ; mais, à quelques pas, notre saint voit une autre maison où gît un autre malade, il demande à s'y arrêter aussi. Après celle-ci, ce fut une troisième, puis d'autres encore ; tant et si bien, que l'heure de rentrer au collége était sonnée avant que le religieux, sorti pour visiter les principaux édifices et ce que la ville offrait de plus remarquable, eût vu autre chose que des indigents sur leur lit de douleur. Jean-François, emporté par son zèle, ne s'était pas douté du temps qu'il avait donné à sa charité. Il demandait pardon au voyageur de ce qu'il appelait une distraction ; il s'accusait de l'avoir privé d'un plaisir :

— Ah ! n'en ayez aucun regret, lui répondit ce Père ; car j'ai été bien plus heureux de vous entendre parler de Dieu à ces pauvres malades, que je ne l'eusse été de voir les édifices les plus curieux.

Souvent il arrivait que notre saint Jésuite guérissait les malades auprès desquels il était appelé. Élisabeth Sauron vient le chercher un jour pour une jeune fille dont une fièvre ardente mettait la vie en danger. Il y va, la confesse, la console et lui promet de revenir la voir. Le lendemain, il rencontre Élisabeth allant à la messe au collége, et il lui demande de lui apporter dans la journée des nouvelles de la jeune fille. Élisabeth obéit et va lui annoncer que le mal fait de rapides progrès. Le saint apôtre se rend aussitôt près de la malade et lui dit avec sa douceur ordinaire :

— Eh bien ! ma fille, comment vous portez-vous, aujourd'hui ?

— Mon Père, je me porte très-mal ; ayez pitié de moi et de mes parents, qui n'ont que mon travail pour vivre !

— Courage, ma fille, reprit l'aimable saint ; j'ai une médaille d'une grande vertu : ayez confiance en Dieu.

Et, s'adressant à l'une des personnes présentes, il lui demande une *écuelle*, y fait mettre un peu d'eau, agite cette eau avec une médaille, s'agenouille près du lit, prie quelques instants, se relève, fait un signe de croix sur l'eau et en fait boire à la malade, en disant avec l'accent de l'autorité :

« Fièvre ! sortez du corps de cette jeune fille, qui a besoin de sa santé pour la subsistance de sa famille ! »

A l'instant même, la fièvre cesse, la jeune fille est guérie, et la ville entière s'émeut de ce prodige sans s'en étonner ; car la sainteté de Jean-François n'était douteuse pour personne, pas même pour ses ennemis. Dieu inspirait quelquefois aux malades la confiance de demander ainsi eux-mêmes leur guérison au saint apôtre.

Catherine Boutaud, en travail depuis plusieurs jours, était dans le plus grand danger ; elle demande le saint

Père, qui la confesse, lui recommande la confiance en Dieu et se retire. Catherine le rappelle :

— Mon Père, ne vous en allez pas ! Je vous supplie de ne pas sortir de la maison, que je ne sois morte ou que vous ne m'ayez sauvée par vos prières.

— Bien volontiers, dit l'aimable saint. — Et se tournant vers les parents de la malade : — Allons réciter ensemble les litanies de Notre-Dame pour sa délivrance.

On passe dans une chambre voisine, Jean-François récite les litanies auxquelles les parents répondent, et au moment où elles s'achevaient, Catherine était délivrée et sauvée.

Dans les nombreux miracles qui échappaient à son incomparable charité, le Père de Régis employait toujours un moyen auquel il en attribuait la vertu. C'était une prière à la très-sainte Vierge, une médaille, un signe de croix ; jamais la puissance de son intercession ou l'influence de sa vertu.

Une de ses pénitentes souffrait vivement des yeux, depuis longtemps. On lui conseille une neuvaine à saint Barthélemy ; mais une de ses amies lui dit qu'elle ne doit pas la faire sans avoir l'approbation du Père de Régis. La malade va au confessionnal de notre saint, attend son tour pour lui parler, et s'aperçoit bientôt que ses yeux voient beaucoup mieux et ne lui font aucun mal. Elle attend assez longtemps encore, et, l'heure la pressant, elle est forcée de rentrer chez elle sans parler au bon Père.

Le lendemain, elle retourne à son confessionnal, lui dit le motif qui l'avait amenée la veille, le soulagement qu'elle a éprouvé, et enfin la disparition de la maladie de ses yeux :

— Dieu a béni l'acte d'obéissance que vous avez fait, lui répondit-il, en venant me soumettre votre projet de neuvaine. Remerciez-le de vous avoir prévenue par une si grande grâce, de vous avoir guérie sans que vous le lui ayez demandé.

Une pauvre mourante allait laisser plusieurs orphelins dans la misère, et on supplie notre saint de lui rendre la santé par pitié pour ses enfants. Il va la voir, met la médaille de son chapelet dans un verre d'eau qu'il a demandé et sur lequel il a fait le signe de la croix, puis il fait boire l'eau à la malade, et au même instant elle revient à la vie et se trouve guérie.

Un homme du peuple se désespérait de voir son unique enfant près de mourir ; on l'engage à porter sa grande douleur au saint Père, l'assurant qu'il n'y résistera pas et sauvera l'enfant. Le père court au collége :

— Mon Père, mon révérend Père, ayez pitié de mon désespoir, venez voir mon pauvre enfant qui se meurt, et guérissez-le !

— Allons le voir, dit simplement notre saint, et ayez confiance en Dieu.

Le pauvre petit malade n'avait que sept ans, il commençait déjà à donner tous les signes d'une mort prochaine ; des symptômes d'agonie se manifestaient ; mais la parole était encore assez libre pour lui permettre de faire entendre plusieurs fois ces quelques mots :

— Si je pouvais voir le saint Père Régis, je guérirais !

— Ton père est allé le chercher, lui répondit-on, il va venir.

Il venait d'exprimer de nouveau ce désir, lorsque son père, toujours en larmes, rentra dans sa chambre amenant Jean-François :

— Mon Père, dit le mourant, vous me guérirez ?

— Ayez confiance en Dieu, mon cher enfant, nous allons lui demander de vous rendre la santé pour sa gloire.

Et le saint Jésuite s'agenouille, prie un instant, bénit un peu d'eau et la fait boire à l'enfant, qui s'endort aussitôt du plus doux sommeil. A son réveil, il était guéri.

Notre saint ne pouvant douter de la vénération que lui attirait ce don des miracles, s'abîmait d'austérités et macérait son corps d'une manière effrayante. Un Frère lui ayant rendu un service dans une circonstance où l'excès du travail l'avait anéanti, disait au Père la Broue qu'il avait vu ses épaules déchirées et marquées de son sang. Un jour, cédant au besoin de s'humilier en proportion de l'estime qu'on faisait de lui, le saint apôtre va trouver son supérieur et lui demande la permission de prendre la discipline publiquement. L'hiver commençait à se faire sentir, le temps était très-froid ce jour-là. Le supérieur sourit et répond : « Je vous le permets ; mais sur votre robe seulement. » Le Père de Régis, toujours ponctuel, donna la discipline à sa robe avec autant de sérieux que si elle eût dû en souffrir, et tous les religieux présents, quoique ne comprenant pas le motif, ne pouvaient assez admirer sa simplicité. Son obéissance était telle, qu'un jour, le Père recteur l'ayant fait appeler pendant qu'il confessait pour la première fois un pécheur converti par sa parole, il sortit du confessionnal au même instant, laissant à Dieu le soin de l'âme dont il se séparait par obéissance à son supérieur [1].

---

[1] Le P. la Broue

XIII

Marlhes et ses environs.

1637-1638

L'hiver était des plus rigoureux dans les Cévennes, en cette année 1637. La neige, d'une épaisseur considérable, couvrait les montagnes ; entièrement solidifiée par l'intensité du froid, elle avait acquis la dureté de la pierre et brillait au soleil comme une couche immense de cristal diamanté. Les montagnards garantissaient leurs yeux de son éblouissant éclat, dont le danger eût été plus grand encore, si la vue n'en eût été fréquemment interrompue par les arbres et les rochers que la main de la Providence semblait y avoir disséminés dans ce but. Les sentiers n'étaient plus reconnaissables pour le voyageur ; l'habitant du pays pouvait seul retrouver son chemin, par instinct ou par routine.

Cependant, un jour du mois de novembre, deux religieux, le bréviaire sous le bras, le bâton à la main, gravissaient péniblement une des plus hautes montagnes du Velay. De temps à autre, ils paraissaient plus embarrassés que soutenus par leur bâton ; non moins gênés par leur bréviaire, ils l'introduisirent dans leur large poche, et, s'aidant alors des arbrisseaux, des plantes sarmenteuses, des racines saillantes ou des aspérités des rochers, ils avançaient un peu, quoique bien lentement. Tout à coup, l'un de nos deux voyageurs tombe, roule jusque sur une saillie de roche et ne laisse pas échapper un seul cri de douleur.

— Mon cher Père! s'écrie son compagnon en volant à son secours...

— C'est peu de chose, — répond la douce voix de celui qui vient de tomber; — je vous supplie, mon bon frère, de ne pas vous inquiéter; il me suffira que votre charité veuille m'aider à achever notre voyage.

— Mais nous sommes encore loin du but, vous êtes blessé, vous pouvez à peine vous soutenir...

— Nous sommes attendus, il faut marcher et se remettre entre les mains de Dieu.

Cet ange, que nous reconnaissons, notre Jean-François, s'était relevé, en effet, assez difficilement, et il marchait avec tant de peine, appuyé sur son bâton et sur le bras de son frère, que son visage pâlissait sensiblement et trahissait les plus vives souffrances :

— Heureusement, lui dit son compagnon, nous avons franchi les plus mauvais passages; c'est vraiment providentiel.

— Aussi devons-nous mettre toute notre confiance dans la Providence, mon cher frère, répondit notre saint, et compter sur elle comme sur la plus tendre des mères.

Le Père de Régis, vivement sollicité de toutes parts, avait promis à Jacques André, curé de Marlhes, de donner une seconde mission dans sa paroisse et dans les alentours, et d'en établir le centre chez lui, où il se rendrait en premier lieu, vers le 15 novembre. Il était à deux lieues de Marlhes environ, lorsque Dieu permit la chute que nous venons de rapporter; les deux Pères mirent plus de trois heures à parcourir cette distance.

L'église était envahie depuis le matin; notre saint apôtre ne voulut prendre aucun repos avant d'avoir satisfait l'avidité populaire. Il alla droit à l'église, prêcha, confessa ensuite et s'oublia absolument. Le bon curé, effrayé de l'avoir vu marcher avec une si grande difficulté, s'était empressé d'en demander la cause au Frère qui l'avait accompagné, et celui-ci, en lui racontant l'accident arrivé au saint missionnaire, avait ajouté :

— Il veut le dissimuler, afin de ne pas exciter l'intérêt ; mais je suis certain qu'il a une jambe brisée, et je considère comme un vrai miracle qu'il ait pu se traîner jusqu'ici.

— S'il en est ainsi, dit le curé, nous ne pouvons le laisser dans l'état où il est, il faut absolument le soigner, je vais le faire sortir du confessionnal.

Il va le chercher, en effet, mais ne le ramène pas ; le Père de Régis se refuse à toutes ses instances et l'assure qu'il ne souffre nullement. Le curé rentre au presbytère et dit au Frère :

— Vous vous êtes trompé, très-heureusement, mon Frère, car le Père Régis vient de m'assurer qu'il ne souffre point.

— Alors, monsieur le curé, c'est un miracle de plus ; voilà tout ce que je puis dire ; car avoir marché deux heures avec de si grandes souffrances, était assez pour enflammer cette jambe et en occasionner la perte, ou même avoir de plus fâcheux résultats.

Enfin, l'héroïque apôtre termine ses confessions et vient rejoindre le curé. Ce dernier l'oblige à lui laisser voir sa jambe, et aussitôt paraît le médecin, qui attendait et se tenait prêt au premier appel. Il déclare que la jambe ne porte nulle trace d'accident, qu'elle est dans le meilleur état, et qu'il n'aurait jamais soupçonné qu'elle eût reçu le plus léger choc. Le compagnon de notre saint savait à quoi s'en tenir, maintenant ; quant au curé, il ignorait ce qu'il devait en penser. Le témoignage des deux religieux étant également irrécusable, il penchait vers l'opinion de celui qui voyait un double miracle dans cet événement; mais il ne voulait pas se prononcer, et il n'en fut plus question.

Cette seconde mission de Marlhes produisit des fruits plus abondants encore que la première. Le saint apôtre passait des nuits entières au confessionnal, il oubliait la nourriture et le sommeil, le zèle le dévorait, la charité de Jésus-Christ l'embrasait, il ne vivait plus que de son amour et de ses incomparables travaux pour le salut des âmes rachetées de son sang. Il donnait quelquefois la sainte communion jusqu'à quatre cinq et six heures du soir. Ce bon peuple restait ainsi à jeun toute la journée! La fatigue dominait parfois le zèle et la volonté si énergique de notre saint : il s'affaissait épuisé, défaillant, il fallait l'enlever et le secourir. Dès qu'il avait repris ses sens, il reprenait le travail.

Cet excès de labeur poussé jusqu'à l'impossible, et qu'il ne pouvait soutenir habituellement sans miracle, ne lui faisait rien retrancher de ses incroyables austérités; il aurait même tâché d'y ajouter, si la chose eût été possible. Mais qu'ajouter à ce jeûne continuel, à sa privation de sommeil, à ses instruments de pénitence, à ses disciplines de chaque jour, à la dureté de sa couche de bois?

Le curé de Marlhes s'affligeait de ces saints excès de mortification et de travail; il craignait que cette précieuse vie ne s'éteignît trop tôt, et il disait au saint Jésuite, avec des larmes dans la voix :

— Mon très-cher Père, il est douloureux de vous voir abréger ainsi une vie si utile à la gloire de Dieu! Tant d'austérités jointes à cet excès de travail, sont au-dessus des forces humaines. Je vous supplie, je vous conjure, mon Père, de vous ménager, non pour vous, mais pour le bien que vous avez à faire encore!

— Je vous avoue, Monsieur, lui répondit Jean-François, que je ne saurais me résoudre à user de ménagement humain pour prolonger de quelques jours mon existence en ce monde. Gagner des âmes à Dieu, voilà ma nourriture, mon repos, ma vie! Jésus-Christ nous a aimés jusqu'à mourir pour nous : nous ne pouvons donc lui prouver notre amour qu'en sacrifiant notre vie à sa gloire pour le salut des âmes.

Monsieur André, beaucoup moins embrasé de l'amour divin, n'acceptait pas cette réponse, qu'il admirait au fond. Il voyait l'immense bien opéré dans les âmes par le zèle du saint missionnaire, et il eût considéré la perte d'un tel apôtre comme un malheur pour toute la province. Désespérant donc d'obtenir la moindre concession de la part de notre saint, il eut recours à l'autorité du Père Arnoux, recteur au collége du Puy. Il lui écrivit pour le supplier de modérer les saints excès de l'incomparable missionnaire, ajoutant :

« Ses travaux sont sans mesure, aussi bien que ses abstinences. Il serait nécessaire que vous me commissiez toute votre autorité pour régler sa conduite sur ce point; sans cela, il sera bientôt réduit à une entière défaillance et totalement épuisé. »

Le Père Ignace Arnoux ne s'étonna nullement de cette *dénonciation*. Il savait mieux que personne les rigueurs de la mortification et l'ardeur de zèle de Jean-François, et il comprit que sa précieuse vie fût menacée par les incroyables fatigues de ses missions. Il répondit au curé de Marlhes, qu'il le constituait supérieur du Père de Régis sur les points indiqués, et il écrivit à notre Jean-François, pour lui ordonner d'obéir à monsieur André en tout ce qui concernait sa santé. Nous connaissons l'esprit d'obéissance du saint Jésuite : il se soumit sans se permettre la moindre observation, et, à partir de ce moment, il accepta tout ce que le curé voulut lui imposer pour sa nourriture, et lui retrancher sur son travail excessif. Il dut lui être pénible de subir ces ménagements pour une santé dont il faisait si peu de cas ; mais il préférait l'obéissance à toutes choses.

« Il me fut très-obéissant, dit Jacques André, pendant le temps qu'il demeura à Marlhes, à partir du jour où le Père recteur m'eut confié le soin de sa santé. Dans les moments où il était le plus occupé d'entendre les confessions, je n'avais qu'à lui montrer la lettre du Père recteur, et aussitôt il se retirait à la maison. »

Cette vertu du religieux, qui fait l'admiration des âmes à qui il est donné de la comprendre, est pourtant un des griefs que les adversaires de la Compagnie de Jésus lui reprochent le plus vivement. Ils semblent ignorer qu'elle est exigée au même degré par les fondateurs de tous les ordres religieux, et sont assez aveugles pour ne se pas apercevoir qu'en la reprochant exclusivement à celui de saint Ignace de Loyola, c'est faire son plus bel éloge et convenir que l'obéissance s'y est toujours conservée dans toute sa force et toute sa pureté primitives. Ils ignorent qu'elle fait la consolation et la sécurité de la vie religieuse, et que l'on pourrait surprendre sur les lèvres de la plupart des fils de saint Ignace, cette parole échappée naguère au cœur de l'un d'eux :

« L'obéissance est ma vie et ma mort, ma nourriture, ma folie et ma sagesse. »

Jean-François de Régis ne passait plus une partie de la nuit au confessionnal, le curé le lui avait défendu ; mais il ne lui avait pas ordonné le sommeil, et notre saint consacrait à l'oraison les heures que l'obéissance retranchait à son apostolat. Monsieur André s'en doutait, il voulut s'en assurer et le prit sur le fait ; toutefois, l'ayant trouvé dans une complète immobilité, le regard élevé vers le ciel, l'expression extatique, il se fit scrupule d'interrompre ou d'empêcher ces communications célestes, en obligeant le saint Jésuite à prendre du repos. Il ne voulait pas se faire son persécuteur, il voulait seulement ménager ses forces. Plusieurs fois, le bon curé acquit la même certitude, trouvant toujours le fervent apôtre absorbé dans sa contemplation et paraissant privé de tout sentiment, de toute connaissance, sa vie extérieure était comme suspendue.

La chambre de monsieur André était à côté de celle de notre saint; il lui était donc facile de surprendre l'angélique Jean-François à diverses heures de la nuit, et de s'assurer ainsi que le sommeil lui était devenu pour ainsi dire étranger. Souvent il l'entendait s'écrier :

« Qu'y a-t-il au monde qui puisse attacher mon cœur, si ce n'est vous, ô mon Dieu? — *Que puis-je désirer dans le ciel, et que puis-je aimer sur la terre, si ce n'est vous, ô mon Dieu?* — O Dieu! l'amour et les délices de mon cœur! que ne puis-je vous aimer autant que vous méritez d'être aimé, et que je désire vous aimer! »

Un jour, pendant qu'il était à l'église, on lui amena un homme possédé du démon depuis huit ans, et que les exorcismes, souvent renouvelés, n'avaient point délivré. En approchant du saint apôtre, les agitations du possédé redoublent, il pousse d'affreux rugissements, il se débat avec une sorte de frénésie qui épouvante les témoins de sa rage. Le Père de Régis est ému de compassion; il lève son doux regard vers le ciel, et fait le signe de la croix sur ce malheureux, et, au même instant, Dieu voulant manifester publiquement la grande sainteté de Jean-François, le démon se retire du corps de cet homme, et il n'y rentra jamais depuis. Une foule considérable remplissait l'église, tout le pays connaissait depuis huit ans l'état déplorable de celui que le démon tenait sous sa puissance; qu'on se figure l'effet produit par sa délivrance instantanée. L'émotion était générale et des plus vives, les larmes coulaient de tous les yeux, les cris *au miracle !* se succédaient sans interruption, et avec d'autant plus d'enthousiasme que ces populations des montagnes méridionales sont plus impressionnables et plus expansives.

Mais ce n'était pas assez : à ce prodige éclatant, Dieu voulut en ajouter un autre. Laissons la parole au bon curé de Marlhes, heureux témoin de ce touchant miracle :

« Un jour, dit-il, ramenant le saint missionnaire de l'église à la maison, une multitude innombrable de peuple nous suivit. Un paysan, venu de fort loin, n'avait pu se confesser, parce que l'heure étant déjà avancée, j'avais obligé le Père de Régis, en vertu de l'ordre de son supérieur, de sortir du confessionnal. Ce bon paysan, brûlant d'envie de lui parler, s'efforçait de percer la foule et marchait avec précipitation pour nous joindre. Près de mon logis, où il y a une pente assez raide, le bonhomme, pressé et poussé par ceux qui marchaient avec le même empressement, tombant, et donnant du bras avec force contre un gros caillou, se démit l'épaule. Le saint homme le sut incontinent; affligé de cet accident, il rebroussa chemin, alla le trouver, lui toucha l'épaule, la bénit et la lui remit sur-le-champ; puis, l'ayant confessé, il le renvoya consolé et entièrement guéri.

» Pendant le cours de la même mission, ajoute monsieur André, il découvrit aux uns les secrets les plus cachés de leurs cœurs; il prédit aux autres plusieurs choses qui leur sont arrivées dans la suite.

» Toutes ces actions miraculeuses augmentèrent la haute idée qu'on avait de sa sainteté, et l'odeur s'en répandit dans toutes les montagnes du pays. On ne lui donnait point d'autre nom, que celui de saint et d'apôtre du Velay. Tout le monde courait après lui pour recevoir sa bénédiction; chacun voulait se confesser à lui et communier de sa main; on lui dérobait les choses qui avaient été à son usage, et on les gardait avec vénération comme des reliques. Ce n'est pas merveille si les esprits étant ainsi prévenus de l'opinion de sa sainteté, il se fit à Marlhes des conversions en nombre infini.

» Je parle avec d'autant plus de certitude de la vertu éminente de ce zélé missionnaire, qu'il se confessa toujours à moi pendant les trois missions qu'il fit dans ma paroisse. Cette âme si pure, si sainte, se confessait tous les jours avec une piété et une humilité qui me confondaient. Je puis assurer avec vérité qu'il a conservé sa première innocence jusqu'à la mort. Je ne puis penser à un si saint homme, sans avoir le cœur attendri, et rempli d'une consolation que je ne puis exprimer. »

Après avoir évangélisé Marlhes et les environs, le Père de Régis porta sa puissante et fructueuse parole à Saint-Sauveur-en-Rue, près de Bourg-Argental. Pendant qu'il était dans ce village et se dédommageait de la tendre sollicitude de monsieur André, qui ne pouvait venir l'arracher au travail, en vertu de la sainte obéissance, un paysan vient le trouver un jour, tout désolé :

— Mon Père, lui dit-il, des soldats qui traversaient le village viennent de passer devant ma maison et m'ont pris mes deux bœufs! Si je ne puis me les faire rendre, je suis ruiné, mon Père! Cette paire de bœufs est tout mon avoir, c'est le soutien de ma famille! Mon Père, ayez pitié de moi!

— Allez reprendre vos bœufs, mon enfant, lui dit le saint, après une courte prière; allez en toute confiance au village où les soldats se sont arrêtés, reprenez vos bœufs, faites-les marcher devant vous, et ne craignez pas qu'on vous maltraite; on ne vous fera même aucune résistance.

Le laboureur, enchanté de cette parole, court sur le chemin suivi par les soldats, les trouve arrêtés au premier village, où ils étaient attablés, et aperçoit ses bœufs paissant à quelques pas. Il les prend, les fait passer devant lui, ainsi que le lui a recommandé le saint Père, et les ravisseurs le voient, le laissent faire et ne lui disent pas un seul mot.

De Saint-Sauveur, notre saint Jésuite alla visiter l'abbaye de Clavas (Claire-Vallée), située dans une gorge des plus hautes montagnes qui joignent le Velay au Forez, et qui alors étaient couvertes de forêts. Là, Jean-François ranima la ferveur parmi les nobles recluses de l'ordre de Cîteaux, qui avaient fait vœu de renoncer au monde et à ses vanités, mais qui n'avaient pu être admises à prononcer ce vœu qu'après avoir prouvé les quartiers de noblesse exigés par les statuts de la fondation. Les vassaux de l'abbaye eurent une large part aussi à l'évangélisation du Père des pauvres, et Clavas se glorifie encore de cette faveur dont le souvenir lui a été transmis par les générations passées.

Notre infatigable apôtre passa ensuite à Saint-Pierre-des-Machabées, dont le curé, monsieur Gilbert, était d'autant plus heureux de le posséder chez lui, qu'il l'avait ardemment désiré; car c'était son prédécesseur qui avait eu le bonheur de le recevoir à sa première mission dans cette paroisse :

« Toute ma vie, disait monsieur Gilbert, je remercierai Dieu de la faveur qu'il a daigné me faire en envoyant un tel missionnaire, un si saint religieux dans ma paroisse et dans ma maison. »

La bénédiction divine accompagnait toujours le Père

de Régis; à Saint-Pierre, comme à Saint-Sauveur et à Marlhes, il convertit les uns, sanctifia les autres, fit des miracles en faveur d'un grand nombre, puis il se rendit à Saint-Bonnet-le-Froid, où il opéra les mêmes prodiges. Le curé le connaissait, l'aimait, le vénérait depuis la mission qu'il avait donnée chez lui, et il l'avait sollicité avec instance de revoir une fois encore les âmes que son zèle avait données à Dieu.

Durant les quelques jours que le saint apôtre consacra à Saint-Bonnet, le curé entendait toutes les nuits un léger mouvement dont il cherchait la cause et qu'il découvrit promptement : c'était le Père de Régis qui sortait de sa chambre et s'esquivait furtivement. Où allait-il ? Le bon curé tenait à s'en rendre compte : il sortit à son tour du presbytère et vit notre saint prosterné à la porte de l'église :

— Mon cher Père, lui dit-il, n'est-ce pas tenter Dieu que d'exposer ainsi une vie si utile à son Église ? Le froid est des plus vifs, et vous êtes là, votre tête découverte ! Rentrez, mon Père, je vous en supplie !

— Oh ! laissez-moi, Monsieur, laissez-moi prendre ici le seul repos que je puisse goûter en ce monde !

— Alors, mon Père, je vais vous donner la clef de l'église ; vous y serez au moins à couvert, et je serai moins inquiet.

Le saint accepta cet arrangement; tous les soirs il prenait la clef du sanctuaire, et chaque nuit il allait passer plusieurs heures aux pieds de Notre-Seigneur, pour se reposer des fatigues de la journée.

Le carême approchait et rappelait au Puy l'apôtre vénéré que les campagnes lui avaient enlevé. Notre saint Jésuite avait d'ailleurs terminé ses missions de l'hiver, il se sépara donc de ses bien-aimés montagnards et s'achemina vers la ville où l'attendaient tant d'autres travaux, où tant d'autres âmes soupiraient après le moment de son retour. Mais la Providence l'arrêtait bientôt sur sa route et présentait à son zèle un nouvel aliment, pour lui donner occasion de révéler un secret qu'il avait tenu caché depuis près de trois mois.

Maurice Boyer, ancien élève de Jean-François, au collége du Puy, venait d'être nommé curé de la paroisse de Vaurey ou Vorey [1], au confluent de l'Arzon et de la Loire, et à cinq lieues du Puy. Il s'empara de son professeur à son passage chez lui, et n'eut pas de trop vives instances à faire pour obtenir de sa charité une courte mission en faveur de ses paroissiens. Le Père de Régis aimait tendrement monsieur Boyer, il lui donna huit jours et les employa comme il avait l'habitude de le faire dans ses missions.

Le curé, effrayé de le voir se dépenser ainsi sans mesure, lui dit un jour :

— Il me semble, mon très-cher Père, que vous dépassez toute limite ; il est impossible que vos forces suffisent à votre zèle, et permettez-moi de vous dire que vous abusez de la santé que Dieu vous donne, en la prodiguant comme vous le faites ; car c'est vous exposer à être bientôt épuisé et à ne pouvoir plus rendre le moindre service à l'Église.

— Je suis touché de votre intérêt, mon ami, lui répondit notre saint ; mais je ne crois pas en cela me rendre coupable comme vous le pensez. Je vous confierai à ce sujet un événement tout récent et dont je vous demande le secret. Au mois de novembre, en me rendant à Marlhes, et n'en étant plus qu'à deux lieues, je tombai dans la montagne et me brisai une jambe. Dieu me donna la force de marcher avec le secours de mon com-

[1] Et non Vourcy, comme l'écrivent les éditeurs du Père d'Aubenton.

pagnon, et d'arriver au jour fixé pour l'ouverture de la mission, ainsi que je le lui demandai. Mon compagnon voulait soigner ma jambe à notre arrivée, je ne crus pas devoir accepter ses soins, mettant toute ma confiance en Dieu seul, qui m'appelait au milieu de ce peuple avide d'entendre sa parole. Je me rendis à l'église, je prêchai, j'entendis les confessions, et Dieu lui-même guérit miraculeusement ma jambe et n'y laissa aucune trace de l'accident. Après une marque si visible de sa bonté, ne dois-je pas laisser ma vie entre ses mains, et me reposer entièrement sur lui du soin de ma santé [1]?

Il n'y avait rien à répliquer; monsieur Boyer abandonna son saint ami à son zèle et le vit s'éloigner avec un vif regret; mais Jean-François laissait dans sa paroisse d'impérissables souvenirs.

XIV

Le Puy.

1638

Les habitants du Puy comptaient les jours; ils se redisaient les uns aux autres la date que le saint apôtre avait fixée pour son retour, et ils commençaient à s'émou-

[1] Cette confidence, — que les éditeurs de la dernière édition de sa vie, par le Père d'Aubenton, ont omise, bien qu'ils l'aient annoncée plus haut, à la page 207, — fut racontée deux fois au Père la Broue par le curé de Vorey lui-même, dont il avait été condisciple, à la classe de troisième, professée par le Père de Régis, au collége du Puy. Nous trouvons dans son récit une légère différence avec celui du Père d'Aubenton, édition de 1741 : ce dernier historien place la chute du saint à une lieue de Marlhes; le Père la Broue, d'après monsieur Maurice Boyer, dit que le saint avait encore *deux* lieues à faire, et *qu'il les fit à pied, avec sa jambe rompue.*

voir d'un retard qu'ils n'avaient pas prévu. Le Père de Régis semblait être l'âme de la cité. A l'exception de quelques malheureux dominés par le vice et qu'il n'avait pu ramener à Dieu, la ville entière le chérissait et le vénérait. Sa popularité était telle, et il avait une si grande réputation de sainteté que l'on ne voulait dire ou faire généralement que ce qui était approuvé ou indiqué par lui, « de sorte, dit le chanoine Béget, qu'il était comme passé en proverbe de dire : *Le Père Régis ne l'a pas dit*. Si quelqu'un, par exemple, s'excusait de faire ou de dire quelque chose, il n'alléguait d'autre raison que celle-ci : *Le Père Régis ne l'a pas dit*. Celui qui n'avait pas envie de faire ce qu'on lui demandait, mettait en avant ce prétexte, pour se débarrasser : *Le Père Régis ne l'a pas dit*. Accusait-on quelqu'un d'une faute, il s'excusait en disant : *Le Père Régis ne l'a pas dit*.

» Et cette parole n'était pas seulement dans la bouche des gens du peuple, mais aussi dans celle des premiers de la ville et des hommes les plus graves; comme si le Père Régis eût été la règle suivant laquelle chacun examinait ce qu'il avait à dire ou à faire, et comment il devait vivre [1]. »

Le Père la Broue entendit souvent les mères dire à leurs enfants, lorsqu'elles les surprenaient en faute : « Le saint Père a-t-il jamais enseigné cela ? — Le Père Régis n'a-t-il pas défendu cela ? — Eh ! que dirait le saint Père, s'il voyait cela ! »

Le saint apôtre arrivait enfin, en retard de huit jours, il est vrai, mais avant le carême, ainsi qu'il l'avait promis. Son retour, après ses missions d'hiver, était pour tous comme une fête de famille, dans cette ville où il était si chèrement aimé, où il était le Père de tous.

---

[1] *Déposition* de monsieur Béget, chanoine de la cathédrale du Puy.

Dès le lendemain, le collége était envahi, chacun voulait revoir le saint Père et prétendait être le premier à lui témoigner sa joie.

Les pauvres, sachant bien qu'ils étaient les préférés, accouraient en masse, demandant leur Père, qu'ils considéraient naïvement comme leur propriété. Il semblait à ces bonnes gens qu'ils n'avaient rien à redouter lorsque leur Père était là, et quand ils le voyaient s'éloigner, ils se croyaient abandonnés. Nous savons cependant quelle était sa sollicitude, quelle était sa prévoyance pour eux, et quels soins leur prodiguaient les *Dames de la Miséricorde*, qu'il avait chargées de les secourir.

Au Refuge, c'était une joie peut-être plus vive encore. La piété y était si fervente, la pénitence si sincère, la régularité si parfaite, que rien n'égalait la reconnaissance des converties pour celui qui les avait ramenées à Dieu et à la vertu.

A la seule nouvelle de l'arrivée du *saint Père* les prisonniers semblaient entrevoir la liberté, les affligés la consolation, les malades leur guérison. Toute la ville, enfin, se réjouissait d'un retour si désiré et donnait chaque année plus d'éclat à la manifestation de ses sentiments pour son apôtre bien-aimé.

Cet accueil sympathique de toutes les classes de la population du Puy tenait de l'enthousiasme cette fois, et déplut à quelques jeunes gens esclaves de leurs passions ; ils se promirent un dédommagement à une telle contrariété.

Durant les trois jours précédant le carême, le très-saint Sacrement était exposé, suivant l'usage [1], dans

---

[1] Deux Pères Jésuites de la maison de Lorette étaient allés en mission à Macerata, en 1555, et devaient s'y trouver pendant les trois jours qui précèdent le carême. On les prévint que quelques jeunes gens se préparent à donner au peuple, pendant ces trois jours, la re-

l'église du collége, au milieu d'un luxe de lumières, de fleurs, de décorations, dont la magnificence et le bon goût attirait le peuple et excitait sa piété. Les Pères faisaient entendre leur touchante et sainte parole, et portaient les âmes à la pénitence, au recueillement, à la prière, en réparation des crimes commis pendant ces jours de plaisirs, de délire, d'intempérance et de scandales de tout genre.

Le lundi gras de cette année 1638, les fidèles se pressaient plus nombreux que jamais dans l'église des Jésuites, et, profondément recueillis, ils attendaient en adoration l'heure où le prédicateur devait monter en chaire, lorsque tout à coup, un vacarme effroyable de cris assourdissants mêlés au bruit du tambour et aux sons des hautbois, vient jeter parmi eux le trouble et l'épouvante. Chacun redoute une sacrilége invasion, nul n'ose se permettre le moindre mouvement, il semble que la frayeur ait paralysé tous les assistants.

Mais bientôt les cris ont cessé, le tambour ne se fait plus entendre, c'est la voix bien connue, la voix aimée du Père de Régis qui domine, et dont l'éclat décèle une vive indignation, sans que l'on puisse distinguer aucune de ses paroles. Ce fut un moment d'angoisse inexpri-

---

présentation de pièces de théâtre très-immorales. Les deux Jésuites, en réparation d'un mal qu'ils ne peuvent empêcher, annoncent en chaire que le saint Sacrement sera exposé durant ces jours, et ils engagent les fidèles à venir l'adorer. La foule s'y porte. Les Pères prêchent, obtiennent plusieurs conversions, et mandent ce succès à leur Père.

Saint Ignace pleure de joie ; il voit là une pensée qui le ravit et dont il pressent la fécondité. Aussitôt, il ordonne à toutes les maisons de la Compagnie d'exposer le saint Sacrement pendant les jours gras, en réparation des crimes commis durant ces jours de divertissement, puis il parle de cette pensée de réparation au Pape et aux Cardinaux; de là l'institution des *Prières des Quarante heures*.

mable, pour les femmes surtout, que l'émotion et les convenances clouaient à la place qu'elles occupaient. Quelques hommes seulement, craignant pour le saint apôtre, venaient de sortir pour le défendre, dans le cas où on oserait l'attaquer, et voici ce qu'ils apprirent et dont ils furent témoins en partie :

Des jeunes gens masqués, accompagnés d'un tambour et de plusieurs hautbois s'étaient avancés jusqu'à la porte de l'église et y seraient entrés, en criant, hurlant et blasphémant, si Jean-François ne s'était présenté aussitôt devant eux. L'indignation colorait son visage, la douleur de son âme altérait ses traits si doux, une larme brillait au bord de sa large paupière. Il se contient d'abord, il parle avec autant de calme que d'autorité à ces jeunes impies, et les engage doucement à respecter le lieu saint et la présence de Notre-Seigneur exposé à l'adoration des chrétiens ; mais il n'est point écouté. Loin de là, il est insulté, il est menacé. Il ordonne au tambour de cesser un bruit scandaleux ; le tambour obéit à l'instant. Le saint apôtre s'écrie alors :

— Ni vos injures, ni vos menaces, ni la mort même ne peuvent m'intimider, car il s'agit de la gloire de Dieu que vous outragez et que je défendrai au péril de ma vie !

Le plus forcené de la troupe ordonne au tambour de battre ; le Père de Régis s'y oppose énergiquement. Le jeune homme outré de colère ose lever sa main sacrilège, et frappe le saint Jésuite au visage ! Toujours évangélique, Jean-François lui présente l'autre joue.

Mais un cri de réprobation s'est élevé soudain. Les témoins de ce crime ont pris une attitude effrayante pour les coupables, et ceux-ci se hâtent de se soustraire par la fuite aux conséquences probables de leur coupable folie.

Le lendemain, la ville entière était occupée de cet événement, c'était le sujet de tous les entretiens, la douleur se peignait sur tous les fronts. Notre saint ne s'en souvenait que pour prier et demander à la miséricorde infinie le salut des jeunes égarés.

Ce même jour, il entendait dans la rue un homme masqué blasphémer comme un démon. Le blasphème déchirait l'âme du saint apôtre, il le faisait pleurer de douleur. Ne pouvant supporter l'horrible impiété de cet homme, il s'adresse à lui, cherche à le raisonner et à lui faire sentir doucement l'énormité de son crime, et n'obtient que de nouvelles impiétés. Il le menace des jugements de Dieu et lui parle avec force ; c'est en vain, le malheureux s'épuise en imprécations, sa tête était perdue. L'impie était masqué, le Père de Régis, certain de ne lui faire aucun mal, et voulant l'étourdir un instant pour le rappeler à lui-même, lance un soufflet sur son faux visage. Au même instant, le blasphémateur se sent frappé dans sa conscience, il enlève son masque, se laisse tomber à deux genoux devant l'apôtre vénéré, et le supplie de l'aider à se convertir, à vivre chrétiennement et à expier tous les scandales qu'il avait donnés jusqu'alors.

Cependant, on s'occupait toujours de l'outrage fait à notre saint, le lundi gras. La magistrature s'en était émue, une enquête avait été ordonnée par le sénéchal, à la suite d'une réunion extraordinaire de tous les conseillers, et maître le Blanc, avocat du roi, fut député vers le Père Arnoux pour savoir de lui toutes les circonstances de cet attentat et les noms de son auteur et de ceux qui l'avaient accompagné. Le recteur fait appeler Jean-François. En le voyant, l'avocat le Blanc lui dit :

— Mon révérend Père, la sénéchaussée tout entière a appris avec une véritable douleur l'insulte qui vous a été faite ; elle est déterminée à en faire justice, et a décidé que l'outrage ayant été public, la réparation doit être publique. Chargé par la cour de messire le sénéchal de prendre des informations exactes de tout ce qui s'est passé, et de découvrir les auteurs de la profanation et celui dont l'attentat envers votre personne révolte toute la ville, je vous prie de ne me rien cacher, de me dire toute la vérité, et de me nommer ces jeunes gens, que l'on assure être connus de vous.

— Je suis très-sensible, répondit notre saint, à l'intérêt de la cour pour moi, et au vôtre en particulier, Monsieur, mais je ne puis me plaindre de personne ; toute la réparation que je désire et que je demande, c'est que l'on ne m'en fasse aucune.

L'avocat insiste ; Jean-François, toujours énergique, refuse de répondre à aucune des interrogations qui lui sont adressées, et l'affaire en reste là, forcément. Chacun, en admirant la vertu du Père de Régis, déplorait l'impunité du principal coupable, lorsque quelques jours après, on apprenait de ce jeune homme lui-même, que touché de la grâce, il était allé se mettre aux pieds du saint apôtre, lui avait fait une confession de toute sa vie, et se réjouissait maintenant de vivre sous sa direction.

Nous avons dit que le blasphème arrachait des larmes à notre saint. Il aurait voulu l'extirper entièrement de la classe populaire, où il était passé en habitude. Souvent il prêchait sur ce sujet, mais il n'obtenait pas le résultat ambitionné par son zèle.

Un jour, prêchant dans l'église des Bénédictins, il dit que son intention est de parler à la corporation des portefaix, et qu'il les invite à venir tous dans l'église du collége, tel jour, à telle heure. Il engage ceux qui sont présents à le faire savoir aux autres, et pas un n'y manque.

Au jour et à l'heure indiqués, la corporation était au complet dans l'église des Pères, et ce n'était ni sans impatience, ni sans curiosité, que le moment du rendez-vous était attendu. Enfin, le Père de Régis paraît, tous les portefaix sont là, bouche béante, croyant mieux entendre, et le regard immobile, fixé sur le doux et noble visage de celui qu'ils appellent le *saint Père*.

L'apôtre avait prévu ce premier effet de son invitation ; il profite de la disposition des esprits, et parle contre le blasphème avec une force, une émotion, et des larmes qui gagnent son rude auditoire. Le saint Jésuite leur fait faire alors la promesse solennelle de ne plus jurer, de ne plus blasphémer, et tous s'y engagent ; tous, sans exception :

— Ce n'est pas assez, mes enfants, leur dit le Père tant aimé : il faut de plus vous convertir tout de bon, afin d'être fidèles à l'engagement solennel que vous venez de prendre. Vous voulez tous vous convertir, n'est-il pas vrai ?

— Oui, mon Père, tous ! tous !

— Eh bien, mes chers enfants, il faut pour cela faire, une bonne confession ! une confession de toute votre vie, pour être entièrement renouvelés. Vous le voulez bien, tous, n'est-ce pas ?

— Oui, mon Père, tous !

L'apôtre les attendait là : il savait que l'engagement pris par la corporation tout entière, nul ne reculerait. Il engage ses auditeurs à venir lui parler après le sermon, et tous le suivent lorsqu'il descend de la chaire. Il les sépare alors par quartiers, leur désigne l'ordre dans lequel ils doivent se présenter pour la confession, et leur parle encore avec tant de douceur et de charité, que ces hommes si grossiers pleuraient d'attendrissement et ne pouvaient assez le remercier et lui promettre de se convertir *tout de bon*.

C'est ce qu'ils firent. Le saint Jésuite leur fit faire à tous une confession générale et ils devinrent d'autres hommes. S'il arrivait que l'un d'eux eût un moment d'emportement, il suffisait de lui nommer le Père de Régis pour le calmer et le ramener à la raison et à ses devoirs de chrétien.

Notre saint connaissait le degré de sa popularité, et, nous devons le dire, il en usait largement pour la gloire de Dieu. Nous en avons déjà cité quelques traits, et nous en trouvons encore d'assez remarquables pour ne les pouvoir omettre.

L'outrage fait à la Majesté divine lui causait une douleur si vive qu'elle allait parfois jusqu'à le faire évanouir [1]; il ne parvenait à la dominer, qu'en cherchant à arrêter le mal qui l'occasionnait. Un jour, deux femmes du peuple s'étant prises de querelle sur une place, et voyant les passants s'attrouper autour d'elles, elles s'exaltaient d'autant plus, se prodiguaient les injures, et, dans le paroxisme de la fureur, faisaient retentir le quartier de leurs imprécations, de leurs juremements, de leurs blasphèmes. Le Père de Régis traversait en ce moment le théâtre de cette hideuse scène. Il a entendu outrager le saint nom de Dieu, les larmes s'échappent de ses yeux, il perce la foule, il s'adresse aux deux furies, les conjure de cesser d'offenser Dieu, leur fait les plus douces instances et n'est même pas entendu; assourdies par leurs propres cris, la parole du saint apôtre est perdue pour elles. Il élève la voix, il fait suc-

---

[1] *Déposition* de monsieur de Ravissac, chanoine de la cathédrale du Puy.

céder la menace à l'insinuation ; c'est encore en vain, les deux forcenées sont sourdes à cette voix si aimée, elles semblent même ne pas reconnaître l'apôtre vénéré, et leur fureur croissant toujours, notre saint se baisse, il ramasse de la boue à pleines mains, nous dit le chanoine de Ravissac, « et il la lance si heureusement sur le visage de chacune d'elles, qu'il leur en remplit la bouche. L'une et l'autre s'en retournèrent aussitôt dans leur demeure, sans dire mot. »

Nul, parmi la foule, ne se récria contre cette manière de procéder. Elle était assez dans les mœurs de l'époque ; et, nous ne saurions trop le recommander, ce n'est pas au point de vue des idées et des mœurs de nos jours que nous devons envisager certaines actions des saints d'une autre époque. Au temps où vivait saint Régis, le peuple, non-seulement n'avait aucune prétention à la souveraineté, mais il n'en avait pas même à l'égalité, et moins encore à la science. Il trouvait tout simple qu'on usât de moyens énergiques, lorsqu'il ne se rendait pas à des moyens plus doux ; car, son bon sens naturel n'étant pas encore égaré complétement par les idées d'indépendance que le calvinisme s'efforçait de répandre, il reconnaissait à l'autorité le droit de le soumettre. Pour lui, l'autorité du prêtre était sacrée. Il manquait à sa conscience, il négligeait ses devoirs de chrétien, il violait les lois de Dieu et celles de l'Église ; mais il respectait le prêtre, il ne se croyait pas plus savant que lui, et il avait un profond sentiment de l'autorité sacerdotale.

Ne soyons donc pas surpris de l'effet produit sur les deux mégères par la leçon assez piquante qui venait de leur être infligée. Dans leur confusion, elles ne se récrièrent même pas contre les huées populaires qui les accompagnèrent jusqu'au seuil de leur maison. Car, nous devons l'avouer, au premier moment de stupeur causée par l'action du Père de Régis, avat succédé une hilarité générale parmi les oisifs attroupés sur la place. Le saint ayant disparu aussitôt, laissant le champ libre aux commentaires, et pas un blâme ne s'éleva contre la vivacité de son zèle : aux yeux de tous, ce qu'il venait de faire, il en avait le droit ; le seul tort était du côté des deux coupables. Elles le comprirent, se réconcilièrent et ne s'exposèrent plus à renouveler ce scandale.

XV

Suite.

Nos élégants et somptueux cafés étaient encore inconnus sous Louis XIII : il n'y avait alors, même à Paris, d'autres lieux publics de réunion pour les hommes inoccupés, que de modestes cabarets où *l'on donnait à boire et à manger*, et dont l'enseigne, plus ou moins originale, indiquait pour chacun la classe à laquelle il était destiné. La ville du Puy en possédait pour les gentilshommes et pour les magistrats, pour la haute et la basse bourgeoisie, et pour tous les corps de métiers.

Depuis que notre Jean-François travaillait à la sanctification de cette heureuse cité, les cabarets étaient beaucoup moins fréquentés, il s'y commettait beaucoup moins d'excès, c'était une amélioration évidente, et dont les cabaretiers étaient les seuls à se plaindre, assurant que le *saint Père* les ruinait complètement.

Toutefois, dans l'un de ceux où la haute bourgeoisie se donnait rendez-vous, on voyait reparaître chaque jour le même personnage, et chaque jour il se livrait aux mêmes excès. On se disait que très-certainement il n'allait ni à l'église Saint-Pierre, ni à celle du collége, et que jamais il n'avait entendu la parole du Père de Régis, toujours foudroyante lorsqu'elle s'adressait aux passions les plus brutales.

Cela était vrai. Le malheureux intempérant fuyait même notre saint, car il tenait à ses excès coupables plus qu'à sa vie. Sa femme en subissait les fatales conséquences : elle était hideusement maltraitée par cet homme que le vin rendait furieux. Elle en parlait souvent au saint apôtre, qui essaya vainement de ramener au devoir ce fléau de sa famille, mais qui, néanmoins, ne se décourageait pas et priait en attendant le moment de la grâce.

Un jour, la pauvre victime vient le trouver, fondant en larmes, et lui dit avec l'accent de la désolation :

— Mon Père, c'est fini, je ne puis plus vivre avec mon mari ! Ses emportements contre mes enfants et contre moi deviennent tous les jours plus violents, je n'ai plus la force d'y résister !

— Prenez patience, lui répond notre saint ; ayez bon courage, et rendez grâces à Dieu, car vous allez devenir une des plus heureuses femmes de la ville. Ce mari, qui vous cause tant de chagrin, se convertira au premier jour. Ayez confiance.

Comment douter de la parole du saint apôtre ? C'était impossible. La pauvre affligée reprit courage, essuya ses larmes, remercia le Père de Régis, lui dit qu'elle avait confiance dans sa parole, et alla remercier Dieu, suivant le conseil qu'il lui avait donné.

Quelques jours après, notre saint rencontre le mari dans la rue, sortant du cabaret, dans l'état d'ivresse qui lui était habituel. Reconnaissant le saint Jésuite, malgré le trouble de sa vue et de sa raison, il ose le saluer.

Le Père de Régis l'aborde, sans lui rendre son salut, et lui dit à voix basse :

— Mon ami, un homme bien né n'a jamais fréquenté les cabarets comme vous le faites, et il n'a jamais porté la main sur sa femme pour la frapper.[1]

Sans ajouter une seule parole, le Père s'éloigne et laisse le coupable en proie à la honte et aux remords. Dieu venait de faire un double miracle : il avait rendu à la fois à ce pécheur endurci et dégradé, la lucidité de la raison et la sensibilité de la conscience. A partir de ce jour, il se convertit si bien, qu'il ne retourna jamais au cabaret et fit le bonheur de sa femme et de ses enfants.

La diversité des moyens ne fit jamais défaut à l'ingénieuse charité de notre saint Jésuite. Il savait qu'un des marchands de la cité lui avait voué une haine mortelle ; il savait que ce malheureux ne lui pardonnait pas les innombrables conversions dues à son zèle, et qu'il s'efforçait de répandre les plus insignes calomnies sur son compte. L'état de ce pécheur inspirait à Jean-François une profonde pitié ; il demandait à Dieu cette âme si coupable, et il priait pour elle avec d'autant plus d'ardeur qu'il en était plus détesté.

Le marchand vendait des étoffes de plusieurs sortes : notre saint imagine d'aller lui en acheter pour ses pauvres, et de lui adresser ensuite d'autres personnes, qui se présentaient en son nom et achetaient considérablement, disant que le Père de Régis leur avait recommandé cette maison comme méritant leur confiance. Le marchand, ravi de voir augmenter ses chalands, oublie toutes les infamies dont il a cherché à noircir la réputation du saint apôtre, et ne songe plus qu'à se ménager

---

[1] Ce sont les paroles citées textuellement par le chanoine Béget.

la faveur des acheteurs qu'il lui envoie. Jean-François revient le voir, le consulte sur la quantité d'étoffe nécessaire pour les pauvres qu'il veut habiller, l'entretient de son commerce, lui témoigne un véritable intérêt et lui dit enfin :

— Voyez, mon ami, vous prolongez vos veilles, vous usez votre santé pour amasser de l'argent, accroître votre fortune... Et quelle sera la fin de tout cela ? A quoi aboutiront toutes vos peines et toutes vos fatigues ? A la mort qui vous ravira en un moment le fruit des travaux de votre vie ! Et ce sont ces biens que la mort vous doit enlever, qui vous ont fait oublier jusqu'à présent les biens éternels auxquels vous aviez droit de prétendre ! Ah ! que vous êtes à plaindre, de vous perdre vous-même pour gagner des biens que vous ne pourrez conserver !

Notre négociant commençait à comprendre ; le saint apôtre le laissa à ses réflexions et se retira. Le lendemain, au point du jour, il le voit venir à lui, au collége :

— Mon Père, je n'ai pas dormi de la nuit, je suis le plus malheureux des hommes !

— Pourquoi cela, mon ami ? Que vous est-il arrivé ?

— Ce que vous m'avez dit hier, mon Père, m'a troublé et me préoccupe ; je sens que vous avez raison, je voudrais me convertir et je n'en ai pas le courage ; je suis désolé !

Pour notre saint, c'était une conquête assurée. Il donna ses conseils et ses encouragements au pécheur si ébranlé, il le revit plusieurs fois, l'amena à tous les sacrifices nécessaires, lui fit faire une confession générale, et eut la consolation de le voir pénétré d'un si vif repentir, que les larmes inondaient son visage pendant son accusation. Depuis ce moment, jusqu'à sa mort, ce marchand fut un sujet d'édification pour la ville du Puy, et il aimait à raconter sa conversion, par reconnaissance pour celui à qui il en était redevable après Dieu.

Cependant notre héros évangélique était toujours en butte à la haine ou à la contradiction des hommes vicieux, et il n'en pouvait être autrement avec le zèle dont il était dévoré pour la gloire de Dieu et le salut des âmes. Les uns cherchaient à entraver l'activité de son fécond apostolat, les autres à lasser sa patience et à épuiser sa charité; quelques-uns l'insultaient et le maltraitaient, d'autres allaient jusqu'à vouloir lui ôter la vie.

Un soir, il apprend qu'un voyageur est mourant dans une hôtellerie de la ville; il va demander au supérieur, avec un autre Père, l'autorisation de voler au secours de cette âme... le supérieur refuse. « Il avoit sans doute de bonnes raisons pour cela, nous dit le Père la Broue, et sçavoit bien le moyen d'y pourvoir d'ailleurs. Cela n'empescha pas, qu'estant sorty de la chambre, il ne parût extrêmement altéré, et comme l'autre Père luy eut dit que c'estoit en ces occasions que les mortifications sont bonnes : Tastez-moi le poust, respondit-il; me voilà en fièvre, et ie seray de la sorte toute la nuict, sans pouvoir prendre un seul moment de repos; car, le moyen de vivre et ne servir pas les âmes qui ont besoin de nous? »

Ces paroles, échappées à son cœur brûlant de charité, avaient été répétées avec admiration; on se les redisait, dans toute la ville, comme l'expression de la sollicitude apostolique du saint Jésuite, et des esprits malveillants en profitèrent pour abuser de son zèle.

On savait qu'à toute heure de la nuit on pouvait l'appeler pour les malades avec la certitude de le voir accourir sans délai; on prit ce prétexte pour l'attirer plusieurs fois dans un guet-apens où il eût laissé sa précieuse vie, si Dieu ne l'eût préservé merveilleusement des piéges que ses ennemis lui avaient tendus.

Quelques-uns de ces impies le font demander une nuit, pour un moribond logé à l'extrémité de la ville. Ils l'attendent, l'accompagnent, le conduisent à travers plusieurs rues qui le détournent de la direction indiquée, lui avouent qu'ils se moquent de lui, que le moribond dont ils ont parlé n'existe que dans leur infernal complot, et qu'ils n'ont d'autre but que de se venger sur sa personne de la guerre qu'il a déclarée ouvertement à toutes les passions humaines. Cela dit, avec le plus révoltant cynisme, ils entourent l'angélique apôtre, lui prodiguent l'insulte, l'outrage, la moquerie, les mauvais traitements de tous genres et semblent lui faire grâce en lui laissant la vie.

Jean-François avait tout supporté sans se plaindre et s'était borné à répondre, lorsque ces jeunes insensés avaient osé l'appeler *fou :*

— *Nous sommes regardés comme des fous, pour l'amour de Jésus-Christ.*

Une autre fois, ce sont des jeunes gens plus méchants ou plus vicieux encore, qui apprennent que l'on va chercher le saint Jésuite pour confesser un malade; il était très-tard, les rues étaient désertes : l'heure avancée, les ténèbres de la nuit, tout leur paraît favorable. Ils se cachent de leur mieux, font silence et attendent le passage de notre saint. L'un d'eux fait le guet; il entend le pas de l'apôtre et donne le signal convenu. Tous s'avancent résolument à la rencontre du Père de Régis, qui, en les apercevant, leur dit très-haut, mais avec une extrême douceur :

— C'est moi que vous cherchez, me voici, exécutez votre dessein : je serai heureux de donner ma vie pour Jésus-Christ.

Le saint Jésuite n'avait pas achevé de prononcer ces paroles, que tous ces jeunes gens tombaient à la renverse, comme foudroyés par une puissance surnaturelle. Lorsqu'ils revinrent à eux, le Père de Régis n'était plus là; Dieu lui ayant donné la facilité d'aller préparer son malade à la mort, il en avait profité sans rien perdre de sa douce sérénité.

Son angélique visage ne s'altérait qu'en présence de l'outrage fait à Dieu même. Tout ce qui s'arrêtait à sa propre personne ne pouvait ébranler son courage ni fatiguer sa patience. On lui disait un jour que quelques-uns de ses ennemis, à la faveur du masque, avaient eu l'audace, pour le tourner en ridicule, dans les rues, de chercher à l'imiter, l'un dans sa manière de prêcher, l'autre dans ses gestes ou sa démarche, ce qui avait été un sujet de scandale pour le peuple.

— Je ne suis pas surpris que l'on se soit moqué de moi, répondit tranquillement le saint, car je le mérite certainement.

Ce qui lui fut véritablement douloureux, ce fut de voir se renouveler contre son zèle apostolique, la même campagne qu'en 1636. Il était aimé, il était apprécié de ses frères; mais ceux-ci, effrayés pour la Compagnie toujours poursuivie par ses adversaires, jugeaient nécessaire de faire des concessions aux plus ardents ennemis du Père de Régis. Presque tous appartenaient aux familles les plus distinguées; ils avaient assez de crédit pour nuire au collége, et le tort fait à un collége rejaillit sur bien des âmes.

Les Pères entrevoyaient ces résultats fâcheux, d'après les insinuations perfides de quelques esprits malveillants, qui abusaient de la confiance qu'ils avaient su leur inspirer, pour les amener à partager leur opinion sur le zèle de notre saint. Les bons Pères se crurent obligés d'en parler au Père recteur, et de lui proposer, comme seul moyen de calmer l'irritation de ces hommes, de demander le changement de résidence du saint apôtre.

La proposition était grave. Le Père de Régis avait transformé la ville du Puy ; il avait réformé les monastères, ramené à la perfection de leur état les prêtres et les religieux, rendu à l'Église presque tous les calvinistes et converti presque tous les pécheurs ; il avait créé des œuvres importantes pour le soulagement des pauvres et des malades, pour la consolation et la délivrance des prisonniers, pour l'amélioration des mœurs et la cessation des scandales publics, enfin, pour l'abolition du blasphème. Il avait rétabli la fréquentation des sacrements, formé des associations pieuses, mis en honneur toutes les pratiques de dévotion dont on s'était éloigné. Et ce bien opéré dans la ville du Puy, il l'avait étendu dans les campagnes et au loin dans les montagnes.

Fallait-il retirer à ces nombreuses populations celui qui leur avait ainsi rendu la vie spirituelle, et qui, en moins de trois années, avait fait pour la gloire de Dieu, ce que dix autres n'auraient pu faire en dix ans ? Et cela pour satisfaire à la vengeance de quelque malheureux hypocrites et vicieux. Le Père Ignace Arnoux ne le jugea pas ainsi. Après avoir réfléchi à la proposition qui lui était faite, il dit à ceux des Pères dont le courage s'était effrayé :

— J'agirais contre ma conscience en cédant au vœu que vous m'avez exprimé. Je ne puis voir dans le Père Régis qu'un ouvrier admirable et un modèle de vertu pour nous tous. Entièrement mort à lui-même, il ne vit que pour la gloire de Dieu et le salut des âmes. Loin de se laisser emporter au delà des bornes de la prudence, son zèle n'entreprend rien que par la volonté de Dieu, et avec l'approbation expresse de ses supérieurs. Ne nous laissons pas influencer par de faux amis, qui n'ont d'autre but que celui de se débarrasser de l'ennemi déclaré de leurs vices.

La cause de notre saint était gagnée, bien qu'il n'eût rien fait pour amener ce résultat. Lorsqu'il avait appris, par l'un de ses frères, les craintes qui les agitaient et le seul remède qui leur paraissait applicable à la situation, il avait dit avec douceur, mais avec larmes :

— Si je n'avais à combattre que les vices et les hommes vicieux, je m'en ferais une joie ; mais avoir à lutter contre la vertu même, c'est ce qui me déchirerait le cœur ! Je ne le ferai pas. J'ai mis toute mon espérance en Dieu, je lui abandonne le soin de ma réputation. Il sait mieux que moi ce qui convient à sa gloire : pourvu qu'il soit glorifié, qu'importe que ce soit aux dépens de mon honneur ou de ma vie ? Ne serais-je pas trop heureux si je contribuais à sa gloire par mes abaissements ou par ma mort ?

Le Père recteur le consola, l'encouragea, l'approuva de nouveau et en particulier et publiquement, ne négligea enfin aucun moyen de prouver qu'il ne se faisait nulle illusion sur les sentiments secrets de ceux qui avaient cherché à éloigner le saint apôtre sous prétexte de dévouement à la Compagnie. Peu de mois après, le 19 février 1639, il écrivait au Père général :

« Mon très-révérend Père, je ne doute pas que l'on ne vous écrive contre le Père Régis, et contre les prétendus emportements de son zèle. Je vous supplie de ne pas vous laisser surprendre par les portraits peu ressemblants que l'on pourrait vous faire de ce saint religieux. C'est un ouvrier infatigable, qui ne respire que la gloire divine. Il combat les vices avec le zèle d'un apôtre, et n'est retenu dans son ministère par aucune considération humaine ; c'est uniquement ce qui a soulevé contre lui plusieurs pécheurs scandaleux, et même quelques Pères du collége, alarmés du bruit que ces pécheurs faisaient dans la ville. Je puis vous assurer avec vérité, que je ne vois rien en sa personne qui soit digne de blâme ; que j'y vois au contraire plusieurs éminentes vertus dignes de toutes louanges : que s'il fait la guerre au scandale, c'est toujours avec autant de prudence que de zèle, poursuivant vivement le péché, et ménageant la personne des pécheurs avec toute la douceur et toute la charité possibles. Tous les gens de bien le révèrent comme un saint. Il fait le catéchisme dans l'église de Saint-Pierre, avec un applaudissement qu'il est difficile d'exprimer. Ce qu'il y a de plus consolant, c'est que ses discours sont suivis de conversions infinies. Du reste, parmi tant de sujets de vanité, nul n'est plus humble que lui, et n'a de plus bas sentiments de soi-même. Il excelle surtout dans la vertu de l'obéissance, ne faisant rien et n'entreprenant rien qu'avec une parfaite dépendance de ses supérieurs. »

« Il fut abandonné, dit le Père Antoine de Mangeon, et même maltraité par les gens de bien, par ceux même qui devaient le défendre : rien n'était capable d'altérer la paix de son âme, et de quelques succès, bons ou mauvais, que ses entreprises fussent suivies, son visage était toujours égal comme son esprit : il écoutait avec la même indifférence ceux qui condamnaient et ceux qui approuvaient sa conduite ; insensible à tout, comme un homme mort, ne se réjouissant et ne s'affligeant de rien, ne désirant et ne craignant rien, tant l'amour divin avait anéanti dans son cœur tout ce qu'il pouvait y avoir d'humain et de terrestre.

XVI

Montregard.

1638-1639

Marthe, — dit un jour la jeune châtelaine de Mercoux à la première de ses femmes, — tu m'as vue naître, tu m'es dévouée, je le sais, et tu l'as prouvé en demandant à me suivre après mon mariage, je compte donc sur toi.

— Oui-dà, Madame peut bien y compter, puisque j'ai laissé ma famille à Mazaux pour rester au service de Madame ; et que je suis bien contente que Madame ait eu la bonté d'emmener aussi ma sœur.

— Eh bien ! ma bonne Marthe, si je te confie un secret important, très-important, tu sauras le garder, n'est-ce pas ?

— Si je saurai le garder ? Mais ce sera comme si Madame, sauf le respect que je lui dois, allait le jeter elle-même au fond du puits de la basse-cour, qui est bien le plus profond de toute la châtellenie.

— Et si je te demande un service qui exige beaucoup d'adresse et un silence absolu ?

— Je ferai tout ce que Madame ordonnera, et je serai muette comme un poisson du fossé.

— C'est bien, ma bonne Marthe. Voici ce que je veux et dont j'exige le secret. Ce soir, tu prendras le manteau et le chapeau que ta sœur met le dimanche, et tu le feras sans qu'elle s'en doute ; demain matin, quand je t'appellerai, tu mettras sur toi l'un et l'autre, tu m'apporteras ton manteau et ton chapeau à toi, je les mettrai sur moi afin de n'être point reconnue, nous sortirons tout doucement par la poterne de la tour et nous irons à Saint-Jean-de-Pailhet. Commences-tu à comprendre?

— Si je comprends? et de reste! Non certes, je ne soufflerai mot! Mais Madame ne peut aller à pied; ne faudra-t-il pas lui faire préparer son cheval?

— Y penses-tu, Marthe? Que ne dirait-on pas, si l'on voyait un manteau et le chapeau à larges dentelles des villageoises de nos montagnes, sur un cheval de race, gris-pommelé [1]? Ce serait ridicule, et en le remarquant on me reconnaîtrait. Non, les inconvénients seraient trop grands, il y aurait trop de danger... Nous irons à pied.

Le lendemain, en effet, madame de la Franchère allait à pied, de grand matin, sous le déguisement convenu des paysannes du Velay, jusqu'à Saint-Jean-de-Pailhet, peu éloigné de son château de Mercoux. C'était à la fin de novembre 1639, par un froid glacial, un chemin un peu rude, et avant le lever du soleil; mais un intérêt si puissant la poussait vers ce lieu, qu'elle ne sentait pas les difficultés ou les désagréments de cette course, si étrange dans sa position, si compromettante à son âge,

---

[1] On était alors si éloigné du luxe de nos jours, que, d'après un inventaire assez curieux, fait au château de Mercoux l'année suivante, 1639, et que nous avons sous les yeux, le noble et riche châtelain ne possédait que deux chevaux de selle, l'un, à son usage, était alezan brûlé; l'autre, à l'usage de la belle châtelaine, était gris-pommelé. Nous voyons mentionnés, comme seuls objets de prix dans la garde-robe du jeune seigneur, *un manteau écarlate, doublé partie de panne; un pourpoint couleur incarnat, doublé de taffetas de même couleur; item chaussons et bas écarlate.* La salle d'armes était mieux montée. Elle nous donne l'idée de l'époque, où, après un demi-siècle de guerre civile, chacun se tenait encore sur la défensive, ne pouvant croire au calme apparent du moment. Nous y trouvons une cuirasse, une dague, cinq arquebuses, une coutelière, un pistolet, une arbalète, un mousquet, un canon de mousquet.

si mystérieuse, à en juger par les précautions dont elle s'entourait.

Madame de la Franchère avait vingt et un ans; d'une beauté rare, d'une distinction remarquable, d'une instruction peu commune et d'une intelligence supérieure, elle était citée dans la province comme la jeune femme la plus accomplie ; car sa vertu et la bonté de son cœur répondaient à toutes les qualités qui la distinguaient à l'extérieur.

Fille unique de Daniel de Romezin, seigneur de Mazaux, et d'Elisabeth de Cellier [1], l'un et l'autre zélés calvinistes, Louise avait été élevée dans leurs principes, et ses études sur les questions religieuses avaient été poussées si loin, qu'ils pensaient n'avoir jamais à redouter pour elle aucune influence catholique, quelque puissante qu'elle pût être. Ils se plaisaient à la voir souvent engagée dans de sérieuses luttes avec leurs parents ou amis catholiques, renforcés parfois d'un curé de village, dont la déplorable ignorance laissait à la charmante jeune fille tous les honneurs du combat. Les adversaires de Louise tenaient de cœur et d'âme à la foi de l'Église romaine ; mais ils ne savaient pas la défendre, et les hérétiques, témoins de leur défaite, proclamaient Louise de Romezin l'honneur et la gloire de la secte dans cette partie du Velay.

Cette réputation de controversiste aussi habile qu'intrépide, les avantages personnels qui la distinguaient,

---

[1] Les deux familles de Romezin et de Cellier étaient des plus distinguées et des mieux alliées parmi celles de la noblesse du Velay qui avaient embrassé la réforme. On a dû remarquer que Louise n'habitait pas Montregard, ainsi que l'a cru le Père d'Aubenton, mais le château de Mercoux, voisin de celui de Montregard. Ce dernier n'a donné son nom au village qu'à la fin du xviie siècle. Au temps de saint Régis, cette paroisse portait le nom de Saint-Jean-de-Pailhet.

les nobles et belles qualités de son esprit et de son cœur, sa grande fortune enfin, étaient autant d'attraits qui l'avaient fait rechercher par tous les jeunes seigneurs de la province, partisans de la réforme : celui de Mercoux avait été préféré, et Louise l'avait épousé au commencement de l'année 1638.

La jeune et belle châtelaine éprouvait une profonde répulsion pour la Compagnie de Jésus, et cela se comprend aisément. Cette illustre société, instituée pour combattre sans relâche et le vice et l'erreur, n'avait pas manqué un seul instant à sa grande et sainte mission. Ses innombrables et magnifiques conquêtes sur les luthériens et les calvinistes étonnaient le monde depuis un siècle. L'hérésie la poursuivait partout de sa haine et de sa vengeance ; elle la calomniait, elle la frappait, elle faisait couler son sang : la Compagnie de Jésus, toujours ferme, toujours debout sur la brèche, se montrait plus vigoureuse, plus aguerrie, plus redoutable encore.

Madame de la Franchère ne pouvait donc aimer les héroïques adversaires de la réforme. Au seul nom de Jésuite, une sorte de frisson parcourait ses veines, elle croyait sentir l'approche de l'ennemi.

Telle était cette gracieuse et charmante châtelaine que nous avons vue s'acheminer mystérieusement vers Saint-Jean-de-Pailhet, lieu voisin, auquel le château de Montregard, dépendant de cette paroisse, a depuis donné son nom.

Un puissant motif avait déterminé Louise à cette démarche secrète. Depuis quelques semaines, il n'était bruit dans tout le pays que des prédications merveilleuses et de la sainteté extraordinaire du missionnaire de Saint-Jean-de-Pailhet. On accourait de plusieurs lieues pour l'entendre, et il faisait tant de conversions, même parmi les calvinistes les plus obstinés et les plus instruits, e nul n'avait jamais entendu parler d'un tel succès obtenu si rapidement.

Le clergé, la noblesse, la bourgeoisie et le peuple se montraient également empressés ; l'église ne pouvait suffire à l'immense concours de toutes les populations de la contrée, et c'était un *Jésuite* qui ébranlait ainsi les bourgs et les villages, les châteaux et les chaumières. C'était un *Jésuite*, dont la parole remuait si profondément les âmes et subjuguait si promptement les esprits. C'était un *Jésuite*, dont le seul regard gagnait les cœurs et dont le nom béni se trouvait en ce moment sur toutes les lèvres : c'était le célèbre Père Jean-François de Régis.

La châtelaine de Mercoux avait tout d'abord dédaigné ce Jésuite, elle s'était étonnée de l'enthousiasme qu'il excitait, et, en apprenant la conversion de plusieurs de ses coreligionnaires, elle avait fini par se demander ce que pouvait être l'homme qui exerçait un tel empire sur les masses, et que nul ne pouvait se lasser de voir et d'entendre. On lui avait dit que le saint missionnaire étant arrivé de nuit à Saint-Jean, et ne voulant déranger personne, bien qu'il eût marché toute la journée par des chemins difficiles et parfois très-dangereux, avait été se mettre en oraison, sur les marches, devant la porte de l'église, et y aurait passé la nuit, si des paysans ne l'avaient aperçu et supplié de venir s'abriter chez eux.

Louise était confondue de tout cela. Malgré elle, le nom du Père de Régis se présentait sans cesse à sa pensée, elle le repoussait en vain. Elle s'était promis de ne prendre aucune part à l'ébranlement général ; elle voulait résister à la curiosité qui la pressait ; elle ne voulait pas voir, elle ne voulait pas entendre le saint Jésuite. Mais la curiosité l'avait emporté enfin, et, bien certaine de ne se jamais laisser prendre aux piéges d'un religieux de la Compagnie de Jésus, elle était partie avant le jour pour entendre l'instruction réservée au peuple, et qui avait lieu avant l'heure du travail.

La jeune femme eut soin de se placer de manière à voir le prédicateur et à se dérober à la vue des auditeurs. En apercevant le céleste visage de l'apôtre, elle comprit le danger auquel elle avait exposé sa foi calviniste, en cédant à sa curiosité; mais il était trop tard : elle ne pouvait plus détacher son regard de celui qui semblait être descendu du ciel pour enlever toutes les âmes qui l'écoutaient et les y entraîner ensuite avec lui. Il parlait au peuple, et chacune de ses paroles allait au cœur de Louise, pénétrait dans son âme, ébranlait sa conscience, troublait son esprit.

Elle rentra chez elle en proie à l'agitation du doute. Elle avait étudié la religion de Luther et de Calvin; mais elle ne connaissait la religion catholique que par les auteurs et les ministres protestants, et rien jusqu'alors n'avait sérieusement éveillé le doute dans sa conscience.

Elle se demandait si le saint dont la seule vue impressionnait si profondément, pouvait être dans l'erreur. Jamais elle n'avait vu d'expression comparable à celle de notre Jean-François; jamais elle n'avait senti, dans une parole humaine, l'autorité divine qu'elle sentait dans la parole brûlante et persuasive du Père de Régis. Elle comparait son onction si pénétrante à la sécheresse glacée des discours des ministres protestants; elle rapprochait, sans s'en douter, leur vie peu édifiante, de la vie si mortifiée, si dévouée, si apostolique de notre saint.

Toutefois, elle n'avait ni la volonté ni le simple désir de s'éclairer. Elle avait entendu dire que l'on pouvait être sauvé dans les deux religions, elle préférait vivre et mourir dans celle qui n'adore pas les saints et leurs images, qui ne s'abaisse pas jusqu'à ajouter foi à la présence réelle de Jésus-Christ dans l'Eucharistie, et qui conserve la liberté d'interpréter les saints Livres.

Le lendemain et les jours suivants, Louise ne put résister au besoin de revoir et d'entendre encore celui que tout le pays appelait le *saint Père*; mais toute sa famille était trop attachée à l'erreur, pour lui permettre même la pensée d'abandonner la religion réformée. La jeune femme assurait donc fièrement que *le Jésuite* qui opérait tant de prodiges, ne ferait jamais celui de la convaincre et de lui faire abjurer, comme à tant d'autres, la religion dans laquelle elle avait été élevée.

L'heure de la grâce n'était pas sonnée.

Une amie de Louise, bonne et pieuse catholique, l'avait reconnue à l'église de Saint-Jean-de-Pailhet, sous sa dentelle noire, confondue dans la masse des paysannes; elle l'y avait remarquée plusieurs fois, et, certaine de ne s'être pas trompée, elle crut devoir en prévenir notre saint. Elle lui dit la position de la jeune femme, ses qualités attachantes, ses avantages personnels, le charme qu'elle exerçait dans sa société, son influence dans le pays et de quelle importance pouvait être la conversion d'une femme de ce mérite, que tous les réformés considéraient comme la plus forte tête de leur parti, et qu'ils jugeaient plus habile et plus instruite qu'aucun de leurs ministres.

Le saint apôtre exprima le plus vif désir de voir madame de la Franchère; l'idée fut accueillie avec empressement, et Louise, attirée dans les filets de son amie, se trouva bientôt en présence de l'aimable saint.

Ce n'était pas ce Jésuite tant redouté, la terreur et l'effroi de la secte, dont elle avait appris à se défier, comme d'un ennemi toujours prêt à saisir en traître une proie longtemps et sourdement convoitée. C'était le saint apôtre qu'elle avait admiré en chaire, qu'elle était forcée de vénérer, et qui lui paraissait d'une supériorité incomparable, car elle sentait en lui, nous l'avons dit, une autorité toute divine qu'elle n'avait jamais rencontrée ailleurs. Le doux regard, le gracieux sourire, la modestie angélique de Jean-François la dominaient et la charmaient.

Ce premier entretien, tout pieux, mais durant lequel aucun point de doctrine ne fut même effleuré, laissa la jeune calviniste sous l'impression si douce que produit d'ordinaire la véritable sainteté. Elle témoigna au Jésuite qu'elle avait cru si redoutable, et qu'elle trouvait si attrayant, le plus grand désir de le revoir. Notre saint lui donna rendez-vous pour le lendemain, et d'autant plus volontiers, qu'il avait plus d'espoir de la gagner et de la rendre à l'Église de Jésus-Christ.

Louise revit donc le saint apôtre, toujours à l'insu de sa famille, et cette fois, il l'entraîna dans la controverse, et répondit avec tant de précision et de clarté à toutes les difficultés qu'elle lui présenta, qu'elle en fut ravie et lui demanda une nouvelle conférence, ajoutant :

— Je vous avoue que je n'ai jamais entendu développer votre doctrine et vos mystères avec une si grande clarté ! Jamais un catholique ne m'avait parlé ainsi !

Quatre conférences succédèrent à celle-ci; Louise sortit de chacune toujours plus charmée du Père de Régis, toujours plus édifiée de sa sainteté et toujours plus ravie de sa science et de la netteté de ses explications :

— Je suis indignée, disait-elle à son amie, de voir à à quel point nous sommes trompés ! J'avais toujours cru la religion catholique telle que nous la dépeignent nos auteurs et nos ministres protestants, je la croyais entachée de tous les dogmes qu'ils lui attribuent, et je découvre que rien de tout cela n'est enseigné, même par les Jésuites ! Car il est impossible que le Père Régis veuille me tromper ! Il est si simple, si modeste, si savant, et sa vie est si sainte, que lui-même ne peut être dans l'erreur.

Toutefois, Louise ne se décidait pas. Elle voyait la vérité ; mais elle craignait les jugements humains, le trouble dans son intérieur, la division dans sa famille, et elle demandait le temps de la réflexion. Le Père de Régis ne pouvait l'attendre. Il avait évangélisé plusieurs villages éloignés, il avait fait une courte apparition à Montfaucon, où il avait promis une mission pour l'hiver suivant, et le moment était venu pour lui de retourner au Puy, où il était vivement désiré et impatiemment attendu. Il partit donc, laissant à madame de la Franchère l'espoir de le revoir à fin de l'année.

XVII

Le Puy.

1639

L'apôtre bien-aimé arrivait au Puy, cette année, à la fin de février, après avoir donné près de quatre mois à ses missions d'hiver, ce qui lui fit reprendre avec d'autant plus d'empressement ses innombrables travaux d'été.

A peine arrivé, on lui apprend que l'une des personnes qui le secondent le plus efficacement dans ses bonnes œuvres, est dangereusement malade. Il y court, la voit en effet dans un grand danger, et s'en afflige pour ses pauvres. Peu de jours après, on vient lui dire qu'elle est au plus mal, que l'agonie est commencée. Le bon Père vole auprès d'elle et la trouve sans connaissance. Elle ne voyait plus, n'entendait plus, ne parlait plus, et n'avait d'autre mouvement que les frémissements convulsifs de la mort. Elle était entourée de sa famille, le médecin était présent, malgré l'inutilité de ses soins; par affection pour les pauvres désolés, il ne voulait se retirer qu'après le dernier soupir de celle qui était au moment de paraître devant Dieu. En voyant entrer le saint Jésuite, le docteur lui dit:

— Hélas! mon révérend Père, elle n'est plus en état de recevoir les consolations de votre ministère; vous ne pouvez que prier pour elle et pour sa famille.

— C'est ce que je vais faire, répond notre saint; mais je demande que l'on me laisse seul avec mon Frère.

Tout le monde se retire, le Père de Régis, resté seul avec le Frère qui l'accompagne, s'agenouille près du lit, prie la miséricorde infinie de ne pas enlever aux pauvres celle qui les aime et les soigne comme une mère, et, se relevant, il appelle la mourante par son nom. Elle ouvre les yeux, le voit et le reconnaît, et le saint apôtre lui dit:

— Rendez grâces à Dieu! Il a la bonté de prolonger vos jours afin que vous le serviez, et les pauvres ses enfants, avec plus de ferveur encore.

— Ah! mon Père, lui dit la malade, en quel état me trouvez-vous?

— Bien, répond le saint; vous voilà guérie. Faites un bon usage de la santé qu'il a plu à la bonté divine de vous rendre aujourd'hui.

Après avoir ajouté quelques paroles d'édification et donné quelques avis à cette âme qu'il dirigeait depuis trois ans, il va rejoindre les parents et le docteur, et leur dit avec calme:

— Je ne vois pas qu'il y ait lieu de s'alarmer sur l'issue de cette maladie ; je ne pense pas qu'il y ait de danger à craindre.

— Que dites-vous là, mon révérend Père ?

— Que vous devez vous consoler, reprit Jean-François, et espérer, car je ne trouve pas la malade aussi mal que vous le pensez.

Et il s'éloigne rapidement. On s'empresse de rentrer dans la chambre de la mourante, on veut recevoir son dernier soupir...

— Je suis guérie ! dit-elle aussitôt ; je me porte bien !

— Qu'est-il donc arrivé, que signifie cela ? lui demande-t-on.

— Je n'en sais rien. Je me suis trouvée tout à coup seule avec le Père Régis et son compagnon, il m'a dit que j'étais guérie, il m'a exhortée à bien servir le bon Dieu, et il s'en est allé.

Le médecin, ne pouvant croire à une telle résurrection, lui tâte le pouls et la trouve sans fièvre ; la force était revenue avec la santé, le miracle était complet.

Nous avons dit que le saint Jésuite était impatiemment attendu ; ajoutons que les malades surtout soupiraient après son retour, car ils savaient que le saint Père guérissait tous ceux qui le lui demandaient.

Une pauvre femme, dévorée par la fièvre et réduite à l'extrémité par une dyssenterie que rien n'avait pu arrêter, désirait ardemment une visite du saint Père. Il va la voir :

— Ah ! mon Père, lui dit-elle, ayez pitié de moi, vous qui êtes si bon pour les pauvres ! Il y a si longtemps que je suis malade !

— Eh bien, ma pauvre enfant, il faut demander au bon Dieu de vous guérir, et faire un vœu.

— Hélas! mon Père, j'en ai fait plusieurs, et n'ai pas même obtenu un soulagement! Si vous n'avez pas pitié de moi, il faut que je meure, et bientôt!

— Ayez confiance en Dieu, mon enfant; bon courage!

Et le saint apôtre se met en prière auprès de la malade, puis il se relève et lui dit :

— Vous ne mourrez pas de cette maladie; mettez bien toute votre confiance en Dieu, il vous guérira.

Le saint Jésuite s'était à peine éloigné, que la malade était sans fièvre et se trouvait bien portante. Elle s'en étonnait. Le saint Père ne lui avait pas dit qu'elle était guérie, mais seulement qu'elle *guérirait :* elle était donc loin de s'attendre à un effet si prompt de sa charitable promesse. Lorsqu'il retourna la voir le lendemain, l'heureuse femme se jeta à ses pieds, dans l'effusion de sa reconnaissance, l'appelant son sauveur, son libérateur, son Père. Et notre humble apôtre, tout confus, lui répétait :

— Non, ce n'est pas moi qui vous ai guérie, mon enfant, c'est Dieu seul, et c'est lui seul que vous devez aimer et remercier.

C'était toujours sa réponse à ceux qui lui attribuaient les miracles que Dieu accordait à sa prière ; mais il ne pouvait empêcher les témoins de ces prodiges de les publier sous son nom. Il guérit un jour une jeune fille qui était à l'agonie, et qui revint à la vie et à la santé en un instant. Les parents pleuraient de joie et remerciaient le saint avec transport ; le bon Père s'embarrasse, rougit et répond en fuyant :

— Ne dites pas que vous me devez cette grâce ; le plus grand miracle que Dieu aurait fait, en guérissant cette enfant, serait de s'être servi d'un instrument tel que moi!

Néanmoins, sa charité triomphait toujours de son humilité lorsque la position des malades ou celle de leur famille les portaient à lui demander une guérison que la science ne leur laissait plus espérer.

Ce don des miracles, que le Père de Régis possédait à un si haut degré, semblait irriter d'autant plus les ennemis que l'enfer lui suscitait; car il augmentait la vénération générale que le saint apôtre inspirait, et, par là même, il lui facilitait le bien qu'il entreprenait pour la gloire de Dieu. Les hommes vicieux ne lui pardonnaient pas l'amélioration des mœurs dans la cité, et ce fut pire encore, lorsque le zèle incomparable de l'apôtre voulut empêcher ou prévenir le mal qui résultait d'ordinaire de l'affluence des moissonneurs dans la ville du Puy, où ils venaient tous les ans pour se louer. Ils se réunissaient à époque fixe, les tenanciers se rendaient au Puy, de leur côté, choisissaient le nombre de travailleurs dont ils avaient besoin et les envoyaient à leurs champs au moment de la moisson. Mais tous ne partaient pas à la fois.

Notre saint tenait à faire cesser les désordres provenant de cette avalanche de jeunes montagnards inoccupés durant leur séjour à la ville. Pour y parvenir, il leur chercha lui-même une maison qui pût servir d'asile à toutes les femmes, et, dans un autre quartier, il en trouva une pour les hommes. Les dimanches et les fêtes, il allait leur faire le catéchisme séparément, et leur adresser une exhortation vive et touchante pour leur inspirer l'horreur du péché et l'amour de la vertu. Il entendait leurs confessions, il les visitait lorsqu'ils étaient malades, les faisait soigner et leur procurait du travail et toutes les ressources dont ils avaient besoin.

Plusieurs, touchés de ses soins et de son zèle, se convertirent sincèrement; d'autres, nés calvinistes, embrassèrent la religion catholique avec bonheur, et la plus grande partie des jeunes filles devinrent des modèles de vertu et de piété.

Le Père de Régis n'ignorait pas la haine que lui méritaient, de la part de quelques-uns, les prodigieux succès de son apostolat; mais nous savons le peu de prix qu'il attachait à sa précieuse vie, et la joie avec laquelle il l'aurait sacrifiée en un instant pour Jésus-Christ. Nulle menace n'était donc capable de ralentir l'activité de son zèle; il allait même quelquefois au-devant. Ne pouvant vaincre un de ces pécheurs scandaleux, il lui dit un jour avec larmes :

— Vous portez une épée, mon ami ; enfoncez-la dans ma poitrine, je vous en conjure, si à ce prix je dois obtenir que vous cessiez d'outrager la Majesté divine !

Il savait qu'un de ces malheureux était occupé depuis quelques jours à chercher l'occasion de lui donner la mort. L'ayant aperçu dans la rue, il va à sa rencontre, le regarde avec une ineffable expression de charité et lui dit :

— Je sais le dessein que vous avez formé contre moi, mon enfant; mais Dieu tournera votre cœur de telle manière, que, malgré la haine que vous me portez présentement, vous deviendrez mon ami, comme je suis le vôtre.

Peu après, ce jeune homme, d'une des premières familles du Puy, se convertissait et demandait au Père de Régis de prendre la direction de son âme. Depuis ce moment, le saint Jésuite n'eut pas d'ami plus dévoué.

Les compagnons de plaisirs du jeune converti ne pouvaient voir sans fureur une telle transformation; dans le nombre, se trouvait un de ces caractères emportés dont nulle considération ne saurait arrêter les violences. Déjà exaspéré contre l'apôtre, qui lui avait soustrait l'objet d'une passion insensée, ce malheureux le rencontrant sur une place, l'accable d'injures, s'élance sur lui et le frappe au visage. Jean-François, toujours la douceur et la sérénité mêmes, lui dit :

— Tenez, mon ami, voilà l'autre joue ; il n'est point d'outrages que je ne mérite et que je ne souhaite de souffrir pour mon divin Maître.

Le jeune homme est un moment comme atterré ; il ne peut comprendre un tel degré de vertu, il se trouble, il balbutie et tombe enfin, publiquement, sur ses genoux devant le saint Jésuite, qui le relève, l'embrasse, le presse sur son cœur, et lui accorde avec bonheur un pardon sollicité avec larmes :

— Ah ! mon Père, disait le coupable repentant, désormais mon cœur est à vous à la vie et à la mort ! Qu'exigez-vous de moi ? Il n'est rien que je ne fasse pour réparer mon crime, et je vous proteste que je ne passerai pas un seul jour de ma vie, sans travailler à l'expier [1] !

Telle était l'influence, l'ascendant de la sainteté si douce et si énergique à la fois, de notre Jean-François de Régis. Un de ses amis, ayant appris l'outrage public qu'il avait reçu, lui en témoignait sa douleur :

— Est-ce donc si grand'chose, lui répondit-il, que de recevoir un soufflet ? Il me semble que l'on ne peut être un véritable disciple de Jésus-Christ, si l'on ne fait ses délices des affronts les plus sanglants.

Dans une autre circonstance, un jeune homme, poussé

---

[1] Ce jeune homme, dont nous regrettons que le nom n'ait pas été conservé, vécut depuis très-chrétiennement. Après la mort du saint, il alla pleurer sa faute sur son tombeau, à la Louvesc, et y passa une journée entière dans les larmes, conjurant le saint apôtre de lui pardonner encore l'injure sacrilège dont il avait eu le malheur de se rendre coupable envers lui. Jusqu'à la fin de sa vie, il renouvela tous les ans ce pèlerinage, en expiation de sa faute.

par le même genre de vengeance, l'ayant rencontré le soir dans une rue où ne se trouvait nul passant, profite de l'occasion, lui dit toutes les injures que peut suggérer la colère, le renverse, le foule aux pieds et l'accable de coups. Le saint ne se plaint pas, il n'appelle pas à son secours ; il sait que son zèle pour la gloire de Dieu est le seul motif du traitement qui lui est infligé, il s'en réjouit en Dieu. On lui dit le lendemain :

— Comment se fait-il, mon Père, que vous n'ayez pas jeté un cri ? Nous serions sortis, nous aurions volé à votre défense, et le misérable vous aurait bien vite abandonné.

— C'était trop peu de chose pour faire tant d'effet, répondit-il ; peu de chose surtout, en comparaison de ce que j'aurais voulu souffrir pour la gloire de Dieu. Eu égard au naturel violent de ce jeune homme, je vous avoue que je ne croyais pas en être quitte à si bon marché.

En disant ces derniers mots, l'aimable Père souriait de cet angélique sourire qui illuminait son doux visage comme un reflet céleste.

Nous ne pouvons multiplier ces traits, dont la vie de notre saint est remplie, et qui, par leur analogie, ne pourraient que fatiguer le lecteur. Il suffit de ceux que nous avons rapportés pour expliquer la vénération qu'inspirait ce saint apôtre à toutes les classes de la société ; mais ce qui est inexplicable, c'est qu'il trouvât le temps de satisfaire un tel empressement, sans témoigner jamais ni ennui ni fatigue à ceux qui recouraient à lui. On allait au saint Père pour toutes sortes d'affaires, il semblait que l'on ne pût être consolé que par sa charité, éclairé que par ses lumières, dirigé que par ses avis.

Une pauvre mère vient le trouver un jour dans une

inexprimable désolation : son fils était condamné au gibet, et, dans son désespoir, elle demandait au saint Père de la consoler :

— Ne vous inquiétez pas tant, lui dit-il, pour le corps que pour l'âme de votre fils; craignez pour lui, non les jugements humains qui ne peuvent atteindre que le corps, mais les jugements de Dieu, dont le pouvoir s'étend également sur le corps et sur l'âme, et qui peut condamner l'un et l'autre à une mort éternelle. Ayez confiance toutefois en la bonté divine, votre fils ne mourra pas sur la potence.

La condamnation était prononcée, le jugement allait être exécuté, les apparences ne permettaient pas d'ajouter foi aux paroles de l'apôtre; mais la mère à laquelle il venait de donner une assurance si formelle, n'avait pas le plus léger doute. Le saint s'était recueilli en prononçant ces dernières paroles, son visage exprimait l'inspiration d'en haut; il ne pouvait s'être trompé.

Quelques heures après, on accourait annoncer à cette heureuse mère que son fils, détaché du gibet par les membres de la confrérie des agonisants, et porté dans l'église des Carmes pour les dernières prières, y avait été reconnu vivant et allait venir la rejoindre.

Toutes les prédictions de Jean-François se réalisaient ainsi; ce qui faisait recueillir chacune de ses paroles comme autant d'oracles. La fabrique de dentelles du Puy était renommée; elle employait un très-grand nombre d'ouvrières, et le saint apôtre s'en occupait avec la prodigieuse activité qu'il apportait à toutes ses œuvres de zèle et de charité. Il avait réformé les mœurs et changé la vie de toutes ces femmes, il les maintenait dans la pratique des devoirs religieux, et il les envoyait enseigner à d'autres, dont l'indigence réelle n'était connue que de lui, ce genre de travail qui devait adoucir leur position et préserver plusieurs jeunes filles du malheur de perdre leur vertu menacée par l'excès de la pauvreté. Cette industrie, enfin, était une grande ressource pour la ville, et, à ce titre, le Père des pauvres lui portait le plus vif intérêt. Que de fois lui-même allait apporter les tissus de dentelles aux pauvres honteuses qui devaient les travailler! Aux moins intelligentes, ou à celles qui manquaient d'habitude pour cette sorte d'ouvrage, il donnait la dentelle la plus aisée à travailler, et nous avons sous les yeux un échantillon de celle qu'en souvenir de la sollicitude du *saint Père* pour les pauvres ouvrières, on appelle encore aujourd'hui dans plusieurs fabriques, *dentelle de saint Régis*. C'est une sorte de guipure étroite, pour bordure, d'un travail facile, dont le dessin ne peut varier beaucoup, et qui exige peu de talent.

Un jour, une nouvelle éclate comme un coup de foudre, et jette la désolation dans la ville : Louis XIII a rendu un édit qui supprime la fabrique de dentelles du Puy-en-Velay! La consternation est générale, une multitude de familles vont se trouver sans pain; et que va devenir la vertu de tant de jeunes filles réduites à la mendicité? Plusieurs d'entre elles vont porter leurs doléances au bon Père; elles fondent en larmes, elles le conjurent d'avoir pitié d'elles, il leur semble que le saint Père peut remédier à tout, même aux édits du souverain. Cette confiance, cette position désolante, cette perte immense, dont son coup d'œil rapide entrevoit toutes les conséquences, touchent profondément le cœur de l'apôtre. Il lève les yeux vers le ciel, ses larmes coulent; son âme prie, son visage semble entouré d'une auréole céleste. Après quelques instants, il reporte son doux et paternel regard sur ces jeunes désolées et leur dit de sa voix la plus émouvante, de cette voix qui allait à l'âme comme une voix du ciel :

— Ayez bon courage, mes chères enfants! mettez en Dieu toute votre confiance. La fabrique sera rétablie d'ici à peu; elle fleurira plus que jamais et elle subsistera toujours avec le même succès.

Il précisa même la date de ce rétablissement, qui eut lieu en effet, au jour indiqué : un second édit du roi annulait le premier et redonnait à la ville le mouvement et la vie qu'elle avait perdus. Depuis ce jour, cette industrie n'a cessé de prospérer, ainsi que l'a promis le glorieux apôtre, et les fabricants de dentelle font célébrer encore, tous les ans, une messe solennelle, le jour de saint Régis, 16 juin, en reconnaissance de l'intérêt qu'il porta à cette manufacture et en mémoire de la prédiction favorable qui en assura la durée.

XVIII

Montregard et ses environs.

1639-1640

La jeune châtelaine de Mercoux se promenait à pas lents dans les magnifiques allées de vieux hêtres qui ombrageaient une partie de son parc. Elle était couverte de deuil, son visage portait l'empreinte de la douleur, et parfois une larme s'échappait de sa large paupière. Ce n'était plus la charmante jeune femme, si vive et si gracieuse, que nous avons vue tant admirée quelques mois auparavant. Un changement immense s'est opéré dans sa position, et son âme, comme perdue dans un abîme sans fond, s'agite dans le vide du doute, ou se laisse abattre par les plus décourageantes pensées.

Le 7 juillet de cette même année 1639, la main de la Providence avait renversé le principal obstacle à la conversion de Louise : monsieur de la Franchère était mort peu de jours après celui où elle lui avait donné un fils, et elle était inconsolable de cette perte. Depuis ce moment, elle sentait que la religion catholique a des consolations inconnues aux protestants; mais elle ne pouvait se résoudre à y recourir en rentrant dans le sein de l'Église, car son père et sa mère, dont elle était l'idole, en mourraient de chagrin ou deviendraient ses persécuteurs. Et pourtant, elle avait entrevu la vérité, Jean-François de Régis l'avait éclairée, et, depuis, elle était devenue mère. Ne devait-elle pas songer à l'avenir éternel de son fils? Devait-elle, par complaisance pour ses parents, l'élever dans une religion fausse? Elle-même, devait-elle sacrifier le salut de son âme par les mêmes motifs?

Louise s'adressait souvent ces questions et mille autres encore, puis elle retombait dans le doute et se désolait de ses hésitations, en appelant de tous ses vœux le retour du saint Père de Régis. Enfin, l'hiver arriva et ramena celui qu'elle désirait si ardemment consulter de nouveau. Elle lui ouvrit son âme, lui exprima tous ses désirs et toutes ses craintes, lui soumit tous ses doutes, et se trouva si calme et si heureuse après cette première entrevue, qu'elle pensa sérieusement à l'abjuration si redoutée dans ses conséquences inévitables. Elle appréhendait surtout la persécution que ses parents pourraient faire subir à leurs vassaux catholiques, pour se venger de la conversion de leur fille. Disons aussi que la jeune châtelaine, accoutumée à se voir entourée d'estime et d'affection par tous ses voisins calvinistes, pensait avec raison qu'elle en serait abandonnée et qu'ils ne négligeraient aucune occasion de la déconsidérer et de lui nuire.

Le saint apôtre sut lui faire accepter toutes ces conséquences; toutefois, à cause de monsieur et de madame de Romezin, il permit que Louise abjurât le plus secrètement possible et attendît quelque temps pour déclarer son changement de religion. Les témoins appelés à cette importante action furent donc peu nombreux et choisis parmi les catholiques amis de la jeune femme. Tous furent vivement et profondément émus de sa ferveur, de ses larmes, de sa sainte joie et des touchantes exhortations de notre saint. Pour lui aussi ce fut un jour de bonheur et de grande consolation, car il prévoyait que ce retour à l'Église serait suivi de bien d'autres.

Louise, en remerciant celui qui venait de donner à son âme une nouvelle vie, le pria de la prendre sous sa direction, et il y consentit d'autant plus volontiers, qu'il lui reconnaissait d'admirables dispositions à la piété. Elle fit en effet, par ses soins, de rapides et merveilleux progrès dans la perfection. La voyant assez forte, le Père de Régis, que d'autres travaux appelaient ailleurs, et qui déjà allait dans plusieurs villages éloignés porter la parole divine, lui dit un jour, après une de ces absences :

— Il serait temps, Madame, de vous déclarer hautement, par une profession solennelle de la foi que vous avez embrassée. Les mesures de prudence que vous avez prises, par ménagement pour vos parents, doivent avoir des bornes. Jésus-Christ veut des disciples qui ne rougissent pas de lui ; il refusera de reconnaître devant son Père, ceux qui n'auront pas eu le courage de le confesser devant les hommes.

— Mon révérend Père, lui répondit Louise, vos avis seront toujours ma loi.

Et aussitôt elle déclare à ses parents qu'elle a le bonheur d'être catholique et qu'elle veut vivre et mourir enfant de l'Église romaine. A cette nouvelle, les châtelains de Mazeaux se croient déshonorés, il se produit une explosion soudaine dans le parti calviniste, et contre notre saint et contre Louise, l'exaspération des esprits semble tenir de la folie, on fait jouer tous les ressorts imaginables pour ramener la jeune femme au protestantisme, ou tout au moins pour la soustraire à l'influence de l'apôtre... Vains efforts! Madame de la Franchère est indépendante, elle est catholique fervente, elle sera aussi ardente à seconder l'apostolat du Père de Régis, qu'elle le fut à propager l'hérésie.

Dieu bénissant son zèle, elle contribua puissamment à la conversion de plusieurs calvinistes chancelants, que le respect humain avait retenus jusque-là, et que son exemple et ses conseils entraînèrent, ainsi que Jean-François l'avait prévu. Laissons maintenant la parole à Louise elle-même ; elle va nous dire les impressions que notre saint produisait dans les âmes, et en particulier le bien qu'il fit à la sienne. Il y a dans ces lignes un charme de simplicité, de vérité et de douce reconnaissance qui gagne le cœur et fait aimer cette belle conquête du zèle de notre saint.

« Dieu avait donné, dit-elle, au Père Régis, une grâce particulière pour réduire les pécheurs à la pénitence, et les hérétiques à l'obéissance de l'Église. Il recevait les uns et les autres avec une modestie et une douceur qui préparaient efficacement leurs cœurs aux instructions qu'il leur faisait. Dès qu'il parlait, on jugeait qu'il était animé de l'esprit de Dieu. A peine m'eut-il exposé les vérités catholiques, qu'il dissipa toutes les erreurs que j'avais sucées avec le lait. J'avoue que je n'ai jamais entendu depuis aucun discours, ni plus persuasif, ni plus pénétrant que les siens. On touchait les vérités chrétiennes, lorsqu'il les expliquait; ou, pour mieux dire, on sentait que lorsque sa voix frappait les oreilles, Dieu parlait au fond du cœur par sa grâce.

» L'austérité de sa vie ajoutait un grand poids à ses paroles. Il passait tout le jour, et même une grande partie de la nuit dans l'église, de sorte que souvent les curés et les paysans même le forçaient, un peu avant minuit, de sortir du confessionnal, pour aller prendre quelque nourriture. Il passait même quelquefois deux jours, et il aurait passé les semaines entières, sans en prendre aucune, plutôt que de manquer une occasion de travailler au salut des âmes. Toute sa nourriture se réduisait à boire de l'eau et à manger du pain noir, tel que nous le donnons à nos valets : il y ajoutait quelquefois un peu d'herbes et de lait. Quand je lui envoyais du poisson, il le faisait distribuer sur-le-champ aux pauvres. Je ne pensais jamais à lui envoyer de la viande, parce que je savais très-bien qu'il s'en était interdit l'usage.

» Il allait souvent, par des chemins effroyables, instruire les paysans dispersés çà et là dans nos montagnes, sans se plaindre jamais ni de la rigueur de la saison, ni de la difficulté du chemin : nous remarquions même qu'il n'était jamais plus content de lui-même, que lorsqu'il avait le plus souffert.

» Un jour qu'il sortait de l'église, épuisé de travail, il vit arriver une foule d'étrangers. Il rentra dans l'église, et ne se retira point qu'il n'eût entendu la confession de tous. Cette éminente vertu prévenait tout le monde en sa faveur, et lui fit donner le nom de saint. Aussi était-ce un sentiment commun, que nul hérétique, comme nul pécheur, n'échappait à son zèle ; parce qu'on ne pouvait résister à l'attrait de sa sainteté, et aux charmes de sa douceur. Pendant la mission de Mercoux il convertit plusieurs calvinistes, et j'eus le bonheur d'être de ce nombre...

» Quand mon heureux retour à l'Église fut rendu public, tous mes parents et tous mes amis se soulevèrent contre moi ; mais mon saint directeur m'avait tellement affermie dans la foi, que ni les larmes ni les prières d'une mère que j'aimais avec tendresse, ni le courroux et les menaces d'un père que je redoutais autant que je le respectais, ne purent jamais m'engager à faire aucun exercice de la malheureuse secte que j'avais abandonnée : il me paraissait même que j'aurais versé mon sang avec plaisir pour la défense de la religion catholique ; et j'ai été, ce me semble, toujours depuis dans cette heureuse disposition.

» Deux choses contribuèrent beaucoup, l'une à me convertir, l'autre à fortifier ma conversion. La première fut la douceur et la patience admirable du saint homme. Quoique j'eusse d'abord été convaincue par la solidité de ses raisons, je ne laissais pas de lui objecter sans cesse, et avec un furieux entêtement, les passages de l'Écriture dont j'avais la tête remplie. J'admirai alors sa modération ; il ne lui échappa jamais aucune parole qui pût me chagriner ou humilier mon orgueil ; mais il m'écoutait avec une bonté dont j'étais étonnée moi-même : il se contentait de sourire doucement, lorsqu'il me voyait défendre mes erreurs avec tant de feu et d'opiniâtreté. L'autre chose, ajoute-t-elle, qui servit beaucoup à me confirmer dans la foi de l'Eucharistie, fut un trait de sa piété fort mémorable. Étant arrivé à Saint-Jean, à l'entrée de la nuit et à demi mort de froid, au lieu d'aller chercher quelque soulagement, il alla faire oraison devant la porte de l'église, qui était fermée, et il y demeura pendant plusieurs heures, malgré le froid, qui fut cet hiver-là des plus rigoureux. »

Jean-François de Régis avait promis une mission à Montfaucon, où il était impatiemment attendu. Il s'y rendit à la fin de janvier 1640, après avoir évangélisé Mercoux et Montregard, Chambon, Issengeaux et Monistrol, et s'y vit accueilli par une foule innombrable. Toutes les paroisses des environs étaient accourues au-devant de lui et l'accompagnèrent jusqu'à l'église, où il alla d'abord suivant sa coutume.

Il commençait à recueillir les fruits les plus consolants de ses prédications, lorsqu'un jour un exprès arrive du Puy; il est envoyé par le Père recteur du collége et apporte au saint missionnaire une missive pressée. Jean-François en prend connaissance aussitôt et dit à monsieur de la Grevol, curé de la paroisse :

— Je suis obligé de partir, Monsieur : il est dans la volonté de Dieu que j'interrompe cette mission. Le révérend Père recteur, mon supérieur, m'ordonne de revenir au collége pour y remplacer un professeur.

— C'est impossible, mon Père! s'écrie le curé; le Père Arnoux ignore le bien que vous faites ici, il croit la mission terminée, il ne sait pas tout le fruit, en pleine maturité, qui vous reste à cueillir.

— Dieu le sait, Monsieur, et c'est lui qui, par mon supérieur, m'ordonne de tout quitter pour rentrer au collége. Je dois obéir et je pars.

— Mon Père, reprend le curé, je vous conjure de m'accorder seulement un délai de deux jours, afin que j'aie le temps d'envoyer un exprès à cheval au révérend Père Arnoux, avec une lettre où je lui manderai l'état dans lequel vous laisseriez tant de pauvres âmes si bien disposées, dont les confessions ne sont pas achevées, et qui courent risque de se décourager.

— Non, Monsieur. Quel que soit mon regret de quitter ces âmes avant d'avoir achevé ma mission auprès d'elles, je ne retarderai pas mon départ d'un seul instant; l'obéissance ne souffre pas de délai.

L'église était comble, il monta en chaire, fit une courte et vive exhortation, annonça son départ inévitable et promit de revenir à l'automne, reprendre et achever la mission.

Cette promesse seule pouvait consoler ses auditeurs, dont la douleur était inexprimable.

En descendant de chaire, le saint missionnaire prit son bréviaire et son bâton, et s'achemina pédestrement vers le Puy, dont il n'était éloigné que de dix à onze lieues. En passant près de Touchard, petit village sur sa route, son cœur s'émeut soudain, son visage s'empourpre, il court à un jeune pâtre tout occupé de rassembler ses moutons et lui dit :

— Mon enfant, que faites-vous? Pourquoi outrager ainsi la divine Majesté! Pourquoi blasphémer comme un malheureux hérétique, ou comme un impie?

Et il parle si vivement au jeune montagnard, il lui inspire une si grande horreur pour le blasphème, et le convertit si promptement, qu'il entend là sa confession, accompagnée de larmes abondantes, lui fait promettre de ne jamais retomber dans l'horrible péché du blasphème, de respecter, de bénir, de louer le saint nom de Dieu, de vivre chrétiennement désormais et de réparer ainsi ses fautes passées ; puis il lui donne l'absolution, l'embrasse tendrement et continue son voyage.

Le jeune pâtre, rentré chez ses maîtres, leur parut transformé. Il raconta son bonheur, en pleurant de joie et de reconnaissance, il dit sa résolution de vivre à l'avenir ainsi qu'il s'y était engagé devant Dieu avec le *saint Père*, et nul ne s'étonna jamais de sa fidélité à remplir jusqu'à la mort cette sainte promesse.

« C'est un miracle du *saint Père* », disait-on en se montrant ce fervent chrétien.

Les historiens de notre saint ne mentionnent pas ce trait de sa vie apostolique ; mais la tradition du pays en conserve pieusement le souvenir. Ainsi fut bénie la prompte obéissance du saint apôtre du Velay.

Madame de la Franchère avait suivi le Père de Régis à Montfaucon, pour être plus à portée de recevoir ses avis spirituels, elle était un modèle de piété, de vertu, d'édification pour tout le pays.

XIX

Le Puy.

1640

Le 8 janvier 1640, le Père Arnoux, écrivant au Père Mutio Vitelleschi, général de la Compagnie de Jésus, lui mandait :

« Le Père Jean-François Régis a été muni des pouvoirs les plus amples, de la part de Monseigneur l'évêque du Puy, pour faire la mission dans son diocèse. Il serait difficile d'expliquer le fruit que cet infatigable ouvrier a produit dans les âmes. L'affluence du peuple et l'application du missionnaire ont été telles, qu'en moins de quatre mois, il a entendu lui seul plus de dix mille confessions, dont plus de cinq cents on été générales. On ne sait ce que l'on doit admirer le plus, ou la ferveur de ces peuples si ardents pour leur salut, ou le zèle du serviteur de Dieu, si vif et si patient pour satisfaire à la piété de ces bonnes gens. »

Notre saint, ignorant que son supérieur avait écrit à Rome de manière à lui aplanir le terrain sans le savoir, écrivit de son côté au général, dès son arrivée au Puy; sa lettre est en date du 1er avril 1640. Il lui disait :

« J'ai recours aujourd'hui à vous, mon très-révérend Père, avec d'autant plus de confiance, que je suis persuadé que la prière que j'ai l'honneur de vous faire ne vous déplaira pas : c'est que vous ayez la bonté de me permettre de consacrer ce qui me reste de vie et de force à l'instruction des peuples de la campagne. Je ne puis expliquer les grands biens que ces sortes de missions produisent. J'en parle par expérience, l'ayant vu de mes yeux, et plût à Dieu qu'il me fût permis de l'éprouver plus souvent! Je vous conjure donc, mon très-révérend Père, pour l'amour de Dieu, de m'accorder la permission d'employer au moins six mois par an dans ce divin ministère. Monseigneur l'évêque du Puy m'a donné tous ses pouvoirs ; plusieurs curés et plusieurs peuples demandent la mission avec empressement. Le Père recteur, croyant avoir besoin de moi dans son collége, m'y retient de temps en temps, malgré les extrêmes besoins de tant de peuples qui languissent dans les villages, destitués de secours. Je vous prie de faire attention que les habitants des villes ont le pain avec abondance, pendant que les peuples de la campagne pâtissent de faim, faute d'une main charitable qui leur distribue le pain de la parole de Dieu. J'espère de votre paternelle bonté, que vous ne me refuserez pas la grâce que je vous demande, quand ce ne serait que pour me consoler du refus que vous m'avez fait d'aller au Canada. Si votre réponse est favorable à mes vœux, elle me comblera de joie..... »

Notre saint missionnaire avait été rappelé au collége

pour y remplacer un professeur, et il s'acquittait avec zèle de ce devoir imposé par l'obéissance, sans négliger les principales œuvres qu'il avait créées. Il suffisait toujours à tout, de manière à ne laisser aucun doute sur la force surnaturelle, miraculeuse, qu'il recevait d'en haut. Mais nul prodige n'étonnait lorsqu'il était question du *saint Père*. On savait ses fréquentes extases à l'autel, on voyait que le don des miracles semblait lui devenir chaque jour plus abondant, et il possédait au même degré celui de prophétie; nous l'avons prouvé. Nous en citerons encore quelques traits remarquables.

Un jeune homme de famille distinguée, Marcelin du Fornel, charmant gentilhomme, attrayant de formes, de grâce et d'esprit, et habitant Saint-Didier-la-Sauve, allait à Valence et, passant par le Puy, vint voir le Père de Régis, qu'il connaissait, qu'il aimait et qu'il avait vu à l'œuvre dans ses dernières missions; car Saint-Didier-la-Sauve est très-peu distant de Monistrol, que le saint apôtre venait d'évangéliser à la fin de décembre 1639. Marcelin lui dit d'un ton assez dégagé :

— Je vais me faire recevoir docteur en droit à Valence, mon Père.

— Et n'avez-vous pas d'autre projet? lui demanda Jean-François en souriant.

— Il est en effet question d'autre chose que je recommande à vos prières, mon Père : il s'agit d'un mariage qui m'est proposé. C'est un parti considérable, et dont les deux familles s'occupent beaucoup; j'espère que cette affaire va se conclure au premier jour.

— Mon cher ami, dit le saint Jésuite, c'est en vain que vous vous réjouissez d'avance des grands avantages que vous attendez du parti que l'on vous présente ! Dans peu de jours, toutes vos espérances s'évanouiront et vos projets d'ambition seront renversés. Avant que l'année se passe, vous serez novice dans notre Compagnie.

Ce fut un coup de foudre pour Marcelin. Il savait la valeur des paroles du Père de Régis, il ne pouvait douter que celles qui venaient de lui être adressées ne fussent justifiées par les événements. Toutefois, il voulut dominer ses impressions, pour suivre ses projets et en espérer le succès.

« Le bon Père est un saint, se disait-il, personne n'en peut douter. Il fait des miracles, il pénètre les secrets des cœurs, il est souvent éclairé sur l'avenir; mais enfin, il peut se tromper. »

Peu de temps après, le mariage du jeune gentilhomme était rompu, il se souvenait de la prédiction du saint apôtre, et il se demandait pourquoi elle ne s'accomplissait pas jusqu'au bout, puisque ses plus belles espérances étaient détruites maintenant. Peu à peu, il sentit croître dans son âme le dégoût des choses de la terre; ses illusions tombaient une à une, tout lui semblait vanité dans la vie du monde. Il réfléchit sérieusement devant Dieu, hésita quelque temps, partit enfin pour Toulouse, et entra au noviciat de la Compagnie de Jésus, *avant la fin de l'année.*

Son frère, Jean-Pierre, beaucoup plus jeune que lui, l'y suivit plus tard : le Père Marcelin du Fornel fut un prédicateur célèbre; son frère, également distingué, exerça dans la suite la charge de provincial avec succès, et aimait à redire la prédiction du Père de Régis à Marcelin, prédiction à laquelle il attribuait en grande partie la vocation du jeune mondain désabusé.

Une jeune femme des premiers rangs de la société du Puy accourt un jour éplorée auprès de notre saint :

— Mon révérend Père, nous sommes dans la désolation! ma sœur vient de perdre son enfant, elle est folle de douleur et le malheureux père est au désespoir ! Un fils unique !

— Ne vous affligez pas, Madame, lui répond le saint ; avant un an, Dieu donnera à madame votre sœur un autre fils qui remplacera celui qu'il vient d'enlever.

Avant la fin de l'année, cette prédiction s'accomplissait.

Une femme, des plus mondaines dans sa jeunesse et convertie par l'effet d'une grâce extraordinaire, racontait souvent que le saint apôtre du Puy lui avait prédit sa conversion. Elle était allée se confesser à lui, et lui avait dit sa vie de plaisirs, à laquelle elle ne voulait rien changer. Le saint Jésuite la pressait fortement de renoncer à un monde qui l'abandonnerait tôt ou tard :

— Il m'est impossible, lui répondit-elle, de renoncer tout à coup à des sociétés agréables et à des plaisirs auxquels je tiens, pour mener une vie triste, solitaire, ennuyeuse !

Le Père de Régis se recueillit un moment, puis il ajouta avec autorité :

— Eh bien ! malgré la dureté de votre cœur, six mois ne se passeront pas sans que vous éprouviez les miséricordes du Seigneur. Vous vous trouverez si différente de ce que vous êtes présentement, que vous vous en étonnerez vous-même. Il ne vous paraît pas possible aujourd'hui de réformer votre vie, et vous serez toute surprise alors d'avoir tardé si longtemps à quitter un monde dont vous mépriserez toutes les vanités.

Avant six mois ce changement s'était opéré littéralement.

Une des personnes auxquelles Jean-François s'adressait le plus fréquemment pour ses bonnes œuvres, s'était crue blessée dans son amour-propre par un des Pères du collége. Peu de jours après, notre saint lui demande son concours dans une œuvre de charité :

— Pour cela, mon Père, lui répond-elle, je ne le puis pas. Le Père *** m'a fait trop de peine !

— Comment, ma fille, vous me refusez le petit service que je vous demande pour la gloire de Dieu? reprit le saint; un jour viendra que vous recourrez à moi dans un très-pressant besoin !

Après la mort de notre saint, on voulut tuer cette pauvre fille, on la maltraita si cruellement qu'il fut impossible de la guérir et que, se voyant affligée de plusieurs plaies incurables, elle se souvint de la parole du *saint Père*. Elle se fit porter à son tombeau et s'y trouva tout à coup parfaitement guérie.

Cependant, tous les curés et toutes les populations du Velay, du Forez et du Vivarais envoyaient au Puy pour solliciter des missions du célèbre Père de Régis. Le général avait répondu favorablement à la requête du zélé missionnaire, il était convenu qu'il consacrerait désormais six mois aux campagnes et aux petites villes ; mais ce n'était pas assez. Les ruines morales amoncelées par les guerres civiles avaient besoin d'être relevées partout, et le bien obtenu sur un point ne devait pas être exposé à s'évanouir par l'abandon des moyens propres à le consolider. Notre saint ne pouvait suffire à tout, et cette pensée l'affligeait profondément. Après y avoir mûrement réfléchi devant Dieu, il crut devoir communiquer à son supérieur les inspirations qu'il avait reçues. Le Père Arnoux, donnant une entière approbation aux vues de l'apôtre, écrivit au Père général :

« Mon très-révérend Père,

» Le Père Jean-François Régis m'a découvert un dessein qui lui est venu, sans doute, par une inspiration divine : c'est de s'associer plusieurs fervents missionnaires, et de travailler, de concert avec eux, à instruire les habitants de nos montagnes, qui vivent dans un étrange abandon. On ne peut s'imaginer ni l'application infatigable de ce saint missionnaire, ni les fruits dont ses travaux apostoliques sont suivis. Dans les dernières missions qu'il a faites, il commençait à entendre les confessions trois heures avant la pointe du jour, et il n'interrompait ce saint et laborieux exercice que plusieurs heures après le coucher du soleil. Il est souvent arrivé que des troupes nombreuses de paysans, venus toute la nuit de cinq et six lieues, sont demeurés à jeun tout le jour suivant, n'ayant pu, à cause de la foule, se confesser, ni communier que sur le soir. De là, il est aisé de juger quel fruit produira cet incomparable missionnaire, s'il vient à bout, comme je l'espère, de former une compagnie d'ouvriers qui lui ressemblent[1]. »

Le Père Filleau, provincial, écrivait de son côté au Père général :

« Le Père Régis a fait cette année la mission pendant cinq mois, par l'ordre de Monseigneur l'évêque du Puy, avec un fruit merveilleux. Le bien qu'il a fait, dans ces dernières missions, surpasse de beaucoup celui des précédentes. Il les recommencera dans peu de temps, pour satisfaire à l'empressement des curés et des peuples qui le demandent à l'envi. »

Disons tout de suite que ces lettres, datées du 30 juillet 1640, furent si consolantes pour le Père général, qu'il s'empressa de répondre au Père Arnoux :

---

[1] Nous trouvons cette lettre dans l'édition de 1741 de la *Vie de saint Régis* par le Père d'Aubenton ; les éditeurs l'ont supprimée dans les éditions suivantes.

« Vous m'avez fait un très-grand plaisir, de me rendre compte des fructueuses missions du Père Jean-François Régis, et de la résolution qu'il a prise de donner plus d'étendue à son zèle, et de le perpétuer en formant une compagnie de ministres évangéliques, toute dévouée à l'instruction des peuples de la campagne. Je ne puis vous dire à quel point j'approuve un dessein si salutaire. Je vous prie de l'exhorter de ma part à mettre la dernière main à une œuvre si utile au public. La seule idée de son projet, et l'espérance que j'ai qu'il en résultera de grands biens, me remplissent de joie. Je félicite la Compagnie, et en particulier votre collége, des travaux si glorieux et si saints de cet homme apostolique. »

Le Père général écrivait aussi à notre saint ; il l'encourageait dans cette importante entreprise [1] et lui disait en terminant :

« Soyez assuré que je seconderai toujours vos pieux desseins, autant qu'il sera en mon pouvoir ; c'est pourquoi je vous recommande de me faire savoir en quoi je pourrai soutenir de mon autorité le saint projet que vous m'avez communiqué. »

Notre saint s'était hâté de se mettre à l'œuvre et travaillait activement à la réalisation de cette pensée qui

---

[1] En cette même année 1640, Dieu inspirait la même pensée au père Julien Maunoir, célèbre missionnaire de la Compagnie de Jésus, mort en odeur de sainteté, dans la Basse-Bretagne. Il vécut assez pour voir la réalisation de ce vœu si cher à son âme tout apostolique, et pour jouir des fruits abondants recueillis par la société de missionnaires dont il fut le fondateur, et qui s'est perpétuée depuis avec un succès croissant.

Saint Régis n'eut pas la même consolation avant de quitter la terre; mais, quelques années plus tard, la société instituée par M. Olier se répandait dans les provinces ravagées autrefois par l'hérésie, et remplissait le but de l'illustre et glorieux apôtre du Velay.

semblait devoir être si féconde dans ses résultats, et néanmoins il continuait ses travaux accoutumés dans la ville du Puy : il était accessible à tous ; il s'occupait des fabriques, des ateliers, des associations qu'il avait organisés, de la maison du Refuge, qui prospérait merveilleusement et qu'il dirigeait toujours de loin comme de près ; il trouvait même le temps d'écrire quelques lignes de souvenir à ses plus chers amis.

Monsieur André, curé de Marlhes, qui professait une si tendre vénération pour notre saint missionnaire, avait été nommé chanoine de la cathédrale du Puy. Son âge et sa santé chancelante lui ayant rendu nécessaire l'air de la campagne, il était allé passer quelques mois au Monastier, à trois lieues du Puy. Le Père de Régis s'informait de ses nouvelles et lui écrivait quelquefois. Une des lettres qu'il lui adressait nous a été communiquée ; madame Michel, petite-nièce de mademoiselle André, dont le bon chanoine était grand-oncle, la conserve précieusement : la voici :

« Monsieur,

» Si j'avais quelque pouvoir sur l'air du Monastier, je le rendrais si favorable à votre santé, que dans peu elle serait en son meilleur état. J'apprends presque tous les jours qu'elle s'augmente, grâce à Dieu. Le grand désir néanmoins que j'ai de la voir en sa perfection au plus tôt me ferait entrer en impatience, si je ne savais que le maître du temps et de l'air en dispose de la sorte. Je ne cesserai toutefois de le prier pour elle, en me disant toujours,

» Monsieur,

» Votre très-humble et très-affectionné serviteur en Notre-Seigneur,

» JEAN-FRANÇOIS RÉGIS.

» Du Puy, ce 8 août 1640. »

L'adresse porte : « à monsieur André, chanoine de Notre-Dame du Puy, au Monastier. »

Cependant la ville de Montfaucon attendait le saint apôtre et lui envoyait des messagers pour lui rappeler sa promesse. Au mois d'octobre, Jean-François reprit son bâton de voyage, recommanda ses pauvres, ses malades, ses prisonniers, toutes ses œuvres à ses frères bien-aimés, donna l'ordre à la directrice du Refuge de lui rendre compte régulièrement de l'état spirituel et temporel des affaires de sa maison, et partit pour aller reprendre sa mission interrompue.

XX

Montfaucon.

1640

Notre saint avait repris ses travaux apostoliques dans la petite ville de Montfaucon, il jouissait de la riche moisson qu'il recueillait, ne sortant presque plus de l'église, où il était assiégé par toutes les populations du bailliage, et passant une partie de la nuit au confessionnal, sans songer à l'épuisement résultant de cet excès de labeur. Mais tout à coup un cri s'élève dans la cité :

« La peste! la peste se déclare, les victimes sont frappées et tombent pour ne plus se relever[1]! »

La terrible maladie menaçait en effet de n'épargner personne. Continuer les exercices de la mission était

---

[1] D'après les registres mortuaires de la ville, la peste n'y éclata qu'à la fin d'octobre, et non en janvier, ainsi que l'indique le Père d'Aubenton.

impossible; mais notre saint ne veut pas laisser son zèle inactif au milieu de la désolation générale. Il supplie monsieur de la Grevol, curé de la paroisse, de l'autoriser à donner ses soins aux pestiférés. Le curé refuse : la contagion fait des progrès effrayants; si le saint missionnaire est frappé, le malheur sera irréparable, et la responsabilité pèsera sur l'imprudent qui lui aura permis de s'exposer. L'apôtre insiste avec tant de larmes et son langage est si éloquent, que le bon curé cède enfin à ses pressantes sollicitations.

Jean-François se livre à toute l'ardeur de son admirable charité, il va d'une maison à l'autre, voit tous les malades, leur prodigue ses soins, ses consolations, son ministère; il ne prend pas un instant de repos, oublie le sommeil et la nourriture nécessaires à son corps, et se dépense avec une incomparable abnégation, avec un dévouement sublime. Plusieurs prêtres de la ville, touchés de ce modeste héroïsme, veulent se faire ses imitateurs et lui offrent leur concours, qu'il accepte avec joie; mais bientôt quelques-uns sont atteints par la maladie et succombent victimes de leur charité. Le zèle de quelques autres se refroidit, la crainte les domine, et notre héros semble se multiplier pour suffire à tout.

Ceux qui ont eu le triste courage d'abandonner les malades, vont trouver le curé et réveillent ses premières craintes sur le danger auquel il expose la vie si précieuse de Jean-François :

— Toute la ville se plaint de cette imprudence, lui dit celui qui s'était chargé de porter la parole; personne ne comprend que vous assumiez sur vous une telle responsabilité. Car enfin, vous devez compte de la vie du Père Régis, à Dieu, à la Compagnie de Jésus, à toute la province, et vous souffrez qu'il la mette en danger nuit et jour en respirant un air plus pernicieux auprès des malades que partout ailleurs. Nous vous supplions tous, et, ici, nous parlons au nom des personnes les plus sensées de votre paroisse, nous vous supplions d'obliger ce saint missionnaire à sortir de la ville.

— Messieurs, répondit le curé, vous savez que c'était là ma première pensée, et que je n'ai pu résister aux instances de ce saint Père. Maintenant, il sera difficile de le faire renoncer à ce ministère; car les malades vont se trouver sans secours...

— Le Père Régis est l'obéissance même, reprit l'ecclésiastique intéressé à cette mesure; si vous lui ordonnez simplement de sortir de Montfaucon et de n'y pas rentrer avant que la contagion ait disparu, il partira sans résistance; mais si vous le consultez, si vous témoignez vos craintes, il se laissera emporter par son zèle et vous persuadera par son langage entraînant, toujours irrésistible.

— Je sens tout cela, dit monsieur de la Grevol; mais je ne puis rien décider dans le moment : je consulterai, je vous le promets.

Les prêtres qui venaient de faire cette démarche, sentaient combien leur frayeur était opposée à l'admirable dévouement de notre saint, et leur amour-propre souffrait d'un contraste qui devait naturellement frapper tous les esprits et les indisposer contre eux. La Providence permettait cette faiblesse pour l'accomplissement de ses desseins.

Monsieur de la Grevol se rend auprès de monsieur de Chabanacy, conseiller du roi au bailliage royal, consul de Montfaucon, et ami du Père de Régis. Il lui expose la situation et ajoute :

— Si nous le laissons continuer de s'abandonner à cet excès de zèle et de charité, il ne peut tarder à succomber comme les autres.

— Oui, sûrement, dit le consul ; mais les pestiférés seront abandonnés ; et quel mal peut leur faire l'éloignement de celui qu'ils regardent comme l'ange de la consolation et de l'espérance !

— Il faut tenir compte aussi du sacrifice que nous allons imposer au Père Régis lui-même, ajouta le curé ; il sera vivement affligé de renoncer à son ministère près de ces malheureux... Les laisser exposés à mourir sans secours, sans consolation et sans sacrements, ce sera la plus amère de toutes les douleurs pour son cœur d'apôtre.

— Vous avez raison ; mais, reprit le consul, est-il sage d'exposer toute une province à perdre un tel apôtre, pour ménager à une seule ville la consolation de le posséder quelques jours, peut-être quelques heures de plus ? Car il peut être atteint d'un instant à l'autre par la maladie. Décidément, mon avis est qu'il doit quitter Montfaucon sans retard.

— Eh bien, dit tristement monsieur de la Grevol, je vais lui défendre de continuer son ministère, et lui ordonner de sortir de la ville !...

Ce fut en effet ce qu'il fit ; il alla trouver l'apôtre aussitôt, lui intima l'ordre de partir et ajouta :

— C'est à regret, mon Père, et bien malgré moi, assurément, que je vous impose ce sacrifice ; je sais combien je vais affliger aussi mes paroissiens en leur annonçant votre départ ; mais je me crois obligé, en conscience, de préserver de la contagion une vie dont la Compagnie de Jésus et le Velay tout entier auraient droit de me demander compte.

— Vous êtes donc jaloux de mon bonheur, Monsieur ? Faut-il que vous m'enleviez, par une fausse compassion, le mérite d'une mort si précieuse, et la couronne qui en devait être la récompense, et cela au moment où je suis sur le point de la recevoir ! Vous convenez que le mal et le danger sont extrêmes : par cette raison même, il faut que je reste pour servir les malades. Que deviendront-ils si je les abandonne dans un si grand péril ? Je vous avoue, Monsieur, que le salut de leurs âmes m'est mille fois plus cher que ma propre vie !

Le saint apôtre versait des larmes, le curé pleurait aussi, touché de cette grande douleur; mais il tint ferme, et le saint Jésuite obéit. Il partit le lendemain, escorté d'une foule de peuple et des principaux habitants de Montfaucon, qui avaient voulu l'accompagner assez loin. Monsieur de la Grevol et monsieur de Chabanacy étaient à ses côtés ; le peuple poussait des gémissements déchirants, tout le monde était en larmes, notre saint souffrait un vrai martyre, son cœur était brisé de douleur !

A deux cents pas de la ville, il s'arrête à la croix plantée au bord du chemin, il prie un instant, se relève, se retourne vers Montfaucon, la bénit en pleurant, et reprend sa route, toujours accompagné et suivi de la foule. De temps à autre, il tourne la tête, porte un long regard sur la ville affligée, pousse de profonds soupirs et manifeste une douleur incomparable.

Il fallait enfin se séparer de ceux qui l'avaient suivi. L'apôtre éclate de nouveau en sanglots, la foule se jette à genoux en lui demandant sa bénédiction, il la bénit, embrasse tous ses amis éplorés et leur dit ensuite, avec ce ton inspiré qui ne laissait jamais place au doute :

— Mes bons amis, mes chers enfants, ayez bon courage ! vous serez bientôt délivrés du terrible fléau qui désole votre cité !

Et, leur disant de la main un dernier adieu, il s'éloigne. Ses larmes avaient cessé de couler : Dieu venait de lui faire connaître la disparition très-prochaine de la contagion, et cette lumière, en rassurant son âme, l'avait rempli d'une consolation qu'il s'était empressé de faire partager à ceux qui l'avaient accompagné.

Il se retira à Montregard, où la peste venait de se déclarer aussi, et où il put se livrer en toute liberté à la prodigieuse activité de son zèle et de sa charité. Dieu semblait lui offrir une sorte de dédommagement. Toutefois, il n'y avait qu'un petit nombre de malades, proportionné à la population du village, et Jean-François pensait toujours à ceux dont il venait d'être séparé si douloureusement.

Le lendemain matin, il monta sur la colline au sommet de laquelle s'élevait le château avec sa haute tour crénelée ; de là, il dominait le pays, son regard embrassait toute la ville de Montfaucon. Il pleura sur elle, la bénit par trois fois, demanda ardemment à Dieu de la délivrer du fléau qui la ravageait, et redescendit. Les deux jours suivants, il monta encore sur le plateau de la colline, il regarda longtemps avec larmes cette cité désolée, à laquelle on l'avait arraché malgré lui, il pria pour sa délivrance et sa consolation, et il la bénit par trois fois, avec l'effusion de la plus tendre charité.

Le soir du même jour, on accourait lui annoncer que la peste avait disparu de Montfaucon, que tous les malades étaient guéris, que ce prodige, opéré en moins de trois jours, était attribué à ses prières. Tout le monde savait la parole prophétique du saint Jésuite, et nul ne doutait, en effet, que la grâce miraculeuse dont la cité était l'objet, n'eût été accordée aux prières et aux mérites de l'incomparable missionnaire.

Aussi, quelle ne fut pas l'allégresse publique au retour si désiré de cet apôtre bien-aimé ! Montregard n'exigeant pas sa présence, il avait annoncé la reprise des exercices de la mission pour le lendemain, et on s'était porté au-devant de lui avec un élan indicible. C'étaient des cris de joie, des larmes de bonheur, des manifestations de reconnaissance, un enthousiasme populaire indescriptible. Chacun, persuadé qu'il était redevable de la vie ou de la santé à notre saint, le regardait comme son sauveur et ne pouvait assez lui exprimer sa vénération et son amour. Le doux sourire du saint Jésuite, son tendre regard, le geste bienveillant de sa main bénie ravissaient tous les cœurs. Jamais souverain chéri de ses sujets ne reçut une ovation populaire aussi touchante.

L'apôtre commença ses instructions dès son arrivée. Pour satisfaire l'avidité croissante de ces peuples affamés, il prêchait trois fois par jour, faisait tous les jours des catéchismes pour les enfants, et donnait le reste du temps aux confessions et aux malades. Ses travaux étaient au-dessus de toute force humaine ; dix missionnaires à la fois n'auraient pu y suffire avec tant de privations et une si longue durée. Toutes les semaines, il recevait un message de la directrice du Refuge et il trouvait le temps de lui écrire quelques mots d'encouragement affectueux. Un de ces billets nous a été conservé, nous le reproduisons :

« Je vous supplie, ma très-chère sœur, de croire que parmi mes plus pressantes occupations, je ne manque aucun jour de me souvenir devant Dieu de vous et de vos filles. Saluez-les toutes de ma part, et assurez-les que je leur suis, et nommément à vous, entièrement dévoué. J'ai appris avec une extrême joie, que la paix et la régularité règnent parmi elles. Continuez à m'informer ponctuellement de toutes choses, et croyez-moi de vous et de vos chères filles,

» Le très-affectionné serviteur en Notre-Seigneur,

» Jean-François Régis [1]. »

Après avoir donné un mois entier à Montfaucon, notre saint dut s'éloigner de cette population dont il était si tendrement vénéré. Chacun de ceux qui pouvaient être assez heureux pour l'approcher, s'efforçait de lui soustraire ce qu'il pouvait enlever assez adroitement pour n'être pas aperçu : une marque dépassant les tranches de son bréviaire, un petit lambeau de sa soutane déchirée, un papier sur lequel sa sainte main s'était posée, tout cela était autant de reliques qui excitaient l'envie et dont on espérait des prodiges de bénédictions et de grâces.

Au moment de son départ, le saint apôtre avait à ses côtés monsieur de la Grevol et Pierre de Chabanacy, médecin; l'un lui présente son bréviaire, l'autre son bâton, et l'on se met en marche, accompagné d'un très-grand nombre d'habitants de la triste cité. Tout le monde était en larmes, et notre aimable saint pleurait aussi d'attendrissement. Il ne s'était pas aperçu que le bâton sur lequel il s'appuyait n'était pas celui qu'il avait apporté. Monsieur de Chabanacy ne l'ignorait pas ; car, nous devons le dire, c'était lui qui était l'auteur de la substitution. Il n'était pas homme à se contenter d'un bout de papier ou d'un lambeau d'étoffe; il tenait à un objet plus solide, qu'il pût laisser après lui comme le plus précieux héritage pour sa famille, et il s'était emparé du bâton de l'apôtre aimé. Cette sainte relique, posée sur les malades qui invoquaient le nom béni du Père de

---

[1] Le Père la Broue.

Régis, leur rendait la santé. Il a été constaté que l'heureux docteur avait guéri ainsi un nombre considérable de malades qu'il désespérait de sauver par les ressources de la science.

Le saint missionnaire allait évangéliser Raucoules ; madame de la Franchère, qui avait assisté à la mission de Monfaucon, voulut suivre également celle-ci, et ce fut dans ce village qu'elle reçut les derniers avis de celui à qui elle devait le bonheur d'être enfant de l'Église.

A Raucoules, comme partout, le succès de la parole de notre saint fut incroyable ainsi que ses fatigues, auxquelles il ne résistait que par un miracle soutenu. De ce village, il se rendit aux désirs du curé de Vérines, paroisse voisine d'Annonay, et, malgré la rigueur du froid, le danger des glaces et des neiges, et la difficulté des chemins, il parcourut toutes les cabanes de la montagne, avec une ardeur de zèle inexprimable.

Monsieur Bayle, curé de la Louvesc, sollicitait depuis longtemps la faveur de posséder à son tour le célèbre missionnaire ; ayant sa promesse pour la fin de cette année, il lui envoya un messager à Vérines pour le prier de fixer le jour de l'ouverture de la mission tant désirée. Jean-François fixa le 24 décembre.

La mission de Vérines s'achevait ; mais un motif secret appelait au Puy notre saint Jésuite, et il avait besoin de quelques jours pour ce petit voyage. Il partit le 16 décembre, arriva le 18 à la maison de campagne du collége, qui était sur sa route, et revit avec joie ceux de ses frères qui s'y trouvaient en ce moment. L'un deux avait plus particulièrement la confiance de Jean-François, et c'était lui surtout qui attirait sa visite. Dès qu'il fut possible à notre saint de lui parler seul à seul, il lui dit :

— J'ai un secret pressentiment de ma mort très-prochaine et je désire m'y préparer par une petite retraite de trois jours, que je vais faire au collége. Je vous demande vos prières et vos avis, j'en ai besoin dans une affaire aussi importante, et je désire vous faire une confession de toute ma vie ; j'y tiens d'autant plus, que ce sera sans doute la dernière.

— Je suis à votre disposition, mon cher Père, — lui répondit son ami, qui était son confesseur ordinaire, au collège, — mais je ne vois pas que vous paraissiez plus malade qu'avant votre départ, et je vous engage à ne vous point arrêter à ce que vous tenez pour un pressentiment.

Les religieux n'étaient à la campagne que pour la journée ; le soir ils rentrèrent au collége, accompagnés du Père de Régis, qui avait désiré les attendre et ne traverser la ville que la nuit, afin de n'être pas reconnu et de n'avoir à s'occuper que de ses intérêts spirituels, pendant les trois jours qu'il voulait y consacrer.

Le 21 au soir, il fit sa confession générale et dit ensuite à son confesseur toute l'impatience qu'il éprouvait en attendant le moment d'aller jouir de la possession de Dieu dans le ciel. Il contenait difficilement les élans de son âme, il ne touchait plus à la terre :

— Quand retournerez-vous à votre mission, cher Père? lui demanda son confesseur.

— Demain, mon Père ; il faut que je parte sans retard.

— Mais la rénovation des vœux est si près, que vous feriez mieux de rester avec nous jusqu'au lendemain de la solennité.

— Le Maître ne le veut pas, mon Père.

— Le Maître? je sais très-positivement que c'est au contraire le désir du Père recteur ; il m'a dit qu'il serait ravi que vous attendiez jusque-là.

— Non, mon Père; le Maître ne le veut pas; il veut que je m'en aille demain.

— Ce n'est donc pas pour longtemps? Vous serez donc de retour pour renouveler vos vœux avec nous?

— Non, mon Père, je n'y serai pas; mais mon compagnon y sera.

— Je ne le pense pas; songez donc, cher Père, que vous ne pourriez convenablement renvoyer votre compagnon et rester seul en mission à la campagne. Ce serait vous exposer au blâme général et à la censure de vos supérieurs.

— Cela sera, pourtant; le Frère Bideau viendra et je ne viendrai pas.

— Expliquez-vous, je vous en prie, mon cher ami; car je ne comprends rien à cela.

— Je ne puis vous donner d'autre explication, mon Père; je ne puis que vous répéter que le Frère Bideau reviendra sans moi[1].

Ce langage énigmatique ne fut pas compris du confesseur de notre saint. Le Père Arnoux, de son côté, engageait le Père de Régis à prolonger son séjour au collège:

— En ce moment, lui dit-il, le temps est mauvais, les chemins sont impraticables, le froid est rigoureux, et votre santé, déjà très-altérée par les fatigues et les travaux excessifs de quatre mois de mission, ne peut que succomber. Attendez encore; prenez un peu de repos.

— Mon révérend Père, répond notre saint, j'ai pris un engagement auquel je ne puis manquer, et je sens, en outre, qu'une force surnaturelle me presse de partir.

Le recteur pouvait le retenir au nom de l'obéissance; il ne le fit pas, ne voulant pas entraver la volonté divine, qui lui semblait connue par les derniers mots du Père de

[1] Le Père la Broue.

Régis. L'apôtre partit donc le 22 décembre, après avoir réglé quelques affaires relatives au Refuge et à d'autres bonnes œuvres.

XXI

La Louvesc.

1640

Le village de la Louvesc, dans le département de l'Ardèche, et à quatre lieues environ au sud de la petite ville d'Annonay, est situé sur l'une des montagnes les plus élevées de cette partie du Vivarais. Au moyen âge, ce n'était qu'un *rendez-vous de chasse*, dépendant de la noble maison de Roussillon, en Dauphiné. Les seigneurs de ce nom allaient chevauchant, avec les premiers gentilshommes de la province, prendre leur *déduit de la chasse* dans les vastes forêts de chênes, de hêtres et de sapins qui couvraient la montagne, et ils venaient ensuite se reposer de cet exercice, dans la tour crénelée qui servait de point de réunion aux chasseurs et de demeure au garde-chasse du seigneur de Roussillon.

Au XVIIe siècle, il ne restait plus aucun vestige de ce *rendez-vous de plaisance et de déduit*. Quelques chaumières s'étaient d'abord élevées non loin de la tour, pour y loger les gens de service ; puis des habitations de vassaux vinrent s'y joindre, le village se forma peu à peu, la tour fut détruite, et, à l'époque où saint François de Régis vint évangéliser ce village, il n'y restait plus la moindre ruine qui pût rappeler les temps féodaux.

La Louvesc se composait alors de quelques pauvres chaumières et possédait une église, dont la pauvreté répondait à celle des habitants. C'était dans ce lieu privé de toute ressource, et presque inaccessible, que notre saint était attendu, le soir du 23 décembre 1640, pour y ouvrir la mission le lendemain 24.

Nous avons dit qu'il était parti du Puy le 22. Les montagnards comptaient deux jours pour franchir à pied cette distance; car il fallait traverser des torrents, des montagnes, des vallées, tout cela couvert de neige ou de glace durant tout l'hiver. Le Père de Régis espérait n'y mettre que deux jours également, se confiant dans la protection divine au milieu des inévitables dangers d'un tel voyage :

« Les chemins étaient si effroyables, nous dit madame de la Franchère, que le saint homme fut obligé de rompre la glace en plusieurs endroits pour se frayer une voie, et de se traîner sur les mains, tantôt en grimpant à des rochers escarpés, tantôt en gravissant par des sentiers étroits, glissants et bordés de précipices, avec un danger continuel de rouler dans de profonds abîmes. »

Le 23, notre intrépide missionnaire s'égare dans les bois, vers la fin de la journée, et ne peut plus s'orienter. Le jour baissait sensiblement, la nuit se faisait, notre saint marchait toujours, ignorant où le conduisaient ses pas. Il entend hurler les loups, mais ils sont nombreux dans ces montagnes et ne peuvent lui indiquer par leurs affreux hurlements la direction qu'il cherche en vain. Le Frère Bideau, brisé de fatigue, glacé par la peur autant que par la rigueur du froid, ose à peine parler et n'avance plus qu'avec peine.

Enfin, une lueur vacillante vient d'être aperçue au loin, à travers les arbres, par notre courageux apôtre :

— Mon cher frère, dit-il à son compagnon, je viens d'apercevoir une lumière là-bas; nous allons être au bout de la forêt, et nous nous arrêterons à ce village, quel qu'il soit, pour y passer la nuit. Bon courage! la Providence ne nous abandonnera pas.

— Dieu soit loué! mon Père; nous avons bien besoin, en effet, de nous arrêter un peu; car, depuis que nous marchons par ces affreux chemins, vous devez être rudement fatigué, et j'avoue que j'ai bien de la peine à vous suivre!

Le saint apôtre était épuisé, en effet, mais il dissimulait l'excès de sa fatigue, afin d'encourager le bon Frère, pour lequel il souffrait doublement. Arrivé au bout de la forêt, Jean-François croit se reconnaître; bientôt, il est certain de ne se pas tromper, c'est à Vérines qu'il se trouve, dans le village qu'il vient d'évangéliser, et qui est éloigné de la Louvesc de deux fortes lieues. Il frappe à la porte d'un paysan, une petite fenêtre s'ouvre, Jean-François demande l'hospitalité pour la nuit... La fenêtre se referme après que se sont sont fait entendre ces dures paroles : « Je ne tiens pas d'hôtellerie. » L'humble apôtre n'était pas reconnu, la nuit était profonde; rien n'éclairant son doux visage et son saint habit, le montagnard l'avait pris pour un aventurier suspect. Le saint missionnaire frappe à d'autres portes avec un égal insuccès, et, se trouvant à l'extrémité du village sans avoir pu obtenir un asile, il cherche au moins un abri dans la campagne.

A quelques pas, il y a une masure abandonnée tombant en ruines, où l'air pénètre de toutes parts, et dont la couverture est à jour : il en prend possession, ne pouvant aller plus loin et se sentant anéanti par les fatigues de cette pénible journée; il s'étend sur la terre nue et glacée en remerciant Dieu des humiliations, des souffrances et des privations par lesquelles il veut bien le faire passer pour le préparer à commencer sa dernière mission. Sachant bien qu'il allait mourir, il était d'autant plus heureux de cet excès de dénûment; son âme surabondait de joie, et il ne s'apercevait pas qu'étant arrivé là, ruisselant de sueur, la vivacité du froid, et le sol gelé sur lequel il était couché pouvaient lui faire le plus grand mal. Une seule chose l'occupait : c'était la conformité de sa position avec celle du Sauveur du monde à pareil jour.

Comme Jésus, il avait été repoussé de tous ceux à qui il avait demandé l'hospitalité; comme Jésus il s'était trouvé réduit à se retirer dans une masure abandonnée, ouverte à tous les vents; comme Jésus, il y était dans la pauvreté la plus complète, et privé de toutes ressources. Son cœur ne quittait pas Jésus, Marie, Joseph, dans l'étable de Bethléem; et, de leur côté, Jésus, Marie, Joseph ne quittaient pas le saint apôtre et inondaient son âme des plus ravissantes consolations.

Pendant qu'il jouissait ainsi de ces faveurs célestes, notre angélique missionnaire se sentit atteint d'une douleur vive au côté gauche de la poitrine; une fièvre ardente le brûlait; mais, se dominant toujours avec une incroyable énergie, il se remit en marche avant le lever du soleil, et arriva au jour à la Louvesc, où l'on commençait à se préoccuper tristement d'un retard si opposé à ses habitudes. Une foule de montagnards étaient descendus des sommets voisins, et l'attendaient avec impatience. Madame de la Franchère était accourue aussi de Mercoux, peu éloigné de la Louvesc, pour assister à l'ouverture de la mission, dont elle se proposait de suivre les exercices, ainsi qu'elle l'avait fait pour les précédentes.

Jean-François de Régis était frappé à mort, il se soutenait à peine; mais il voulait mourir les armes à la main, et Dieu, qui lui inspirait cette résolution héroïque lui prêtait une force surnaturelle si prodigieuse, que, malgré la fièvre, l'oppression et la douleur, il ne s'arrêta nulle part, entra dans l'église, monta en chaire, parla avec plus de feu et d'onction que jamais, fit fondre en larmes tous les assistants, et passa le reste de la journée et toute la nuit suivante au confessionnal.

Le 25, fête de Noël, il se sentait abattu par la maladie; mais l'affluence du peuple était si considérable, qu'il n'eut pas même la pensée de se reposer, bien moins encore de se plaindre. Il prêcha trois fois et confessa le reste du temps. Il semblait puiser de nouvelles forces dans les progrès de la maladie et dans l'intensité de ses douleurs.

Ce qui paraîtrait incroyable, si ces faits n'avaient eu des milliers de témoins, c'est que, non-seulement le saint Père de Régis se livrait à toute l'ardeur de son zèle et de sa charités apostolique, malgré ses vives souffrances, mais encore il disait la messe le plus tard possible, afin de préparer un plus grand nombre de communiants et de les satisfaire à la fois, pour qu'ils fissent place à d'autres populations plus éloignées, qui accouraient de tous les environs. Ainsi, la fièvre le dévorait, et il ne pouvait étancher la soif qui le desséchait! Et il parlait sans cesse! Et pas une plainte, pas un signe n'indiquent qu'il se meurt!

Le 26, fête de saint Etienne, il était arrivé tant de monde de tous les côtés, et tant d'autres peuples accouraient encore, que le saint Jésuite prêche cinq ou six fois [1] dans la matinée, électrisant ses auditeurs, et, entre chaque prédication, il confesse sans s'accorder un seul instant de relâche. Il était à jeun, toujours. A deux heures après midi, il se décide enfin, en descendant de chaire,

---

[1] Voir plus loin la lettre du Père Arnoux, qui nous a fourni ces détails.

à dire la sainte messe. Il voulait ensuite retourner au confessionnal ; mais la foule était si compacte, qu'il lui fut impossible de la percer, et il se vit forcé d'entendre les confessions à côté du maître-autel. Sa tête était découverte ; en face de lui, une fenêtre sans vitres donnait passage à une bise glaciale qui le saisissait en plein visage. Il la supportait sans paraître s'en apercevoir.

Le soir, à la nuit, il confessait encore, n'ayant pas bougé depuis sa messe, lorsque ses forces l'abandonnant tout à coup, il tombe évanoui. Les bons paysans l'aimaient et le vénéraient ; mais, pour ces rudes natures, un évanouissement était peu de chose, ils attendirent que le saint apôtre eût repris ses sens et confessât tous ceux qui n'avaient pu être entendus encore. Plusieurs même le suivirent au presbytère où on l'avait porté, dans la chambre du curé. On l'avait placé près du feu, on lui donnait des soins empressés, on le vit enfin reprendre ses sens après un quart d'heure d'attente.

Revenu à lui, le saint apôtre aperçoit les paysans qui l'ont suivi : son âme apostolique s'élève, par un effort suprême, au-dessus des défaillances de la nature ; il fait signe à ces bonnes gens qu'il est prêt à entendre leurs confessions, et il reprend aussitôt ce ministère de la réconciliation, avec l'espérance de mourir en l'exerçant. Dieu ne le voulait pas. Jean-François avait assez fait pour sa gloire, la récompense était prête, le grand apôtre devait l'entrevoir sur la terre avant d'aller en jouir dans le ciel.

Cependant, un messager était parti à cheval, pour aller chercher un médecin du voisinage, car il était évident pour le curé, que le Père de Régis ne pouvait tarder à succomber absolument à l'excès de ses travaux. Toutefois, l'héroïque malade n'accusait nulle souffrance, son courage surmontait l'abattement et la douleur. Il avait confessé environ vingt personnes lorsqu'on le vit s'affaisser de nouveau et tomber sans connaissance. On le transporta sur la couche de monsieur Bayle... on le rappela encore à la vie, cette fois... Hélas ! il n'y avait pas d'illusion possible... L'apôtre bien-aimé était mourant ! L'oppression augmentait visiblement, la toux amenait le sang sur les lèvres du saint missionnaire, ses yeux si doux semblaient voilés par la fièvre...

Pauvres peuples des montagnes du Velay et du Vivarais !...

Le messager étant de retour amène le médecin si désiré ; mais l'homme de l'art déclare la science insuffisante ; à ses yeux, le malade est désespéré. Un second messager part pour Annonay ; la Compagnie de Jésus a une résidence dans cette petite ville, le curé fait avertir les Pères du danger de l'illustre apôtre. Ceux-ci partent à l'instant, amenant avec eux le médecin et le pharmacien de leur maison, et ils envoient la triste nouvelle au collége de Tournon. Le Père Jacques Lascombe, procureur du collége, le Père Audibert et le Frère Chabru partent sans délai.

Le médecin d'Annonay, ainsi que son confrère de village, reconnaît une fluxion de poitrine négligée, maltraitée par les travaux surhumains et les privations inouïes de notre saint, et arrivée à un degré où nul remède ne saurait apporter même une courte prolongation de vie. Il fallait donc se borner à procurer un peu de soulagement à l'apôtre tant aimé que Dieu allait enlever à la terre !... Et il était si jeune encore !... Mais il avait accompli sa tâche. Sa courte vie était pleine de mérites, de travaux, de dévouement à la gloire de Dieu et au salut des âmes... il était mûr ; le fruit mûr doit être cueilli !...

Le 30, il pria le Père Lascombe d'entendre sa confession générale, puis il demanda le saint viatique et l'extrême-onction. Sa ferveur, son ardent amour, son vif désir d'aller jouir de la possession de Dieu dans le ciel pénétraient tous les cœurs et faisaient couler des larmes de tous les yeux. Ses frères de la résidence d'Annonay étaient venus se joindre à ceux du collége de Tournon, et tous l'entouraient en ce moment, avec une égale émotion, heureux d'être témoins d'une si touchante mort.

Après avoir reçu les derniers sacrements, le saint apôtre témoigne le désir de rester seul avec Dieu. Chacun s'éloigne ; mais bientôt un Frère rentre et lui présente un bouillon :

— Mon cher Frère, lui dit le Père de Régis, je demande la grâce d'être nourri jusqu'à la mort comme les pauvres ; ils n'ont pas de bouillon gras, vous me ferez plaisir si vous voulez bien me donner du lait.

— Désirez-vous encore autre chose, mon Père?

— Rien autre chose, si ce n'est qu'on veuille bien me laisser seul.

Il tenait son crucifix dans sa main, le contemplait avec amour, le baisait fréquemment, lui parlait avec effusion et paraissait oublier ses souffrances et n'être occupé que du bonheur auquel il aspirait avec ardeur. Cependant, les progrès du mal augmentaient avec tant de violence, que notre saint jugea le moment venu d'exprimer un dernier désir. Le Père Lascomb était près de lui, il l'appelle et lui dit :

— Voulez-vous m'accorder une dernière grâce? Puisque je ne puis avoir le bonheur de mourir cloué à la croix comme Notre-Seigneur, accordez-moi la consolation de mourir sur la paille d'une étable, ainsi qu'il a voulu naître par amour pour nous! Faites-moi porter dans l'étable la plus proche, je vous en supplie !

— Mon cher Père, c'est impossible, lui répond le Père

Lascombe ; dans l'état où vous êtes, on ne pourrait vous transporter sans danger, et nous serions responsables devant Dieu d'une telle imprudence.

Jean-François, toujours l'obéissance même, n'insista pas ; il fit à Dieu ce dernier sacrifice, et le remercia de la grâce dont il le favorisait en le faisant mourir loin des villes et au milieu de ces habitants des campagnes, de ces pauvres montagnards, qu'il avait toujours aimés d'un si tendre amour.

La journée du 31 se passa dans le calme et l'angélique sérénité de la veille. Le soir, notre doux et saint mourant laissait éclater une joie dont il ne pouvait plus contenir les transports, car il sentait approcher le moment où le dernier lien qui retenait sa belle âme attachée à son corps allait se briser enfin et lui laisser la liberté de s'envoler dans les cieux.

Vers minuit, le ciel s'ouvrit en effet, pour recevoir l'ange qu'il avait prêté à la terre ; mais il s'ouvrit avant que cet ange eût quitté son enveloppe terrestre. Jésus et Marie daignaient venir au-devant de lui !

Jean-François s'était relevé sur son séant, il semblait prêt à s'élancer vers la vision céleste qui l'attirait. Le Frère Bideau était près de lui ; sans détourner son beau regard du point vers lequel il est fixé, et tenant ses mains jointes, il dit à son compagnon, avec un élan inexprimable :

— Ah ! mon cher Frère, quel bonheur et que je meurs content ! Je vois Notre-Seigneur et Notre-Dame qui viennent me chercher pour me conduire au fortuné séjour des saints !

Et il demeure ensuite quelques instants dans la même attitude, et en silence ; puis il dit à haute voix, sans rien changer à sa pose extatique :

« Jésus-Christ, mon Sauveur, je vous recommande

mon âme ! *In manus tuas commendo spiritum meum !* »

En achevant ce verset, l'ange s'était envolé dans les bras de Jésus et de Marie, qui l'attendaient, il était au ciel !...

C'était le 31 décembre 1640, avant minuit. Il avait quarante-trois ans, il y avait vingt-six ans qu'il s'était donné à Dieu dans la Compagnie de Jésus, et dix ans qu'il travaillait aux missions, avec les succès prodigieux que nous avons vus.

Il avait à peine fermé les yeux, qu'un long cri de douleur retentissait dans le village et allait se répétant et se prolongeant par tous les échos des montagnes : *Le saint est mort ! Le saint Père est mort !* La désolation était générale, tous ces bons paysans ne voulaient pas être consolés, parce qu'ils avaient perdu leur saint Père pour toujours. Ils se trompaient ; leur saint Père devait rester au milieu d'eux, et leur prouver que chaque jour, depuis le 31 décembre 1640, il était plus vivant et plus puissant que jamais.

QUATRIÈME PARTIE

VIE POSTHUME DE SAINT JEAN-FRANÇOIS DE RÉGIS

1641-1861

I

Douleur générale.

Le grand apôtre avait quitté la terre, et les populations arrivaient plus nombreuses et se succédaient jour et nuit sans interruption, voulant vénérer la dépouille sacrée qu'il semblait leur avoir laissée pour héritage. Il fut impossible de la leur enlever le lendemain, il fallut attendre que la dévotion des bons montagnards fût satisfaite.

On se demandait cependant où il était convenable de la transporter; les Pères de Tournon eussent été heureux de posséder ce trésor; mais Jean-François de Régis était proclamé l'apôtre du Velay et du Vivarais, et le Puy, à son tour, réclamait ses droits; le *saint Père* n'était-il pas l'apôtre du Puy, et n'était-il pas attaché au collège de cette ville ?

On se demandait aussi, pourquoi la Providence avait amené là, pour y mourir sur le haut d'une des montagnes les plus élevées de la chaîne des Cévennes, cet apôtre chéri de toutes les populations de la province; cet apôtre qui eut toujours pour les pauvres habitants des campagnes une prédilection si touchante; cet apôtre qui aurait voulu consacrer à ces bons villageois sa vie tout entière, et qui toujours voulut vivre aussi pauvrement qu'eux. N'était-ce pas une disposition de la Providence pour indiquer le désir du saint apôtre de rester après sa mort au milieu de ceux pour le salut desquels il avait donné jusqu'à son dernier souffle de vie?

Cette dernière considération prévalut : il fut décidé que la sainte dépouille serait conservée au lieu même où Jean-François de Régis s'en était séparé, et que le service funèbre aurait lieu le 2 janvier 1641.

Mais déjà on s'arrachait tout ce qui avait appartenu à notre saint. Monsieur Bayle, curé de la paroisse, non content d'avoir été assez heureux pour lui prêter le lit d'où il avait pris son vol vers le ciel, s'empara de sa soutane, de son crucifix et de son bréviaire. Un paysan avait furtivement enlevé son chapeau; mais une noble châtelaine lui en ayant offert un prix très-élevé, il le lui céda dans l'intérêt de sa pauvre famille. Il comprenait que le saint Père avait ainsi arrangé les choses, du haut du ciel, pour assurer du pain à ses enfants. C'était toujours le saint Père. La mauvaise chaussure de l'apôtre avait disparu également; où était-elle?

Un habitant du bourg de Tense s'était enrichi d'un de ses bas, il l'avait soigneusement soustrait à tous les regards dans les premiers moments; mais bientôt il dénonça lui-même son pieux larcin, sollicita le bonheur de l'offrir à sa paroisse, et eut la consolation d'obtenir plusieurs miracles par son seul contact sur les malades.

Son bâton avait été soustrait aussi ; c'était une sorte de pieuse dévalisation qu'il fut impossible d'empêcher : « Je ne l'ai pas volé, disaient ces bonnes gens, c'était au saint Père ! » Ah ! ils avaient raison ! Le *saint Père* était à eux, bien à eux, il leur avait donné sa vie, à plus forte raison leur donnait-il ses pauvres vêtements, afin qu'ils les partageassent entre eux et qu'ils eussent ainsi un gage de sa constante protection, de sa paternelle bénédiction.

Les chemins étaient si impraticables et le froid si vif, que l'on ne pouvait songer à inviter les curés des paroisses environnantes ; il eût fallu un temps considérable pour leur envoyer des messagers ; l'on put néanmoins en compter vingt-deux, accourus à travers mille dangers, de toutes les directions, et de points très-éloignés. Comment avaient-ils su le jour et l'heure de la cérémonie funèbre ? C'est ce qui ne fut jamais bien expliqué. Ils avaient pensé, chacun de son côté, qu'elle aurait lieu le 2, et ils s'étaient mis en mesure de s'y rendre, sans autre indication.

Les funérailles de l'humble religieux furent pauvres comme la paroisse qu'il venait d'enrichir de sa précieuse dépouille ; mais les larmes, les cris déchirants, la désolation des bons paysans des montagnes, avaient une éloquence incomparable en face du cercueil vénéré. Ces bonnes gens s'écriaient que Dieu leur avait ravi leur saint Père et qu'ils allaient désormais retomber dans l'abandon, car nul ne les aimerait jamais comme les aimait le saint Père !

Le cercueil fut placé près du maître-autel, du côté de l'évangile, et à une grande profondeur, afin de le préserver de tout enlèvement. Plusieurs paroisses entières avaient témoigné le plus vif regret de n'avoir pas été favorisées comme la Louvesc, et l'on avait des craintes sérieuses que des tentatives ne fussent faites pour transporter ailleurs le corps de celui que chacun regardait comme son propre bien.

Au moment où les précieux restes du grand apôtre disparurent sous la terre amoncelée, il se fit une explosion de douleur inexprimable! Mais tout aussitôt, le calme reparut sur tous les visages, les larmes étaient taries subitement, toutes les âmes venaient de sentir à la fois, instantanément, qu'elles avaient dans le ciel un protecteur, un appui, un père! Jusqu'alors, elles l'avaient cru avec certitude; maintenant, elles le sentaient avec une indicible consolation.

Nul ne voulut s'éloigner de son saint Père sans emporter un peu de la terre qui le recouvrait; et, à partir de ce jour, commença au tombeau de notre glorieux apôtre, le pèlerinage qui se continue depuis plus de deux siècles, avec une affluence toujours croissante.

Le 3 janvier, le curé de la Louvesc dressait l'acte mortuaire suivant, que nous recommandons à l'attention de ceux qui ont entendu parler de la lettre d'expulsion de la Compagnie, trouvée dans la poche de saint Jean-François de Régis, après sa mort. Nous leur recommandons également la lettre du Père Arnoux au Père recteur du collége d'Aubenas, et celles que nous reproduisons à la suite :

« Extrait des registres des Baptêmes, Mortuaires, et Mariages, tenus par monsieur Bayle, curé de la Louvesc, diocèse de Vienne, en Haut-Vivarès.

» Ce dernier jour du mois de décembre, l'an mil six cent quarante, environ la minuit, est décédé en ma chambre et dans mon lit le révérend Père Jean-François Régis, Jésuite du Puy, où il avait été malade six jours, et a été enterré le deuxième janvier mil six cent quarante-un dans la chapelle et au-dessous de la grande cloche de notre église de la Louvesc. En foy de ce me suis soussigné ce troisième du susdit Mois et An.

» BAYLE *curé*. »

Monsieur Bayle, curé de la Louvesc de 1630 à 1650, y fut remplacé par monsieur Vital Gibert, qui s'appropria, avec l'autorisation voulue, sans doute, le registre sur lequel se voit l'acte de décès que l'on vient de lire. A sa mort, monsieur Vital Gibert, à qui son prédécesseur avait légué le bréviaire et le crucifix du saint apôtre, laissa ces précieuses reliques ainsi que le registre de l'année 1641, portant à sa date cet acte de décès, à son neveu et unique héritier, Vital Gibert, sieur de Chazotte, conseiller du roi à l'ancien bailliage de Velay, siége de *Montfalcon*. L'authenticité en fut certifiée par messire Jean Reboulh, archiprêtre et curé de Montregard, par Mathieu Freycenon, notaire royal à Montfaucon, par Pierre Chabanacy de Marnas, *conseiller du Roy, juge de la Ville et Viguerie Royale de Montfalcon en Velay*. Monsieur Gibert de Chazotte a laissé dans sa famille ces reliques vénérées, et, aujourd'hui, elles sont possédées par monsieur le marquis Gibert de Chazotte, habitant Montfaucon, qui en a hérité et les conserve avec un pieux respect[1].

Le Père Arnoux, recteur du collége du Puy, au Père Jean Roulion, recteur du collége d'Aubenas.

---

[1] Ces reliques furent examinées et vénérées à Montfaucon par Monseigneur le cardinal de Bonald, archevêque de Lyon, alors évêque du Puy. Après en avoir reconnu l'authenticité, il les scella de son sceau, et le bréviaire, dont plusieurs feuillets avaient été enlevés par les pieux pèlerins qui venaient vénérer ces précieux objets, ne peut plus être ouvert aujourd'hui.

« Mon révérend Père,

» P. C.

» Cette-cy est pour assurer votre Révérence comme il a plu à Dieu d'appeler à soi le Père Jean-François Régis, décédé à la Louvesc le dernier jour et la dernière heure de l'an passé. Ce lieu est un village annexe de Macheville, prieuré uni au collège du Puy, où il travaillait ces fêtes passées, pour faire part à nos sujets du bien qu'il avait fait aux autres durant quatre mois de mission, pendant lesquels il a confessé plus de neuf mille personnes, et plusieurs d'icelles généralement. Le jour de Saint-Etienne, ayant confessé en ce petit lieu, tout le jour et la nuit de Noël, tout le jour de Saint-Etienne jusqu'à deux heures après midi, et prêché cinq ou six fois à la pleine église de peuple chaque fois, il alla dire messe; mais après la messe, ne se pouvant remettre à son confessionnal à cause que la multitude bien serrée ne lui pouvait donner passage, il fut contraint de confesser près de l'autel ceux qui se trouvaient plus proches de lui, ce la tête nue, et exposé à une fenêtre, dont sur le tard il se trouva mal, laissa l'église toute remplie, se retira en la chambre du curé, où encore il fut contraint d'en confesser une vingtaine auprès du feu. N'en pouvant plus, il se mit au lit, où il a été très-charitablement secouru du curé, de nos Pères d'Annonay qui amenèrent le médecin et l'apothicaire, du collège de Tournon par le Frère Chabru et le Père Audibert. Tous les remèdes furent inutiles pour chasser une pleurésie formée et accompagnée d'une péripneumonie qui l'emporta dans cinq jours. Un peu avant sa mort, ayant le sens bien rassis et bien formé, il dit à notre Frère Bideau, son compagnon, qu'il se trouvait plus mal que jamais, et incontinent après : Ah! mon Frère, je vois Notre-Seigneur et

Notre-Dame qui m'ouvrent le paradis! Il commença de dire *in manus tuas*, l'ayant fini, il finit aussi sa vie, pleuré et regretté de tous. Cette fin me fait croire qu'il est au ciel ; néanmoins, je prie votre Révérence de lui faire rendre les suffrages accoutumés. Dans quelques jours, je vous enverrai plus au long les merveilles de ses missions et les regrets qu'il a laissés après sa mort. Je me recommande fort à vos saints sacrifices, et suis

» De votre Révérence

» Le très-humble et très-obéissant serviteur,

» IGNACE ARNOUX. S. J. [1].

» Du Puy, 7 janvier 1641. »

Le Père Arnoux avait déjà mandé au Père général, deux jours auparavant, le 5 janvier, la perte que la Compagnie venait de faire :

« Le Père Jean-François Régis, lui disait-il, a parcouru pendant quatre mois plusieurs bourgs et villages du Velay, où il a si peu ménagé sa santé, qu'il est mort épuisé de fatigues, pleuré et regretté de tout le monde, surtout des peuples de la campagne, au salut desquels il s'était entièrement dévoué. »

Un autre Père, du collége du Puy, écrivait au Père général :

« Le Père Jean-François Régis a fait plusieurs missions, depuis quelques mois, avec un zèle et un fruit extraordinaires. Pendant les dernières fêtes de Noël, il a été emporté d'une mort prompte, mais non pas impré-

---

[1] L'original de cette lettre est à la Louvesc ; nous en devons la copie à l'aimable charité du révérend Père Robin. Le Père d'Aubenton la donne dans l'édition de 1741, mais avec de légères variantes.

vue : il était aisé de prévoir qu'il ne pourrait pas soutenir longtemps un travail si excessif, auquel plusieurs missionnaires n'auraient pas pu suffire. Il s'est occupé toute sa vie à instruire le peuple et à soulager les pauvres. Ses travaux et sa charité ont mis sa mémoire en bénédiction, et ce grand serviteur de Dieu a fini ses jours en odeur de sainteté. »

Le Père général répondit, à la date du 5 février :

« J'ai été fort touché de la mort si soudaine du Père Jean-François Régis. Ce qui me console dans la grande perte que nous venons de faire, c'est que sa mort a été aussi apostolique que sa vie, et qu'il s'est montré jusqu'au bout un digne enfant de la Compagnie, puisqu'il est mort en procurant actuellement le salut des âmes, et combattant pour la gloire de Dieu contre le démon et contre le péché. »

Ces documents suffisent à prouver que saint Jean-François de Régis n'était nullement sur le point d'être expulsé de de la Compagnie de Jésus, lorsqu'il mourut à la Louvesc ; que l'idée de ce renvoi n'avait pu se présenter à l'esprit d'aucun de ses supérieurs, et que la fable *d'une lettre lui intimant l'ordre de sortir de la Compagnie, et trouvée dans sa poche après sa mort*, ne peut avoir été imaginée que par la malveillance la moins adroite. Peut-être pourrait-on la rattacher à une autre non moins absurde, publiée vers le milieu du siècle dernier par la *Gazette de Hollande*.

Le gazetier hollandais, comme quelques journalistes de nos jours, était peu soucieux sans doute de l'exactitude des nouvelles qu'il jetait en pâture au public ; il annonçait à l'Europe, sur le ton le plus sérieux, que le tombeau sur lequel s'opéraient de si nombreux miracles à la Louvesc, n'était point celui d'un Jésuite, ainsi que la Compagnie de Jésus le prétendait ; que Jean-François Régis, béatifié récemment, n'était point mort dans cette Compagnie célèbre ; que ce missionnaire était simple vicaire d'une paroisse de Provence !

Jean-François de Régis n'avait jamais paru en Provence, et jamais il n'avait quitté la Compagnie de Jésus. Mais qu'importait la vérité aux auteurs de la nouvelle ? Le champ de la crédulité publique, ils le savaient, ne fut jamais exploité en vain par la calomnie. La Hollande était un foyer de calvinisme et de jansénisme, et nous savons que l'une et l'autre secte s'inquiétaient peu de la vraisemblance dans les bruits injurieux ou malveillants qu'elles répandaient contre les Jésuites ; tout leur semblait bon pour les atteindre.

Le jansénisme avait décidé déjà que le grand apôtre des Indes n'appartint jamais à l'illustre Société de Jésus ; l'invention n'était donc pas nouvelle ; mais peut-on toujours inventer ? Un des inconvénients de la trop grande fécondité, est d'être forcé de se répéter.

Lorsqu'on veut rechercher consciencieusement l'origine de tous les griefs imputés à la Compagnie de Jésus, ou de tous les bruits fâcheux mis en circulation contre elle, on arrive toujours et forcément à la *triple alliance formée contre l'Eglise*, et avouée par le docteur Ranke : *le protestantisme, le jansénisme et l'impiété*. Cette *coalition* existe toujours, elle travaille toujours dans le même but, elle lance toujours ses traits dans l'ombre, et bien des catholiques de bonne foi se font toujours les échos de ces ennemis de l'Église et deviennent ainsi les instruments aveugles du mal contre le bien ! Un peu de réflexion, un peu de recherches par amour de la vérité suffiraient pour les éclairer... Mais on n'a pas le temps de réfléchir, on a peu de goût pour les lectures sérieuses, et on garde un bandeau sur les yeux. Si ce procédé est moins sensé, il est beaucoup plus commode.

II

Un protecteur au ciel.

1641-1650

Madame de la Franchère, tristement occupée, dans son château de Mercoux, de la maladie du saint apôtre du Velay, en apprit bientôt la douloureuse issue.

« Dès que la funeste nouvelle de la mort du Père Régis se répandit dans nos montagnes, nous dit-elle, les peuples d'alentour fondirent en foule à son tombeau. Je fus inconsolable d'avoir assisté à ses derniers sermons, et de n'avoir pas eu la consolation d'assister à sa sainte mort. Dès que je l'appris, je partis dans le moment de Mercoux, pour aller à la Louvesc, révérer les restes du père de mon âme, à qui je devais, après Dieu, la grâce inestimable de ma conversion.

« Je me rendis, sur-le-champ, à l'église de ce lieu, où je vis une fosse assez profonde, et dans cette fosse le cercueil du saint homme couvert de terre. Je demandai pourquoi on avait laissé ce grand vide, et d'où venait qu'on ne le remplissait pas de terre. On me répondit qu'on avait mis la fosse au niveau du pavé de l'église; mais qu'on ne pouvait empêcher les peuples qui venaient en foule, d'emporter une portion de la terre qui couvrait le cercueil; qu'à peine pouvait-elle suffire pour la multitude prodigieuse de gens qui accouraient de toutes parts, attirés par l'opinion qu'ils avaient de l'éminente sainteté du serviteur de Dieu.

« Je me sentais pénétrée des mêmes sentiments de vénération et de piété. Étant descendue dans le creux du sépulcre, je me mis à genoux, pleurant de joie et de tendresse ; je baisai plusieurs fois la terre qui couvrait les sacrés restes de mon saint docteur. Je n'ai point de paroles pour exprimer le transport de dévotion sensible dont je fus saisie en ce moment. Je fis une longue prière sur ce tombeau ; et il me semble que je n'ai jamais imploré le secours d'aucun saint avec plus de ferveur ; il me fallut faire une extrême violence pour m'en retirer. Je ne me consolai de cette séparation que par le dessein que je formai de faire bâtir une maison à la Louvesc, pour finir mes jours auprès des cendres de celui qui m'avait retirée de l'erreur ; espérant qu'après avoir été mon maître dans la voie du salut sur la terre, il serait mon intercesseur auprès de Dieu dans le ciel. Mais comme j'étais encore sous le pouvoir de mes parents, je ne pus exécuter ce dessein, auquel ils s'opposèrent. »

Mais qui pourrait dire le long cri de douleur qui se fit entendre dans toute la ville du Puy, lorsque l'affligeante nouvelle y fut apportée ? Le deuil des pauvres surtout était navrant ; on eût dit que la source de toute consolation et de tout secours était à jamais tarie pour eux. Dans les hôpitaux, dans les prisons, dans les ateliers, au Refuge, partout les regrets étaient déchirants, on fondait en larmes au seul nom du Père de Régis. Sa mort était considérée comme une calamité publique. Pour satisfaire la douleur générale, le Père Arnoux, contrairement à l'usage de la Compagnie, fit célébrer un service solennel, dans l'église du collége, pour le Père si tendrement regretté, et sur lequel néanmoins on fondait les plus touchantes espérances ; car nul ne priait ni ne voulait prier pour le *saint Père*, tout le monde l'invoquait :

« Nous ne le reverrons plus, il est vrai, disait-on, nous

n'aurons plus la consolation de l'entendre ; mais il est au ciel, où son crédit doit être proportionné à sa sainteté, et il nous fera toujours du bien. Qui fut plus saint que le Père Régis ! »

Déjà, en effet, on citait des prodiges obtenus, sur tous les points du Velay, à l'invocation de son nom béni ; la terre de son tombeau, les morceaux de sa soutane, les bâtons dont il s'était servi dans ses voyages, les lignes que sa main avait tracées, tout ce qui avait été à son usage opérait les guérisons les plus inespérées. Dieu se plaisait à faire éclater la gloire du saint Jésuite, du pauvre missionnaire, de celui qui n'avait cessé pendant sa vie de chercher la plus grande gloire de Dieu dans le ministère le plus humble, le plus laborieux, le plus pénible. L'église de la Louvesc était constamment remplie de pèlerins venant solliciter des grâces qu'ils obtenaient toujours par l'intercession du saint Père. La terre qui recouvrait le saint corps disparaissait ; on en remettait de nouveau, elle était enlevée encore ; chacun voulait en emporter sa part pour guérir les malades qui ne pouvaient venir jusque-là. Le bon curé de la Louvesc, bien convaincu de la sainteté de Jean-François de Régis, s'était laissé toucher par les pressantes sollicitations qui lui arrivaient de toutes parts : il avait coupé la soutane du saint Jésuite et en avait distribué les fragments. Les heureux possesseurs de ces reliques les avaient divisées à leur tour, et chacun employait son trésor en faveur des malades. Presque toujours, le grand apôtre répondait par un prodige à la prière qui lui était adressée. Le nombre des guérisons instantanées, qui suivirent sa mort, et que Dieu accorda soit à la seule invocation du nom de Régis, soit au contact d'une de ses reliques ou de la poussière de son tombeau, est incalculable.

L'air des montagnes du Velay et du Vivarais était

généralement fiévreux alors. Les immenses forêts dont le pays était couvert, l'abondance des neiges, l'habitation de la plupart des paysans, dont les cabanes étaient disséminées dans les bois toujours humides, tout concourait à vicier les tempéraments, à amener des infirmités précoces et à occasionner des fièvres intermittentes, dont la ténacité résistait à toutes les ressources de la science.

Aussitôt après la mort du Père de Régis, toutes ces maladies semblaient devoir céder à son nom. Chaque jour une guérison nouvelle venait prouver que rien n'était impossible au saint apôtre que Dieu voulait glorifier. Nous ne pouvons que choisir quelques faits parmi ceux que rapportent ses historiens, désirant nous réserver pour de plus récents; le lecteur sera de notre avis, certainement. Disons d'abord la touchante manifestation populaire dont le Père la Broue fut témoin fréquemment dans la ville du Puy.

Le peuple savait les nombreux miracles opérés par le saint apôtre durant sa vie, il apprenait ceux qu'il prodiguait chaque jour dans tout le Velay, et il se crut certain d'obtenir tous ceux qu'il demanderait, non avec les reliques de l'apôtre qui devenaient rares, mais par le moyen du confessionnal qui avait été à son usage dans l'église du collége. « Ce confessionnal, dit notre auteur, est en telle vénération parmi le peuple, qu'on y voue des neuvaines comme à une chapelle qui serait dédiée au Père Régis. Vous verriez ces bonnes gens qui collent leurs lèvres sur ces planches, les baisent avec une dévotion sensible, et y vont faire souvent leurs petites prières, pour obtenir de Dieu quelque grâce par l'intercession de son serviteur. » Le même historien rapporte plusieurs guérisons opérées par ce moyen si extraordinaire. On portait les malades dans le confessionnal, on invoquait le *saint Père*, et le malade s'en retournait guéri. Dieu bénissait la simplicité de foi de ce bon peuple. On y portait surtout les petits enfants dont la maladie ne laissait plus d'espoir, et l'on disait naïvement :

« Le *saint Père* a fait tant de bien dans ce confessionnal ! comment Dieu nous refuserait-il ce que nous lui demanderons là, par ses mérites ? »

La nouvelle de la bienheureuse mort du saint missionnaire s'était propagée avec une incroyable rapidité, nous l'avons vu. Pas un village, pas un hameau, pas une cabane des forêts où il ne fût invoqué avec autant de foi dans sa sainteté que de confiance en sa bonté. Pour toutes ces populations, c'était toujours, et c'est encore aujourd'hui, par tradition, le *saint Père*.

Jean-Martin, enfant de cinq ans, fils du notaire de Saint-Félicien, à trois lieues environ au sud de la Louvesc, était né rachitique et perclus de tous ses membres. Suzanne Cazenave, sa mère, femme du notaire, le fait porter au tombeau du saint Père, lui fait frictionner les bras et les jambes avec la terre qui couvre le cercueil... Tout à coup, l'enfant s'échappe des mains qui le tiennent, et il court dans l'église, à la grande admiration des nombreux témoins de ce miracle. Il ne restait plus rien des infirmités de naissance qu'avait apportées Jean-Martin, il était parfaitement redressé, tous ses membres avaient trouvé le mouvement et la vie, le prodige était complet.

Catherine Bourette, dont une jambe était ulcérée depuis trois ans, et Marie Marizone, qui ne pouvait marcher depuis vingt-cinq ans, se font porter à la Louvesc, y font une neuvaine, et reviennent si bien guéries, qu'elles n'avaient jamais été aussi agiles ni l'une ni l'autre, et ne s'étaient jamais si bien portées.

Monsieur Béget, magistrat au Puy, réduit à l'extrémité par une pleurésie, était guéri subitement par le contact d'une parcelle de la soutane du *saint Père*.

Vital Touche, de Saint-Bonnet, épuisé par huit mois de fièvre, est conduit mourant sur le tombeau miraculeux, et il se relève en criant : « Le Père Régis m'a guéri ! » La fièvre, en effet, ne reparut plus. Nous sommes forcé d'abréger.

Le fils de madame de Chazeaux, de la paroisse de Lapte, était dangereusement malade, et ne voulait pas entendre parler de la mort, dont la seule pensée le mettait en fureur, quoiqu'il n'eût que douze ans. Sa pieuse mère n'eût osé demander sa guérison ; la disposition qu'il manifestait à son âge, aux approches de la mort, aurait pu être plus effrayante encore pour l'avenir. Madame de Chazeaux demandait seulement des sentiments plus chrétiens pour son enfant, et elle n'était pas exaucée. Elle se détermine enfin à demander au grand apôtre de la contrée un miracle de grâce, et elle pose sur la tête de son fils un fragment de la soutane bénie du Père de Régis.

Dieu l'attendait là. L'enfant demande à l'instant son confesseur, il se prépare saintement à quitter la terre, il meurt avec la piété et la sérénité des prédestinés.

En 1641, Blanche Chastanières, fille du notaire de Vaucance, dangereusement malade d'une fièvre dont tous les remèdes semblaient augmenter la violence, ne laissait plus d'espoir à son malheureux père qui la chérissait tendrement. Désolé de l'insuccès de la science, il invoque le grand apôtre qu'il a connu, qu'il a aimé, et, sur-le-champ, sa fille est guérie !

Mademoiselle de Plinchal avait de violents accès de fièvre depuis quatre mois ; ces accès, d'une durée de huit heures, mettaient sa vie en danger. Elle promit à saint Jean-François de Régis de faire un pèlerinage à son tombeau s'il lui rendait la santé, et la fièvre la quitta aussitôt.

Madeleine Cirotier, qu'une maladie inconnue privait de mouvement, retrouva la santé après avoir fait un vœu semblable.

Louis Pinot, procureur du roi à la sénéchaussée du Puy, fait le même vœu pour la guérison de sa femme, et il l'obtient à l'instant.

Il semblait que saint Jean-François de Régis ne pouvait résister à la promesse de ce pèlerinage. Jacques Lamit, au Puy, voyait mourir son fils Pierre d'une pleurésie ; il promet au saint d'aller à la Louvesc, et huit heures après, Pierre se réveille d'un long sommeil et demande à manger ; il se portait à souhait.

Monsieur de Charenton, avocat au parlement de Toulouse, réduit à la mort par une fièvre de mauvaise nature, fut guéri instantanément après avoir promis de se rendre au saint tombeau. La même faveur fut accordée par le même moyen à Laurent Petit, de la paroisse de Marlhes[1], enfant de trois ans, pour lequel son père s'engagea. Mais celui-ci, ayant négligé d'accomplir sa promesse, vit tomber son enfant dans une autre maladie plus fâcheuse encore que la première. Aussitôt il se souvient de son vœu, supplie le saint Père de lui pardonner sa coupable négligence et obtient au même instant la guérison de son enfant.

Monsieur de Chambon n'avait qu'un fils, enfant de cinq mois, qui devient malade très-dangereusement. Tout espoir de le sauver étant perdu, monsieur de Chambon part pour la Louvesc, ne doutant pas que le saint apôtre n'ait pitié de sa grande douleur et ne lui

---

[1] Le Père d'Aubenton fait une erreur de nom en appelant cette paroisse *Marliex*.

rende son petit Joachim. Il n'avait pas fait deux cents pas dans la direction de la Louvesc, qu'un de ses gens courait après lui et lui annonçait que l'enfant riait, jouait et se portait bien.

Monsieur et madame de Champagnac, désolés de voir leur fille à la mort, et sans connaissance depuis deux heures, promettent à Dieu de conduire leur enfant au tombeau du saint Jésuite, dont ils furent les admirateurs et les amis, et de faire un riche présent à l'église de la Louvesc, s'il veut guérir cette petite fille, qui n'avait encore que trois ans et demi. Au même moment, l'enfant reprenait ses sens, sa maladie avait disparu, et elle partit sans retard, avec ses parents, pour remplir les engagements qu'ils avaient pris envers Dieu et son saint apôtre.

Une pensionnaire du monastère de Sainte-Claire, à Annonay, était abandonnée des médecins, l'abbesse prie un des Pères Jésuites d'aller à la Louvesc célébrer une messe devant le tombeau du saint Père de Régis pour sa guérison. Pendant que le Père disait la messe, la malade se trouva subitement guérie.

Il en en fut de même pour Jeanne Rignol, d'Annonay, dont une jambe s'était raccourcie et desséchée. Elle fit dire une messe dans l'église de la Louvesc, et vit sa jambe guérie avant que la messe ne fût achevée.

Le Père Bertrand de Bochet, de la Compagnie de Jésus, avait prêché à Tence, petite ville du diocèse du Puy, pendant toute la semaine sainte de l'année 1647.

Un enfant de douze ans s'était présenté à lui pour se confesser, le Père de Bochet l'avait entendu, et, frappé de son intelligence et de la vivacité de son esprit, il l'avait engagé à demander à Dieu sa guérison, afin de pouvoir étudier ; car le pauve enfant était infirme et ne pouvait marcher qu'appuyé sur deux béquilles.

Le mercredi de Pâques, le Père se disposait à partir, et l'on savait qu'il devait s'arrêter à la Louvesc. La mère du jeune infirme va le trouver :

— Mon Père, lui dit-elle, vous allez au tombeau du saint Père Régis ?

— Oui, certainement ; désirez-vous que je lui demande une grâce ?

— Mon Père, mon fils ne peut marcher qu'avec des béquilles, vous l'avez vu, je vous supplie de le recommander au saint Père ! Il fait tant de miracles pour tout le monde, qu'il me semble impossible qu'il n'en fasse pas un à la prière d'un de ses frères. Il ne vous refusera pas, mon Père !

— Je vous promets de le lui demander, dit le Père de Bochet ; je dirai la messe à cette intention.

Et pendant que ce bon Père s'acquittait de sa sainte promesse, le jeune infirme se levait et marchait sans nul appui.

Quelques jours après, il allait à la Louvesc, remercier son protecteur, et appendre ses béquilles au-dessus de son tombeau.

Dans le village de Paillarès, le nommé Chaloye avait reçu un coup d'épée, dont les suites le conduisirent aux portes du tombeau. Au moment où on attendait son dernier soupir, il revint subitement à la vie et à la santé. Il avait invoqué le saint Père Régis, disait-il, et il avait été exaucé au même instant.

Un ecclésiastique du village de Préaux, près de la Louvesc, Pierre Royer, fut saisi subitement d'un tremblement nerveux au bras gauche, que rien ne put calmer. La convulsion était si violente, que nulle force humaine n'en pouvait arrêter le mouvement.

Tous les remèdes furent employés en vain, les convulsions redoublaient à chaque nouvel essai, il fallut se résoudre à accepter cette infirmité. Un jour, les douleurs occasionnées par ce mouvement continuel devinrent si aiguës, que le malade se jeta sur son lit, se coucha sur le côté gauche et fit porter tout le poids du corps sur le bras toujours en mouvement. Il y était à peine depuis quelques instants, lorsqu'une convulsion plus forte qu'il n'en avait encore éprouvé, soulève son corps avec une telle violence, qu'elle le rejette hors de son lit, et le fait rouler à terre avec un épouvantable fracas. Les domestiques accourent éperdus, et le trouvent dans le plus triste état ; il était mourant. Dieu lui inspire le désir de recourir aux mérites du Père de Régis, et aussitôt, il donne l'ordre de le porter à la Louvesc.

Arrivé là, monsieur Royer se prosterne sur le tombeau de l'apôtre, il baise respectueusement la terre qui le couvre, puis il se confesse, assiste ensuite à la sainte messe, offerte à son intention, et il communie. Au moment où il revenait de communier, le tremblement de son bras cessait pour ne plus se renouveler.

Guillaume le More, lieutenant du juge de Tence, en Velay, et bailli au pays du Mas, craignait de perdre la vue, tant elle était affaiblie depuis deux ans. Les innombrables miracles du Père de Régis lui donnaient grand désir de recourir à son intercession pour la guérison de ses yeux, que les médecins jugeaient perdus ; mais Guillaume le More savait qu'il n'y avait pas d'espoir de succès, s'il ne se préparait, par une bonne confession, à recevoir la grâce qu'il désirait obtenir. Il se promet donc de se confesser à la Louvesc, et il part résolument.

Arrivé à l'église, il la trouve remplie de pèlerins, veut pénétrer jusqu'au confessionnal ; ne peut y aboutir, et prend le parti de s'en retourner, après avoir demandé toutefois au Père de Régis de guérir ses yeux. Mais, au sortir de l'église, il ne voit plus du tout, il est absolument aveugle! Monsieur le More comprend que s'il a perdu la vue sur le lieu même où tant d'autres l'ont recouvrée, c'est qu'il l'a mérité par son indifférence spirituelle, autant que par l'impatience qui l'a fait sortir de l'église sans purifier sa conscience.

« Allons, se dit-il, ayons bon courage, cette fois! Le saint Père Régis prêche encore au ciel tout aussi éloquemment que sur la terre! »

Il revint sur ses pas, se confessa, communia et, aussitôt après, il recouvra la vue si parfaitement, qu'il distinguait les moindres objets. Une foule de peuple, témoin de ce miracle, en rendait grâce à Dieu et au saint apôtre, avec des larmes de reconnaissance.

Non-seulement notre saint continuait son immortel apostolat depuis qu'il avait quitté la terre, mais il prouvait à tous ceux qu'il avait aimés ici-bas, que le lien tout spirituel qui les avait unis à lui en ce monde n'avait pu être brisé par la mort.

Madame de la Franchère, toujours fidèle à suivre pieusement la voie que lui avait tracée son illustre directeur, s'était engagée dans de nouveaux liens : elle avait épousé, le 7 mai 1641, Anne de Banne de Boissy[1], dont le père et l'aïeul s'étaient montrés ardents défen-

---

[1] La famille de Banne était divisée en deux branches, celle de Montregard et celle de Boissy. La première s'éteignit en 1794, en la personne d'Éléonore de Banne de Montregard, dame de Chambarlhac. Cette branche peut avoir occasionné l'erreur du Père d'Aubenton, qui donne pour habitation à Louise de Romezin, le château de Montregard, où elle ne se trouva jamais qu'en visite.

La branche de Boissy fut continuée jusqu'en 1811; mais la descendance subsiste par les femmes.

Louis de Banne de Boissy, fils de Louise de Romezin, n'eut qu'un fils de son mariage avec Suzanne de Baud. Celui-ci, Joseph-Imbert, fut

seurs de l'Église catholique sous les règnes précédents. Le veuvage de Louise la maintenait sous la dépendance de ses parents, elle n'aurait pu conserver la liberté d'action nécessaire à ses pratiques de piété et à l'éducation de son fils Louis [1]. D'après l'avis du saint apôtre qui l'avait rendue à la vérité et à l'Église, elle avait contracté cette nouvelle alliance dès que les convenances le lui avaient permis.

De ce second mariage elle avait eu deux enfants, un garçon et une fille. Un jour, sa petite fille fut mordue par un chien, et peu de temps après, elle fut saisie d'un accès de rage des plus effrayants. Que l'on se figure la douleur de la mère ! Le médecin est appelé et prononce le mot fatal : « C'est la *rage!* » Louise tombe à genoux, elle fond en larmes, elle appelle à son secours le Père de son âme et le supplie de guérir sa fille... Au même instant, l'enfant se calme, appelle sa mère et lui dit qu'elle ne souffre plus. Elle était guérie ; jamais depuis nul symptôme de l'horrible maladie ne se manifesta dans la santé de la jeune fille.

Une de ses jeunes parentes, mademoiselle de Banne de Montregard [2], fut délivrée de violents accès de fièvre

père de deux fils, dont l'aîné entra dans la Compagnie de Jésus, et le second épousa, en 1743, Marguerite de Figon, dont il eut Louis-Régis, mort sans postérité en 1811, et Marguerite, mariée à Louis-Jacques de Fraix de Figon, dont la descendance habite Montfaucon-en-Velay.

L'héritage spirituel laissé par saint Jean-François de Régis à Louise de Romezin, a été pieusement transmis dans cette noble famille, de génération en génération, et le grand apôtre, dont le nom s'y transmet avec les souvenirs, suit en ce moment, de son regard paternel, un des plus jeunes membres de cette famille, M. de Goys, qui, plus heureux que ses frères, a obtenu l'honneur d'aller se ranger sous la bannière pontificale et d'offrir son bras et sa vie au Vicaire de Jésus-Christ.

[1] Louis de la Franchère mourut sans alliance ; son nom est éteint.
[2] Gilbert de Banne de Boissy, beau-père de Louise de Romezin, était coseigneur de Montregard.

intermittente, en baisant une parcelle de la pauvre soutane du Père de Régis. L'aimable saint conservait un souvenir affectueux à ce château de Montregard, où il alla plusieurs fois pendant ses missions, et où il trouva des secours abondants pour ses pauvres chéris.

III

Nouveaux prodiges.

1650-1662

Au XVIIe siècle, les nobles châtelaines ne dédaignaient pas encore la quenouille d'ivoire; elles se plaisaient à faire tourner un léger fuseau dans leurs doigts délicats, pour filer la soie qui leur servait ensuite à broder de riches étoffes destinées au *parement* des autels ou des ministres du culte sacré.

En 1650, Elisabeth-Angèle de Rossillon, femme d'Alhémar de Gazelles, seigneur de la Suchère, par un de ces faux mouvements dont il est impossible de se rendre compte après coup, se laissa enfoncer dans la main le petit crochet d'argent de son fuseau. Il entra même si avant, et les douleurs furent si violentes, que la noble femme, malgré tout son courage, s'évanouissait parfois complétement. Le bras devint enflé dans toute sa longueur, et l'inflammation fit de si grands progrès, que les chirurgiens prononçaient déjà le redoutable mot d'amputation.

Madame de Gazelles invoque avec larmes le bon Père de Régis, qu'elle a connu et admiré pendant son apostolat; elle lui rappelle que son mari fut son élève au collége du Puy; que plus tard, dans ses missions, monsieur de Gazelles l'avait suivi, secondé, aidé de toute son influence, et qu'il s'était mis sous sa direction; elle lui demande de lui prouver maintenant, en guérissant sa femme, qu'il est toujours son père et son ami. En même temps, elle met sur son bras un peu de poussière du tombeau de l'apôtre. Aussitôt, notre saint lui répond par la guérison instantanée de ce mal si dangereux.

Un gentilhomme de la même famille, monsieur Després de la Suchère, dont l'enfant était mourant, sans mouvement et sans pouls depuis vingt-quatre heures, invoqua le Père de Régis son ami, avec le même succès : l'enfant revint à la vie avant que la prière de son père ne fût achevée.

Le gendre du comte de la Mothe-Brion, Jean de Fay de Latour-Maubourg, obtint un miracle plus grand encore, et que lui-même va nous raconter :

« J'envoyai, dit-il, il y a peu d'années, mon fils à Annonay, petite ville du Vivarais, à trois lieues de la Louvesc; et je confiai son éducation à deux ecclésiastiques dont la probité m'était connue. Cet enfant, ayant à peine atteint l'âge de huit ans, fut malade à mourir. Une fièvre continue, qui dura douze jours, le réduisit à l'extrémité. La fièvre était si maligne, qu'elle lui renversa l'épine du dos, dont il devint bossu et tout contrefait. Les médecins qui avaient eu soin de lui pendant sa maladie, ayant tenté inutilement quelques remèdes, déclarèrent qu'il n'y avait nulle espérance de corriger cette difformité. Les deux prêtres, consternés de l'état où il se trouvait et l'aimant tendrement pour ses bonnes qualités, ne perdirent pas pour cela espérance de sa guérison. Ils firent vœu, si Dieu lui rendait la santé, d'aller à pied à la Louvesc au tombeau du Père Régis :

Dieu agréa leurs prières et leurs vœux; l'énorme difformité qui défigurait l'enfant, disparut sur-le-champ, sans aucun secours de la médecine et de la chirurgie; de manière que, sans qu'il lui soit rien resté de cette difformité, on peut dire que c'est un cavalier bien fait. Je dois l'envoyer bientôt à Malte, où il a été reçu chevalier de l'ordre de Saint-Jean de Jérusalem. »

Le Père Claude de Vroncourt, de la Compagnie de Jésus, était confesseur de Charles IV, duc de Lorraine. Ce prince, étant venu à Paris au mois de septembre 1652, se fit accompagner de son confesseur, qui tomba dangereusement malade peu de jours après son arrivée à la cour de France. Les médecins du roi et ceux du duc de Lorraine ayant inutilement tenté tous les moyens de le sauver, déclarèrent la maladie mortelle, et le malade fut administré.

Après avoir fait le sacrifice de sa vie et reçu les derniers sacrements, le Père de Vroncourt se sentit fortement inspiré de recourir au Père de Régis, pour lequel il avait la plus tendre vénération. Au même moment, la fièvre cessa, la maladie disparut, la force et la santé étaient revenues. Quatorze ans après, le Père de Vroncourt disait au Père d'Aubenton que l'apôtre du Velay et du Vivarais l'avait miraculeusement, non pas guéri, mais *ressuscité*. Il avait alors quatre-vingts ans et ne tarissait pas lorsqu'il parlait de sa reconnaissance pour une telle grâce.

En 1653, Nicolas Ponce, maître d'hôtel du duc de Lorraine, miné par une fièvre lente, dépérissait à vue d'œil. Le Père de Vroncourt, à la fin du carême, l'engage à invoquer le Père de Régis et à lui faire un vœu. Ponce promet de se confesser et de communier tous les ans le 31 décembre, anniversaire de la mort du grand apôtre, le Père de Vroncourt promet de dire neuf messes, la femme du malade s'unit à cette neuvaine Nicolas Ponce était dans les meilleures conditions de santé, avant qu'elle ne fût achevée.

Au mois d'avril de la même année, le Père recteur du collége de Bruxelles était mourant par l'effet d'une fièvre continue rebelle à tous les efforts de la médecine. On avait décidé que le malade devait recevoir les derniers sacrements, lorsque l'un des religieux du collége lui conseille de faire un vœu à saint Gérolde ; un trait de lumière éclaira le bon recteur :

— Et pourquoi pas, répondit-il, au Père Jean-François Régis, si célèbre par une multitude de miracles?

— Eh bien, reprend le religieux, faites un vœu au Père Régis.

Au même instant, le malade promet la récitation quotidienne de quelques prières en l'honneur de saint Régis, il fait mettre dans son breuvage quelques grains de la poussière de son tombeau, il pose sur sa poitrine une de ses reliques, tous les religieux de la maison prient pour sa guérison, et il s'endort ensuite pour se réveiller fort et bien portant.

Quelques jours après, un Frère coadjuteur de ce collége, qui avait reçu les derniers sacrements et se mourait d'une fluxion de poitrine, se trouvait subitement guéri en baisant une image de notre saint.

L'année suivante, 1654, Marie-Thérèse de Mouchard, à Besançon, éprouvait dans la poitrine un feu dévorant, dont rien ne pouvait calmer la violence. A cette souffrance corporelle se joignirent des scrupules de conscience qui la torturaient sans relâche. Elle avait fait successivement plusieurs pèlerinages dont elle n'avait rapporté nul soulagement, ni pour l'âme, ni pour le corps. Ce double martyre durait depuis quatre ans, lorsqu'elle consulta sur ses troubles de conscience un religieux de la Compagnie de Jésus, qui lui conseilla d'implorer la protection si puissante de Jean-François de Régis. Elle suivit ce conseil et se trouva parfaitement rétablie de corps et d'esprit, dès qu'elle eut appelé à son secours l'illustre apôtre au nom duquel Dieu prodiguait tant de merveilles.

Madeleine Arnauld, religieuse de Sainte-Marie, au Puy, était hydropique et entièrement paralysée ; l'enflure de son corps avait atteint des proportions monstrueuses, elle n'avait de libre que la parole, et, toutes les ressources de la science étant épuisées, elle se préparait à la mort, que l'on disait arriver pour elle à grands pas. Le danger devint en effet tellement pressant, que, sur l'avis du médecin, on lui administra les derniers sacrements. Quelques heures après, les symptômes de l'agonie se manifestaient et le médecin déclarait que la mourante aurait cessé de vivre dans une demi-heure. C'était le soir. La supérieure présente alors aux lèvres de l'agonisante une relique du Père de Régis, que tout le monastère vénérait comme un Bienheureux, et l'engage à demander sa guérison par les mérites de ce saint apôtre. La religieuse obéit et fait entendre cette prière, malgré son extrême faiblesse :

« Grand serviteur de Dieu, je ne désire autre chose en ce monde que d'accomplir l'adorable volonté de Dieu. Si je souhaite la santé, ce n'est que pour réparer, par une vie fervente, la tiédeur de ma conduite passée. Obtenez-moi de Dieu encore une année, pour me préparer saintement à la mort, et satisfaire par la pénitence à la justice divine ! »

Et, de sa main défaillante, elle peut poser la relique sur sa poitrine. Au même instant, l'enflure disparaît, la liberté des mouvements revient complète, la miraculée s'endort, et, le lendemain matin, à quatre heures, elle se lève, se rend au chœur pour l'office avec toute la communauté et ne manque plus un seul exercice ; jamais elle ne s'était si bien portée.

L'année suivante, 1657, à pareil jour, saint Jean-François de Régis prouvait à Madeleine Arnauld que sa prière était exaucée littéralement ; car elle mourait, ainsi qu'elle l'avait demandé, après une année de pénitence et de ferveur. Elle avait cinquante et un ans.

Dans le courant de septembre 1657, deux conseillers au parlement de Toulouse éprouvaient, à quelques jours d'intervalle, l'effet de la merveilleuse intercession de notre saint apôtre. Nous les laisserons raconter eux-mêmes, dans l'attestation qu'ils en ont donnée, les détails de ces deux prodiges.

« Je soussigné, Henry le Massuyer, vicomte d'Ambrières, seigneur de la Courtensour, conseiller du roi au parlement de Toulouse, atteste que je me trouvai, sur la fin du mois d'août 1657, attaqué d'une violente et dangereuse maladie, causée par une fièvre double-tierce, qui était accompagnée de grandes douleurs de tête. Les médecins les plus habiles furent consultés inutilement ; mon mal se trouva plus fort que leurs remèdes. Monsieur de Camboulas, seigneur de Vernhol, conseiller au même parlement, me donna un peu de poussière du tombeau du Père Jean-François Régis, m'assurant que cette poudre avait opéré une infinité de guérisons extraordinaires. Alors je fis à Dieu une prière, ce me semble fort ardente, et le suppliai de me rendre la santé, par l'intercession de son serviteur. Ma prière finie, je pris cette poudre dans un verre d'eau ; sur-le-champ les douleurs cessèrent. Je m'endormis ; à mon réveil, je me trouvai sans fièvre, et je n'en ressentis depuis aucun accès. Comme je recouvrai en un moment une santé parfaite, sans avoir usé d'aucun remède, je tiens cette guérison pour miraculeuse, ne pouvant l'attribuer à aucune cause naturelle. La reconnaissance m'oblige d'en rendre un témoignage authentique signé de ma main, à Toulouse, ce 6 septembre 1657. Le Massuyer. »

« Je soussigné, Pierre d'Ambez, conseiller au parlement de Toulouse, déclare qu'étant fort travaillé d'une fièvre que les médecins jugeaient mortelle à cause de mon grand âge, qui est de quatre-vingts ans ; je fis appeler plusieurs médecins. Leur art ne trouva point de remède contre la violence de mon mal. On m'avertit alors que Dieu avait attaché à la terre du tombeau du Père Jean-François Régis une vertu très-efficace pour guérir les maladies les plus désespérées. Un Jésuite de ma connaissance m'ayant donné un peu de cette poussière, je la pris avec une ferme confiance que je guérirais par la puissante intercession du saint homme. Chose merveilleuse ! après l'avoir prise, il ne me revint aucun accès de fièvre, et je me trouvai parfaitement guéri sur-le-champ. Ma guérison fut si soudaine et si parfaite, que je ne puis croire qu'elle vienne d'aucune cause naturelle, n'ayant employé nul autre remède que la poussière du tombeau du serviteur de Dieu. De quoi je rends un témoignage par ce billet signé de ma main, à Toulouse, ce 12 septembre 1657. D'Ambez. »

Le Père Philippe, religieux de l'ordre de Prémontré, au Puy, était mourant d'une esquinancie ; il avait été administré, l'agonie était commencée, et les prières de la recommandation de l'âme étaient achevées, lorsque survint le curé de la Louvesc, à qui l'on venait d'apprendre l'état du Père Philippe, et qui ne voulait pas repartir pour sa paroisse avant de l'avoir vu une dernière fois. C'était le 10 juillet 1662. Le bon curé avait toujours sur lui un morceau de la soutane de saint Régis ; il eut la pensée de l'appliquer sur la tête du mourant. Aussitôt le voilà rappelé à la vie ! Le lendemain, le Père Philippe avait repris ses occupations et son ministère, à la grande admiration de toute la ville.

IV

Les miracles continuent.

1662-1703

Jean Gaspard de Montercymard, gentilhomme d'une des meilleures familles du Puy-en-Velay, souffrait depuis deux ans d'intolérables douleurs causées par une tumeur herniaire d'une dimension effrayante. Les plus savants médecins de la province n'ayant pu lui apporter de soulagement, il était allé consulter ceux de la célèbre faculté de Montpellier, sans obtenir des résultats plus satisfaisants.

Le 29 janvier 1674, il souffrait des douleurs si violentes, qu'elles lui arrachaient les hauts cris. Son fils, étudiant au collège des Jésuites, s'approche de lui et lui dit :

— Monsieur mon père, si vous faisiez un vœu au bon Père Régis, il vous guérirait peut-être. Le régent de ma classe nous a raconté hier un miracle tout récent de ce saint Père. C'est une jeune fille de Vanose, paralysée depuis longtemps, et qui a retrouvé le mouvement et la santé à la Louvesc, sur le tombeau du saint Père.

— Ah ! mon fils, s'écria monsieur de Montercymard, que me parlez-vous de la Louvesc ! J'avais promis au saint Père Régis d'y aller, et je ne l'ai pas fait! je l'avais oublié! »

Au même instant, il s'agenouille, demande au saint de lui pardonner sa négligence et son oubli, lui renouvelle sa promesse d'un pèlerinage à son tombeau, et le supplie de guérir son infirmité. Il priait encore, lorsque soudain il crie au miracle!

« Je crie : Miracle ! miracle ! nous dit-il, dans sa relation. On vient à moi, je dis : « Je suis guéri! je suis guéri! Cette énorme tumeur n'existe plus! » Je fis appeler tout de suite mon voisin, le sieur Louis Girard, chirurgien, qui m'avait soigné; il trouva que ma guérison était entière et parfaite. »

Le nom, la position de monsieur de Montercymard donnèrent une grande célébrité à ce miracle, mentionné dans le décret de la béatification de notre saint. Les deux médecins et les deux chirurgiens du Puy qui avaient soigné le malade pendant deux ans, et qui avaient déclaré la maladie incurable, attestèrent cette guérison miraculeuse. Les amis de monsieur de Montercymard, la haute magistrature de la ville et les principaux membres du clergé, tous témoins de la maladie, joignirent leur attestation à celle des hommes de l'art, ce qui donna d'autant plus d'éclat à ce merveilleux événement.

Ainsi Dieu glorifiait l'humble Jésuite Jean-François de Régis.

Voici quel était le miracle dont le fils de monsieur de Montercymard lui avait parlé.

Une jeune personne de vingt-cinq ans, à Vanose-en-Vaucance, Jeanne Percie, était un sujet de désolation pour sa famille. Jeanne était douce, bonne, pieuse, mais bien éprouvée par de précoces et inexplicables infirmités, dont la science ne pouvait même atténuer les douleurs. Le 2 mars 1671, Jeanne avait été subitement atteinte d'une maladie compliquée; le danger avait été conjuré, la maladie ne présentait plus de symptômes alarmants; mais des convulsions successives avaient déterminé un état contre lequel tous les secours de l'art avaient échoué. La jambe gauche de la patiente s'était repliée par derrière, et contractée de telle sorte, que son pied tenait fortement au membre supérieur; son bras droit s'était retiré et restait sans mouvement, appuyé à sa poitrine, comme s'il y eût été adhérent; ses deux mâchoires restaient serrées au point qu'il était impossible de les séparer, et que l'on ne pouvait soutenir l'existence de Jeanne, qu'en introduisant un petit tuyau dans le vide laissé par une dent arrachée, et en faisant couler un peu de bouillon par ce tuyau. Ses reins s'étaient enfoncés, son estomac s'était élevé en proportion, et ses yeux paralysés ne voyaient plus.

Elle n'avait pas quitté son lit depuis plus de deux ans, lorsque lui vint la pensée de demander sa guérison à saint Jean-François de Régis. Elle le pria longtemps sans obtenir de soulagement, et toutefois sans perdre l'espoir d'être exaucée. Elle sentait au fond du cœur une confiance que nul délai ne pouvait altérer. Un jour, elle confie à ses parents le secret de ses espérances et leur témoigne un vif désir d'être portée à la Louvesc, sur le tombeau du saint apôtre. Les parents se récrient aussitôt sur la difficulté et le danger du transport, ils craignent de voir expirer dans le trajet la jeune martyre qui est l'édification de sa famille et du pays; car tout le monde l'aimait et on venait la visiter avec empressement. Le refus de son père et de sa mère ne l'avait pas découragée. Bien certaine que le saint tombeau de la Louvesc lui rendra la santé, elle fait de nouvelles instances qui amènent un nouveau refus, mais la laissent toujours convaincue que le saint Père la guérira.

Le comte de Chadenac allait quelquefois visiter Jeanne et porter des consolations à sa famille. Jeanne lui dit un jour la pensée qui la préoccupait, et l'opposition que la tendresse de ses parents apportait à la réalisation d'un désir qu'elle sentait lui être inspiré d'en haut. Monsieur de Chadenac offrit une litière pour le transport de la malade et décida ainsi le père et la mère de la malade à satisfaire la dévotion de Jeanne.

Elle partit au moment le plus rigoureux de l'hiver, le 4 janvier 1674, malgré les observations de la plupart de ses amis, qui redoutaient les conséquences d'un si dangereux voyage, et malgré l'avis des chirurgiens et des médecins qui lui donnaient des soins. L'un d'eux, ardent calviniste, sans égard pour la douleur des parents qui accompagnaient leur fille, s'écria en la voyant partir :

— Ah! si elle revient guérie, celle-là, le miracle sera tel, que je m'engage d'avance à devenir catholique! Mais je suis bien sûr de mourir huguenot.

En arrivant à la Louvesc, Jeanne et ses parents commencent une neuvaine au saint Père, et font dire la messe à cette intention. Dès le premier jour, pendant la messe, à laquelle Jeanne assistait, sa main droite reprend le mouvement et revient dans son état naturel. Le lendemain, le bras gauche, paralysé, retrouve la vie :

— Vous le voyez, disait-elle à son père et à sa mère, Dieu attache de grandes grâces aux lieux de pèlerinage et il est certain qu'il veut glorifier le saint Père à la Louvesc, où reposent ses précieux restes, plus que partout ailleurs. J'étais sûre que je ne serais guérie qu'ici.

En effet, avant la fin de la neuvaine, Jeanne avait retrouvé une santé parfaite, et, au lieu de remonter en litière pour retourner à son village, elle demanda un cheval et chevaucha de manière à émerveiller tous ceux qui l'accompagnaient. Les habitants de Vanose, prévenus de ce nouveau miracle du saint apôtre, se portèrent au-devant de Jeanne avec les témoignages de la plus vive joie, et la conduisirent jusqu'à sa demeure, en bénissant Dieu d'un tel prodige et proclamant la sainteté de celui qu'ils appelaient toujours le *saint Père*.

Le curé de la Louvesc fit certifier le miracle; l'official de Vienne, sur l'ordre de l'archevêque, en dressa le procès-verbal, et, quelques années plus tard, les évêques du Puy et de Valence en firent dresser un nouveau. Douze témoins attestèrent n'avoir rien affirmé sur la maladie et la guérison de Jeanne Percie, qu'ils n'eussent vu de leurs propres yeux. Le chirurgien calviniste ne se convertit pas; mais il déclara que, jugeant la maladie incurable, il avait abandonné la malade, et, tout hérétique qu'il fût, il signa le procès-verbal.

Ainsi, la Providence forçait un calviniste à certifier un miracle opéré par un Jésuite[1]!

Nulle part, dans le monde, le nom béni de Jean-François de Régis n'était invoqué en vain. Le Frère Guillaume Colsaët, de la Compagnie de Jésus, va nous raconter le prodige dont il fut témoin dans la ville éternelle :

« Le Père Jean-André Serra, nous dit-il, procureur général de notre Compagnie, et dont j'étais alors le compagnon, tomba malade, l'an 1684, âgé de soixante-quatre ans, dans notre maison professe de Rome. Une fièvre continue et très-violente le mit d'abord dans un très-

---

[1] Nous regrettons que le Père d'Aubenton n'ait pas consigné, dans la *Vie* du saint apôtre, le nom de ce chirurgien; mais on peut le trouver à la bibliothèque de la ville de Lyon, dans le recueil des dépositions et des procès-verbaux relatifs aux informations prises pour la canonisation du saint, ainsi qu'à la Louvesc, où se conservent toutes les attestations des miracles qui s'y sont opérés jusqu'à ce jour.

grand péril. Plusieurs médecins qui furent appelés, n'oublièrent rien pour le guérir; mais la violence du mal l'emporta sur la vertu des remèdes ; les médecins ayant déclaré que le malade n'en reviendrait pas, le Père Requesens, réviseur des livres pour l'Italie, vint du collége romain à la maison professe, pour visiter le malade. Il l'exhorta à implorer la protection du Père Lanuza, jésuite sicilien, mort en opinion de sainteté, dont il lui présenta une relique considérable. Le malade ne se sentant nulle confiance en la relique, garda un profond silence sur la proposition qu'on lui faisait. Une heure après, les médecins vinrent et ordonnèrent qu'on lui donnât le saint viatique. Ensuite, étant sortis de la chambre pour consulter entre eux, ils jugèrent de nouveau qu'il n'y avait nulle espérance de guérison.

» Pendant leur consultation, le Père Calvo, procureur de l'assistance de France, proposa au malade de recourir au Père Jean-François Régis, et de lui promettre, s'il guérissait, de faire dire trois messes en l'honneur de la sainte Trinité. Il lui conseilla encore de prendre dans une cuillerée d'eau quelques grains de la poussière de son tombeau. Le malade ayant fait l'un et l'autre :

» — Si je guéris, ajouta-t-il, je ferai encore quelque autre chose que j'ai dans l'esprit.

» Sur ces entrefaites, le Père Saraga, espagnol, qui était son ami, et qui le visitait souvent, entra dans la chambre. Comme nous nous entretenions ensemble, le Père et moi, le malade, environ une demi-heure après avoir invoqué le Père Régis, dit tout haut et d'une voix forte :

» — Qu'on m'apporte à manger, j'ai faim. Le Père Saraga et moi, fort étonnés de ce discours, nous ne doutâmes pas que le malade ne fût en délire ; mais il nous tira bientôt de l'erreur où nous étions :

» — Je dis, poursuivit-il, qu'on m'apporte à manger;

que les médecins présents disent ce qu'ils voudront de l'état où je suis, je sais certainement que je suis guéri, et que je me porte bien.

» Le lendemain, le médecin, nommé Piacenti, vint de grand matin voir le malade. Il lui tâta le pouls, et, l'ayant trouvé sans fièvre, il demanda aux Jésuites qui étaient présents, si on lui avait donné le viatique. On lui répondit que, l'ayant trouvé mieux, on n'avait pas jugé à-propos de le lui donner. Comme il parut surpris du changement prodigieux qui s'était fait en si peu de temps, on lui dit que le malade avait fait un vœu au Père Régis.

» — Ah! répliqua-t-il, quand de tels personnages se mêlent de nos malades, les guérisons aussi soudaines et aussi entières que celle-ci, ne doivent pas paraître étranges.

» J'atteste que tout ce que je viens de dire est la pure vérité. En foi de quoi j'ai signé cet écrit, le 28 avril 1713. Guillaume Colsaët, de la Compagnie de Jésus. »

Le Père Serra dit les trois messes promises et fit peindre un portrait du Père de Régis, qui fut conservé à la maison professe de Rome.

Quelques années après, le même religieux, atteint d'une grave hydropisie, passait quarante jours et quarante nuits sans pouvoir ni se coucher ni dormir, et se voyant abandonné des médecins, dont tout espoir était perdu, il baisa plusieurs fois une relique de saint Jean-François de Régis, la posa sur sa tête, s'endormit et se réveilla si bien en voie de guérison, que quelques jours après il se portait à merveille. En reconnaissance de ce second miracle, le Père Jean-André Serra fit faire un second portrait du saint apôtre, et l'envoya au collège d'Arezzo nouvellement fondé, et dont on allait faire l'ouverture.

Notre saint ne pouvait oublier au ciel ce Canada après lequel il avait si longtemps soupiré en vain. Angélique Bruyère s'était dévouée au service des religieuses hospitalières de Québec; elle se heurta la tête, un jour, avec tant de force, contre le manteau d'une cheminée, que le sang jaillit à flots de sa blessure, et de violentes souffrances résultèrent de cet accident. Bientôt même elle vomit le sang, et le 9 décembre 1695, l'on désespéra de sa vie. Une des religieuses commença une neuvaine à l'honneur de saint Régis, le danger s'accrut encore; le cinquième jour, Angélique était si mal, que l'on jugea ne devoir plus tarder à lui donner l'extrême-onction; les médecins assuraient qu'elle ne pourrait passer la journée du lendemain.

La fervente religieuse priait toujours avec confiance, sans se laisser décourager par les progrès du mal, ni par le jugement de la science. Elle sentait que là où tout secours humain est impuissant, on peut espérer d'autant plus en la toute-puissante bonté de Dieu. Le Père de Régis n'était pas encore béatifié, et la multitude de miracles opérés chaque jour par son intercession disait assez que cette abondance de grâces ne cesserait qu'au jour où le grand apôtre serait élevé sur les autels.

La bonne sœur, le cœur plein de ces pensées, passe au cou d'Angélique un cordon auquel sont attachés une image et un petit reliquaire renfermant un peu de terre du tombeau de saint Régis. Mais la pauvre malade tombe dans un état d'agonie! Cet état se prolonge quatre jours, et la bonne sœur espère plus que jamais.

Le dernier jour de la neuvaine, la mourante s'affaisse sensiblement; on attend son dernier soupir, un cierge bénit est entre ses doigts... Tout à coup elle jette un grand cri... C'était vers minuit; toutes les religieuses l'entouraient, toutes crurent qu'elle venait de rendre le dernier soupir... Mais, loin de là, Angélique paraît se réveiller d'un profond sommeil et dit :

— Cet appareil de mort est inutile, je suis guérie.

— Vous êtes guérie? lui demande une des sœurs ; comment cela ?

— Au moment où j'étais le plus mal, reprend Angélique, et sur le point d'expirer, j'ai vu le Père Régis devant moi, et pendant que mon attention était fixée sur lui, il m'a dit : « Ayez bon courage ; il a plu à la divine bonté de prolonger vos jours. » Et il a touché ma tête, avec une croix qu'il tenait de la main droite ; c'est ce qui m'a fait jeter un grand cri.

Elle paraissait si calme, son visage avait si bien repris les couleurs de la santé, il y avait tant de vie dans sa parole et dans son regard, qu'il n'était pas possible de douter du miracle. Quelques instants après elle s'endormait, passait une très-bonne nuit et se réveillait parfaitement guérie. Elle se leva aussitôt, descendit, assista à la sainte messe, y communia et reprit sa vie habituelle. Ce miracle eut le plus grand retentissement dans toute la Nouvelle-France.

A Goa, une jeune fille éprouvée par plusieurs maladies à la fois, toutes inguérissables, avait souvent imploré le secours du grand Xavier, de cet illustre apôtre toujours aimé, toujours chéri dans ces contrées que sa puissante parole avait sanctifiées, et qui conservent avec tant d'amour ses restes toujours merveilleux. Mais, pour la première fois peut-être, l'apôtre bien-aimé semblait insensible à la prière d'un de ses enfants des Indes portugaises. Évidemment, il y avait là un mystère. La jeune fille cherchait vainement à le pénétrer, lorsqu'un jour lui vint la pensée que le protecteur des Indes voulait laisser à l'apôtre du midi de la France, à son frère Jean-François de Régis, la gloire de ce miracle. La malade aussitôt invoque le nouveau thaumaturge de la Compagnie de Jésus, et le lendemain, pendant la messe à laquelle elle assistait, il se fit en elle un changement soudain ; ses maladies cessaient, la force et la santé revenaient, ce fut l'affaire d'un instant.

Mais revenons en France.

Jeanne-Marie Péret, religieuse de la Visitation, à Moulins, avait les jambes desséchées et mortes, par suite de plusieurs maladies successives, et elle souffrait intérieurement et extérieurement dans tout son corps. On ne pouvait la remuer sans la faire évanouir, sa faiblesse était extrême. Elle était depuis quatre ans dans cet état inguérissable, lorsque, une hydropisie venant se joindre à toutes ses souffrances, on lui fit prendre les eaux de Vichy sans succès, puis celles de Bourbon-L'Archambault dont le résultat ne fut pas plus heureux. Des remèdes violents n'aboutirent ensuite qu'à provoquer une fièvre ardente, et la science finit par avouer son insuffisance et déclarer que la malade n'avait pas plus d'un mois à vivre.

La bonne Mère Péret connaissait la déclaration des médecins et elle se préparait doucement à la mort. Ses sœurs lui faisaient des lectures pour la distraire en l'édifiant, et la vie du Père de Régis venant d'être envoyée au monastère, on se fit un plaisir de la lire à la malade. Lorsqu'elle entendit la relation de quelques-uns des miracles obtenus par l'intercession de ce grand apôtre, elle dit à la lectrice :

— Très-chère sœur, je suis persuadée que le Père Jean-François Régis me guérira si on me permet de le lui demander. Quand Dieu veut faire éclater la gloire de ses saints, afin que l'Église autorise le culte qui doit leur être rendu, il permet qu'il se trouve de ces maladies auxquelles les médecins ne peuvent apporter de remède efficace, et il inspire aux malades la confiance de solliciter un miracle. Si nous faisions une neuvaine?

La lectrice ne demandait pas mieux, la supérieure donna son approbation; on se mit en prière, on commença une neuvaine le 14 novembre 1701, et chaque jour la sœur Péret allait plus mal; mais elle ne perdait rien de sa confiance.

Le 22, elle demande à la supérieure de la faire porter au chœur, afin qu'elle puisse avoir le bonheur d'y communier. La supérieure hésite à lui accorder cette satisfaction : humainement, c'était l'exposer à un très-grand danger; toutefois, elle craint de s'opposer à la volonté de Dieu en refusant, car la confiance de la malade lui paraît une inspiration qui peut indiquer et faire pressentir les desseins de la miséricorde divine. Cette dernière considération l'emporte, et sœur Péret est transportée au chœur sans accident. Cette circonstance était déjà remarquable.

Avant la messe, elle communia à genoux, soutenue par deux religieuses; en se relevant, elle fit signe qu'elle pouvait aller seule; elle regagna sa place d'un pas ferme, se mit à genoux, y demeura sans appui pendant la messe, et fondit en larmes de reconnaissance, jusqu'à la fin. Elle sentait qu'elle était pleine de force et de santé.

Après la messe, elle se leva, marcha dans le chœur et semblait inviter ses sœurs à remercier Dieu avec elle du prodige dont elle était l'heureux objet. Le prêtre qui avait célébré le saint sacrifice, engagea la supérieure à faire chanter le *Te Deum*; la sœur Péret le commença d'une voix forte et émue, et le continua ensuite avec la communauté. A partir de ce moment, elle reprit tous les exercices ordonnés par la règle.

La ville entière s'émut d'un tel miracle; le parloir fut littéralement assailli toute la journée, et la sœur Péret, connue de tout le monde, était obligée de se montrer et de prouver par son mouvement et sa douce gaîté, la vérité du fait que l'on ne cessait de proclamer. Le curé de Saint-Pierre, supérieur du monastère, qui l'avait laissée mourante la veille, ne pouvait assez remercier Dieu de cette grande merveille. Le médecin, en voyant la sœur Péret, s'écria :

— Mon Dieu! quel miracle! C'est donc bien vrai!

Et aussitôt il en rendit témoignage, en attestant par écrit la réalité du prodige. Ce qu'il y eut encore de très-remarquable, c'est que la sœur Péret, d'une organisation très-faible et d'une santé chancelante avant sa maladie, devint forte et robuste après cette guérison miraculeuse. Elle vivait encore et jouissait d'une excellente santé en 1716, lorsque le Souverain Pontife éleva Jean-François de Régis au rang des Bienheureux.

Ce prodige inspira dans la ville la plus grande confiance dans les mérites et l'intercession de notre saint. Tous les malades recouraient à lui, plusieurs étaient exaucés, et, dans le nombre, nous ne citerons que la sœur Brisson, dont la maladie offrait les symptômes les plus étranges.

Marguerite Brisson, religieuse hospitalière du monastère de Saint-Joseph, souffrait depuis sept ans d'une maladie inconnue, dont les crises effrayantes se succédaient chaque jour avec des accidents nouveaux. Dans son estomac se faisait un bruit semblable tantôt à des gémissements humains, tantôt aux aboiements du chien. Tantôt la malade perdait la parole, tantôt elle était privée de l'ouïe. Une de ces crises convulsives la laissa huit mois entiers sans pouvoir prononcer un seul mot. Après quatre années de soins et de tentatives, les médecins l'avaient abandonnée, la déclarant inguérissable; et elle était restée sans soulagement depuis trois ans, lorsque

Dieu lui inspira la pensée de recourir à la protection de Jean-François de Régis. Elle fit vœu de faire célébrer neuf messes d'action de grâces à la Louvesc, si elle guérissait, et elle commença une neuvaine à l'honneur de notre saint. Pendant ces neuf jours, ses souffrances augmentèrent sensiblement; elle demeura inébranlable. Le dernier jour, dès qu'elle eut communié et achevé les prières qu'elle s'était prescrites, elle cessa de souffrir et se sentit mieux portante qu'elle ne l'avait jamais été.

Un médecin du roi, qui avait donné ses soins à sœur Marguerite Brisson, attesta ce miracle en présence de l'évêque de Clermont, ainsi que plusieurs autres témoins et toute la communauté. Marguerite Brisson vivait encore à l'époque de la béatification de Jean-François de Régis.

Dans le même monastère, sœur Marie-Louise du Rye avait depuis sept ans un pouce dont un nerf avait été coupé, et qui s'était complétement desséché. Sœur Péret, se voyant si parfaitement guérie par le grand apôtre du Velay, la pressa de demander aussi par ses mérites la guérison de son doigt. Sur-le-champ, elles vont au chœur ensemble, elles adressent une courte prière au saint Jésuite, en posant une de ses reliques sur le pouce mort, et, la prière finie, le doigt revenait à la vie et reprenait son mouvement.

V

Culte populaire.

Cependant, Armand de Béthune, évêque du Puy, avait commencé, dès l'année 1676, les informations juridiques sur les vertus et les miracles du Père de Régis. Obligé de porter au roi les cahiers des états du Languedoc, il nomma des commissaires pour continuer ces informations en son absence, et choisit son grand vicaire, Melchior de Chabannes et les deux docteurs en droit canon Jacques Lebreton et Maurice le Blanc. Le procès-verbal de cette enquête fut envoyé, l'année suivante, à la congrégation des rites.

En 1702, le Pape ayant désigné les évêques du Puy et de Valence pour examiner de nouveau cette grave affaire et interroger par eux-mêmes tous les témoins, madame de Banne de Boissy, plus qu'octogénaire alors, eut la consolation de déposer les faits personnels que nous avons racontés. Les deux prélats étaient en ce moment au château de Monistrol, et madame de Banne de Boissy demeurait au château de Chazelet, près de la Chapelle, chez sa fille, madame de Chazelet, celle qui, dans son enfance, avait été guérie miraculeusement de la rage par saint Jean-François de Régis[1].

La fervente douairière se prépara par la prière à la déposition demandée à sa conscience; puis, malgré ses

---

[1] C'est par erreur que le Père d'Aubenton la fait venir de Montregard, où elle n'habita jamais.

quatre-vingt-six ans, elle se rendit à pied et à jeun au château de Monistrol, dont celui de Chazelet était éloigné d'une lieue. Elle témoignait ainsi à l'illustre apôtre toute la reconnaissance de son âme pour l'inappréciable bien dont elle lui était redevable ; et pendant les trois dernières années de sa vie, sa prière la plus ardente fut pour le triomphe éclatant de la sainteté de son Père spirituel. Elle mourut, en 1705, avec la consolante certitude que l'Église ne tarderait pas à accorder l'autorisation de rendre publiquement à l'apôtre du midi de la France, le culte que chacun lui rendait en secret depuis plus de soixante ans, et qui devenait ostensible à la Louvesc, malgré toutes les défenses de l'autorité ecclésiastique.

Les miracles se multipliant chaque jour, le pèlerinage était incessant et le concours immense au tombeau où s'opéraient tant de merveilles, et il n'était plus possible d'arrêter les peuples dans les élans de leur foi et de leur reconnaissance. C'est ce qui détermina l'archevêque de Vienne et les évêques du Puy et de Valence à écrire à la sacrée congrégation des rites, en 1702 :

« La dévotion des peuples envers le Père Jean-François de Régis, et la confiance qu'ils ont en sa puissante protection sont incroyables. Le concours des fidèles qui vont à son tombeau, attirés par les merveilles qui s'y opèrent tous les jours, ne se peut exprimer, quoiqu'il faille, pour s'y rendre, traverser des montagnes presque inaccessibles. Ils sont tellement prévenus en faveur de la sainteté du serviteur de Dieu, qu'il nous paraît presque impossible d'empêcher qu'ils ne lui rendent les honneurs qui ne sont dus qu'aux saints canonisés par l'Église. »

Armand de Béthune, évêque du Puy, écrivant sur ce sujet, le 1er mars 1703, au Souverain Pontife, lui disait que lui-même se reconnaissait redevable au Père de Régis de plusieurs grâces signalées, entre autres de la guérison subite d'une sorte de fièvre pestilentielle, qui avait mis sa vie en danger; il ajoutait :

« La multitude de ceux qui recherchent la poussière de son tombeau est innombrable. Je ne vois pas comment on pourrait arrêter plus longtemps la piété des fidèles, et empêcher qu'elle ne dégénère en culte public, malgré les décrets du Saint-Siége qui le défendent. »

Ce fut, en effet, ce qui arriva. La confiance populaire éclata par toutes sortes de témoignages; la reconnaissance ne voulait point des bornes que l'autorité lui assignait; et Monseigneur de Montmorin, archevêque de Vienne, fut obligé de faire enlever secrètement les tableaux, les lampes et autres objets déposés par la piété sur le tombeau de notre saint. Mais, en enlevant ces témoignages publics de la reconnaissance des peuples, on ne pouvait empêcher le saint Jésuite de faire de nouveaux miracles, et la confiance en ses mérites croissant en proportion des grâces reçues, l'autorité devint impuissante.

Cet état de choses détermina tous les évêques du Languedoc à solliciter la béatification du Père de Régis, que le peuple appelait toujours le *saint Père*. Les prélats, au nombre de vingt-deux, écrivirent au pape Clément XI, le 12 janvier 1704 :

« Nous nous félicitons nous-mêmes de ce que Dieu a fait naître parmi nous, de nos jours, un homme apostolique doué de la grâce des miracles; de sorte que nous ne pouvons que nous écrier avec le Prophète : *Le désert se réjouira et fleurira comme le lis; parce que les yeux des aveugles seront ouverts, aussi bien que les oreilles des sourds : le boiteux courra comme le cerf sur les collines, et la langue des muets sera déliée.* Car nous voyons de nos yeux les mêmes prodiges se renouveler sans cesse sur les montagnes de la Louvesc. Nous sommes témoins que devant le tombeau du Père Jean-François Régis, les aveugles voient, les boiteux marchent, les sourds entendent, les muets parlent, et que le bruit de ces surprenantes merveilles s'est répandu dans toutes les nations.

» Plaise au ciel, très-saint Père, que, par le suprême jugement de Votre Sainteté, cet homme de Dieu augmente le nombre de ceux à qui l'Église accorde son culte. »

Le 11 octobre 1710, Armand de Montmorin, archevêque de Vienne, écrivait au Souverain Pontife :

« Pendant la vie du Père Régis, tous le regardaient et le révéraient comme un saint ; mais l'opinion qu'ils avaient conçue de sa sainteté a bien augmenté depuis sa mort, par la grande quantité de miracles que Dieu opère tous les jours à son tombeau, pour le rendre plus illustre. On en emporte de la poussière dans toutes les provinces du royaume, et on l'y conserve précieusement, comme un remède universel pour toutes sortes de maladies. Ce n'est pas seulement le bas peuple qui entreprend ces pieux pèlerinages ; c'est toute la noblesse et le clergé : comtes, marquis, gouverneurs de provinces, généraux d'armée, archevêques, évêques, cardinaux même. Il s'y trouve quelquefois tant de monde, en certaines saisons de l'année, que les pèlerins sont obligés de dormir au milieu de la campagne, toutes les hôtelleries et toutes les maisons du lieu étant occupées par les personnes de distinction. L'église est remplie pendant tout le jour par les étrangers, qui se succèdent continuellement les uns aux autres. Plusieurs prêtres suffisent à peine pour administrer les sacrements à tous ceux qui se présentent.

» On y envoie, des pays les plus éloignés, des présents très-riches, en action de grâces des faveurs reçues par les mérites du saint homme. Il en est venu souvent de Lyon, de Nevers, de Grenoble, de Vienne, de Montpellier, de Toulouse, de Marseille, d'Avignon, de Perpignan, d'Orléans, de Paris, de la Bourgogne, du Piémont, du Milanais. La princesse de Vaudemont, encore plus recommandable par sa rare vertu que par sa naissance, après avoir demandé avec beaucoup d'empressement, et avoir reçu avec une égale piété, un peu de poussière de son tombeau, y a envoyé de fort grosses aumônes.

» Il est arrivé de là que l'église, qui était fort délabrée, et dénuée des ornements les plus nécessaires, en a maintenant abondamment, et de très-magnifiques. Le curé de Vérines, dont la Louvesc n'était qu'une petite annexe, a abandonné sa première demeure, et s'est établi à la Louvesc, où il a été obligé de s'associer plusieurs vicaires, pour partager avec lui le soin de ce saint et vénérable sanctuaire.

» L'ardeur des peuples à honorer les sacrées reliques du saint homme, s'augmente tous les jours à un tel point, que je doute fort que les censures dont je me suis servi jusqu'à présent pour tenir le peuple, soient désormais un frein assez fort pour arrêter le culte public; de manière qu'il est fort à craindre que, malgré les décrets du Saint-Siège qui le défendent, il ne s'introduise à la fin, sans qu'il soit au pouvoir des évêques de l'empêcher. Les peuples s'imaginent que ceux qui s'y opposent obéissent moins aux ordres de l'Église, qu'ils ne résistent à la volonté de Dieu, qui manifeste ouvertement, par tant de miracles, qu'il agrée le culte religieux qu'on lui rend publiquement. »

A ces graves suffrages venaient se joindre les instances royales; les diverses provinces de France envoyaient leurs députés à Rome ; il n'y avait partout qu'une voix pour demander la béatification de l'humble apôtre.

Clément XI, ayant fait examiner la cause, rendait, le 27 mars 1712, le décret qui déclare Vénérable *Jean-François Régis, de la Compagnie de Jésus;* et, le 8 mai 1716, il le déclarait Bienheureux.

Nous ne dirons pas la joie, l'allégresse de toutes les populations du Velay, du Vivarais, du Forez, de tout le Languedoc, à cette heureuse nouvelle, ni les larmes d'attendrissement de quelques vieillards dont la mémoire conservait pieusement le souvenir du bon Père que, dans leur enfance, ils avaient appris à aimer et à vénérer, et qui si souvent avait appelé sur leurs jeunes têtes les bénédictions du Ciel. Nous dirons seulement l'émotion produite à Fontcouverte par ce glorieux événement; ou plutôt, nous laisserons parler le témoin oculaire qui a laissé la relation de cette fête, relation inédite, et qui nous a été gracieusement communiquée. Mais il faut, avant de la faire connaître, revenir à la famille de notre saint, et voir ce qui restait alors de ceux qu'il avait laissés, et de ce berceau de son enfance qu'il avait abandonné.

VI

Fontcouverte.

1716

La vénérable châtelaine du vieux manoir de Fontcouverte, avait assez vécu pour entendre raconter les merveilles par lesquelles Dieu glorifiait son fils Jean-François. La pensée des innombrables miracles qui avaient suivi sa bienheureuse mort, et de l'affluence prodigieuse des pèlerins qui se portaient au tombeau de ce fils chéri avait fait souvent tressaillir son cœur d'une sainte allégresse.

Il n'avait pas été donné à la pieuse mère de voir par elle-même les témoignages de vénération, de reconnaissance et d'amour si hautement manifestés à la Louvesc, par toutes les populations de la province : son grand âge ne lui avait pas permis un tel voyage; mais on lui en avait fait de touchants et fréquents récits, et, chaque fois, les larmes du bonheur avaient sillonné son visage.

Parfois, on l'avait surprise, baisant avec autant de respect que d'attendrissement la terre du tombeau de ce fils bien-aimé; et Dieu, dans sa bonté infinie, avait voulu opérer d'admirables prodiges, par le contact de cette poussière bénie sur les malades de la châtellenie de Fontcouverte. Il semblait vouloir récompenser, même dès ce monde, par cette ineffable consolation, la mère qui lui avait si généreusement offert son enfant pour son service et pour sa gloire.

Mais c'était trop de bonheur pour la terre. Le 28 février 1642, Madeleine était allée rejoindre au ciel le fils qui avait été la joie de son âme ici-bas, et qui devait être sa couronne dans l'éternité.

Charles, frère aîné de notre saint, n'avait survécu à sa mère que de trois ans à peine; il était mort en 1645, et François en 1653. Jean avait pu jouir pendant quarante années de la gloire que Dieu donnait sur la terre à son saint frère, par toutes les merveilles qui éclataient de toutes parts, à la seule invocation de son nom; car Jean n'était mort qu'en 1680.

Charles n'avait eu qu'une fille, Madeleine, morte sans alliance. François n'avait eu qu'un fils, né en 1652; il l'avait mis sous la protection de la plus belle illustration de sa famille; il lui avait donné les noms de Jean-François, notre saint l'avait adopté au ciel, et Dieu l'avait appelé au sacerdoce; il était mort dignitaire de la collégiale de Saint-Paul, à Narbonne.

Jean avait eu cinq enfants, deux fils et trois filles, dont les deux plus jeunes, Dorothée et Marie-Colombe ne s'étaient point mariées. Des deux fils, l'aîné, Jean-Jacques, avait épousé Claude de Castel et était mort sans postérité, avant son père, en 1679. Le second, nommé Jean, n'avait eu qu'un fils de son mariage avec Jeanne de Parasol, et cet enfant, nommé Gabriel, était mort jeune, sans doute, puisque les papiers de famille ne mentionnent que sa naissance en 1689 [1].

Isabelle, fille aînée de Jean de Régis, avait épousé, en 1671, Charles de Cuquignan de Saint-Estève, son cousin germain, et n'avait eu qu'une fille, Dorothée, qui s'était mariée, le 3 janvier 1712, avec Marc-Antoine de Cominian de Blomac Saint-Rome, et qui, en 1714, avait hérité de tous les biens des petits-fils de Jeanne de Régis, fille de Barthélemy, par le testament de Louis de Couder, dernier survivant de la branche.

Ainsi, au moment où nous sommes arrivés, 1716, époque de la béatification de notre saint, il ne restait de la nombreuse famille des Régis de Fontcouverte, que madame de Cominian [2].

---

[1] On verra plus loin que la mort, sans descendance, est prouvée par le testament de madame de Cominian, petite-nièce de saint Régis.

[2] Un Jean de Régis, de ceux établis à Carcassonne, sans doute, et de la même famille que ceux de Fontcouverte, s'était transplanté à Roquemaure, en 1559, par son mariage avec Claudine de Mallevalette, et y avait formé là branche des coseigneurs de Mornas. En 1698, Guillaume de Régis, un de ses descendants, ayant épousé Catherine de Siffredy, dame de Gastimel, il devint seigneur de ce fief et en prit le nom. La branche de Gastimel s'est perpétuée jusqu'à nos jours, et est représentée aujourd'hui par M. Charles de Régis de Gastimel,

Pour l'intelligence de ce qui va suivre, nous ajouterons une observation importante :

En 1642, après la mort de la vénérable douairière, ses trois fils avaient fait le partage de sa succession. Charles et François, poursuivant l'un et l'autre la carrière des armes et voulant avoir leur maison, s'étaient éloignés de la châtellenie de leurs aïeux, et avaient vendu leurs terres ; Jean était seul resté au lieu qui l'avait vu naître. Du partage de leurs biens, il était résulté une transformation complète de ce qu'on appelait le *fort de Fontcouverte*. Vendue à divers acquéreurs, cette grande propriété avait été morcelée, détruite, bouleversée et rendue méconnaissable. Une partie seulement du vieux manoir découronné avait été précieusement conservée ; c'était celle que les derniers châtelains avaient toujours habitée, et où se trouvait la chambre de Madeleine, dans laquelle l'illustre apôtre Jean-François était venu au monde. Son frère Jean avait tenu à posséder ce reste d'habitation, et Charles et François n'auraient pas consenti d'ailleurs à le voir passer à d'autres mains. Jean le considérait comme la part la plus précieuse de l'héritage maternel.

Une cour plantée précédait alors ce qui n'était plus qu'une modeste maison ; une croix, placée au-dessus de la porte, sur le mur d'enceinte, à l'est, indiquait que là

---

fixé à Nîmes, et qui a épousé, en 1855, Apolline de Cabot de la Fare. Son blason est *écartelé au 1 et 4 d'or, à 3 couronnes ducales, en tête et 1 en pointe ; au 2 et 3 de gueules, à l'aigle éployée et couronnée, cantonné de 3 trèfles d'or.*

Au retour de l'émigration, en 1813, Joachim de Régis de Gastinel, aïeul de M. Charles, fit présent à l'église de la Louvesc d'une copie du portrait de saint Jean-François, dont l'original avait été fait pour la famille, après la béatification. Ce qui semblerait indiquer que l'artiste aurait reproduit les traits de l'un des neveux du saint apôtre.

fut le berceau de celui qui, pendant sa vie, et depuis sa mort n'avait cessé d'opérer les prodiges les plus éclatants.

La relation que nous joignons ici, appuiera plusieurs des faits ignorés que nous avons avancés. Nous la publions telle qu'elle fut écrite en 1716.

« Relation de ce qui s'est passé dans la solennité de la béatification du Bienheureux Jean-François de Régis, prêtre profès de la Compagnie de Jésus, à Fontcouverte, lieu de sa naissance, le onzième jour de septembre de l'année 1716.

« Monseigneur l'archevêque de Narbonne s'était montré avec trop d'éclat dans la cause de la béatification du serviteur de Dieu, le Bienheureux Jean-François Régis, pour ne pas témoigner la joie qu'il ressentit lorsqu'il reçut le décret de Sa Sainteté, qui permet aux fidèles de lui rendre un culte public, spécialement dans l'église de Fontcouverte, lieu de sa naissance, paroisse du diocèse de Narbonne. Sa dignité, qui le met à la tête des états du Languedoc, lui inspira, dans cette occasion, ce zèle ardent qu'il fait paraître toutes les fois qu'il s'agit de la gloire et des avantages de cette province, ou des intérêts de la religion. C'est ce même zèle qui lui avait dicté, il y a quelques années, cette lettre qu'il écrivit au Pape conjointement avec Messeigneurs les évêques du Languedoc, au nom de toute la province, et qui fit dans l'esprit de Sa Sainteté et de la sacrée congrégation toute l'impression qu'on devait attendre des preuves éclatantes qu'elle produisait de la réputation de sainteté du serviteur de Dieu, et de la vérité des miracles que Dieu opérait à son tombeau et ailleurs par son intercession, dont Sa Sainteté a bien voulu faire une mention expresse dans la bref de la béatification du Bienheureux.

» Le onzième de septembre fut le jour marqué pour la solennité du Bienheureux à Fontcouverte. Monseigneur l'archevêque avait envoyé, quelques jours avant, trois Pères Jésuites pour disposer les fidèles, par les exercices ordinaires des missions, à gagner l'indulgence plénière que Sa Sainteté avait accordée à l'église de Fontcouverte, pour le jour où se ferait cette solennité, et pour préparer toutes choses, afin de rendre cette sainte cérémonie aussi auguste qu'elle pouvait l'être dans un village champêtre. Le zèle de monsieur Lahoupe, curé de cette paroisse, et des habitants, fut tel, que l'on s'étonna de voir exécutés en si peu de temps les projets qu'on avait formés.

» L'église, qui est la même où fut tenu, dans le dixième siècle, le troisième concile de Narbonne, est assez vaste, mais sans décoration ; elle fut tendue de diverses pièces de tapisseries les plus magnifiques ; le maître-autel et les deux qui sont aux côtés, et qui font face à la nef, étaient plus propres que magnifiques, par l'arrangement de quantité de cierges et de bouquets artificiels, qui en faisaient tout l'ornement. Le tableau du rétable était couvert d'un glacé d'or broché à fleurs naturelles ; sur le milieu était placé le portrait du Bienheureux, de bonne main, orné d'une natte et d'une frange d'or. Il resta couvert d'un voile brodé, jusqu'après la lecture du bref de Sa Sainteté. Les deux côtés de la porte, en dehors, étaient tapissés de même que le dedans de l'église. Les habitants, hommes, femmes et enfants avaient abattu diverses masures qui se trouvaient à l'entrée, pour y former une place régulière, qui facilitât l'entrée et la sortie à cette foule, qui devait accourir du voisinage à un spectacle si nouveau et à une si sainte cérémonie.

» Ils avaient élevé devant la porte un arc de triomphe de verdure ; le dôme et les quatre piliers qui le soutenaient, étaient terminés par des globes de marbre simulé surmontés de fleurs de lis à quatre faces, de hauteur proportionnée. On avait placé dans le haut de l'arc les armes du Pape ; au-dessus, dans un cartouche bien peint, on lisait cette inscription :

» *Beato Joanni-Franc. Regis Soc. Jesu Sacerdoti, in hoc suo natali solo incolæ Fontis-cooperti, an.* 1716.

» Aux deux côtés, deux inscriptions, dans des cartouches, servaient de chapiteaux aux deux piliers. Dans l'un on lisait :

» *Quanta audivimus facta fac et hic in patria tua. Luc.* 4º.

» Dans l'autre :

» *Pertransiens evangelisabat et sanabat omnes. Act.* 8º.

» Sur la porte de l'église était cette inscription :

» *Apotheosis Beati Joanni-Franc. Regis. Soc. Jesu.*

» *Pietate ac munificentia illustrissimi Ecclesiæ principis. Do. Do. Caroli le Goux de la Berchère Arch. ac primatis Narbonensis.*

» *An.* 1716.

» Monseigneur l'archevêque arriva à Fontcouverte le 11, vers huit heures du matin. On annonça son arrivée par le son des cloches. En arrivant, il se fit revêtir de ses habits pontificaux, et un nombreux clergé, composé de quelques-uns des chanoines de la métropole, de deux chapitres collégiaux, et des prieurs et curés du voisinage, sortit en bon ordre de l'église, précédé de la croix, et se rendit à la porte du château, où le prélat avait mis pied à terre. On entonna le *Veni creator*, et on le conduisit, dans le même ordre, à travers une foule de peuple, jusque dans le sanctuaire. Monsieur le curé de Fontcouverte, en chape, lui présenta l'eau bénite et l'encens à la porte de l'église, selon la coutume. Monseigneur dit l'oraison du Saint-Esprit et s'assit ensuite sur un fauteuil, au milieu de l'autel. Le maître des cérémonies vint chercher le révérend Père de Nattes, recteur du collége de Béziers, accompagné de dix autres Pères Jésuites, et le conduisit dans le sanctuaire, devant les marches de l'autel.

» Le Père de Nattes adressa au prélat un discours digne de la fonction qu'il remplissait, de la fête que l'on célébrait et du prélat auquel il avait l'honneur de parler.

» Il exposa d'une manière vive et concise les vertus apostoliques du bienheureux serviteur de Dieu, et les miracles que Dieu avait opérés par son ministère pendant sa vie, et après sa mort par son intercession ; et qui, après l'examen qui en avait été fait juridiquement par la congrégation des rites, l'avaient rendu digne d'être placé au rang des Bienheureux auxquels l'Église rend un culte public, par un des plus grands Papes qui aient rempli la chaire apostolique ; par ce Pontife toujours attentif aux intérêts de l'Église qu'il gouverne avec tant de sagesse et de prudence, et à tout ce qui peut exciter la ferveur des fidèles dans la pratique de la vertu. Il dit ensuite qu'il avait l'honneur de présenter le bref de Sa Sainteté, en forme de bulle, à l'illustre prélat qui avait eu plus part que nul autre au succès de la cause dont il s'agissait ; qu'il était persuadé que Sa Grandeur, en lui accordant ce dont il avait l'honneur de la requérir, suivrait le mouvement de cette bonté paternelle dont elle avait toujours honoré la Compagnie, et ne regarderait pas comme une nouvelle grâce, mais plutôt comme un acte de religion et de justice, l'effet de sa très-humble prière. Il passa ensuite sur les sentiments de reconnaissance de la Compagnie, qui, dans tous les temps, avait regardé l'honneur de la protection et de la bienveillance d'un prélat aussi illustre, comme sa joie et sa consolation. Enfin, il présenta le bref à Monseigneur, et le pria d'en ordonner la lecture et l'exécution.

» Le prélat répondit par un éloge de la personne et du discours qu'il venait d'entendre. Il dit que c'était avec toute la joie et tout l'empressement de son cœur qu'il remplissait dans ces heureuses conjonctures une fonction de son ministère, à l'honneur et à la gloire du Bienheureux pour lequel, depuis longtemps, il avait une vénération singulière, dont il a tant de fois admiré le zèle vraiment apostolique et les vertus héroïques, dont le souvenir est encore récent dans la province qui a eu l'honneur de le donner à l'Église, qui a été elle-même le théâtre de son apostolat, et qui a été si souvent ravie d'admiration à la vue des prodiges et des miracles opérés par son intercession ; d'un Bienheureux, qui est, depuis saint Louis, roi de France, le premier et le seul Français à qui l'Église ait fait l'honneur de décerner un culte public dans les règles qu'il observe aujourd'hui ; d'un Bienheureux, membre d'une Compagnie célèbre, avec laquelle il est lié d'une amitié ancienne, toujours nouvelle, et qui sera éternelle ; d'un Bienheureux, que son diocèse a vu naître, dans une église qu'il a édifiée par les vertus de son enfance, et sanctifiée dans un âge plus avancé, par le ministère apostolique ; en présence de ces mêmes autels au pied desquels il répandit son cœur si souvent devant le Seigneur ; en vue des fonts sacrés sur lesquels il fut régénéré et reçut les premières bénédictions célestes ; au milieu de son peuple, enfants de ceux qui eurent le bonheur de vivre avec lui ; dans une église connue par la tenue du troisième concile de Narbonne, composé de quatorze évêques, dont le but était de régler les limites des diocèses de cette métropole, mais qui devait désormais devenir plus célèbre comme berceau de la sainteté du serviteur de Dieu ; d'un Bienheureux, que nous devons regarder, à si juste titre, comme la gloire de la France, l'honneur du Languedoc, l'ornement de ce diocèse, le bonheur de Fontcouverte.

» Il ajouta qu'il allait déposer sur l'autel une précieuse relique, passée entre ses mains par une Providence singulière. Le révérend Père Pagès, provincial de la Compagnie de Jésus, qui le premier avait rempli la commission de faire les procédures juridiques de l'autorité des ordinaires, pour la béatification du serviteur de Dieu, lui en avait fait présent, comme témoignage d'estime et de dévouement, alors que dans une autre province, et dans un temps auquel Dieu seul pouvait prévoir l'usage qu'il en devait faire, la Providence le destinait au soin d'un diocèse où cette relique devait être honorée, par son ministère, d'un culte public et approuvé par l'Église.

» Ce qu'il dit ensuite à son peuple était vif et touchant. Il finit en assurant les Pères de la Compagnie de Jésus, que leurs sentiments à son égard lui étaient connus dans toute leur sincérité ; mais qu'il n'exigeait d'eux, pour toute reconnaissance, que de joindre leurs vœux aux siens, leurs prières aux siennes, pour obtenir de Dieu, par l'intercession du Bienheureux Jean-François Régis, une bonne, paisible, prochaine et sainte mort.

» Ces paroles firent une profonde impression et causèrent autant de douleur que d'édification dans tous les cœurs.

» Le prélat commit l'abbé de Roquecourbe, pour faire la lecture du bref de Sa Sainteté, et dit que cet honneur lui était dû, comme proche parent du Bienheureux.

» Après cette lecture, un ecclésiastique dévoila le

tableau du Bienheureux, on se prosterna pour l'honorer, les chantres entonnèrent l'antienne des Justes, selon le rit de Narbonne, le prélat dit l'oraison propre du Bienheureux. Pendant qu'on chantait le *Te Deum*, on plaça sur l'autel un buste doré du Bienheureux. Un Père Jésuite, précédé du maître des cérémonies, vint présenter, à genoux, à Monseigneur l'archevêque, dans un bassin d'argent couvert d'un voile magnifique, une boîte de carton doré, doublée en dedans d'un glacé d'or, et ouverte sur une des faces : on voit, dans l'intérieur, une manière d'autel avec son gradin, sur lequel repose une fiole de cristal, scellée aux deux bouts du sceau de Monseigneur l'archevêque, couverte d'une espèce de filigrane d'or, et dans laquelle, sur un tissu d'or, est une dent et une parcelle d'ossement du Bienheureux.

» Le prélat vérifia la relique, mit sur la boîte un authentique dans les formes, et plaça le tout sur une glace dans le piédouche du buste. Il baisa la relique, tout le clergé la baisa après lui, puis on plaça le buste sur une crédence préparée à l'entrée du sanctuaire. Les parents du Bienheureux furent invités à vénérer la relique, et pendant ce temps, le prélat fut revêtu des ornements pour célébrer le saint sacrifice.

» Après la messe, monsieur l'abbé Puech, chanoine de Saint-Paul de Narbonne, prononça un discours à l'honneur du Bienheureux, qui eut un applaudissement général. Aussitôt après, Monseigneur donna sa bénédiction, et fut reconduit au château dans le même ordre qu'il était venu à l'église.

» Ses officiers invitèrent à dîner de sa part les personnes de distinction qui se trouvaient à Fontcouverte ; on servit, dans la grande salle du château, une table de trente couverts ; deux autres tables, de quinze couverts chacune, furent servies en même temps, dans une autre salle, avec toute l'abondance et autant d'ordre qu'on aurait pu le faire dans la meilleure ville. Monsieur le curé de Fontcouverte fit servir, de son côté, une table chez lui, pour un grand nombre d'ecclésiastiques, et pendant toute l'octave, il a donné des preuves éclatantes de son zèle pour la gloire du Bienheureux.

» La foule du peuple ne fut pas moindre les deux dimanches suivants et les autres jours de la semaine. Les malades et les infirmes se faisaient porter de toutes parts. Les confesseurs, qui pouvaient à peine suffire à la multitude et à l'empressement des pénitents, étaient consolés à la vue des grâces que Dieu répandait sensiblement dans ce saint lieu, où tout respirait la dévotion et la piété.

» La maison paternelle du Bienheureux, et surtout l'endroit où il est né, mérita la visite de Monseigneur l'archevêque. Cette maison appartient à monsieur de Cominian, homme de condition, de la maison de Blomac, qui a épousé la petite-nièce du Bienheureux, digne héritière des biens et de la piété de la famille. Tout ce que le prélat eut la bonté de leur dire, fit répandre bien des larmes de joie à toute la nombreuse parenté, que les alliances de la maison de Régis et de celle d'Arse avaient assemblée à Fontcouverte dans cette heureuse circonstance.

» On avait dressé une crédence, avec des cierges allumés, sous un portrait au naturel que la famille regarde comme le plus précieux de ses biens. On y avait exposé, dans un reliquaire d'argent, une dent du Bienheureux, que la famille a le bonheur de posséder depuis longtemps, et une quantité de terre de son tombeau, qu'on sait avoir opéré beaucoup de guérisons miraculeuses.

» Pour satisfaire la dévotion de ceux qui venaient en foule honorer le Bienheureux dans le lieu de sa naissance, monsieur de Cominian avait fait décorer les avenues de sa maison d'un double rang de tapisseries terminé par un arc de triomphe. Sur la porte, on avait placé les armes de Régis, et au-dessous cette inscription :

> Du Bienheureux Régis, ici fut la maison.
> Du vrai chrétien, il fut le plus parfait modèle.
> Désirez-vous l'honneur de sa protection,
> De ses vertus soyez l'imitateur fidèle.

» Lorsque Monseigneur l'archevêque fut parti, tout le clergé se rendit à l'église, et les vêpres furent chantées solennellement. Le révérend Père Martin, de la Compagnie de Jésus, missionnaire, prononça, dans l'idiome du pays, l'éloge du Bienheureux, pour la foule de peuple que l'église pouvait à peine contenir. Ce discours eut tout le succès qu'on pouvait attendre de son zèle et de l'élégance avec laquelle il sait employer sa langue naturelle (le languedocien). Il avait déjà fait imprimer, dans la même langue, une églogue et un cantique, et par là, non-seulement l'église, mais les campagnes du voisinage retentissaient des louanges du Bienheureux.

» Tell ea été la solennité de la béatification du Bienheureux Jean-François Régis, prêtre profès de la Compagnie de Jésus, dans l'église de Fontcouverte, lieu de sa naissance, par les ordres et la libéralité toujours magnifique de Monseigneur Charles le Goux de la Berchère, archevêque et primat de Narbonne, président des états de la province de Languedoc. »

VII

Canonisation. — Conservation des reliques de saint Régis pendant la Terreur.

1716-1834

La France entière, émue des innombrables prodiges par lesquels Dieu ne cessait de glorifier son saint apôtre, demandait incessamment qu'il lui fût permis de l'honorer publiquement en tous lieux. Le roi crut devoir, pour satisfaire au vœu si ardent de son peuple, solliciter le Souverain Pontife de procéder sans retard au dernier triomphe de l'humble religieux, dont Dieu lui-même manifestait la gloire par les plus nombreuses et les plus éclatantes merveilles, dans toutes les parties de l'univers. La reine joignit ses instances à celles du monarque; le roi d'Espagne écrivit au Pape également, et le clergé de France et les états du Languedoc lui adressèrent de leur côté de pressantes suppliques pour la canonisation de notre saint. Clément XII, qui avait éprouvé lui-même les effets de la protection de Jean-François, promulgua enfin, le 5 avril 1735, la bulle de canonisation tant désirée.

Jean-François de Régis, prêtre, religieux profès de la Compagnie de Jésus, était élevé au rang des saints; l'Église universelle pouvait l'honorer d'un culte public.

Cet heureux événement fut célébré à Rome, le 16 juin de la même année, dans la basilique de Saint-Jean-de-Latran. Ce jour était celui de l'anniversaire de la naissance de Clément XII; il avait choisi cette date, qu'il fixa pour la fête du nouveau saint, afin, sans doute, d'attirer sur lui-même une plus grande abondance de grâces par les mérites et l'intercession de l'humble missionnaire dont il venait de proclamer la puissance et la gloire.

La nouvelle du dernier triomphe de leur *saint Père* fit accourir avec enthousiasme toutes les populations du Velay et du Vivarais à son tombeau, et les miracles s'y multipliaient de telle sorte, que, de tous les points de la France, les pèlerins vinrent en foule pour remercier le glorieux apôtre, ou pour lui demander des prodiges nouveaux.

Un jour, un religieux de la Compagnie de Jésus, traversant les montagnes du Velay, non loin de la Louvesc, demande à un bon villageois qui suivait le même chemin que lui :

— Va-t-on toujours au tombeau du *saint Père ?*

— Voyez-vous cette chaîne de hautes montagnes ? dit le paysan ; les sommets semblent toucher le ciel. Eh bien, il passe dessus tant de pèlerins, qu'avec le temps, je crois que ces montagnes s'aplaniront, et que le pays finira par devenir une rase campagne.

Les montagnes ne se sont point aplanies, selon le langage hyperbolique du bon villageois ; mais la dévotion à saint Régis et le pèlerinage de la Louvesc n'ont rien perdu de leur première activité dans toutes les provinces du Midi ; car les miracles sont toujours fréquents, et il n'y a pas d'année où il n'en soit constaté plusieurs.

Ces miracles, — tous les historiens de notre saint l'ont remarqué, et, de nos jours, l'auteur de la *Notice sur le Pèlerinage au tombeau de saint Jean-François Régis* le remarque également, — ces miracles sont obtenus, généralement, pendant la célébration du saint sacrifice de la messe, et « ordinairement, dit ce dernier, au moment même de l'élévation, comme pour mieux attester la présence réelle du Dieu tout-puissant, qui habite parmi nous sous les faibles espèces du pain et du vin. Admirable disposition de la divine Providence, qui veut que l'apôtre suscité pour combattre l'erreur de Calvin, dont avaient été infectés la plupart des pays qu'il évangélisa, continue, après sa mort, à confondre les infortunés partisans de cette hérésie, encore si nombreux dans le Vivarais ; en sorte qu'on peut dire de lui, en toute vérité, qu'*il prêche encore après sa mort : defunctus adhuc loquitur* (Hébr., c. 11, v. 4). »

En 1744, M. Aulanhe, alors curé de la Louvesc, entreprit la construction d'une nouvelle église, proportionnée à l'affluence croissante des pèlerins, et la générosité des fidèles ne lui fit pas défaut. Chacun s'empressa de contribuer aux frais de l'édifice destiné à conserver le dépôt précieux confié par la Providence à cette humble paroisse, perdue autrefois dans une des gorges les plus reculées des Cévennes, et qui semble inabordable, tant l'accès en est difficile et souvent dangereux.

A la mort de monsieur Aulanhe, son successeur, monsieur Claude Bilhot, élève du collége du Puy, continua l'œuvre commencée, la poussa avec activité, et la termina en 1770. Son zèle embellit considérablement ce sanctuaire, et la Compagnie de Jésus fournit à ses frais les beaux marbres de l'autel et de la chapelle du saint qu'elle avait donné à l'Église.

Monsieur Bilhot « ne borna pas ses soins au temple matériel, dit l'auteur que nous venons de citer ; résolu de consacrer au bien des âmes et au soulagement des pauvres, tous ses revenus ecclésiastiques, il balança d'abord entre deux projets utiles, l'établissement d'une société de missionnaires, ou la fondation d'un hôpital, tant pour les pauvres de sa paroisse que pour les pèlerins peu fortunés qui arrivent ou qui tombent malades à la Louvesc.

» Il soumit ces deux projets à Monseigneur de Pompignan, alors archevêque de Vienne, qui les ayant mûrement examinés, lui répondit, que, puisqu'il ne pouvait les mettre tous deux à exécution en même temps, il fallait commencer par celui qui lui paraissait le plus urgent dans un pays pauvre et montagneux, fréquenté par une multitude de pèlerins indigents, et qu'en attendant que l'on pût établir une société de missionnaires qu'il jugeait aussi très-utile à la Louvesc, il lui fournirait un nombre suffisant de prêtres, pour l'aider dans le service de son église.

» Aujourd'hui les deux projets son exécutés ; mais le premier est le plus imparfait et est loin de pouvoir répondre aux vues de l'illustre prélat qui l'a conseillé et du généreux pasteur qui en a fait les frais. Car de 2,400 livres de rente dont il le dota, il ne reste au plus que 2,000 livres de rente dont les pauvres ont même été frustrés depuis le commencement de la révolution jusqu'en 1811, qu'ils furent réintégrés dans leurs droits par les démarches actives du digne petit-neveu du fondateur, monsieur Jean-Baptiste Bilhot, alors curé à la Louvesc, et depuis chanoine de Viviers. Une partie de cette somme est affectée à l'instruction des enfants de l'un et de l'autre sexe, appartenant à la classe pauvre, en sorte que cet établissement si important est loin de remplir le but de sa fondation, aujourd'hui surtout, que le concours des pèlerins est devenu plus grand que jamais. Plusieurs fois, dans ces derniers temps, les missionnaires ont été obligés de laisser l'église ouverte toute la nuit, pour y mettre à l'abri des milliers d'étrangers qui n'avaient pu trouver de logement.

» Ce serait donc à la fois une œuvre de zèle et de

charité des plus méritoires, que de contribuer à la fondation de deux maisons, dont l'une, sous la direction de monsieur le curé, servirait de logement aux hommes, et l'autre, sous la direction des religieuses, recevrait les femmes. Les personnes pieuses et fortunées, qui auraient une idée de tout le bien qu'opèrent à la Louvesc les retraites qui s'y donnent, et les instructions qui s'y font, comprendront qu'elles ne sauraient faire une œuvre plus agréable à Dieu et à saint Jean-François Régis, surnommé l'apôtre et le père des pauvres. »

Nous laisserons encore le même auteur nous raconter la manière toute providentielle dont les restes vénérés du grand apôtre furent conservés pendant la tourmente révolutionnaire de la fin du dernier siècle, et rendus plus tard à la dévotion publique et aux honneurs mérités.

« La piété des princes et des peuples, nous dit-il, enrichissait à l'envi le nouveau sanctuaire de saint Jean-François Régis, où Dieu ne cessait d'opérer de nouveaux miracles. Plusieurs lampes d'argent brillaient devant son tombeau. Déjà le trésor de la sacristie était évalué soixante mille francs, sans compter les objets de moindre valeur. On y admirait surtout un don de la reine d'Espagne; c'était un calice en or massif, embelli de trois tours de pierres précieuses que le Père d'Aubenton, auteur de la vie du saint, avait apporté de Madrid. Mais tout à coup l'impiété vint dépouiller cette église de tous ses ornements et de toutes ses richesses. Monsieur Laurent Bilhot, qui venait de succéder à son oncle, se voyant obligé de se cacher, crut, avant de quitter son église envahie par un intrus, devoir faire un inventaire de tous les objets précieux qu'il laissa dans un lieu secret sous la garde de la municipalité. Les habitants de la Louvesc, éminemment catholiques, ayant refusé de participer à la communion de l'intrus, l'église demeura fermée; mais malheureusement l'inventaire tomba entre les mains des membres du directoire de Tournon, qui menacèrent de faire conduire les municipaux de la Louvesc à Lyon, pour y être fusillés, s'ils ne livraient le trésor. Un mandat d'arrêt était spécialement décerné contre monsieur Buisson, père de neuf enfants et alors maire de la commune. Dans cette extrémité, il consulta monsieur Mauricot, vicaire général de Valence, et le Père Massy, ancien Jésuite; son fils aîné alla également consulter Monseigneur d'Aviau, archevêque de Vienne, qui était caché à Saint-Symphorien, commune voisine : l'avis fut unanime de la part de l'archevêque et des deux prêtres; ils décidèrent que, puisque les saints Pères veulent qu'on vende les vases sacrés pour soustraire les malheureux à la famine et à la mort, on pouvait les abandonner pour conserver la vie d'un père de famille. Ces ravisseurs sacriléges s'emparèrent de tout ce qu'ils purent trouver, et ce qui leur avait échappé une première fois, devint bientôt la proie de leur insatiable cupidit.

» Mais le dépôt le plus précieux et le plus cher aux habitants de la Louvesc, était le corps de leur saint : jusqu'alors l'audace des impies l'avait respecté; mais il était aisé de prévoir que, de crime en crime, ils en viendraient jusqu'à celui de vouloir le profaner et le détruire.

» Quatre frères de la famille la plus ancienne et la plus considérée du pays, Jean-François, Régis, Pierre et Antoine Buisson, fils du maire, conçoivent le projet d'enlever le corps saint, et de le cacher dans leur maison, à l'insu de leur père, afin qu'il ne fût point compromis, quel que fût le résultat de leur périlleuse entreprise. Ils communiquent ce dessein à leur digne pasteur, qui avait cherché un asile sous leur toit hospitalier; charmé de leur résolution, il les bénit et les accompagne de ses prières. Son neveu, Jean-Baptiste Bilhot, qui a été plus tard son successeur, et qui se cachait alors pour se dérober à la conscription, se joint aux intrépides frères, qui, comme de nouveaux Machabées, allaient exposer leur vie pour la conservation du sacré dépôt.

» C'était vers la fin de l'automne 1792, par une nuit obscure, à une heure du matin. Munis des clefs de l'église, et d'un petit coffret rempli d'ossements humains qu'ils avaient pris au cimetière, ils pénètrent dans la chapelle du saint, ouvrent la châsse, enlèvent le coffret qui renfermait les reliques du saint, et substituent celui qu'ils avaient apporté.

» Cependant monsieur le curé, monsieur Cartal, prêtre de Saint-Sulpice, et depuis vicaire général du diocèse de Vienne, et le Père Massy, ancien Jésuite, attendaient impatiemment à la Grange-Neuve, maison paternelle des frères Buisson, des nouvelles de leur entreprise, lorsqu'ils les voient rentrer chargés du précieux fardeau. Les trois prêtres se prosternent aussitôt, vénèrent les saintes reliques, reconnaissent l'intégrité des sceaux, et dressent un procès-verbal, qu'ils signent avec les quatre frères et monsieur Jean-Baptiste Bilhot. Le coffret resta caché quelques jours dans une armoire ; mais, dans la crainte d'une visite domiciliaire, il fut renfermé dans une caisse en sapin, fabriquée à la hâte par Pierre Buisson ; et, profitant de l'absence de leur père, les quatre frères le placèrent dans leur salon, entre la voûte et le plancher, où il est resté pendant dix ans. Ils ne l'en retirèrent qu'une seule fois, pour la consolation de leur mère mourante, qui demanda avec instance que le corps du saint fût apporté près de son lit de mort, avant qu'elle rendît le dernier soupir.

» Pendant tout cet espace de temps, les seuls qui furent admis dans la confidence du secret, furent Monseigneur d'Aviau, archevêque de Vienne, à qui la famille Buisson avait l'honneur de donner fréquemment l'hospitalité, et qui se plaisait à réciter son bréviaire dans les appartements voisins du saint corps, et la sœur de monsieur le maire, vertueuse fille, qui est morte à l'âge de 84 ans, vénérée comme une sainte de tous ceux qui l'avaient connue. Elle avait coutume de se lever pendant la nuit, et passait plusieurs heures en prières à genoux sur le plancher où reposaient les saintes reliques.[1]

» Ce saint dépôt a été pour cette pieuse famille une source de bénédictions, comme autrefois l'arche d'alliance pour la maison d'Obédedom. Il a été aussi la sauvegarde de tous ceux qui y ont cherché un asile pendant le règne affreux de la Terreur. Car dans cette maison, qui devait être naturellement suspecte aux terroristes, où les gendarmes venaient plusieurs fois toutes les semaines, il y a eu des prêtres pendant tout le temps de la persécution ; on en a compté à table jusqu'à vingt-sept à la fois, et jamais aucun des hôtes ni de ceux qui recevaient l'hospitalité n'a été ni pris ni compromis. Un soir, il y avait dans le salon deux brigades de gendarmes qui buvaient et chantaient, et dans une chambre au-dessus d'eux soupaient tranquillement quatre prêtres. D'autres, cachés dans les bois où ils logeaient dans de petites cabanes qu'ils s'étaient construites avec des branches de sapin, y étaient également nourris des libéralités de cette charitable famille. Pour plus de sûreté, on leur portait des provisions pour plusieurs jours[1].

[1] Nous ne pouvons renoncer au plaisir de rapporter ici un de ces petits traits où brillent à la fois et la tendre sollicitude de cette maison pour les serviteurs de Dieu, et les soins touchants de la divine Providence envers ceux qui souffrent persécution pour la justice, quoiqu'elle se plaise à les éprouver. Il arriva une fois que madame Buisson, trop

» Peu de jours après que le corps de saint Jean-François Régis eut été mis en sûreté, arriva ce qui avait été prévu. Un troupe d'impies au nombre de cinq cents, ramassés dans les communes de Tournon, d'Annonay, d'Andance, de Serrières et de Lamastre, arriva à la Louvesc. Après s'être emparés de la châsse revêtue d'argent, ils brisèrent les statues, renversèrent le maître-autel, abattirent le ciel de la chaire, mutilèrent le magnifique groupe d'anges en marbre qui supportaient la châsse, arrachèrent la grille de fer qui entourait la chapelle du saint et servait à contenir la foule, et la vendirent à vil prix. Ils emportèrent la statue de saint Régis que l'apostat Defour, qui avait desservi longtemps son autel en qualité de chapelain, fut contraint de porter lui-même sur la place publique d'Annonay, où elle fut livrée aux flammes. Le malheureux est mort dans un âge avancé en demandant pardon à Dieu et aux hommes de ses crimes et de ses scandales. Quelques-uns des chefs de cette bande impie se sont également convertis avant leur mort. Un d'eux, rencontrant un des quatre frères qui ont sauvé le corps du saint, lui disait pénétré de douleur : *Pardonnez-moi les événements de la Louvesc, oh! que j'en suis fâché!* Ces conversions remarquables des profanateurs de l'autel de saint François Régis peuvent avec raison être regardées comme

---

préoccupée des soins domestiques, oublia jusqu'à la fin du troisième jour un Père Capucin, à qui elle n'avait donné de nourriture que pour deux jours. Le religieux n'osant se présenter, dans la crainte de quelque danger pour lui et pour ses hôtes, se recommandait à la divine Providence, lorsque la bonne mère de famille se rappelle tout à coup, sur le soir, le Père Capucin, et se hâte de lui envoyer des provisions par un de ses enfants. Celui-ci court aussitôt au milieu du bois faire entendre le cri convenu, qu'il ne fut pas nécessaire de faire entendre deux fois.

(*Note du narrateur.*)

autant de miracles de ce fidèle disciple de Jésus-Christ, qui signala surtout sa charité par le pardon généreux de ses ennemis. Quelques-uns vivent encore : témoins de la gloire de l'apôtre du Vivarais, qui prend chaque jour un nouvel accroissement ; puissent-ils se repentir de leur impiété, et implorer le secours du saint dont ils ont voulu abolir la mémoire !

» Ces saintes reliques étaient si vénérées, que parmi les complices mêmes de cet attentat, aujourd'hui l'objet de l'exécration publique, elles auraient trouvé des sauveurs. Quelques membres de la municipalité, qui étaient loin de se douter de la substitution faite par les frères Buisson, réussirent à enlever le coffret placé dans la châsse et le conservèrent en dépôt, jusqu'à ce que, instruits de la vérité et convaincus par la lecture du procès-verbal et la vue des sceaux apposés sur le véritable coffret, ils firent reporter au cimetière les ossements qu'ils croyaient faussement être ceux de saint Régis.

» Quoique l'église de la Louvesc fût constamment fermée, son sanctuaire dévasté et les saintes reliques enlevées, les pèlerinages ne cessèrent jamais pendant tout le temps de la persécution ; surtout lorsque le 9 thermidor eut rendu quelque paix à l'Église, on vit le concours redoubler, et à toutes les heures du jour on trouvait prosternée autour de la chapelle une multitude de pieux étrangers qui bravaient la crainte et le respect humain, aussi bien que l'intempérie de l'air pour invoquer la protection du serviteur de Dieu. Ah ! sans doute, tant de prières ferventes et les larmes surtout de ce pieux archevêque qui pendant plusieurs années vint retracer aux yeux des habitants de la Louvesc les vertus et les travaux de l'apostolat de Régis, n'ont pas peu contribué à abréger les jours d'épreuve et de désolation. A son retour de Rome, il vint aussitôt au tombeau du saint, pour mettre sous sa protection son diocèse et l'Église de France tout entière. Les habitants de ces montagnes se rappellent encore des traits bien touchants de cette charité et de cette simplicité qui firent le caractère de ce saint prélat [1].

[1] Comme il est probable que l'auteur de la vie de Monseigneur d'Aviau n'aura pu connaître ces faits, nous avons cru devoir en rapporter au moins deux.

L'église de la Louvesc venait d'être ouverte dans le cours du printemps 1797. A cette heureuse nouvelle, une multitude de catholiques avaient rempli ce saint temple ; monsieur Cartal, vicaire général de Vienne, prêchait à cette foule avide d'entendre la parole de Dieu, dont elle avait été privée si longtemps. Monseigneur d'Aviau, qui ne jugeait pas encore prudent de paraître en public avec les marques de sa dignité, assistait debout au sermon, en costume d'honnête paysan. Un bon montagnard, son voisin, fatigué d'une longue route, s'appuya pendant la plus grande partie du sermon de tout le poids de son corps sur l'épaule du vénérable archevêque, qui s'y prêta de bonne grâce, sans donner le moindre signe d'impatience. Comme monsieur Cartal lui témoignait ensuite la peine qu'il avait éprouvée en voyant du haut de la chaire ce trait de rusticité : Ne savez-vous pas, lui répondit en souriant l'archevêque, qu'un pasteur doit être prêt à porter toutes ses brebis sur ses épaules ?

Une autre fois il faisait seul, à pied, dans le même costume, sur la crête des montagnes, un voyage de plusieurs lieues pour aller administrer le sacrement de confirmation dans une paroisse où il était attendu. Chemin faisant, il est accosté par un payan de Planfoix au-dessus de Saint-Étienne, qui s'offre d'abord de faire le voyage de compagnie, et bientôt propose de se décharger sur ses épaules d'une assez lourde valise. Le prélat, loin de refuser, se confond en excuses de ne s'être pas offert de lui-même à le soulager, et il la porta en effet, pendant la plus grande partie du chemin, sans se faire connaître. Mais quel est l'étonnement du voyageur, à l'entrée du village, lorsqu'il voit le peuple réuni qui se prosterne à genoux, et son compagnon qui bénit toute cette multitude ! Il demande quel est donc ce personnage, et apprenant que c'est l'archevêque de Vienne, honteux et confus, il va en tremblant lui demander pardon de lui avoir fait porter son sac. Eh ! mon ami, lui répond Monseigneur d'Aviau, c'est précisément parce que

» Deux jours après l'ouverture de l'église de la Louvesc, Dieu se plut à glorifier son serviteur par un nouveau miracle; en voici les détails tels que nous les a envoyés monsieur Cartal, témoin oculaire qui, après tant de services rendus au diocèse pendant sa longue et glorieuse carrière, consacre encore les années de son heureuse vieillesse à la sanctification des âmes dans la ville du Puy :

« Deux jours après l'ouverture de l'église, on amena
» un jeune homme qui ne pouvait point marcher. On le
» descendit avec peine de cheval, pour le transporter à
» l'église : c'était un samedi au soir. Après qu'il eut fait
» sa prière sur le tombeau de saint Jean-François
» Régis, on le conduisit, ou plutôt on le porta dans une
» auberge. Le lendemain, dimanche, on le traîne encore
» à l'église pour y entendre la messe. Pendant le saint
» sacrifice, il se sent tout à coup guéri, jette ses béquilles, sort, et se met à courir dans le village, tout
» transporté de joie. J'étais au confessionnal : on vint me
» dire qu'il s'était opéré un miracle. Je sortis aussitôt et
» fis chercher le jeune homme, qui vint me joindre à la
» cure, fondant en larmes et demandant la communion.
» Je lui fis plusieurs questions auxquelles il répondit,
» en disant : que depuis plusieurs années il était privé
» de la faculté de marcher ; qu'ayant couché dans des
» lieux humides pour se soustraire à la réquisition, il en
» avait contracté un dépôt au haut de la cuisse, dont les

---

je suis archevêque que je dois le premier pratiquer la charité et rendre service à mon prochain. L'habitant de Planfoix qui avait eu le malheur de se laisser entraîner par les erreurs du temps, se convertit à l'instant, s'approcha des sacrements, et ne racontait plus son aventure et le trait touchant de la bonté du prélat, que les larmes aux yeux.

(Note du narrateur.)

» muscles s'étaient retirés et ne lui permettaient plus
» d'appuyer le pied sur la terre ; qu'après avoir consulté
» plusieurs médecins sans succès, il s'était voué à saint
» Régis, et qu'il s'était senti tout à coup guéri. Je le fis
» marcher devant moi, ce qu'il fit facilement, mais
» comme un homme qui a la jambe un peu engourdie.
» Je lui demandai d'où il était ; il me répondit qu'il était
» de Saint-Didier, et qu'il connaissait M. Derachat, son
» curé, grand vicaire du Puy. Je lui donnai une lettre
» pour ce digne pasteur, en le priant d'interroger les
» hommes de l'art qui avaient été à portée de voir le
» malade, et de m'adresser un procès-verbal bien en rè-
» gle sur l'état du malade avant son voyage à la Lou-
» vesc, et l'avis des médecins sur la nature du mal qu'ils
» avaient jugé incurable. Monsieur Derachat, après avoir
» pris toutes les informations d'usage en pareil cas, envoya
» un procès-verbal signé de lui. Monseigneur d'Aviau se
» trouvait alors à la Louvesc : je lui soumis cette pièce, et
» après l'avoir lue, il me répondit : *Je ne doute pas que*
» *ce ne soit un vrai miracle, vous pouvez le dire en chaire.*
» Ce que je fis à la grande satisfaction de tous les assis-
» tants. »

» Pénétré de dévotion pour saint Jean-François Régis, Monseigneur d'Aviau aurait vivement désiré rendre ses reliques à la vénération publique ; mais la crainte de les perdre pour toujours, en se pressant trop de les tirer de leur retraite, lui faisait attendre des temps plus tranquilles, jusqu'à ce que le concordat, qui rendit la paix à l'Église, supprimât le siége de Vienne et enlevât le vénérable archevêque à l'amour de ses diocésains. Monseigneur de Chabot, évêque de Mende, dans le diocèse duquel se trouvait comprise la paroisse de la Louvesc par la nouvelle démarcation des diocèses, s'empressa, aussitôt après son installation, de venir mettre son épiscopat sous la protection de saint François Régis et de faire la translation de ses reliques. Le 13 juillet avait été indiqué pour cette cérémonie. Pour être fidèle à sa promesse, le prélat fut obligé de traverser les hautes montagnes qui séparent Mende de la Louvesc par un temps bien extraordinaire dans cette saison. Il tomba pendant trois jours une neige épaisse poussée par un vent violent.

» Dès le jour même de son arrivée, il se rendit à la Grange-Neuve pour procéder à la levée du corps saint. Le coffret qui le renfermait fut retiré du lieu où il était caché, et placé sur une table convenablement ornée. On lut le procès-verbal de l'enlèvement, et tout étant trouvé conforme à son contenu, Monseigneur et tous les assistants se prosternèrent par un mouvement subit de dévotion pour vénérer les précieuses reliques du saint et rendre grâces à la divine Providence de les avoir conservées. On ouvrit ensuite le coffret, d'où furent extraites quelques reliques pour être enchâssées dans les pierres sacrées sur lesquelles se célèbre le saint sacrifice de la messe. Une vertèbre entière fut laissée à la famille Buisson pour la récompenser de son zèle pour la conservation du corps de saint Régis, et la consoler de la perte qu'elle allait faire. Quelques parcelles des saintes reliques furent aussi accordées à quelques-uns des assistants, et on renferma dans le coffret la tête et à peu près la moitié des ossements du corps, qui sont restés intacts depuis cette époque.

» On dressa un nouveau procès-verbal qui fut dicté par Monseigneur de Chabot et signé de messieurs Vernet, vicaire général de Mende et supérieur du séminaire de Viviers ; Picancel, vicaire général et curé d'Annonay ; Bilhot, curé de la Louvesc ; Rouchoux, curé de Satilleux ; Duret, ancien chanoine d'Annonay ; du Père Massi, ancien Jésuite ; des père et enfants Buisson et de plusieurs autres assistants, et enfin de Monseigneur de Chabot, qui le munit de son sceau, et le fit contre-signer par son secrétaire. Ce procès-verbal, plié dans un linge, fut renfermé avec les saintes reliques dans le coffret en bois de chêne, qui fut exactement scellé, en plusieurs endroits, du sceau de Monseigneur l'évêque de Mende, et depuis il n'a plus été ouvert. Placées sur une espèce d'autel garni de cierges allumés, les saintes reliques demeurèrent dans la maison Buisson jusqu'au lendemain, entourées d'une multitude de fidèles, dont plusieurs passèrent la nuit à implorer la protection du saint.

» Le mardi 13 juillet, malgré le mauvais temps qui continuait, la procession partit à 8 heures du matin de l'église de la Louvesc pour la cérémonie de la translation. Le clergé, composé de vingt-quatre prêtres et de seize séminaristes que Monseigneur d'Aviau avait rassemblés depuis deux ans à Saint-Symphorien pour y faire leurs études ecclésiastiques, chantait le psaume *Miserere* ; et, après chaque verset, le peuple, qui comprenait que ce chant de pénitence était une amende honorable que faisaient les prêtres, ministres du Seigneur, pour tous les sacrilèges et les profanations de la révolution, répondait avec le sentiment d'une amère douleur : *Parce, Domine*, etc. Arrivés à la Grange-Neuve, distante de l'église d'un quart de lieue, les ecclésiastiques en surplis s'approchèrent successivement pour baiser les reliques pendant qu'on chantait l'hymne du saint. Le célébrant vint ensuite les encenser, et la procession commença à défiler. Les filles, vêtues de blanc, ouvraient la marche avec leur croix et leur bannière ; au milieu du clergé, deux prêtres en dalmatiques portaient les saintes reliques sur un brancard orné de fleurs et de rubans, et sous un dais soutenu par les quatre frères Buisson, qui les avaient conservées ; à côté d'eux marchaient quatre prêtres un flambeau à la main. Ils étaient suivis d'un peuple nombreux que précédaient les membres du conseil municipal. On entendait dans le lointain le son des cloches, et l'on se plaisait surtout à distinguer la petite cloche dite de *saint Régis*, parce qu'elle a sonné ses derniers sermons et son trépas ; elle semblait réclamer le saint qui lui a donné son nom. La procession s'avançait ainsi au milieu de transports d'allégresse, en faisant retentir les échos des forêts des litanies du saint et de cantiques d'actions de grâces.

» Lorsqu'on fut rentré dans l'église, les reliques furent exposées au milieu du chœur, sur un petit autel, devant lequel on brûlait de l'encens. Monseigneur l'évêque officia pontificalement, et chanta la messe *de translatione reliquiarum*. Le panégyrique fut prononcé par monsieur Picancel. Après la messe, le peuple fut admis à vénérer les saintes reliques pendant que le chœur chantait des psaumes. Ensuite tous les ecclésiastiques, un cierge à la main, suivis de Monseigneur l'évêque et des officiants en chapes, se rendirent à l'autel du saint, sur lequel avait été placée une nouvelle châsse en bois de noyer peint, dans laquelle les deux prêtres qui portaient le coffret le fermèrent sous une double serrure. Le clergé rentra dans le chœur au chant du *Te Deum*, et la cérémonie fut terminée par la bénédiction du très-saint Sacrement.

» Aussitôt après la translation, l'église de la Louvesc commença à être plus fréquentée encore qu'avant la révolution. La plupart des autres corps saints avaient disparu à cette époque malheureuse ; celui de saint Claude, conservé miraculeusement pendant tant de siècles avait été réduit en cendres par les impies ; un forcené, qui trouva dans l'exécution même de son forfait le châtiment qu'il méritait, avait fait sauter par la mine la célèbre église de Saint-Martin de Tours[1], qui pendant tant de siècles avait été le lieu de pèlerinage le plus fréquenté en France. Les fidèles accouraient donc de plus loin et en plus grand nombre visiter le tombeau de l'apôtre du Vivarais. Mais le dénûment où se trouvait l'église, après la persécution, n'avait pas permis d'offrir à saint Régis une châsse digne de lui. Le vol de tous les vases sacrés, qui fut commis avec effraction, lorsque la sacristie commençait à être convenablement pourvue, et avant qu'elle fût munie de toutes les mesures de sûreté qui la défendent aujourd'hui, avait obligé d'ajourner indéfiniment ce projet.

» Cependant de fréquents prodiges, dont quelques-uns sont rapportés dans le petit *Abrégé de la vie et des miracles du serviteur de Dieu*, augmentaient continuellement le concours. Pour rendre ce pèlerinage vraiment utile à la sanctification des âmes Monseigneur Molin, évêque de Viviers, dont le siége venait d'être rétabli, forma en 1824 une société de missionnaires chargés de desservir pendant l'été le pèlerinage de la Louvesc. Ils y firent le plus grand bien, ainsi que dans le reste du diocèse. Mais plusieurs d'entre eux ayant été nommés à d'autres postes après les événements de 1830., Monseigneur Bonnel, successeur de Monseigneur Molin, a appelé à la Louvesc les prêtres qui desservent aujourd'hui le pèlerinage, et qui s'honorent de pouvoir donner à saint François Régis le nom de frère, puisqu'il vivait sous la même règle par la pratique de laquelle il s'est sanctifié.

---

[1] Il avait choisi la veille même de Saint-Martin, disant avec blasphème qu'il voulait lui donner un bouquet; il s'était mis à l'écart pour jouir du spectacle affreux qu'il se promettait ; mais une pierre énorme alla l'y atteindre et l'écrasa.

(*Note du narrateur.*)

» Le vénérable prélat n'a pas borné là ses hommages au grand saint qu'il se glorifie de posséder dans son diocèse : par une circulaire en date du 27 février 1834, il a invité le clergé et les fidèles de son diocèse à souscrire pour une nouvelle châsse et une nouvelle statue de saint Jean-François Régis. Les offrandes envoyées ou recueillies à la Louvesc pour cet objet, se sont élevées dans le cours de l'année à trois mille francs. Mais comme il fallait plus de six mille francs pour une châsse et une statue en bronze doré, les missionnaires, qui ne pouvaient par eux-mêmes compléter la somme nécessaire, ont eu recours à leur premier supérieur et à leurs confrères, qui se sont empressés d'y contribuer. »

VIII

Une nouvelle châsse.

1834

La main divine continuant à répandre des grâces abondantes sur tous les pèlerins qui venaient les solliciter à la Louvesc, au nom et par les mérites et l'intercession de saint Jean-François de Régis, la reconnaissance des fidèles avait besoin d'une éclatante manifestation. La châsse dans laquelle les restes sacrés du grand apôtre étaient renfermés ne paraissait pas digne de son objet ; chacun apporta son offrande pour en faire exécuter une dont la richesse et le bon goût répondissent au désir de tous les cœurs. C'était en 1834.
La nouvelle châsse était préparée, Monseigneur de Bonnel, évêque de Viviers devait venir à la Louvesc;

pour faire la cérémonie de la translation, et le 3 septembre avait été fixé pour cette fête toute populaire, qui devait être un honneur de plus rendu au *saint Père* des pauvres montagnards des Cévennes. Ce jour était impatiemment attendu, il arriva enfin. Mais si nous voulions raconter les détails de ce nouveau triomphe de notre saint, nous pourrions être soupçonné d'exagération. Nous préférons laisser parler un témoin oculaire, membre du clergé de Valence, dont le récit fut publié alors, et que nous empruntons au *Pèlerinage* déjà cité.

« Dès la veille, nous dit l'auteur, la petite commune de la Louvesc était envahie par un concours prodigieux d'étrangers, qui étaient venus des provinces voisines assister à cette solennité. On voyait des personnes de tout sexe, de tout âge et de toute condition, arriver dans ce lieu solitaire, après avoir supporté avec une constance remarquable la longueur et la difficulté des chemins, l'ardeur d'un soleil brûlant et des privations de plus d'un genre. La plupart avaient fait à pied un pèlerinage aussi long ; mais tous en ont oublié les peines et les dangers en apercevant la première fois le clocher du temple consacré à la mémoire d'un saint dont le nom populaire est entouré dans ces contrées d'une vénération et d'une confiance générales.

» L'affluence était si considérable, que les auberges et les autres maisons n'ont pu suffire, et que plusieurs ont été obligés de passer la nuit dans l'église et même en plein air. Dans l'église un grand nombre de prêtres n'ont cessé d'entendre les confessions pendant la nuit tout entière, sans pouvoir suffire à l'empressement des fidèles dont la plupart demandaient à recevoir les sacrements.

» Le lendemain 3 septembre, à 8 heures du matin, les cloches ont annoncé l'ouverture de la cérémonie. Elle a commencé par une messe célébrée par Monseigneur Devie, évêque de Belley, assisté de monsieur de Lavarenne, grand vicaire de Valence, et de monsieur Bilhot, chanoine de Viviers et ancien curé de la Louvesc. Après la messe, Monseigneur de Bonnel, évêque de Viviers, a fait la cérémonie de la translation selon le rit accoutumé, en présence d'un nombreux clergé. Monseigneur a fait la reconnaissance des sceaux de l'ancienne châsse, et y a apposé le sien. Pendant cette cérémonie, on s'occupait à faire défiler la procession qui devait se diriger à une distance assez considérable, vers l'habitation de la famille Buisson qui, pendant la tourmente révolutionnaire, eut l'honneur de dérober aux poursuites du vandalisme de cette époque les restes précieux du saint.

» C'était un double hommage de reconnaissance que l'on voulait offrir en même temps à la divine Providence qui avait bien voulu ne pas permettre que le corps du juste fût exposé à la profanation de l'impie, et à la famille respectable qui avait, au péril de sa vie, conservé ce corps révéré à l'amour et au respect des peuples.

» La procession était ainsi ordonnée : après les fidèles qui en composaient la plus grande partie, venaient les diverses confréries de la paroisse et des communes voisines; ensuite les ecclésiastiques qui étaient accourus de plusieurs diocèses au nombre de quatre cent quatre-vingt-deux, selon le calcul de plusieurs personnes. Ils étaient en surplis et suivis de dix-huit prêtres revêtus d'une aube et d'une étole, qui portaient la châsse du saint, et se relevaient à un signal donné. Autour de la châsse étaient les membres de la famille Buisson avec des cierges à la main. Venaient ensuite des chanoines des églises de Lyon, de Belley, de Viviers, de Grenoble, de Valence et du Puy. La procession était fermée par Messeigneurs les archevêques et évêques de Lyon, de Viviers et de

Belley, en crosse et en mitre. Pendant la cérémonie, qui a duré quatre heures, cinq autels ont été occupés continuellement par des prêtres qui offraient le saint sacrifice, sans compter ceux qui arrivaient de toutes parts pendant la procession.

» Au moment où les prélats sortaient de l'église, on a pu voir la procession se développer dans toute son étendue, avec ses bannières et ses divers costumes, sur les coteaux et les montagnes qui avoisinent la Louvesc. On aurait dit un cordon de mille couleurs qui suivait les sinuosités du terrain et se présentait à l'œil sous des formes riantes et majestueuses. Une foule immense était répandue dans la campagne et assistait à cette touchante cérémonie avec un silence mêlé de joie et de recueillement. Ce silence n'était interrompu que par les chants des jeunes filles, des choristes et des prêtres qui faisaient retentir ces lieux solitaires de concerts inaccoutumés.

» Mais ce qui attirait plus particulièrement les regards, c'était la châsse du saint dont le bronze doré était frappé par les rayons d'un soleil brillant et sans nuage. Cette châsse d'un style gothique était fermée par des glaces, à travers lesquelles on pouvait apercevoir l'ancienne châsse recouverte d'un velours cramoisi sur lequel étaient brodées en or, parsemé de brillants enchâssés, les initiales du saint : S. J. F. R.

» Au milieu des flots d'une population avide de la contempler, elle s'avançait majestueusement, semblable à l'arche d'alliance portée en pompe et au bruit des instruments, parmi les enfants d'Israël. Arrivée dans un vallon en forme d'amphithéâtre, elle a été déposée en face d'une tente élégante que l'on avait préparée pour les prélats et leur suite, à l'entrée d'un bois. La foule alors s'est pressée autour, mais sans désordre ni confusion, pour entendre le discours qui devait être prononcé, et l'on apercevait par derrière des centaines de jeunes gens montés sur des sapins de la forêt.

» Au milieu du silence le plus parfait, monsieur Ruivet, grand vicaire de Belley, a retracé les vertus de Régis, mort dans cette contrée, victime de sa charité et de son zèle pour le salut des âmes. L'orateur a fait valoir ensuite les puissants motifs de confiance que devait inspirer un saint dont l'intervention puissante auprès de Dieu a été prouvée par les miracles les plus éclatants. Sa voix, quoique forte et accentuée, n'a pu être entendue de tous les fidèles, le nombre en était trop grand. Mais le spectacle imposant que chacun avait sous les yeux était à lui seul aussi éloquent que tous les discours.

» Après l'allocution, les fidèles se sont mis à genoux pour recevoir la bénédiction de Monseigneur l'évêque de Viviers. La vue de tant de milliers de fidèles prosternés dans le plus profond recueillement sous la main du premier pasteur du diocèse a fait une impression que nous ne saurions décrire. Plusieurs journaux en ont parlé. La procession s'est ensuite rendue à l'église dans le même ordre qu'elle en était sortie. Pendant tout son cours, elle a été environnée d'une double haie de pieux fidèles, qui, les mains jointes et à genoux, imploraient la protection du saint. Ces témoignages d'une foi simple et naïve touchaient tous les cœurs. Il faudrait en avoir été témoin pour comprendre les douces émotions qu'ils faisaient naître. La procession a été terminée par le chant du *Te Deum* et la bénédiction pontificale [1].

---

[1] Monseigneur l'évêque fit ensuite annoncer en chaire qu'il fondait à perpétuité une grand'messe qui serait chantée tous les ans, le 3 septembre, jour anniversaire de la translation, pour tous les bienfaiteurs vivants ou morts qui avaient contribué aux frais de la châsse et de la statue ou qui contribueront à l'avenir à achever les réparations de la chapelle. Car Sa Grandeur se propose de faire remplacer les quatre statues

» Pour éviter des accidents, on n'avait laissé entrer dans l'église que le clergé ; mais le temple a été constamment rempli, la veille, le jour de la fête et toute la nuit. Trois messes ont été célébrées à la fois et sans interruption depuis minuit jusqu'à une heure de l'après-midi. Pendant cet intervalle, plusieurs milliers de fidèles ont reçu la communion. Les calculs les plus modérés portent à vingt-cinq mille le nombre des personnes qui sont venues assister à la cérémonie. Ainsi s'est vérifié l'oracle de l'Esprit saint, que la mémoire du juste sera éternelle et que son tombeau sera glorieux.

» Que sont devenus les monuments funéraires élevés aux Alexandre, aux César, et aux autres conquérants?... Ils ont disparu sous des ruines, ou sont ensevelis dans l'oubli. Le tombeau d'un homme fameux qui a rempli l'Europe de son nom et de ses victoires, où est-il ? Il est dans une île solitaire, battue par les flots de la mer, qui viennent expirer sur le rivage, et personne ne va le visiter. Mais celui de Régis, de ce simple prêtre, de cet humble religieux, qui vécut pauvre, ignoré, parmi des hommes grossiers et sans culture, reçoit les hommages les plus empressés. Témoin d'un spectacle si consolant, comment pourrions-nous désespérer de l'avenir de la religion dans notre patrie? Non, la foi ne saurait périr dans un pays où se manifeste avec autant de simplicité que d'énergie la ferveur des anciens jours. Certes, le Seigneur aurait trouvé plus de sept justes dans cette population accourue au désert pour y vénérer la mémoire d'un autre Jean-Baptiste. Aussi, les vœux et les supplications qui, du fond de cette solitude, se sont élevés jusqu'au trône du Tout-Puissant, désarmeront sa colère,

---

de l'autel de saint Régis, peu en harmonie avec la chapelle, d'y faire mettre un tabernacle, et d'entourer d'une balustrade où l'on pourra recevoir la communion, ce petit sanctuaire qui sera pavé en marbre.

ouvriront ses trésors de miséricorde, et feront descendre sur nous des grâces signalées et les bénédictions les plus abondantes.

« PROCÈS-VERBAL

» *De la translation des reliques de saint Jean-François Régis, missionnaire de la Compagnie de Jésus, faite par Monseigneur Pierre-François de Bonnel, évêque de Viviers.*

» Nous, Pierre-François de Bonnel, par la miséricorde divine et la grâce du Saint-Siége apostolique, évêque de Viviers, en présence de Messeigneurs de Pins, archevêque administrateur du diocèse de Lyon, et Alexandre-Raymond Devie, évêque de Belley, de monsieur Ruivet, son vicaire général, de messieurs de la Varenne, vicaire général de Valence, Delhome, curé de Tournon, de Contagnet, chanoine de Viviers; Neyrand Dhaussegure, curé de Chomérac Montagnac; chanoine honoraire du Puy, et supérieur du petit séminaire de Monistrol, de Barjac, prêtre de Valence, Blachette, curé de la Louvesc, Druilhet, supérieur des Pères Jésuites de Lyon, Guillermet, supérieur des missionnaires de la Louvesc, Sellier, missionnaire du Puy, Bilhot, ancien curé de la Louvesc et chanoine de Viviers, dont la plupart soussignés, de messieurs Pierre Buisson, Antoine Buisson et Alexandre Buisson, et de plus de trois cent soixante prêtres de divers diocèses.

» Assisté de monsieur Gervais, notre vicaire général, et de monsieur Mayoud, notre secrétaire, avons procédé, le trois septembre mil huit cent trente-quatre, à la vérification des reliques de saint Jean-François Régis. Après la messe célébrée au maître-autel de l'église de la Louvesc par Monseigneur Devie, évêque de Belley, la châsse en bois de chêne, de forme carrée avec les angles de deux côtés échancrés, nous ayant été présentée, nous avons reconnu que les sceaux de Monseigneur de Chabot, évêque de Mende, qui furent apposés avec des rubans sur les angles de ladite châsse à l'époque de la translation qui en fut faite de la Grange-Neuve, où les messieurs Buisson l'avaient cachée pendant la persécution, à la Louvesc, où elle avait été exposée jusqu'ici à la vénération des fidèles sur l'autel dédié à saint Jean-François Régis, lesdits sceaux intacts, en sorte qu'il a été impossible qu'il y eût lieu à aucune soustraction jusqu'à ce jour ; nous avons donc reconnu et déclarons reconnaître l'authenticité des reliques de saint Jean-François Régis, renfermées dans ladite châsse, qui a été de plus enveloppée d'un ruban blanc croisé, sur lequel nous avons apposé plusieurs fois notre sceau, ainsi que sur l'ouverture triangulaire de la serrure, en sorte qu'on ne puisse en aucune manière l'ouvrir ni faire aucune soustraction frauduleuse des précieux ossements qui y sont renfermés.

» Après cette vérification, la châsse en bois, scellée ainsi que nous l'avons dit ci-dessus, a été déposée en notre présence, revêtue d'une enveloppe de velours cramoisi, qui porte en broderie d'or et pierreries le chiffre de la Compagnie de Jésus et celui de saint Jean-François Régis, dans la nouvelle châsse en bronze doré de forme gothique, a été portée en procession devant nous et Messeigneurs les archevêques et évêques de Lyon et de Belley, précédés de quatre cents prêtres environ, au milieu d'un concours de pèlerins qui a été généralement estimé s'élever à vingt-cinq mille âmes.

» Arrivée vers le milieu de sa course, la procession a fait station dans un vallon situé près le bois de monsieur Buisson de la Grange-Neuve, à la vue de l'église et du village de la Louvesc. Là, monsieur Ruivet, vicaire général du diocèse de Belley, a prononcé le panégyrique du saint, après lequel nous avons donné notre bénédiction épiscopale aux milliers de fidèles prosternés devant nous, et la procession s'est acheminée dans le même ordre jusqu'à ce que la première croix qui ouvrait la marche fût arrivée devant l'église ; alors les rangs se sont ouverts, le clergé s'est avancé au milieu, ainsi que les dix-huit diacres qui portaient successivement la châsse, six à six, en sorte que tous les fidèles ont pu contempler de près la brillante châsse qui n'excitait pas moins leur admiration, que la présence du saint corps n'excitait leur piété. Nous sommes ainsi rentrés à l'église au chant du *Te Deum* ; la châsse a été portée sur l'autel du saint. Prosternés à genoux, nous avons encensé les reliques et donné de nouveau la bénédiction à cette immense multitude de fidèles qui s'étaient précipités dans l'église, ou qui l'entouraient, ne pouvant plus y avoir accès.

» En foi de quoi nous avons fait dresser le présent procès-verbal que nous avons signé, ainsi que la plupart des témoins sus-mentionnés.

» Fait à la Louvesc, le trois septembre mil huit cent trente-quatre. Suivent les signatures ; et le procès-verbal, qui se conserve dans l'église de la Louvesc, est muni du sceau de Monseigneur l'évêque de Viviers, et contre-signé par monsieur le secrétaire de l'évêché. »

IX

Nouveaux miracles.

1834-1847

Parmi les nombreux pèlerins accourus à la grande solennité dont on vient de lire l'intéressant récit, plusieurs avaient remarqué, sur le chemin de Glun à la Louvesc, une jeune fille de vingt et un ans, qui, dans son empressement, dépassait la pieuse caravane et marchait toujours en avant, s'arrêtant parfois pour attendre ses compagnes, dont elle ne voulait pas se séparer, et dont le pas moins rapide ne la suivait que difficilement. C'était Reine Dufour.

Cette jeune fille, percluse, depuis un an, d'un bras et d'une jambe, par suite d'une maladie, ne pouvait se mouvoir qu'à l'aide d'une béquille. Le 31 juillet 1834, fête du saint fondateur de la Compagnie de Jésus, elle s'était fait mettre en voiture, accompagnée de sa mère, elle était allée au tombeau de saint Jean-François de Régis, et elle y avait fait une neuvaine qui lui avait rendu la santé et le mouvement des membres perclus. Que l'on se figure avec quelle joie et quelle reconnaissance elle se rendait, le 2 septembre, à la Louvesc, pour assister à la solennité de la translation de ses reliques.

Reine Dufour habitait au village de Glun, éloigné de six grandes lieues de la Louvesc ; mais cette distance ne pouvait effrayer celle que le saint apôtre de la contrée avait regardée si favorablement. Elle avait effectué à pied ce long trajet, sans la moindre fatigue, heureuse d'aller remercier son glorieux protecteur, sur le lieu même où elle avait éprouvé les merveilleux effets de sa puissante médiation ; heureuse surtout du nouveau triomphe que la reconnaissance publique préparait au *saint Père*, à qui elle était redevable d'une telle grâce.

Les miracles ont toujours été si nombreux à la Louvesc, que nous ne pouvons reproduire toutes les relations déjà publiées, et dont les attestations les plus authentiques sont conservées dans les archives de ce lieu béni. Nous choisirons seulement quelques-unes des guérisons les plus récentes ; mais qui dira le nombre des conversions obtenues au tombeau de l'illustre missionnaire !... Jamais apôtre ne continua son apostolat, après sa mort, d'une manière plus évidente et plus fructueuse. Nous y reviendrons. Disons la puissance de son intercession en faveur de ceux qui l'invoquent avec foi dans les maladies corporelles.

Un missionnaire bien connu en France, depuis quelques années, par son zèle et sa piété, va nous raconter lui-même la manière dont saint Jean-François de Régis l'a conservé pour le bien des âmes et la gloire de la très-sainte Vierge, à qui il a voué sa vie.

« A l'âge de six ans, écrit-il, je fus atteint d'une fièvre cérébrale qui dura plus de trois mois. De cruelles souffrances, qui allaient jusqu'à la rage, et dont je n'ai point encore perdu le souvenir, dévoraient si horriblement mes chairs, que je n'étais plus qu'un hideux squelette. Les trois médecins qui m'avaient soigné pendant ma maladie, ayant reconnu l'impuissance de leur art, m'abandonnèrent totalement. Un jour que ma pauvre mère, retirée dans un coin de l'appartement, faisait éclater son désespoir par des larmes et des sanglots, on vint lui dire cette terrible parole, bien propre à déchirer le cœur d'une mère : *Il est mort.* Cependant, on ne jugea pas à propos de m'ensevelir de suite, car mes membres conservaient encore un peu de chaleur. En attendant les glaces de la mort, on déposa sur mon lit le linceul qui devait m'envelopper.

» Dans l'intervalle, ma pieuse mère, poussée par une inspiration divine, va conjurer un digne ecclésiastique d'offrir pour moi le sacrifice de la messe, en l'honneur de saint François Régis, mon patron, à qui elle venait de me vouer.

» Pauvre mère! lui dit ce saint prêtre, la douleur vous égare! Votre fils est mort, les enfants qui doivent assister à ses obsèques sont déjà désignés. Ma mère insiste, et, ajoutant à ses prières l'éloquence de ses larmes, elle obtient la messe qu'elle demandait avec tant d'instance.

» Le lendemain, elle assiste au saint sacrifice, et, pendant l'élévation, elle adresse à mon patron cette fervente prière :

» Saint François Régis, obtenez-moi du bon Dieu qu'il me rende mon enfant! Borgne ou boiteux, je le veux; mais qu'il vive pour faire le bien, sinon, faites-le mourir! »

« Quelle ne fut pas la joie, l'ivresse de ma tendre mère quand, à l'issue de la messe, elle s'entendit appeler par son enfant, qui, depuis vingt-quatre heures, n'avait pas donné le plus léger signe de vie! Le vaste appartement où je me trouvais, fut, à l'instant même, rempli par la foule, accourue pour être témoin de ce que l'on appelait dans le pays un miracle.

» Ma pauvre mère m'avait réclamé à Dieu, en disant : *Borgne ou boiteux, je le veux; mais qu'il vive pour faire le bien.* La première partie de sa prière fut exaucée; car cette maladie m'a enlevé un œil. Je prie saint François Régis que la seconde partie de la prière de ma mère s'accomplisse, c'est-à-dire que je fasse le bien jusqu'à mon dernier soupir.

» Sibillat,
» *Missionnaire de Notre-Dame de la Salette.*

» Grenoble, le 10 décembre 1852. »

Le Père Sellier, de la Compagnie de Jésus, mort en odeur de sainteté en 1854, et que la voix populaire avait surnommé *l'apôtre de l'Artois et de la Picardie*, était, en 1834, supérieur des missionnaires de la Louvesc, et il raconte que, en cette même année, dans les premiers jours de la semaine sainte, il vit arriver des voyageurs dont le courage l'étonna, vu l'apparence de santé de chacun d'eux. C'étaient monsieur et madame de Pélerin, habitants de la ville d'Alais, leur fils, âgé de quatre ou cinq ans, et la bonne de cet enfant. Le petit garçon était remarquable, dit le Père Sellier, par la fraîcheur de son teint, son embonpoint et la vivacité de son caractère.

« La saison était encore rigoureuse dans les montagnes du Vivarais, continue le pieux missionnaire, la neige couvrait les routes et les pèlerins ordinaires n'arrivaient pas sitôt au tombeau de saint François Régis. Je demandai à monsieur de Pélerin comment il avait pu se mettre en route avant le retour de la belle saison :

» — J'ai été trompé, me répondit-il, par le climat de notre pays : le printemps règne déjà dans nos contrées. Je me suis hâté pour l'accomplissement d'un vœu que j'ai fait dans le courant de l'hiver, de peur que le Seigneur ne me punît de mon retard en me retirant la faveur qu'il m'avait accordée, de guérir miraculeusement cet enfant-là. J'en avais déjà perdu deux, et j'étais menacé de perdre encore celui-ci, de la maladie qui m'a enlevé ses frères. Le voyant dans cet état de langueur, j'avais eu recours à toutes les ressources de l'art. Quatre médecins avaient été appelés et lui avaient en vain donné leurs soins : l'enfant allait toujours dépérissant. Alors, j'eus recours à la protection du Ciel : ma femme fit vœu de le consacrer à la sainte Vierge, et de lui faire porter des vêtements blancs jusqu'à l'âge de sept ans; moi-même j'allai prier à différents lieux de dévotion. Eh bien ! mes pèlerinages n'avaient apporté aucun soulagement au pauvre petit malade ; au contraire, il dépérissait à vue d'œil, il était devenu d'une maigreur extrême, et si faible, qu'il était constamment dans les bras de sa bonne. L'on craignait qu'en le plaçant dans son lit, la plus légère secousse ne lui ôtât le souffle de vie qui lui restait. Les médecins avaient déclaré qu'il n'y avait plus d'espoir. Dans notre quartier, il y a une excellente fille que ma femme aime beaucoup parce qu'elle est pieuse. Cette personne, qui a fait plusieurs fois le pèlerinage de saint Régis, nous avait parlé souvent des miracles opérés au tombeau de ce grand saint. Je priai ma femme de faire venir cette bonne fille, et je lui demandai ce qu'il fallait faire pour obtenir la guérison de mon enfant. Elle me répondit qu'il fallait faire le vœu d'aller moi-même au tombeau de saint Régis, d'y faire des prières devant ses reliques, de me confesser et de communier dans l'église où elles reposent. Après quelques heures d'hésitation, je me déterminai à faire le vœu, tel que cette bonne fille me l'avait indiqué. Dès ce moment, je me sentis plein de la confiance que mon enfant reviendrait à la santé. Il était de dix à onze heures du soir, je le quittai et me retirai dans ma chambre : Vous le trouverez mort lorsque vous reviendrez, me dit la bonne, si vous vous en allez ! — Non ! non, lui répondis-je ; j'ai fait mon vœu au saint, et je suis certain que Dieu l'exaucera. En effet, je ne retournai dans sa chambre que le lendemain et demandai :

Eh bien! est-il mort? — Oh! non, monsieur! tout au contraire, il est plein de vie! Quelques jours après, il avait toute la santé que vous lui voyez maintenant. C'est là un miracle dont je remercierai Dieu tous les jours de ma vie! »

Tous les Pères de la résidence de la Louvesc, furent frappés d'un autre prodige en faveur de cet enfant, c'est qu'il parut d'une piété au-dessus de son âge pendant le séjour de ses parents au pèlerinage. Il ne quittait pas sa mère et la suivait dans tous ses exercices religieux, avec une dévotion extraordinaire. Il faisait le chemin de la croix avec le plus grand recueillement; et, voyant les pénitents blancs réunis à l'église le jeudi saint, il dit à sa mère, qui portait un petit voile blanc :

— Maman, donne-moi ton voile et mets-le autour de mon petit chapeau blanc, afin que je sois comme tous ces gens-là, qui chantent et qui prient si bien !

Et sa mère lui mit son voile, qu'il garda toute la journée, heureux de ressembler *à ces gens qui priaient si bien.*

La même année 1834, le curé de Nonnières (Ardèche) écrivait au supérieur des missionnaires de la Louvesc :

« Je dois, pour la gloire de Dieu et l'accroissement de la dévotion envers saint Régis, vous faire connaître la guérison qu'une jeune fille de ma paroisse a obtenue par l'intercession de ce saint.

» Anne Foustier fut atteinte d'une maladie extraordinaire, à la fin de novembre 1832. Cette enfant éprouvait des convulsions affreuses, qui lui ôtèrent successivement l'usage de tous ses membres. Les attaques étaient si fréquentes, qu'en certains jours, elle en éprouva jusqu'à quarante. Je lui administrai les derniers sacrements, dans la crainte qu'elle ne succombât à une de ces crises. Plusieurs médecins qui la visitaient, lui ordonnaient des remèdes dont elle ne recevait aucun soulagement ; l'un d'eux avait déclaré la maladie incurable, les autres, par leur manière d'agir, montraient assez qu'ils étaient du même avis.

» Au commencement d'août 1833, cette pauvre enfant eut une attaque qui la priva subitement de l'ouïe et de la parole. Dans un des rares moments de repos que lui accordait sa maladie, elle arrêta ses regards sur une statue de saint François Régis : j'étais alors auprès d'elle ; elle me fit connaître par signe qu'elle désirait l'avoir, je la lui présentai. Aussitôt, elle se prosterne devant elle, et reste assez longtemps dans cette attitude respectueuse. Plusieurs fois, durant ce jour et les suivants, elle donne à cette statue les mêmes témoignages de respect et de vénération ; puis elle fait connaître à ses parents, en montrant une image où est représenté la Louvesc, qu'elle désire y aller. Sa mère acquiesce à sa demande et part avec elle.

» Le lendemain elles y assistaient à la première messe, lorsque, un moment après la consécration, l'enfant dit à sa mère :

» — Ma mère, je parle !

» C'était ses premières paroles depuis trois mois. Dès lors, elle fut entièrement guérie, et jouit depuis d'une santé parfaite. Je profite du second voyage qu'elle fait à la Louvesc, avec sa mère, pour vous faire parvenir cette lettre. Vous pouvez les interroger vous-même, elles vous raconteront cette guérison extraordinaire. Si j'ai tant tardé à vous en donner connaissance, c'est que je voulais m'assurer qu'elle se soutiendrait : après un an, le doute n'est plus permis.

» R. BAUNIER, curé.

» Les Nonnières, 20 juin 1834. »

Nous craindrions de fatiguer le lecteur en multipliant les récits de faits dont l'analogie peut refroidir l'intérêt ; toutefois, nous tenons à prouver que les miracles se continuent à la Louvesc avec une sorte de prodigalité, et qu'il n'est pas de pèlerinage plus fécond en prodiges, que celui du tombeau de l'humble Jésuite Jean-François de Régis.

En 1846, le curé de la Terrasse écrivait à l'un des Pères de la résidence de la Louvesc :

« Une dame de ma paroisse était atteinte d'une maladie qui l'a forcée de garder continuellement le lit pendant plus d'une année ; elle ne pouvait se lever sans se trouver mal. Les médecins désespéraient de sa guérison, surtout à cause de la faiblesse de sa constitution. La malade, voyant qu'elle ne pouvait rien attendre des secours de la médecine, eut la pensée de se vouer à saint François Régis. Dès ce moment, il y eut dans son état une petite amélioration, qui lui permettait de se lever de temps en temps, et de se faire transporter quelquefois à l'église. Elle est restée près de onze mois dans cet état, ne pouvant pas se soutenir sur ses jambes, et continuant toujours les remèdes qui lui étaient prescrits, mais n'en obtenant aucun résultat.

» En 1844, après une maladie de vingt-trois mois, quoique toujours aussi souffrante, elle se fait transporter à la Louvesc. Tout le long de la route, elle est obligée de rester couchée, ne pouvant rester sur son séant sans se trouver mal. Arrivée à la Louvesc, elle continue à être fatiguée et forcée de garder le lit plusieurs jours. Enfin, le jour de son départ, elle veut faire encore une communion avant de quitter la Louvesc.

» Pendant tout le temps de la messe, ses souffrances semblaient devenir plus aiguës... Tout à coup, au moment où elle se lève pour aller à la table sainte, son mal a disparu. Après la messe, elle se rend toute seule à son hôtel; pour revenir à la Terrasse, elle peut rester assise dans sa voiture. Depuis ce temps, elle jouit d'une santé plus florissante qu'avant sa maladie, et fait d'assez longs trajets à pied sans éprouver aucun sentiment de son indisposition.

» Voilà, mon révérend Père, le fait tel que je le connais; je vous laisse maintenant le soin de l'apprécier. Cette relation vous sera remise par la personne même dont il s'agit; si vous désirez d'autres renseignements, vous pouvez l'interroger sans craindre aucune dissimulation de sa part. Je la connais assez pour lui rendre ce témoignage.

» Votre très-humble serviteur,

» Callet, curé.

» La Terrasse, 29 août 1846. »

Madame de Monti, à Nantes, va nous raconter elle-même comment la miséricorde infinie lui rendit une fille chérie que la science était impuissante à sauver d'une maladie de poitrine des plus alarmantes. Mademoiselle Pauline de Monti était devenue d'une extrême faiblesse, sa voix était absolument éteinte, on ne pouvait l'entendre qu'en approchant l'oreille de ses lèvres. Son oppression augmentait chaque jour, et les médecins ne pouvant améliorer son état, on l'avait transportée à Paris où nos plus grandes célébrités médicales avaient été consultées. Elle y avait passé plusieurs mois de l'année 1845, suivant sans succès le traitement le plus énergique, lorsque les eaux de Vichy lui furent ordonnées; elle s'y rendit l'année suivante. Mais bientôt les médecins décident que le résultat est nuisible à la jeune malade. En 1847, on la fait partir pour le Mont-Dore. Cet essai n'est pas plus heureux et madame de Monti se voit forcée de retourner à Nantes, sans avoir obtenu la moindre amélioration pour une santé si chère. Laissons-la maintenant parler elle-même.

« Pendant notre séjour au Mont-Dore, nous avions fait la connaissance d'un ecclésiastique, qui nous avait souvent entretenues des miracles opérés au tombeau de saint François Régis, à la Louvesc, et nous avait engagées à recourir à ce héros de la charité chrétienne. Une douce espérance ranima mon courage : je m'empressai d'écrire à monsieur le curé de la Louvesc, pour le prier de faire célébrer, pendant neuf jours, le saint sacrifice de la messe au tombeau de saint François Régis. Je reçus bientôt une réponse conforme à mes vœux; on m'annonçait que la neuvaine commencerait le 12 octobre, et que la sainte messe serait célébrée chaque jour à six heures du matin, et on demandait que ma fille, à cette heure, s'unît d'intention au saint sacrifice offert pour elle.

» Je me trouvais alors à la campagne avec tous mes enfants; nous étions tous bien tristes, car l'état de notre chère malade s'aggravait toujours..... J'engageai ma fille à recourir à quelques-uns des moyens qui lui avaient procuré un peu de soulagement, afin de pouvoir vaquer plus aisément aux petits exercices de piété qu'elle devait faire pendant la neuvaine; mais elle me répondit qu'elle était décidée à n'employer, durant tout ce temps, que la prière et la confiance en Dieu. Aussi, malgré son extrême faiblesse, elle se levait à six heures du matin, pour se prosterner devant son crucifix, et s'unir d'intention au saint sacrifice, qui s'offrait pour elle, à cette heure, dans la chapelle de la Louvesc; à huit heures, elle se rendait, en voiture, à l'église de la paroisse, où elle entendait la messe.

» Pendant les premiers jours de la neuvaine, aucune

amélioration ne se manifesta dans l'état de la malade. Enfin, le cinquième jour, lorsque ma chère Pauline, essaya de se lever, pour faire sa prière accoutumée, elle éprouva, dans la poitrine, une sorte de déchirement. A ce redoublement de souffrances, elle tomba comme accablée sur son lit; mais, bientôt après, le désir ardent qu'elle avait d'accomplir son petit exercice de piété, lui rendit son courage, et, après avoir demandé à Dieu la force dont elle avait besoin, elle se leva comme les jours précédents, s'agenouilla encore devant son crucifix, et, au moment même où elle faisait le signe de la croix pour terminer sa prière, elle éprouva le besoin de respirer fortement, et, sans trop savoir encore ce qui se passait en elle, elle s'écria : *Gloire à Dieu!* A ce même instant, ses vives douleurs avaient disparu, et la voix lui était rendue. Lorsque j'entrai dans sa chambre, je la trouvai debout, l'air calme et serein, et souriant avec des yeux pleins de larmes. Je lui demandai avec anxiété quelle était la cause de l'état extraordinaire dans lequel je la voyais : pour toute réponse, elle se jeta dans mes bras, et, avec l'accent de la joie et de la reconnaissance : *Maman, je parle, je suis guérie!*

» Depuis cet heureux jour, je ne cesse de bénir Dieu de m'avoir rendu ma fille bien-aimée, et de remercier saint François Régis à l'intercession duquel je crois devoir cette immense faveur; c'est pour satisfaire au besoin de ma vive reconnaissance, que j'ai voulu retracer, avec la plus entière sincérité, un événement qui nous a rendu le bonheur, à moi et à ma famille.

» E. DE MONTI, née LE QUEN.

» Je soussigné, desservant de la paroisse de Saint-Thomaré, certifie que la guérison de mademoiselle

Pauline de Monti s'est opérée pendant cette neuvaine, dont il est fait mention plus haut :

» G. PERRIN.

» Thomaré, le 15 novembre 1847. »

X

Suite.

1848-1861

Le révérend Père Pascalin, de la Compagnie de Jésus, passant près de la Louvesc, il y a quelques années, s'y était arrêté trois jours pour satisfaire sa dévotion envers le saint et glorieux apôtre du Velay et du Vivarais. Le lendemain de son arrivée, il venait de dire la messe à l'autel de saint Régis, lorsque l'un des Pères lui demande s'il n'a pas été trop troublé du bruit et du mouvement qui se sont manifestés à la fin de la messe.

— Non, vraiment, répondit-il, je n'ai même rien remarqué.

— Comment? vous n'avez pas entendu crier : *Miracle! miracle!*

— Je n'ai rien entendu ; que s'est-il donc passé ?

— Un miracle très-remarquable par les circonstances qui l'ont accompagné. Nous allons vous faire venir la bonne femme en faveur de laquelle il vient d'être opéré.

La pieuse villageoise est appelée à la sacristie, avec plusieurs témoins du prodige, et le Père Pascalin apprend par elle-même que depuis dix ans elle venait régulièrement, à pareille époque, solliciter du *saint Père* la guérison d'une infirmité qui la privait de mouvement. Elle ajoute :

— Je me faisais reporter chaque année près du saint Père, parce que je ne comprenais pas qu'il ne me guérît pas, quand je voyais qu'il en guérissait tant d'autres, et je disais : « Il faudra bien que mon tour vienne ! » Et mon tour ne venait pas, et toujours les autres infirmes étaient guéris ! Cette fois, j'ai dit au saint Père, avant de partir : « Saint Père, je vous préviens que c'est la dernière fois que je me fais porter à la Louvesc. Voilà dix ans que je vous demande de me faire marcher, vous ne l'avez pas encore fait ; je vous déclare, saint Père, que si vous me laissez encore dans l'état où je suis, je ne retournerai plus à votre tombeau, et je dirai à tout le monde que vous n'avez pas voulu me guérir ! » Et je l'aurais fait. Mais voilà qu'au moment où j'ai communié, j'ai senti que je pouvais marcher, et j'ai pu aller toute seule, et j'ai crié : *Miracle !* et tous ont dit aussi : « Miracle ! miracle ! le saint Père l'a guérie [1] ! »

La bonne paysanne était guérie en effet ; elle marchait et se portait merveilleusement, et ses béquilles étaient déposées auprès de tant d'autres, dans l'église de l'il-

---

[1] Dieu permet quelquefois que le prêtre célébrant soit le seul ignorant le prodige opéré pendant qu'il offre la grande victime, dans le but d'obtenir cette faveur. Nous fûmes témoin d'un fait semblable, en 1822. Une jeune religieuse atteinte, par suite d'accident, d'une infirmité grave et reconnue incurable, fut guérie instantanément par les prières du prince de Hohenlohe, pendant que le cardinal de Clermont-Tonnerre, qui offrait le saint sacrifice, dans l'infirmerie du monastère, élevait la sainte hostie, après la consécration. La malade ne put contenir un premier élan, et s'écria : *Dieu soit loué ! je suis guérie !* Toutes les personnes présentes éclataient en sanglots, la jeune religieuse se leva, alla se jeter à genoux assez près de l'autel, le mouvement fut un instant très-vif et les prêtres même s'agitaient malgré eux ; le cardinal fut le seul qui n'entendit et ne comprit rien.

lustre thaumaturge, en témoignage de la faveur accordée à une foi si simple, si naïve et si persévérante. C'est du révérend Père Pascalin, lui-même, que nous tenons ces intéressants détails.

Vers la fin de juin 1859, ce même religieux, alors missionnaire à la Louvesc, écrivait à la supérieure des Ursulines d'Avignon, pour l'engager à demander à saint Jean-François de Régis la guérison d'une de ses jeunes religieuses, pour laquelle toutes les prières semblaient devoir être sans succès comme les remèdes.

La sœur Marie de Jésus était mourante d'une maladie extraordinaire, que la science nommait asthme nerveux, et dont les crises, accompagnées de symptômes effrayants, s'aggravaient tous les jours. Le médecin de la communauté, ne pouvant plus ordonner que des palliatifs, avait déclaré qu'une crise terminerait la vie de la patiente.

La neuvaine proposée par le pieux missionnaire de la Louvesc fut commencée le 30 juin ; les souffrances de sœur Marie de Jésus semblaient s'accroître à mesure que toute la communauté en sollicitait la guérison. Le huitième jour, elle était au plus mal ; le neuvième, le révérend Père Pascalin dit la messe pour elle, au tombeau de saint Régis. « Vers une heure, raconte la sœur Marie de Jésus, j'entrai dans un état voisin de l'agonie ; j'étais à bout de forces et ne pouvais plus remuer les mains. A chaque respiration, un long gémissement s'échappait de ma poitrine. Je demeurai ainsi pendant près de trois heures. Après nos vêpres, notre révérende Mère arrive, et me voyant si abattue : « Chère enfant, me dit-elle, il faut que vous guérissiez. » Par un effort suprême, je réponds : « Oui, Mère, si Dieu le veut. — Mais, mon enfant, il faut croire qu'il le veut ; jusqu'ici vous n'avez pas prié avec cette confiance ; le neuvième jour n'est pas entièrement écoulé, je veux que vous demandiez votre guérison et que vous ayez la certitude de l'obtenir. »

» Je dois vous dire que depuis deux jours on avait roulé notre matelas pour que je fusse assise plus haut et plus commodément; je me glissai comme je pus sur la partie de la paillasse qui restait à découvert. Là, les yeux fixés sur l'image de saint Jean-François Régis qui se trouvait en face de moi : « Grand saint ! m'écriai-je, voici mon corps qui vous prie à sa façon ; je le jette à vos pieds, je suis sur la paille comme une pauvre misérable. Vous le voyez, notre Mère veut que je guérisse ; je viens donc vous demander ma guérison par obéissance. Vous étiez religieux, vous savez ce que c'est que d'obéir. De plus, je vous demande ma guérison pour l'amour de Dieu. Quand les pauvres demandent l'aumône pour l'amour de Dieu, les riches ne la refusent pas. Me la refuserez-vous ? Il y a bien longtemps qu'on vous prie pour moi. Grand saint ! je suis convaincue que vous avez accordé des guérisons à moins de supplications ; ne me faites pas cette faveur à cause de moi, j'en suis indigne, accordez-la à ce révérend Père qui prie à la Louvesc, à cette tendre Mère, à toutes ces âmes pieuses qui vous la demandent avec tant de ferveur. Vous êtes intéressé à me guérir, il y va de votre gloire. Je vous promets de rester en cette position jusqu'à ce que vous m'ayez exaucée. »

» ...Je fis prier notre révérende Mère de cesser tout remède : je restai donc là sur la paille ayant toujours mon matelas pour oreiller, m'appuyant même sur le côté malade pour contempler plus facilement l'image du saint. Vers cinq heures du soir, je pris, sans trop de peine, un peu de nourriture. En ce moment, une de nos chères sœurs se présente sur le seuil de la porte toujours ouverte pour me donner un peu plus d'air :

» — Ma sœur, me dit-elle, j'espère que vous guérirez.

» — Il le faut bien, lui répondis-je, c'est l'affaire de saint François Régis.

» — Avez-vous votre robe pour demain ?

» — Non, mais je sais où elle est.

» Je priai une des infirmières de me l'apporter. A cette demande, la bonne sœur s'écria :

» — Vous me faites faire là un fameux acte de foi !

» Néanmoins elle me l'apporta ; je la fis déposer au-dessous du tableau du saint. « Grand saint ! lui dis-je, vous le voyez, il faut que demain je mette ce saint habit.

» Vers sept heures, je demandai quelque nourriture pour avoir la force de communier à jeun le lendemain. La position forcée à laquelle je m'étais condamnée me faisait beaucoup souffrir. Je m'en consolais en le disant à notre aimable saint, et je n'avais garde de bouger de place. A neuf heures, notre révérende Mère vint, comme de coutume, me donner sa bénédiction : elle me dit avec un accent tout empreint de foi et de charité : « Je vous bénis, ma fille, afin que vous passiez une bonne nuit, et que demain vous vous leviez en parfaite santé. » Puis tout le monde se retira, car depuis longtemps on ne me veillait plus que dans une pièce voisine, le moindre bruit, la respiration même d'une personne ajoutant à mes souffrances. Restée seule je fis ma prière, et, m'adressant à notre grand saint, je lui dis : « En vous demandant ma guérison, je m'acquitte d'une commission dont notre Mère m'a chargée auprès de vous : exaucez sa prière ; je me sens mieux, mais j'ignore si vous m'avez guérie ; toutefois, comme je dois l'espérer, je m'endors avec cette confiance. » Je m'endormis, en effet, et ne m'éveillai qu'à minuit. J'unis alors mes adorations à celles que Marie rendit au Verbe de Dieu, lorsque, revêtu de la nature humaine, il parut dans le monde pour le racheter. Comme lui j'étais couchée sur la paille, en proie à la souffrance. En ce moment, sans m'en douter, j'étais en union de prières avec trois de nos chères sœurs qui, prosternées devant le très-saint Sacrement, sollicitaient ma guérison par l'entremise de saint François Régis. A minuit, elles récitèrent le *Te Deum*, jugeant sans doute, dans leur foi naïve, qu'elles avaient assez frappé à la porte du ciel pour que les trésors de la miséricorde se fussent ouverts. Dès ce moment je dus être guérie ; mais quand on revient de si loin on est presque incrédule malgré soi.

» J'oubliais de vous dire que le soir j'avais demandé à tous les anges et à tous les saints de s'intéresser à moi ; j'avais dit à saint Ignace d'ordonner à son cher disciple de m'obtenir ma guérison ; à Marie, ma tendre mère, d'inspirer à son serviteur de s'adresser à elle, et je l'avais suppliée elle-même d'accueillir sa demande.

» A minuit un quart, je m'endormis de nouveau pour ne me réveiller qu'à quatre heures et demie, heure du lever de la communauté. Après avoir donné mon cœur à Dieu, pour la troisième fois, je fis la même prière à saint François Régis en ajoutant : « Grand saint ! puisqu'il faut que je sois guérie, je me lève et m'abandonne à vous. » Je descends de mon lit, je fais le tour de notre cellule avec la plus grande facilité. Encouragée par ce premier essai, je voulus m'habiller ; un scrupule me retint. Notre Mère ne m'avait permis de me lever que pour recevoir la sainte communion ; je me remets au lit, mais un scrupule s'empare de moi. Puisque tu es guérie, me dis-je, pourquoi ne pas te lever comme les autres ? » Je me lève donc ; je ferme doucement notre porte, et, après m'être habillée sans fatigue, je fais ma prière à genoux et sans appui ; saisissant ensuite le tableau de mon bien-aimé protecteur, je franchis le seuil de la porte. Une Mère m'aperçoit et doute si elle voit clair.

» Après avoir remercié Dieu, mon premier devoir était d'aller consoler cette Mère vénérée à laquelle j'étais en partie redevable de ma guérison, puisqu'elle avait su m'imposer une espérance que je n'aurais pas eue d'ailleurs. J'arrive à sa cellule, je frappe vigoureusement pour la préparer à ma visite ; elle m'ouvre, nous sommes dans les bras l'une de l'autre, nos cœurs se confondent dans un même élan de reconnaissance, nous tombons à genoux et, d'une commune voix, nous exaltons les miséricordes du Seigneur. Cette bonne Mère se relève et me bénit. L'oraison sonne :

» — J'y vais, ma Mère ?
» — Oh ! oui, mon enfant, partez.

» J'étais au second étage, je traverse les corridors, je descends l'escalier, j'arrive à l'avant-chœur. Les Mères et les sœurs me voient et croient rêver ; elles m'entourent, m'embrassent avec effusion. Le grand silence nous a bien servies : aurais-je pu parler ?... Nous entrons au chœur, je me rends à notre stalle ; là je passe à genoux, devant l'image de mon bienfaiteur, les trois quarts d'heure consacrés à l'oraison. Je me sentais pénétrée d'admiration et de reconnaissance, mais sans exaltation ; semblable au serviteur qui ne peut qu'obéir, j'étais prête à faire en tout la volonté de Dieu. Aussi, lorsque l'heure de l'office fut venue, je demandai la permission de le réciter avec la communauté ; ce bonheur m'avait été si longtemps refusé ! Je m'unis au chœur et psalmodiai les quatre petites heures de notre saint office.

» De là, après avoir visité notre cellule qui me parut un tombeau, je me rendis au parloir pour assurer de ma guérison un respectable ecclésiastique qui n'en voulait croire qu'à ses yeux. J'y vis également notre digne aumônier, qui, trois jours auparavant appelé auprès de moi par son ministère, avait été frappé de l'altération de mes traits, et avait témoigné une vive inquiétude sur les suites de ma maladie. Du parloir, je me rendis à la chapelle où j'assistai au saint sacrifice de la messe, me tenant constamment à genoux ; j'y fis la sainte communion et chantai de tout mon cœur avec la communauté le *Te Deum* entonné par monsieur l'aumônier. A l'issue de la messe, notre révérende Mère accorda une récréation générale qui nous permit d'épancher nos cœurs les uns dans les autres : que de questions ! que de réponses !... Une poitrine délicate n'eût pu y suffire : la mienne soutint sans peine ce choc terrible.

» Cependant le docteur arrive, ignorant ce qui s'était passé. A l'air épanoui des sœurs portières, il juge que la malade est moins souffrante, il se dirige vers l'escalier qui conduit à notre cellule ; je viens à sa rencontre, jugez de sa surprise, il demeure stupéfait. « Voilà celui qui m'a guérie, lui dis-je en lui montrant le petit tableau de mon cher protecteur. » Je lui raconte tout, et à la fin il s'écrie : « Que voulez-vous que je vous dise ? C'est merveilleux. » Puis il félicite avec effusion notre révérende Mère de la grâce qu'elle vient d'obtenir. Il a dit dernièrement à un ecclésiastique, qui lui demandait son opinion à ce sujet, que l'instantanéité de ma guérison suffisait à lui donner un caractère d'un ordre supérieur.

» Le même jour, j'assistai à tous les exercices de la communauté ; le soir j'entrai en retraite pour accomplir une des promesses que j'avais faites à Dieu dans cette mémorable circonstance. Je vous avoue que j'en avais grand besoin ; il me semblait étrange de me retrouver au milieu des créatures, tant je m'étais vue près de la mort. D'ailleurs, la pensée des miséricordes divines en ma faveur me pressait de prier, de louer, de remercier dans le silence de la retraite l'auteur de tant de biens. O bienheureuse retraite où j'ai pu m'entretenir longuement avec mon Dieu, répandre mon cœur en sa sainte présence, et lui exprimer tout mon dévouement à son service ! Commencée le 7 juillet, je l'ai terminée le 27, le jour même de la fête de saint François Régis. Naturellement cette fête a été célébrée dans notre chapelle avec une pompe inaccoutumée. J'ai chanté presque tout le temps de la messe, avant le sermon et au salut ; j'ai tenu l'orgue aux vêpres. Le soir, notre Mère me dit :

» — Mon enfant, vous m'avez fait souffrir toute la journée ; vous devez être bien fatiguée.

» — Oh ! non, ma Mère ; je suis prête à recommencer.

» Depuis ma guérison, je me lève à quatre heures et demie, je prends part à tous les exercices de la communauté, et observe tous les points de la règle. Dieu sait combien de dispenses il me fallait autrefois à cause de ma mauvaise santé... J'ai également repris mes occupations au pensionnat. Grande a été ma joie et celle de nos chères élèves quand nous nous sommes retrouvées après une si cruelle séparation. Elles avaient tant pleuré leur maîtresse aux prises avec la mort ! Le matin du jour de ma guérison, notre révérende Mère me conduisit à leur chapelle ; à ma vue, elles tombèrent à genoux, et le mot de *Miracle!* s'échappa de toutes les bouches. Depuis lors elles ont tant de confiance en saint François Régis que plusieurs m'ont assuré avoir obtenu par son intercession des grâces très-précieuses. Elles ont composé des vers en son honneur et organisé des pratiques de piété qu'elles observent avec une grande fidélité. Nos Mères et nos sœurs ont aussi rivalisé de zèle pour obtenir ma guérison : plusieurs ont pris des engagements très-sérieux : entre autres notre chère sœur Marie de l'Ascension a poussé l'indiscrétion jusqu'à promettre que vous accompliriez le pèlerinage de la Louvesc. Je n'ose l'en blâmer, car elle n'a fait que répondre au vœu de votre cœur si dévoué. Une autre a pris le même engagement au nom d'un membre de sa famille. O mon Dieu! je vous bénis mille fois de m'avoir retirée du monde, et amenée dans cette bienheureuse solitude où il fait si bon de vivre et encore mieux de mourir. Plus que jamais je comprends ces paroles du Psalmiste : *Qu'il est bon, qu'il est doux d'habiter en commun,* n'ayant qu'un cœur et qu'une âme! »

Nous terminerons cette série de merveilles par un miracle tout récent, que nous tenons du révérend Père Pascalin, déjà cité, et dont il plut à Dieu de se servir, en cette circonstance, d'une manière bien remarquable.

C'était l'année dernière, 1860. Les pèlerins étaient très-nombreux, il en arrivait de tous les coins de la France, et les Pères missionnaires étaient envahis par cette multitude de personnes, qui, toutes, désiraient se confesser au plus tôt, afin de prolonger leur séjour à la Louvesc le moins possible.

Un jour, le révérend Père Pascalin étant au parloir, où chacun voulait lui parler en arrivant, voit entrer une grande jeune personne, soutenue par son père, marchant appuyée sur deux béquilles, et ne posant que sur un pied. Sa mère l'accompagnait aussi : c'était mademoiselle de Salomon, de la petite ville de Sisteron, du département des *Basses-Alpes,* et dont le père est avocat.

On raconte au révérend Père que cette jeune fille est restée infirme par suite d'accident, que tous les remèdes ont été tentés en vain, que rien n'a pu lui rendre l'usage de sa jambe, et que les médecins ayant déclaré le mal incurable, on vient demander à saint Régis ce que l'on ne peut obtenir par les moyens humains :

— Mon Père, dit la jeune infirme, avant de demander cette grâce par les mérites de saint Régis, je désire faire une confession générale, et je vous demande de vouloir bien m'entendre le plus tôt possible.

— Ma chère enfant, lui répond le bon Père, vous voyez la quantité de monde que j'ai là, m'attendant ; il ne me sera pas possible de vous confesser avant deux heures. Mais faites une chose : dans l'état où vous êtes, vous ne pouvez vous mettre à genoux et venir au confessionnal?

— Oh ! non, mon Père, c'est impossible !

— Eh bien ! mon enfant, faites-vous conduire à la fontaine de saint Régis, baignez-y votre jambe, dites au saint qu'il faut que vous veniez faire votre confession générale au confessionnal, et revenez guérie. Mon confessionnal est devant la châsse du saint apôtre, que vous remercierez là. Vous êtes trop jeune pour qu'on vous confesse à la sacristie.

Le bon Père avait parlé ainsi, en souriant, pour encourager mademoiselle de Salomon. Mais celle-ci prenant la chose au sérieux, et sachant que le grand apôtre guérit fréquemment les malades par l'eau de sa fontaine, s'y fait conduire sans délai, y baigne son pied et sa jambe, prie avec ferveur, et sort de là sans appui, s'écriant que sa jambe est guérie. Le père et la mère sont muets de saisissement ; la jeune fille répète qu'elle est guérie, et elle le prouve en se débarrassant de l'appareil qui maintenait le membre dont elle ne faisait plus d'usage depuis longtemps, et que saint Régis venait de lui rendre en un instant.

L'embarras était maintenant de couvrir cette jambe et de chausser ce pied ; les bonnes gens qui se sont attroupés autour de la miraculée comprennent la situation et y portent remède : ils indiquent le modeste atelier où l'on peut trouver à se chausser sinon très-élégamment du moins très-solidement.

Le révérend Père Pascalin était au confessionnal, lorsqu'il vit arriver mademoiselle de Salomon, reconnaissable à sa grande taille et à son chapeau piémontais, le seul de cette forme parmi les pèlerins de la Louvesc. Elle attendit son tour assez longtemps, elle se confessa à deux genoux, dans le confessionnal, elle reprit sans appui le chemin de l'hôtel, revint à l'église le lendemain, se montra dans ses mouvements aussi libre que si elle n'avait jamais eu d'infirmité, et n'a pas cessé de jouir, depuis cet heureux jour, de la santé la plus parfaite.

L'impression de cet ouvrage était déjà très-avancée, lorsque nous avons appris un prodige tout récent de notre grand thaumaturge.

Un religieux de la Compagnie de Jésus, dont le nom seul est une autorité, le révérend Père Ramière, qui, malgré ses importants et si utiles travaux, a daigné nous procurer de précieux documents, et que nous ne saurions assez remercier, nous faisait l'honneur de nous mander, le 22 octobre de cette année 1861 :

« Hier, un Père venant de la Louvesc me racontait un miracle très-frappant, qui vient de s'opérer au tombeau de saint Régis. C'est un pauvre homme perclus des deux jambes, et qui, au moment de la communion, se mit à sauter et à danser dans l'église, pour montrer à tout le monde qu'il était bien guéri. J'ai prié ce Père de faire faire un récit détaillé de ce fait, à son retour à la Louvesc, et de vous l'adresser. »

Ce récit ne nous étant pas arrivé à temps, nous sommes forcé de le réserver à regret, pour une seconde édition. Toutefois, il suffit de le mentionner, pour prouver que

Dieu ne cesse de glorifier, depuis plus de deux siècles, l'illustre apôtre du Velay.

XI

*Souvenirs de saint Régis vénérés à la Louvesc.
Œuvres fondées sous son patronage.*

Quelle est l'origine de la fontaine miraculeuse de la Louvesc, appelée *Fontaine de saint Régis?* Nous n'avons pu la découvrir; il n'existe aucun document sur ce monument visité avec tant de dévotion par les pèlerins.

Cette fontaine est sur le chemin de Vérines, à une courte distance de la Louvesc. Saint Régis arrivant à cette dernière paroisse, qu'il ne devait plus quitter, passa, nécessairement devant la source destinée à le glorifier par la vertu que la bonté divine devait y attacher. Le saint apôtre était malade, on se le rappelle ; il était épuisé de fatigue et de souffrance. Eut-il la pensée de bénir cette eau vive et d'en boire ensuite pour se délasser un peu avant de prêcher : la chose est probable, mais incertaine. Peut-être même y lava-t-il ses mains?

Ce qui est hors de doute, c'est que depuis sa bienheureuse mort, les pèlerins sont toujours allés boire à la source de *saint Régis,* à la *fontaine du saint Père,* et que l'on en voit plusieurs guérir instantanément après s'y être désaltérés ou y avoir lavé les membres dont ils venaient demander au saint de leur rendre l'usage.

Plusieurs croix de bois sont plantées au bord du chemin, dans les environs de la Louvesc; les pèlerins, dans leur naïve dévotion pour leur saint protecteur, et dans leur avidité pour tout ce qui peut leur rappeler le lieu béni qui possède ses restes sacrés, enlèvent des fragments de ces croix, les divisent ensuite en petites parcelles, les distribuent à leurs amis, et chacun considère ces souvenirs comme autant de reliques du saint bienaimé. Les bons montagnards, persuadés que Dieu donne une vertu miraculeuse à tout ce qui vient de la Louvesc, appliquent souvent ces parcelles de bois sur des malades désespérés, en invoquant le *saint Père*, et Dieu, touché de leur confiance et de leur simplicité, guérit quelquefois, contre toute espérance, ceux pour qui le nom du saint *Père* a été invoqué avec tant de foi.

Il arrive que ces croix, ainsi amoindries par la piété publique, finissent par tomber ; le peuple réclame alors, il en demande de nouvelles, on les lui donne, et celles-ci subissant bientôt le sort des précédentes, sont remplacées à leur tour.

Pour avoir une idée de la confiance des populations des provinces méridionales dans la puissante intercession de leur saint apôtre, il faudrait les voir accourir tous les ans à son tombeau, gravissant avec empressement la haute montagne dont l'escarpement semble défier le courage ; il faudrait les voir se rendre aussitôt à l'église sans s'inquiéter du repos nécessaire après une ascension aussi pénible.

L'église paroissiale de la Louvesc est — nous dit l'auteur du *Manuel du Pèlerin* — « un édifice à trois nefs, à plein cintre, trop bas pour ses dimensions et qui ne se recommande que par sa solidité et sa simplicité. Le grand autel en marbre orne convenablement l'église et produit un heureux effet.

» Le monument le plus remarquable est l'autel de saint Régis ; il se présente, du côté de l'évangile, avec ses belles colonnes et leurs bases ornées de reliefs. Au-dessus de l'autel, soutenu par un groupe d'anges en marbre, paraît la châsse du saint, revêtu de l'habit de son ordre et présentant le crucifix. Dans l'autre nef se trouve un autel consacré à la sainte Vierge.

» Du reste, si l'église de la Louvesc n'a rien de remarquable du côté de l'art, si la voûte écrasée et massive, si le défaut de jour et l'humidité lui donnent un aspect sombre et mélancolique, elle rachète avantageusement ces inconvénients du côté de la piété qui y règne et de l'édification qu'on y reçoit. Impossible à une âme où brille encore une étincelle de foi, à un cœur qui a conservé quelques sentiments de religion, de n'être pas ému en pénétrant dans sa paisible enceinte. On sent que là c'est la maison de Dieu, la porte du ciel; un lieu tout imprégné de la sainteté de l'apôtre de la contrée. Le recueillement s'empare de l'âme, on tombe à genoux, on épanche son cœur devant Dieu, on recourt, avec une confiance assurée du succès, à la médiation de saint Régis, ce père si charitable des pauvres, des pécheurs, de tous les infortunés. On se relève meilleur du pied de son autel; on le quitte à regret et on ne s'éloigne qu'avec une volonté sincère d'y venir encore offrir de nouveaux hommages et implorer de nouvelles grâces. La vue seule de ces bons pèlerins est une prédication muette bien éloquente : hommes, pour l'ordinaire, d'une simplicité patriarcale, d'une foi antique, de sentiments nobles et généreux, dans leur pauvreté ils cherchent avant tout le royaume de Dieu et sa justice, et puis s'en remettent à la Providence qui veille sur eux. Ils savent qu'ils ont un puissant protecteur auprès de Dieu, et tous les ans, ils viennent lui exposer leurs besoins. Voyez-les, à genoux devant l'autel de ce grand saint Régis, que leurs parents leur ont enseigné à invoquer dès l'âge le plus tendre ; ils y restent des heures entières, les mains jointes, les yeux fixés sur les reliques, immobiles, priant avec tant de ferveur, qu'ils semblent voir leur saint patron et s'entretenir avec lui. La fatigue du voyage, ils la comptent pour rien, ils se délassent en priant. Si l'encombrement des hôtels, ou leur pauvreté, fait trouver de la difficulté à se procurer un abri, ils s'en mettent peu en peine. Ce bon paysan récitera tout haut tout ce qu'il sait de prières ; puis, quand viendra la nuit et qu'il sera surpris par le sommeil, il tâchera de s'appuyer sur un banc ou contre l'escalier de la tribune, et il reposera paisiblement, tandis que d'autres, plus forts ou plus généreux encore, passeront la nuit à purifier leur conscience ou à faire le chemin de la croix. La famille entière écoutera l'instruction simple qui lui sera adressée, comme si saint Régis, en personne, lui manifestait ses volontés et ses désirs ; elle baisera sa relique avec foi, s'approchera de la table sainte avec une tendresse de piété qui quelquefois se trahira par des larmes de consolation. Elle retournera dans ses foyers, assurée d'être exaucée sur l'objet de ses demandes, si elle est venue solliciter quelque faveur spéciale de son saint protecteur, et toujours bien résolue à aimer Dieu, à le servir fidèlement, si elle n'avait point de vœux particuliers à former. »

Les pèlerins visitent avec recueillement l'ancien presbytère où saint Régis rendit le dernier soupir. Par respect pour le souvenir de cette bienheureuse mort, cette maison avait toujours été conservée dans l'état où elle était le jour où l'infatigable apôtre y fut transporté mourant. Naguère encore on voyait dans la chambre où il fut déposé, il y a plus de deux cent vingt ans, la haute et large cheminée près de laquelle il voulut, par un suprême effort, reprendre les confessions des hommes, interrompues par son évanouissement.

Depuis longtemps, la Compagnie de Jésus désirait que

la paroisse pût faire l'acquisition de cette maison sanctifiée par la glorieuse mort d'un de ses plus illustres saints. Le Père Sellier avait entrepris d'actives démarches dans ce but ; il tenait à répondre au vœu le plus cher des pèlerins, qui, depuis longues années, sollicitaient cette acquisition, afin de voir élever un autel à l'honneur du grand apôtre, dans le lieu même où Jésus et Marie étaient descendus pour le consoler à ses derniers moments, et lui témoigner leur empressement à le recevoir *dans le fortuné séjour des saints.*

Le Père Sellier rencontra des difficultés à l'exécution de son pieux projet ; il dut l'ajourner en le recommandant au saint apôtre, à la gloire duquel ce plan avait été conçu. Plus tard, en effet, il a été donné au révérend Père Pascalin de reprendre la pensée du Père Sellier, de vaincre les difficultés, d'aplanir les obstacles.

La *chambre de saint Régis,* dans l'ancien presbytère de la paroisse de la Louvesc, est aujourd'hui un sanctuaire où les pieux pèlerins sont heureux d'aller prier. Un groupe rappelant la touchante scène du 31 janvier 1640, vers minuit, recueille l'âme et excite encore sa confiance dans la médiation de l'humble et glorieux apôtre. A la place même où il était alors, l'artiste l'a représenté couché et expirant ; le Frère Bideau, son compagnon dans sa dernière mission, est près de lui. En face d'eux, on voit Notre-Seigneur et sa divine Mère regarder avec amour le saint Jésuite qui, jusqu'à son dernier soupir, a consacré tous ses instants à leur service et à leur plus grande gloire. Sur le mur, on lit les dernières paroles adressées au Frère Bideau par l'illustre mourant :

« Ah ! mon cher Frère, quel bonheur, et que je meurs content ! Je vois Jésus et Marie qui daignent venir au-devant de moi, pour me conduire au fortuné séjour des saints ! »

La petite paroisse de la Louvesc compte annuellement plus de cent mille pèlerins et plusieurs miracles bien attestés, dont les procès-verbaux se conservent dans les archives.

Souvent des pécheurs, dont la conscience n'a pas été purifiée depuis bien des années, reçoivent au tombeau de saint Régis une grâce intérieure qu'ils ne demandaient pas, une lumière qu'ils ne cherchaient pas, une impulsion secrète dont ils n'avaient jamais soupçonné la puissance. Ils viennent accompagner des malades dont la santé leur est chère ; et, à la vue du recueillement des fidèles accourus de toutes les provinces, en présence de ces saintes reliques, que chacun vénère avec tant d'amour, en écoutant la parole si sympathique et si pénétrante des pieux missionnaires, ils sont émus, ils sont touchés, ils sont convertis! Le missionnaire qui vient de parler, les voit venir se jeter à ses pieds et lui demander de les réconcilier avec le Dieu dont ils se sont éloignés si longtemps, et dont ils éprouvent un désir ardent de se rapprocher pour le servir désormais jusqu'à la fin.

Saint Régis leur a obtenu cette grâce de conversion ; il continue son apostolat, nous l'avons dit.

Les secours spirituels abondent pour les pèlerins, au tombeau du glorieux apôtre. La paroisse est desservie par les missionnaires de la Compagnie de Jésus, et ils sont assez nombreux pour suffire à l'affluence de ceux qui réclament leur saint ministère. On sait que ces saints religieux ne s'épargnent pas, et que le zèle dont ils sont animés semble décupler leurs forces et leur nombre. Tous les jours et à toute heure, leur inépuisable charité répond à la confiance des arrivants ; et lorsque le jour ne suffit pas à les entendre, les bons Pères leur consacrent encore les heures de la nuit.

Les prêtres qui désirent se retremper dans la retraite pendant quelques jours, dans ce lieu tout parfumé des vertus sacerdotales, sont accueillis avec empressement dans la maison des missionnaires, qui se mettent à la disposition des retraitants à sept époques déterminées de l'année : 1º Le mardi qui suit le dernier jour du mois d'avril. — 2º Le mardi qui suit le 27 juin. — 3º Le mardi qui suit le 11 juillet. — 4º Le mardi qui suit le 25 juillet. — 5º Le mardi qui suit le 17 août. — 6º Le mardi qui suit le 5 septembre. — 7º Le mardi qui suit le 19 du même mois.

On sait le zèle de saint Régis pour ranimer la ferveur parmi les ecclésiastiques ; cette œuvre doit exciter tout son intérêt et attirer ses bénédictions.

Les femmes trouvent aussi à la Louvesc une maison où elles peuvent se retirer, pour s'occuper exclusivement pendant quelques jours, de l'importante affaire de leur salut. Cette maison est celle des religieuses de *Notre-Dame-du-Cénacle*, appelées vulgairement *Dames de la Retraite*, et à la Louvesc, *Sœurs* ou *Dames de Saint-Régis*, parce qu'elles ont été fondées sous le patronage de cet illustre saint.

La pensée de cette institution fut inspirée à monsieur Terme, l'un des missionnaires qui se dévouaient aux pèlerins de la Louvesc, avant que l'autorité diocésaine n'eût confié la garde du précieux tombeau à la Compagnie de Jésus. Fondée d'abord pour le pèlerinage de saint Régis, cette Congrégation s'est développée et compte aujourd'hui plusieurs maisons en France, travaillant avec fruit à la gloire de Dieu, sous la protection du grand saint Régis, à qui elle doit son existence. Paris, Montpellier, Lyon possèdent des Dames de la Retraite, dont le nombre s'accroît tous les jours [1].

---

[1] Le souverain pontife Pie IX accorde une indulgence plénière à toutes les personnes qui font leur retraite dans une de leurs maisons.

La paroisse de la Louvesc possède aussi des Frères de Saint-Viateur pour élever les enfants du peuple, et des Sœurs de Saint-Joseph, qui s'occupent à la fois de faire la classe aux jeunes filles, et de soigner les malades de l'hôpital.

Les pèlerins trouvent au tombeau de saint Régis tout ce qui peut exciter ou satisfaire leur piété. Les missionnaires ont les pouvoirs les plus étendus pour la bénédiction des médailles, chapelets, images et statues; ils ont érigé dans leur église le chemin de la croix et la confrérie du Sacré-Cœur, dans laquelle on peut se faire inscrire; de plus, une indulgence plénière est accordée, par le souverain pontife Pie VII, à tous les fidèles qui, s'étant confessés et ayant communié, visiteront le sanctuaire de la Louvesc et y prieront aux intentions de l'Église.

Une association de persévérance pour les pèlerins a été fondée par les missionnaires; Monseigneur l'évêque de Viviers l'a approuvée le 3 juillet 1850. Les hommes et les femmes y sont également admis. La principale obligation est de vivre chrétiennement dans le monde, chacun dans sa position; les pratiques particulières, qui n'engagent point sous peine de péché, sont très-simples : un quart d'heure d'adoration ou de prière devant le très-saint Sacrement, une fois le mois, pour honorer la dévotion de saint Régis à l'adorable Eucharistie; la récitation quotidienne des litanies du saint apôtre, ou d'un *Pater* et d'un *Ave* avec l'invocation : *Saint François de Régis, priez pour nous et obtenez-nous la grâce de la persévérance.* De plus, pour honorer le zèle apostolique de saint Régis, ils doivent porter l'édification dans leur paroisse, l'esprit de paix dans leur famille, et s'efforcer d'empêcher le mal et de procurer le bien par leurs paroles et par leur exemple.

De précieux avantages sont attachés à cette pieuse association : outre les indulgences accordées à ses membres, chacun d'eux participe aux prières, mérites et bonnes œuvres de tous les confrères. Tous ont part aux prières faites pour les associés vivants ou morts, dans le sanctuaire de la Louvesc, centre de cette archiconfrérie. Tous les ans, le 3 novembre, ou l'un des jours de la neuvaine, un office solennel y est célébré pour les associés défunts.

Tout fidèle, quelque pays qu'il habite, peut être admis dans l'archiconfrérie de saint Régis, et se mettre ainsi sous sa protection spéciale, avec la confiance qu'il ne tardera pas à en ressentir les heureux effets. Les enfants peuvent y être affiliés après leur première communion.

Une autre œuvre, et des plus importantes par le bien qu'elle produit, doit sa création et sa fécondité à saint Jean-François de Régis.

Monsieur Gossin, conseiller à la cour royale de Paris, était devenu aveugle. Il demande à saint Régis de lui rendre la vue, et lui promet, s'il obtient ce miracle, de faire quelque chose à sa gloire. Le saint apôtre lui rend la vue, et il lui inspire en même temps la pensée de créer une association pour la réhabilitation des mariages. On sait les immenses et consolants résultats de cette œuvre, placée sous le patronage de l'illustre Régis. Monsieur Gossin, mort il y a peu d'années, ébloui lui-même de ses merveilleux progrès, se plaisait à reconnaître que cette pensée ne venait pas de lui, mais lui avait été inspirée à la Louvesc, au tombeau du glorieux apôtre.

Nous ne pouvons passer sous silence une institution dont l'extension s'accroît merveilleusement chaque jour, et qui s'honore d'avoir saint Jean-François de Régis pour patron secondaire : c'est la Congrégation des Sœurs de la Présentation de Bourg-Saint-Andéol (Ardèche), fondée par la vénérable madame Rivier, en 1796, dans un temps où tous les ordres religieux étaient supprimés en France, où tous leurs membres étaient persécutés, incarcérés, massacrés ou déportés, et où le culte divin était rigoureusement interdit dans le royaume très-chrétien.

Madame Rivier fut secondée avec zèle dans cette œuvre importante par monsieur Vernet, grand vicaire de Viviers, à qui l'on avait donné au baptême le nom de Régis, et qui avait la plus tendre dévotion pour son illustre patron. Sous leur direction, la Congrégation se développa rapidement, et quelques années après la bienheureuse mort de la fondatrice [1], monsieur Vernet voyait se multiplier les maisons de la Présentation jusqu'au delà des mers.

Madame Arsène Bertoye, nièce de monsieur l'abbé Vernet, a succédé à madame Rivier, dans la direction générale de la Congrégation.

Le but de cette institution est l'instruction des jeunes filles. Les sœurs sont employées avec succès pour la gloire de Dieu, dans les classes, les ouvroirs, les orphelinats, les asiles, et même dans les hospices et hôpitaux.

Mais revenons à Fontcouverte, où nous les retrouverons ; terminons par où nous avons commencé, par le berceau de saint Jean-François de Régis.

---

[1] Madame Rivier, morte en odeur de sainteté en 1838, a été déclarée Vénérable par le souverain pontife Pie IX, et sa canonisation se poursuit.

XII

Souvenirs de saint Jean-François de Régis à Fontcouverte.

1760-1861

La maison de si modeste apparence, que la tradition du pays assure avoir été le berceau de saint Régis, est-elle bien, en effet, celle dans laquelle le grand apôtre vint au monde?

La chose nous paraissait certaine, d'après nos investigations, et nous terminions notre travail, lorsque ce doute nous fut heureusement exprimé. Heureusement, disons-nous, car il nous donna la pensée de recourir aux preuves, afin de les lui opposer, et nous devons à ces nouvelles recherches l'inappréciable avantage d'avoir rencontré de nouveaux documents, dont nous n'avions pas soupçonné l'existence, et qui ne peuvent être sans intérêt pour le lecteur. Le doute, nous en avons la confiance, ne sera plus possible désormais.

Que l'on veuille bien se rappeler que la vénérable châtelaine du vieux manoir mourut deux ans après son saint fils, et qu'elle fut témoin, à Fontcouverte même, de plusieurs miracles obtenus par l'application de la terre de son tombeau, ou par la seule invocation de son nom.

Est-il possible de supposer qu'elle n'ait pas regardé comme un lieu sanctifié, celui où ce glorieux fils avait pris naissance?

Est-il possible de supposer qu'elle ne recommanda pas à ses enfants de le respecter, de le vénérer toujours?

Le plus jeune frère de notre saint vécut quatre-vingts ans; il ne mourut qu'en 1680; Isabelle, sa fille, née en 1643, pouvait-elle ignorer l'endroit du vieux château où naquit celui de ses oncles dont toute la France proclamait la sainteté, et qui ne cessait de faire des miracles partout où il était invoqué? Et peut-on supposer que madame de Cuquignan ait négligé de faire connaître à sa fille ce berceau de l'apôtre?

Elle ne l'aurait pas pu; les pèlerins venaient trop fréquemment s'agenouiller et prier devant la porte de la demeure à laquelle se rattache un si grand souvenir. Nous avons vu, dans la relation des fêtes de la béatification, que madame de Cominian savait très-bien le lieu où son bienheureux grand-oncle avait vu le jour; nous savons que l'archevêque de Narbonne visita le local béni et pria devant le portrait du saint Jésuite, dont il était venu proclamer la gloire au nom de l'Église. En 1716, le doute n'existait pas, ne pouvait pas exister.

S'il y avait, avant cette époque, des pèlerins venant du voisinage, prier à la porte de la maison de Régis, ils furent plus nombreux encore après la béatification du saint apôtre; nul dans la contrée ne pouvait ignorer le chemin qui conduisait à cette demeure, signalée à tous par la croix qui surmontait son entrée.

Madame de Cominian atteignit l'âge de soixante et dix-sept ans; elle ne mourut qu'en 1760; ne laissant point de postérité, et n'ayant point d'héritier proche, elle légua tous ses biens à Jean de Rigaud, seigneur de Corneille[1], neveu de monsieur de Cominian.

Monsieur de Corneille ne garda point la terre de Fontcouverte; il la vendit, en 1762, à monsieur Dardé, qui,

---

[1] Il était fils de Marie de Cominian, sœur de Marc-Antoine, et avait épousé une dame de Pelet. Son fils épousa Marie de Nattes, arrière-grand'tante du possesseur actuel du château de Fontcouverte.

appelé à Paris par sa position, la vendit à son tour, trois ans après, au vicomte Paulin de Nisas, se réservant la *maison de Régis*. Quelques mois plus tard, le 12 août de la même année 1762, il vendit cette maison à Barthélemy Poudon, son *métayer*.

L'acte de vente est sous nos yeux, grâce à l'obligeance de monsieur Marty, curé de Fontcouverte, qui a bien voulu nous l'envoyer, ainsi que les quittances, toutes datées de Paris, et dont la dernière, après entier acquit, est du 2 octobre 1771. Sur cet acte, nous lisons que monsieur Dardé fait *vente pure et simple, et à jamais irrévocable*, à Barthélemy Poudon et à Joacim Poudon, son fils, de la *maison dite de Régis, située dans le fort de Fontcouverte*.

Jusqu'ici, le doute n'existe pas davantage dans le pays, les pèlerinages continuent, les paroisses voisines le font solennellement deux fois l'année, le premier dimanche de mai et le 16 juin, fête du saint, à l'église paroissiale, et elles vont faire une station dans la cour de la *maison dite de Régis*, dont la croix signale toujours l'entrée. Là, le clergé chante une antienne, l'officiant récite une oraison, et la procession reprend sa marche.

En 1767, la Compagnie de Jésus fit faire à ses frais de notables changements dans l'église de Fontcouverte : l'entrée était au couchant ; elle la fit mettre au levant ; le sanctuaire prit sa place, les deux autels latéraux subirent un déplacement relatif[1], ainsi que les fonts baptismaux ; le clocher, qui était au chevet, se trouva à droite au-dessus du porche. On voit encore au mur de droite, en entrant, les marques de la petite porte qui existait au temps de saint Régis, pour l'usage des châtelains et du curé.

---

[1] Saint Ferréol avait cédé sa place à saint Jean-François de Régis, depuis la canonisation de notre saint.

La Compagnie de Jésus ne put aller au delà ; son désir d'ériger au saint apôtre qu'elle avait donné à l'Église, un autel digne de lui, dans le lieu de sa naissance, ne put être satisfait. L'impiété depuis longtemps assise au conseil des souverains, trouvant dans le zèle et la science des Jésuites un trop grand obstacle à la propagation de ses doctrines, travaillait activement à leur expulsion. Elle les avait arrachés au Portugal et à l'Espagne, elle les arracha au royaume très-chrétien... Un moment, l'impiété domina et gouverna la France ; on sait ce qu'elle en fit, les ruines qu'elle amoncela, le sang qu'elle répandit !...

L'église de Fontcouverte ne fut point épargnée pendant la période révolutionnaire ; elle fut entièrement dépouillée... nous nous trompons. La horde sacrilége et dévastatrice n'osa pas toucher à l'une de ses richesses, la plus précieuse de toutes, puisque le saint tabernacle était vide : le reliquaire contenant les reliques de saint Jean-François de Régis, données par l'archevêque de Narbonne, en 1716, fut retrouvé intact, avec le parchemin scellé qui en atteste l'authenticité.

En ces jours de douloureuse mémoire, une autre sorte de profanation fut commise à Fontcouverte et a laissé un souvenir ineffaçable dans la contrée tout entière. Les mains sacriléges qui avaient dépouillé les autels et n'avaient pas épargné les tombeaux, dont elles avaient enlevé les pierres tumulaires, s'étaient arrêtées devant le reliquaire de saint Jean-François de Régis ; mais il se trouva un esprit fort, dont nous tairons le nom, qui ne craignit pas de braver la vénération générale pour *le saint du pays*. Des animaux furent introduits dans la chambre où saint Régis naquit à Dieu et à son Église ; ils y furent établis, le berceau du grand apôtre était transformé en *écurie !...*

Dieu, qui, dans ses mystérieux desseins, laissait profaner ses autels sans foudroyer toujours les coupables, ne permit pas que la profanation du berceau de notre saint demeurât impunie. Tous les animaux qui y entrèrent furent frappés de mort !

L'esprit du profanateur n'était plus si fort ; il commençait à s'effrayer. Toute la contrée parlait avec terreur de la mortalité de ses animaux, et l'impression fut telle, que les pères en ont fidèlement transmis le souvenir à leurs enfants.

La paroisse de Fontcouverte, longtemps privée d'un curé titulaire, en raison de la rareté des prêtres, était desservie, depuis le rétablissement du culte, par l'un des deux frères Montanier, l'un et l'autre prêtres, propriétaires dans ce village, et rentrés en France après une longue déportation en Espagne. En 1814, l'un des deux frères fut nommé curé à Lézignan, l'autre à Ornaison, et la paroisse de saint Régis fut desservie par le curé de Conilhac.

L'abbé Montanier, propriétaire à Fontcouverte avant la révolution et curé de Lézignan en 1814, venait processionnellement avec ses pénitents bleus, l'année suivante, en pèlerinage à l'église de saint Régis, et en retournant à Lézignan, il faisait faire une station dans la cour de la maison de Régis, dont l'entrée était toujours surmontée de la croix, et qu'il connaissait depuis son enfance [1] ; d'autres paroisses y venaient également et aucune ne manquait de rendre l'hommage traditionnel au berceau de l'illustre Jean-François.

Ce berceau si précieux, et que l'on n'avait pu profaner impunément, Joacim Poudon l'avait donné en dot à sa

---

[1] Monsieur l'abbé Marty, alors enfant de chœur, assistait à cette procession et se la rappelle parfaitement.

fille, en la mariant à Guillaume Debély. Celui-ci ne profana pas de parti pris la chambre bénie; il la montrait même aux pèlerins avec un certain orgueil. Monsieur l'abbé Arnaud, nommé curé de Fontcouverte, et reçu par lui en 1839, va nous donner une idée des impressions qu'il éprouva dans ce lieu vénéré; sa lettre nous fera connaître à la fois la suite des événements; elle est adressée à la sœur Marie Saint-Gabriel, supérieure de la Présentation à Fontcouverte; sa date est du mois d'août 1861 :

« Quand j'arrivai à Fontcouverte, en 1839, mon premier soin fut d'aller, comme tous les étrangers, qui, de temps immémorial, sont passés par ce village, faire mes dévotions dans la petite chambre de saint Régis, pour lui demander son aide et sa protection, afin de bien remplir la mission qui venait de m'être confiée; c'est-à-dire, former une paroisse à peu près abandonnée depuis 93. Pendant que j'étais agenouillé, priant et recueilli, dans la sainte chambre, je fus inspiré d'un désir ardent de transformer cette maison à la gloire de Dieu et de son saint apôtre...

» Saint Régis étant né à Fontcouverte, comment douter que la chambre où l'on dit la messe soit bien celle de la maison où cet événement d'immortelle mémoire s'est accompli? Je ne conseillerai jamais à personne d'exprimer un tel doute aux habitants de ce pays, qui, de tout temps, et toujours, depuis que la sainteté de Jean-François de Régis s'est manifestée, ont regardé cette maison comme son véritable berceau. En assigner un autre serait impossible. On a toujours dit, de père en fils, que le Bienheureux a vu le jour là, et que là, il a été suscité par la divine Providence, pour sa plus grande gloire, et pour donner à sa noble famille un lustre plus resplendissant et plus durable que celui de ses frères morts au champ d'honneur ou dans la pratique des vertus chrétiennes...

» Que ceux qui ont des doutes aillent y prier ; que les prêtres aillent y offrir le saint sacrifice ; ils y éprouveront ce que tous les prêtres que j'ai vus y célébrer les saints mystères ont éprouvé, ce que j'éprouvais moi-même quand j'avais le bonheur d'y dire la messe : une consolation et un sentiment de foi et de respect, qui attestent que l'esprit de saint Régis règne là, plus que partout ailleurs ! »

Monsieur l'abbé Arnaud était depuis quelques mois seulement curé de Fontcouverte, lorsque le révérend Père Barthès, de la Compagnie de Jésus, vint faire sa visite au berceau de saint Régis. Le pieux pasteur, toujours préoccupé de l'inspiration qu'il avait reçue, en parle au bon Père : « Je l'engageai instamment, écrit-il encore, à faire quelque chose à l'honneur de saint Régis ; je lui représentai combien cet abandon de son berceau était peu convenable en comparaison du tombeau. Le Père Barthès me promit de chercher une communauté vouée à l'instruction des enfants, qui voulût se charger de cette œuvre à Fontcouverte. Ses premières démarches pour obtenir des religieuses de Saint-Joseph n'eurent aucun succès. Celles que je fis moi-même ne furent pas plus heureuses.

» Le révérend Père Guilhermet vint ensuite ; il goûta avec zèle le projet de cette œuvre, il en parla à la paroisse, et sa parole fut accueillie. »

Le moment était favorable pour disposer les esprits en faveur du projet de monsieur Arnaud ; car Guillaume Debély voulait vendre la maison de Régis. La difficulté était de trouver des Sœurs qui pussent faire cette acquisition. Saint Régis les trouva, et il arrangea toutes choses de manière à prouver que c'était bien d'après son inspiration que monsieur Arnaud avait dressé ses plans.

Le révérend Père Barthès, de passage à Orange, dans les premiers mois de l'année 1843, fut frappé de la pensée que les Sœurs de la Présentation, de Bourg-Saint-Andéol, qui ont une maison à Orange, seraient ravies d'entrer en possession de la maison natale de leur saint protecteur. Il va proposer cette pieuse affaire à la supérieure, et celle-ci s'empresse d'en écrire à monsieur l'abbé Vernet, leur supérieur général et fondateur. Monsieur Vernet avait toujours eu la plus tendre dévotion pour saint Régis, son patron, nous l'avons dit. A cette nouvelle, il s'émeut, il remercie le saint apôtre, il est heureux et semble rajeunir de bien des années. Il fait partir deux sœurs, elles arrivent à Fontcouverte le dimanche des Rameaux (avril 1843), font le lendemain l'acquisition de la sainte maison, et reprennent aussitôt le chemin de la maison mère.

Monsieur Laurent-Régis Vernet, vicaire général de Viviers, fondateur et supérieur général de la Congrégation des Sœurs de la Présentation de Marie, avait couronné les saintes œuvres de sa vie par l'honneur qu'il venait de rendre au grand apôtre du diocèse de Viviers; il n'avait plus qu'à mourir. Il expira le 4 mai de la même année, quelques jours seulement après avoir retiré des mains de l'indifférence le précieux berceau de saint Régis.

Ainsi, il est prouvé, par les actes existants, que depuis madame de Cominian, petite-nièce de notre saint, la maison où il est né n'a été vendue que trois fois : la première, en 1762, par l'héritier des biens de la famille de Régis; la deuxième, en 1765, par monsieur Dardé; la troisième, en 1843, par le gendre et héritier de Joacim Poudon.

Les Sœurs de la Présentation, entrées en possession de leur chère demeure le vendredi 7 juin, avaient transformé en sanctuaire la chambre dans laquelle le saint apôtre fut donné au monde. Une foule immense était accourue pour assister à la cérémonie de la bénédiction solennelle, qui fut donnée par monsieur le curé de Lézignan, doyen du canton. La sœur Marie Saint-Gabriel, supérieure de la petite communauté, et à qui nous devons ces détails, ajoute :

« On retourna ensuite à l'église processionnellement, comme on en était venu, et en chantant le *Te Deum*. Quelques instants après, monsieur le curé de Lézignan vint dire la messe, pour la première fois, dans le nouveau sanctuaire qu'il venait de bénir. La foule était si considérable, que nous pouvions à peine pénétrer dans notre petite chapelle. Nous fîmes céder la place aux personnes qui devaient communier, et, représentant dans ce moment la Congrégation entière, qui venait d'élever en ce lieu vénéré un autel à son saint patron, nous prîmes les premières places, témoignant ainsi que nous voulions être les premières à lui faire agréer nos vœux et à l'assurer que nous voulions être ses plus fidèles imitatrices.

» Que de sentiments se succédèrent pendant le saint sacrifice, offert pour la première fois dans ce sanctuaire, qui, la veille encore, pour ainsi dire, n'était qu'un réduit dégoûtant de malpropreté !...

» A dix heures, la messe du saint fut chantée solennellement à l'église paroissiale ; douze prêtres entouraient le sanctuaire ; les étrangers y avaient pris place deux heures d'avance. A l'offertoire, des jeunes gens désignés élevèrent au milieu du chœur notre tableau représentant saint Régis, et le célébrant le bénit pendant que nous chantions, avec les jeunes filles, un cantique à l'honneur du saint.

» Les vêpres furent chantées à deux heures. Monsieur le curé de la Grasse prêcha le panégyrique du saint apôtre ; puis la procession sortit de l'église et fit le tour du village. Derrière la bannière marchaient les jeunes filles, vêtues de blancs et chantant des cantiques avec nos Sœurs ; après elles, suivaient les femmes ; puis les jeunes gens portant le portrait du saint, et se relevant de distance en distance, afin de les faire participer tous à cet honneur ; enfin, venait le clergé accompagnant la châsse qui contient les reliques du saint.

« Cette châsse est un buste doré que l'on avait placé sous un baldaquin porté par des prêtres. Ces reliques, qui n'étaient pas sorties de l'église depuis plus de cinquante ans, devaient nécessairement impressionner les esprits. Lorsqu'elles furent arrivées dans notre chapelle, et déposées sur l'autel, des larmes coulèrent des yeux de plusieurs assistants. On contemplait avec émotion ces précieux ossements, qui, après avoir traversé deux siècles et demi, étaient portés en triomphe sur l'emplacement même où ils avaient commencé à prendre leur accroissement.[1]

» Lorsqu'on eut placé le tableau à la place qu'il devait occuper, la procession reprit sa marche vers l'église, où l'on donna la bénédiction du saint Sacrement... »

Pour la petite communauté, c'était dignement et heu-

---

[1] La relique du saint, déposée dans cette petite chapelle, est une parcelle de son cœur ; celles de la paroisse, enchâssées dans le buste dont il est question, sont un os entier du métacarpe, une dent, et un fragment de la mâchoire. La paroisse possède aussi une très-belle médaille, de grand module, frappée à l'occasion de la béatification du saint: elle représente d'un côté saint Régis mourant, et Jésus et Marie lui apparaissant ; au revers, saint Michel terrassant le démon.

reusement commencer la neuvaine annuelle à saint Jean-François de Régis. Pour monsieur Arnaud, le 7 juin 1843 dut être un jour d'ineffable consolation !

Son successeur, monsieur Marty, n'a pas moins de zèle pour la gloire de saint Régis. Aidé par la Compagnie de Jésus, il a fait construire, en 1856, une chapelle digne de l'illustre apôtre, et qui attire l'attention des amateurs. Le mur a été enfoncé, le terrain a été pris en dehors, et la chapelle, construite en style du XIVe siècle, est ornée de peintures et de décorations, dues au pinceau de monsieur Icard, artiste du département.

« Nous avions vu par les actes de décès, — nous écrit monsieur l'abbé Marty, — que la famille du saint avait sa sépulture en face de l'autel de la sainte Vierge ; quand j'ai fait la chapelle neuve, j'ai fait des fouilles devant l'emplacement de l'ancien autel de la Vierge, et j'ai, en effet, trouvé un caveau rempli d'ossements. J'ai compté quinze crânes de personnes de tout âge. J'ai trouvé une seule personne entière, très-vieille, portant encore un voile en étoffe de soie, et des souliers à talons d'une hauteur démesurée ; j'ai conjecturé que c'était madame de Cominian, petite-fille d'un frère de saint Régis, et décédée en 1760, dernier membre de cette famille.

» J'ai soigneusement recueilli ces restes, et, après leur avoir rendu les honneurs funèbres, je les ai déposés dans un petit caveau, que j'ai fait pratiquer dans la chapelle neuve du saint, et au-dessus duquel j'ai mis cette inscription :

» *Ici reposent les restes de la famille de saint Jean-François Régis, transférés le 25 octobre 1856.*

» Il se fait à Fontcouverte un pèlerinage le premier dimanche de mai. La paroisse de Lézignan y vient tous les ans processionnellement avec ses pénitents bleus, ce qui attire le concours de toutes les paroisses voisines.

Mais, le 16 juin, fête de saint Régis, le concours est plus considérable encore, et tous les prêtres des environs, au nombre de douze, viennent offrir le saint sacrifice dans notre église... »

Monsieur le curé de Fontcouverte n'ajoute pas ce que nous savons d'ailleurs, et qui frappe tristement les pèlerins étrangers au département, que les pèlerinages annuels se bornent aujourd'hui, de la part des populations, à une simple promenade. La foi semble éteinte dans la contrée qui vit naître le grand apôtre dont la France se glorifie, et le zèle des pasteurs semble impuissant à la ranimer dans les âmes !...

Toutefois le curé de Fontcouverte ne se décourage pas, et il ne travaille pas avec moins d'ardeur à la gloire de l'immortelle illustration de sa paroisse. Les ressources lui manquent en 1861 comme en 1856 ; mais son église, dix fois séculaire, est surmontée d'une charpente qui tombe en poussière ; une voûte est indispensable ; monsieur Marty n'a pas hésité à entreprendre cette réparation, comptant sur la protection de saint Jean-François Régis, pour lui procurer les moyens d'en couvrir les frais. Le saint apôtre ne trompera pas sa confiance. Espérons que le concours de ceux à qui la gloire de saint Régis est chère, ne lui fera pas défaut, et que tous se feront un bonheur de contribuer à cette urgente réparation, déjà projetée par la Compagnie de Jésus au siècle dernier, et empêchée par les motifs que nous avons signalés.

Espérons aussi que le saint dont la vie tout entière fut consacrée au salut des âmes, ne laissera pas toujours dans leur déplorable indifférence les âmes de ses compatriotes, qui doivent lui être chères entre toutes. Espérons que le zèle du pasteur sera béni, et que les Sœurs de la Présentation de Marie, si dévouées à l'amélioration de cette paroisse, et qui travaillent avec tant de courage et d'abnégation à préparer des générations chrétiennes [1], jouiront bientôt du fruit de leurs travaux. Puissions-nous avoir le bonheur d'y contribuer, en inspirant à quelques âmes la pensée de joindre leurs prières à tant de pieux efforts !

[1] Elles sont au nombre de quatre seulement, et comptent, en moyenne, vingt pensionnaires de trois à quinze ans, et à peu près autant d'externes.

LITANIES
DE SAINT JEAN-FRANÇOIS RÉGIS.

Seigneur, ayez pitié de nous.
Jésus-Christ, ayez pitié de nous.
Seigneur, ayez pitié de nous.
Sainte Trinité, qui êtes un seul Dieu, ayez pitié de nous.
Sainte Marie, mère de Dieu et reine des saints, priez pour nous.
Saint Jean-François Régis, priez pour nous.
Saint Régis, d'une piété angélique dès votre enfance, priez pour nous.
Saint Régis, fidèle à l'appel de Jésus-Christ, priez pour nous.
Saint Régis, imitateur constant de la pauvreté de Jésus-Christ, priez.
Saint Régis, soumis en tout à l'obéissance religieuse, priez pour nous.
Saint Régis, modèle parfait d'une vie pénitente, priez pour nous.
Saint Régis, amateur passionné des croix et des humiliations, priez.
Saint Régis, adorateur zélé de Jésus-Christ dans l'Eucharistie, priez.
Saint Régis, propagateur ardent du culte de la très-sainte Vierge, priez pour nous.
Saint Régis, brûlant de zèle pour le salut des âmes, priez pour nous.
Saint Régis, affrontant la mort pour convertir les pécheurs, priez.
Saint Régis, père des pauvres et consolateur des affligés, priez.
Saint Régis, providence de Dieu dans les pestes et les famines, priez.
Saint Régis, protecteur des vierges pauvres et exposées, priez.
Saint Régis, lisant au fond des cœurs et prédisant l'avenir, priez.
Saint Régis, célèbre par le don des miracles, priez pour nous.
Saint Régis, visité par Jésus et Marie à votre dernière heure, priez.
Saint Régis, mourant avec l'innocence de votre baptême, priez pour nous.
Saint Régis, pur comme les anges et ardent comme les chérubins, priez.
Saint Régis, plein de la foi des patriarches, priez pour nous.
Saint Régis, éclairé de la lumière des prophètes, priez pour nous.
Saint Régis, animé par le zèle des apôtres, priez pour nous.
Saint Régis, succombant en martyr de la charité, priez pour nous.
Saint Régis, menant la vie pénitente des anachorètes, priez pour nous.
Saint Régis, enrichi des plus beaux mérites de la sainteté, priez.
Saint Régis, ornement de la Compagnie de Jésus, priez pour nous.
Saint Régis, protecteur de la France, priez pour nous.
Agneau de Dieu, qui effacez les péchés du monde, pardonnez-nous.
Agneau de Dieu, qui effacez les péchés du monde, exaucez-nous.
Agneau de Dieu, qui effacez les péchés du monde, ayez pitié de nous.

ORAISON.

O Dieu, qui avez donné au Bienheureux JEAN-FRANÇOIS, votre Confesseur, une charité admirable et une patience héroïque afin qu'il accomplît un très-grand nombre de travaux pour le salut des âmes, accordez-nous, dans votre bonté, qu'après avoir été instruits par ses exemples et aidés par son intercession, nous obtenions les récompenses de la vie éternelle. Par Notre-Seigneur Jésus-Christ. Ainsi soit-il.

TABLE

                                                        Pages.

PRÉFACE.   V

PREMIÈRE PARTIE.

L'ANGE DE LA FAMILLE ET DU COLLÉGE (1597-1616).

I. La famille de Régis. — Fontcouverte. — Concile de Narbonne. — Origine des Régis. — Les deux frères. — Mort de Jean devant Villemur. — Madeleine d'Arsse.   1

II. Un ange dans la famille. — L'église de Fontcouverte. — Naissance de Jean-François. — Événement nocturne. — Première éducation.   10

III. Éducation dans la famille. — Maître Laurent. — Départ de Charles.   17

IV. Suite. — Le manoir. — Jean-François sauvé mystérieusement. — Reconnaissance de la mère et de l'enfant.   23

V. Le collége. — Jean-François modèle des écoliers. — Un pari. — Vocation religieuse.   30

DEUXIÈME PARTIE.

NOVICIAT. — RÉGENCE. — SCOLASTICAT (1616-1630).

I. Noviciat. — M. Boret. — Ferveur de Jean-François. — Premiers vœux.   39

II. Collége de Tournon. — Mission à Andance. — Lettre de Jean-François à sa famille.   45

III. Collége du Puy. — Jacques Gigon. — Régence de Jean-François. — Le bon fermier. — Confidences de Jean-François. 53

IV. Séminaire de la Compagnie à Toulouse. — Jean-François est déjà un saint. — Il sollicite son élévation au sacerdoce. — Lettre à sa mère. — La peste à Toulouse. — Dévouement des Jésuites et de Jean-François. — Lettre à sa mère. — Erreur du P. d'Aubenton. 64

V. Le P. de Régis à Fontcouverte. — Sa famille. — Il donne une mission. — Charité du saint Jésuite. — Nuages entre les frères. — Séparation. 75

TROISIÈME PARTIE.

MISSIONS (1630-1640).

I. Diocèse de Montpellier (1631). — L'éloquence du P. de Régis. — Son occupation des pauvres. — La chambrière. — Conversion. 85

II. Diocèse de Nîmes (1631-1632). — Sommières. — Critique du Frère. — Humilité du missionnaire. — Succès de son zèle. — Puissance de son intervention en faveur des catholiques. 93

III. Diocèse de Viviers (1633). — Le comte de la Mothe. — Réforme des curés. — Pécheresses scandaleuses converties. — La vieille obstinée. — La châtelaine d'Uzès. — Cabale contre les missionnaires. — L'enfer est vaincu. 105

IV. Le Chaylard (1635). — Collége du Puy. — Désir de la Mission du Canada. — Lettre de Régis au Père général. — Le Chaylard. — Mission dans les montagnes. — L'apôtre surpris par les neiges. — Mission à Lachamp. — Succès de l'apôtre. 118

V. Diocèse de Privas et de Valence (1635). — Privas. — Lettre de Jean-François au Père général. — Saint-Agrève. — Le buveur calviniste. — « Voilà le saint ! » — Touchant cortége. — Saint-André-des-Effangeats. — Les deux voyageurs. — Le neveu du curé. — Une hôtellerie calviniste. 131

VI. Marlhes (1636). — Voyage périlleux. — Frayeur du P. Bensac. — Confiance de l'apôtre. — Lambeaux de son manteau. — Le *saint Père*. — La contrée renouvelée. 143
VII. Le Puy (1636). — Mission dans la ville. — Fruits prodigieux. — Associations charitables. — Zèle incomparable de Régis. 150
VIII. Suite. — Jean-François convertit des pécheresses scandaleuses. — La demoiselle Rigault. — Le magistrat inflexible. — Douleur du P. de Régis. — Châtiment divin. — L'épée hors du fourreau. — Conversions remarquables. — Le Refuge. — Complot contre le saint apôtre. — Son zèle est entravé. — Son obéissance. — Épreuve. — Humilité du saint apôtre. 160
IX. Fay-le-Froid (1636-1637). — Claude Sourdon. — Deux aveugles voient. — Enthousiasme populaire. — Pécheur endurci. — Nombreuses conversions. 175
X. Le Puy (1637). — Mort de Jean de Régis, père de Jean-François. — Extase providentielle. — Persécution contre le zèle de l'apôtre. — On en veut à sa vie. — Démarche infructueuse. — Abnégation du P. de Régis. — Changement de recteur. — Terme de l'épreuve. 183
XI. Le Puy (suite). — Le Refuge attaqué. — Attentat contre la vie de saint Régis. — Le bateleur et le scandale de ses tréteaux. — Nouvelle attaque. — L'homme de guerre. — Miracle de conversion. 192
XII. Suite. — Disette au Puy. — Charité du P. de Régis. — Multiplication du blé des pauvres. — Le malade abandonné. — Une femme dévorée par un chancre. — Dévouement héroïque. — Miracle de Jean-François. 201
XIII. Marlhes et ses environs (1637-1638). — Chute du P. de Régis. — Son courage héroïque. — Ses saints excès. — Son supérieur l'oblige à obéir au curé. — Il fait plusieurs miracles. — Les bœufs enlevés. — L'abbaye de Clavas. — Le curé de Saint-Pierre. — Saint-Bonnet. — Le

seul repas du saint apôtre. — Maurice Boyer. — Confidence. 243

XIV. Le Puy (1638). — Autorité du P. de Régis. — Les jours gras. — Insulte. — Réparation. — Zèle de l'apôtre pour l'extirpation du blasphème. — Les portefaix — Les deux furies. 225

XV. Suite. — Cafés du xviie siècle. — Le gentilhomme intempérant. — Le marchand converti. — Un voyageur mourant. — Insultes nouvelles. — Impies foudroyés. — Encore des persécutions. — La cause du saint apôtre triomphe. 235

XVI. Montregard (1638-1639). — La châtelaine de Mercoux. — La jeune controversiste. — L'apôtre la ravit. — Trouble. — Combat. — Entretien de Louise de Romezin avec le P. de Régis. — Délai. 245

XVII. Le Puy (1639). — Nouveaux miracles. — Les moissonneurs. — Toujours des ennemis. — Conversion miraculeuse. — Prédictions réalisées. 253

XVIII. Montregard. — Montfaucon (1639-1640). — Madame de la Franchère, veuve. — Sa conversion au catholicisme. — Son influence dans la société calviniste. — Colère de sa famille. Récit de Louise. — Mission de Montfaucon interrompue. 263

XIX. Le Puy (1640). — Lettre du P. de Régis au Père général. — Marcelin du Fornel. — Prédiction. Lettre du P. Arnoux au Père général. — Réponse. — Projet d'une société de missionnaires pour les campagnes. — Lettre à M. André. 274

XX. Montfaucon (1640). Travaux prodigieux. — Lettre à la supérieure du Refuge. — La peste se déclare. — On force le missionnaire à s'éloigner. — Sa douleur. — Il délivre la ville du fléau. — Succès merveilleux. — Les reliques du *saint Père*. — Le bâton substitué. — Mission des environs. — Retour mystérieux au Puy. — Confession générale. — Pressentiments. — Annonce de mort prochaine. — Départ. 280

XXI. La Louvesc (1640). — Rendez-vous de chasse au moyen âge. — Le P. de Régis égaré dans les montagnes. — Une nuit à Vérines. — Maladie du saint apôtre. — Rien ne peut arrêter son zèle. — Il commence la mission à la Louvesc. — Il ne sort plus de l'église. — Concours incroyable. — Le saint missionnaire tombe évanoui. — Ses derniers moments. — Sa mort. 294

QUATRIÈME PARTIE.

VIE POSTHUME DE SAINT JEAN-FRANÇOIS DE RÉGIS (1641-1861).

I. Douleur générale. — Funérailles. — Pieuse dévalisation. — Acte du décès. — Lettre du P. Arnoux. — Autres lettres. — Calomnies. — Crédulité publique. 304

II. Un protecteur au ciel (1641-1650). — Narration de madame de la Franchère. — Douleur des habitants du Puy. — Nombreux miracles. — Neuvaine au confessionnal du saint Père. — Prodiges innombrables. — Louise de Romecin. — Sa descendance. 310

III. Prodiges nouveaux (1650-1662). — Madame de Gazelles. — M. de Latour-Maubourg. — Le P. de Vroncourt. — Le recteur du collége de Bruxelles. — Apparition de saint Régis. 322

IV. Les miracles continuent (1662-1703). 329

V. Culte populaire (1703-1760). — Information. — Béatification. 342

VI. Fontcouverte en 1716. — La famille de Régis. — Fêtes de la béatification. 347

VII. Canonisation. — Conservation des reliques pendant la Terreur. — Translation (1716-1834). 360

VIII. Une nouvelle châsse (1834). 377

IX. Nouveaux miracles (1834-1847). 386

X. Suite (1848-1861). 397

XI. Souvenirs de saint Régis vénérés à la Louvesc. — Œuvres fondées sous son patronage. 409

XII. Souvenirs de saint Régis à Fontcouverte (1760-1861). — Litanies de saint Jean-François de Régis. 419

Imprimerie de L. Toinon et Cie, à Saint-Germain-en-Laye.

PUBLICATIONS NOUVELLES

LIBRAIRIE D'AMBROISE BRAY, ÉDITEUR,

66, RUE DES SAINTS-PÈRES, A PARIS, 66.

L'Agonie triomphante, ou Jésus-Christ et l'Eglise glorifiés par la Croix, ouvrage de saint LAURENT JUSTINIEN, traduit par M. Louis CAILLET. 1 vol. in-18 anglais . . . . fr. 3 »»

Mgr Dupanloup, après avoir dit qu'il a été *édifié et touché de la lecture de l'admirable ouvrage de saint Laurent Justinien, où le saint a mis toute son âme;* après avoir félicité M. Caillet de sa *belle et pieuse traduction,* ajoute : *Cette lecture sera merveilleusement propre à remplir les âmes d'un tendre amour pour Notre-Seigneur en croix, et à les disposer pour les grandes fêtes pascales.*

Amour (l') de Jésus enseigné par Marie, par le R. P. TEPPA, barnabite; ouvrage traduit de l'italien, par M. l'abbé DE VALETTE. 1 beau vol. grand in-32 . . . . fr. 1 50

Le R. P. Teppa est connu des personnes pieuses par un délicieux petit livre « dans lequel, a dit la *Bibliographie catholique,* on trouve l'inspiration de la piété et d'une véritable dévotion envers la sainte Vierge. » Ce nouvel ouvrage, plus riche encore en doctrine et en douce onction, a pour but de nous faire aimer Jésus. C'est Marie, la *Mère du bel amour,* qui nous y convie, qui nous y excite par les motifs les plus pressants, par des accents qui pénétreront jusqu'aux cœurs de ses enfants. Ce livre contient trente et une *Considérations* suivies d'*affections pieuses* et de *Résolutions pratiques,* accompagnées de quelques paroles ou de quelques actes des saints.

Derniers jours du chrétien (les), ou le saint viatique, l'extrême-onction, la recommandation de l'âme, les funérailles, le dogme du purgatoire, les prières pour les morts, etc., expliqués aux fidèles par M. l'abbé BAYLE, docteur en théologie, suivis de la messe et de l'office complet des morts. 1 beau vol. gr. in-32 . fr. 2 »»

Exposer aux fidèles la bonté et la tendre sollicitude de N.-S. Jésus-Christ dans l'institution des sacrements qui aident les chrétiens à bien mourir, leur expliquer, en les leur mettant sous les yeux, le sens profond des prières et des cérémonies établies par l'Eglise pour fortifier et consoler les malades et pour soulager les âmes défuntes, tel est le but que l'auteur s'est proposé. Les termes par lesquels Monseigneur l'évêque de Marseille a approuvé cet ouvrage, prouvent qu'il a réussi :

« Votre livre est excellent et éminemment propre par la doctrine, l'érudition et
« l'onction de piété dont il est rempli, à instruire, à intéresser, à édifier... Je
« vous félicite du secours que, par ce livre, vous apportez aux âmes du purga-
« toire, qui nous sont si intimement unies. Les soulager c'est à la fois remplir
« notre devoir et servir notre intérêt. »

Le Mystère de l'Eucharistie médité au pied des saints autels; par M. l'abbé A. JOINON. 2e édit. 1 vol. in-18 anglais . . fr. 3 »»

Cet ouvrage, honoré d'un bref de Pie IX, est approuvé par neuf archevêques et évêques.

Mgr Pie recommande aux fidèles et au clergé de son diocèse ce « traité complet » d'une doctrine très solide et très pieuse sur le plus excellent de nos mystères.

EXTRAIT DU CATALOGUE.

Culte de Marie, contenant : Précis historique sur le Culte de Marie ; — Notice sur toutes ses fêtes ; — Offices complets ; — Prières diverses de l'Eglise et de saints personnages ; — Antiennes : — Proses ; — Hymnes ; — Litanies ; — Dévotions, Confréries, Pèlerinages, Neuvaines ; — Indulgences, etc. ; par M. GERGERÈS. 2e édit. corr. et augm. 1 fort vol. in-18 raisin. . . . . . fr. 3 »»

« Ce livre est certainement remarquable entre tous ceux qu'on a publiés dans ces derniers temps, sur le culte rendu à la Mère de Dieu. L'auteur a compris les beautés et les charmes d'un pareil sujet, et nous pouvons dire en toute sincérité, qu'il les fait connaître et surtout aimer. Des explications précises, complètes dans leur brièveté, exactes dans leurs détails, révèlent au lecteur l'origine, l'esprit et la grandeur des solennités, des offices et des dévotions établies et l'honneur de la Vierge. »   *(Correspondant.)*

Cet ouvrage est approuvé et recommandé par Mgr le cardinal Donnet.

Hommage à la sainte Famille de Nazareth, ou Nouveaux mois de Janvier, de Mars et de Mai, par M. l'abbé F. DAUDE. 1 fort vol. gr. in-32. . . . . fr. 2 »»

CHACUN DE CES MOIS SÉPARÉ.

Hommage à Jésus, sauveur du monde. 1 vol. in-32 raisin. fr. » 80
Hommage à Marie, mère de Dieu. 1 vol. in-32. . . . fr. » 80
Hommage à Joseph, époux de Marie. 1 vol in-32. . . fr. » 80

L'auteur a su présenter son triple sujet de manière à éclairer l'esprit, à toucher le cœur et à l'exciter à la pratique de la vertu. Sa méthode est simple et facile : chaque jour du mois il expose, dans une courte méditation, un trait de la vie qu'il étudie. Un exemple vient ensuite, puis une prière, un bouquet spirituel et une pratique.

Le Guide du Chrétien dans les voies du salut, contenant : 1° les *Considérations sur les grandes vérités de la Religion,* par Mgr CHALLONER ; 2° le *Chemin du ciel aplani* par le R. P. PINAMONTI, S. J. ; 3° les *Instructions et Prières* pour sanctifier la journée, bien entendre la Messe, et recevoir avec fruit les sacrements de Pénitence et d'Eucharistie, du R. P. SANADON, S. J. ; publié par l'abbé F. LAGRANGE, avec l'approb. de Mgr l'évêque de Nancy. 1 fort vol. in-18, raisin. . . . . fr. 3 »»

Le *Guide du Chrétien* renferme trois parties distinctes, dont chacune a été traitée à fond par un auteur consommé dans la science du salut, et qui se complètent l'une par l'autre. Ce livre, solide et subtantiel, est destiné à éclairer les âmes, à les faire entrer et à les affermir dans la bonne voie.

OUVRAGES DU R. P. FABER :

Tout le monde connaît le mérite des ouvrages du pieux et savant oratorien.

Le Précieux Sang ou le prix de notre salut 1 vol. in-12, 3 fr. 50.
— Conférences spirituelles. 1 vol. in-12, 3 fr. 50. — Le Pied de la Croix, ou les Douleurs de Marie. 1 fort vol. in-18, 3 fr. 50. — Tout pour Jésus. 1 vol. in-12 avec portr. de l'auteur, 3 fr. — Le Saint-Sacrement, suite à *Tout pour Jésus.* 2 vol. in-12, 6 fr. Le même ouvr. abrégé. 1 vol. in-12, 3 fr. 50. — Le Progrès de l'âme dans la vie spirituelle. 1 vol. in-12, 3 fr. 50. — Le Créateur et la Créature. 1 vol. in-12, 3 fr. 50. Dévotion au Pape, gr. in-18, 30 centimes. Dévotion à l'Église. gr. in-18, 30 centimes.

SOUS PRESSE, pour paraître en octobre 1861 :

Bethléem ou Mystère de la Sainte-Enfance. 2 vol. in-12.

AMBROISE BRAY, ÉDITEUR.

Méditations sur les vérités et les devoirs du Christianisme, pour tous les jours de l'année ; par Mgr. CHALLONER ; traduites de l'anglais par M. l'abbé VIGNONET. 3 vol. in-18 anglais. fr. 6 »»

Mgr Pie, évêque de Poitiers, a daigné approuver cet ouvrage en ces termes : « Nous approuvons la traduction des excellentes méditations de Challonner, due au talent et aux soins de M. l'abbé Vignonet. Cet ouvrage, justement estimé, est plein de doctrine et très-propre à nourrir la piété des fidèles et de toutes les personnes qui vaquent au saint exercice de l'oraison. »

Ame à l'école de Jésus enfant (l') Considérations, Exemples, Pratiques pour tous les jours de l'année, Ouvrage traduit de l'Italien par M. l'abbé BAYLE. 1 vol. in-18 anglais. . . . . . fr. 2 50

La dévotion à la Sainte-Enfance de Jésus a été pour les Saints la source des plus grandes faveurs spirituelles. Un pieux auteur italien, pour aider à la pratique de cette dévotion, a composé un livre qui fait les délices des familles chrétiennes et des communautés religieuses.

Arbre de vie (l'), ou les douze vertus fruits de la foi ; suivi du *Conflit Intérieur*, ou vie militante du chrétien, par S. LAURENT JUSTINIEN ; traduit par M. L. CAILLET. 1 f. v. in-18 ang. fr. 3 »»

L'*Arbre de Vie* offre un traité complet, solide et pratique des vertus chrétiennes ; il sera très utile, non seulement aux personnes pieuses, mais encore à tous ceux qui sont chargés de diriger les âmes dans les voies du salut et de la perfection. Le *Conflit intérieur* nous fait connaître les ennemis contre lesquels nous avons à lutter, et les armes à employer pour les vaincre.

Vie de saint Philippe de Néri, suivie d'un Appendice sur les *Oratoires* de France et d'Angleterre, et des Maximes du saint pour chaque jour de l'année, par M. l'abbé BAYLE, auteur de la *Vie de saint Vincent Ferrier*. 1 fort vol. in-8°. . . . . . fr. 6 »»
— Le même ouv. sans l'Appendice. 1 vol. in-12. . . . fr. 3 »»

« ... A notre avis, rien ne manque à cette pieuse histoire : la simplicité et la facilité élégante du style, l'intérêt et le charme du récit, mais surtout la grandeur et la popularité du héros, tout concourt à rendre ce livre un des meilleurs et des plus utiles en ce genre... » *(Bibliographie catholique.)*

OUVRAGES DE M. DAURIGNAC :

Histoire de saint François d'Assise, 1 v. in-18 ang. fr. 3 »»
Blanche de Castille, mère de Saint Louis et de sainte Isabelle, 1 vol. in-18 anglais. . . . . fr. 3 »»
Histoire de saint Ignace de Loyola, 2 beaux vol. in-18 anglais avec portrait et fac-simile. . . . . fr. 6 »»
— VIE ABRÉGÉE, 1 fort vol. in-12 . . . . . . fr. 2 50
Histoire de saint François-Xavier. 2 beaux vol. in-18 anglais avec portrait et fac-simile. . . . . fr. 6 »»
— VIE ABRÉGÉE, 1 fort vol. in-12. . . . . . . fr. 2 50
Sainte Jeanne de Chantal, modèle de la jeune fille et de la jeune femme, et fondatrice de la Visitation. 2e édition. 1 beau vol. in-18 anglais . . . . fr. 3 »»

Plus complètes que celles composées jusqu'ici, écrites d'une manière dramatique, ces Vies offrent une lecture aussi attrayante que solide. C'est le jugement qu'en portent NN. SS. les évêques d'Arras et de Beauvais, dans leurs approbations.

EXTRAIT DU CATALOGUE

Saint Vincent-de-Paul, *sa Vie, son Temps, ses Œuvres, son influence*; par M. l'abbé U. MAYNARD, chanoine honoraire de Poitiers. 4 forts vol. in-8, sur papier glacé, ornés de portraits et d'autographes sur acier. . . . . fr. 28 »»

Mgr Darboy, évêque de Nancy, a daigné adresser la lettre suivante à l'auteur :

« J'ai lu avec tout l'attrait qu'inspirent l'élévation du talent et la chaleur des convictions votre beau travail sur Saint Vincent de Paul. Votre œuvre est conçue largement et exécutée avec cette distinction et cette verve que vous faites paraître dans tous vos écrits; de plus, vos recherches si consciencieuses la rendent solide et complète : elle vivra. Quand on vous lit après Abelly et Collet, on voit que la vie de Saint Vincent de Paul était à faire et qu'elle est faite. Je le pense ainsi. »

Mgr Pie, évêque de Poitiers, confirme ce jugement en ces termes :

« ... La supériorité de votre œuvre se démontre d'elle-même, et elle n'échappera aux yeux d'aucun juge éclairé. Je répète volontiers la parole d'un docte prélat : *Votre œuvre vivra....* »

Vie de saint Vincent de Paul (extraite de l'histoire complète), par M. l'abbé MAYNARD. 1 vol. in-18 angl. . . . . fr. 3 »»

Le même ouvrage. 1 vol. in-8 avec portr. . . . . . fr. 5 »»

Vie de M. des Genettes, fondateur de l'archiconfrérie du Saint et Immaculé Cœur de Marie; par M. DE VALETTE, ancien sous-directeur de l'Archiconfrérie. 1 v. in-12, avec port. et fac-simile. fr. 2 »»

Cette *Notice* contient des détails nombreux et pleins d'intérêt sur la jeunesse de M. des Genettes et sur l'époque de sa vie qui a précédé la fondation de l'Archiconfrérie.

Vie de N.-S. Jésus-Christ, écrite par C. BRENTANO, d'après les visions de la Sœur EMMERICH, traduite par M. l'abbé de CAZALÈS ; 6 vol. in-18 anglais. Prix de chaque vol . . . . . fr. 2 50

« M. l'abbé de Cazalès, à qui la France doit d'avoir connu les touchants récits
» de la *Douloureuse Passion* et de la *Vie de la sainte Vierge*, vient de donner au
» public la traduction habile et fidèle, comme toujours, de ce nouvel ouvrage,
» plus étonnant encore que les deux premiers... » *R. P. Dom Guéranger*, extrait
» du *Monde*. »

La douloureuse Passion de N.-S. Jésus-Christ. 15ᵉ édit. 1 vol. in-18 anglais . . . . fr. 2 50

Vie de la sainte Vierge. 5ᵉ édit. 1 vol. in-18 ang. . . fr. 2 50

Pieuse explication de la Passion de N.-S. J.-C., tirée de J. Thauler, par le Vén. Louis DE BLOIS, suivie du *Traité des Douleurs intérieures de J.-C.*; par la bienheureuse VARANI; ouvrages traduits du latin par M. l'abbé POULIDE. Nouv. édition augmentée d'un sermon de Bossuet sur la *Compassion de la sainte Vierge*. 1 v. in-18. fr. 1 50

Rayon de miel (un), ou doctrine spirituelle du vénérable Louis de BLOIS, recueillie textuellement de ses œuvres ascétiques, et distribuée en quatre livres par le Père Steyrer, de l'Ordre de S.-B.; traduite du latin par M. l'abbé M. ROZE. 1 volume in-18 anglais . . . . fr. 2 50

Louis de Blois a été proclamé par son siècle la *Lumière de la vie spirituelle*. Le célèbre Cornélius à Lapide, saint Ignace de Loyola ne cessaient de lire ses écrits et d'en recommander la lecture. J'ai lu l'institution spirituelle de Blosius, écrivait saint François de Sales, et l'ai goûtée incroyablement; je vous prie, lisez-la et la savourez car elle le vaut. »

Librairie A. BRAY, rue des Saints-Pères, 66.

L'EUCHARISTIE, *méditations pour chaque jour de l'année*, d'après le R. P. de Machault, S. J., par M. l'abbé J. SAGETTE. 4 forts vol. in-18 anglais. . . . . 12 »

> Ce livre reproduit le plan et le fonds du *Trésor* du P. de Machault. La matière et la valeur de l'original sont plus que doublées par des additions importantes et par une forme et un style infiniment supérieurs à ceux du P. de Machault. Les personnes qui voudraient apprécier les mérites de ce travail, qui a coûté plus de cinq ans à son auteur, recevront sur leur demande quelques méditations du premier volume.

BETHLÉEM, ou le MYSTÈRE DE LA SAINTE INFANCE, par le R. P. FABER, auteur de *Tout pour Jésus*, le *Précieux sang*, les *Conférences spirituelles*, etc. 2 vol. in-18 anglais. 6 »
Abrégé du même ouvrage 1 fort vol. in-18 anglais. 3 50

SAINT IRÉNÉE et l'éloquence chrétienne dans la Gaule, pendant les deux premiers siècles. Cours fait à la Sorbonne (1860-1861) par l'abbé FREPPEL. 1 beau vol. in-8°. 6 »

> Cet ouvrage, qui est la continuation des *Pères apostoliques* et des *Apologistes au deuxième siècle*, du même auteur, ne le cède en rien aux précédents; il offre même un plus vif intérêt à des lecteurs français.

VIE DE SAINT VINCENT DE PAUL, par M. l'abbé MAYNARD. 4 vol. in-18 anglais. . . . . 3 »
Le même ouvrage. 1 vol. in-8° avec portrait. . . . . 5 »

> Cette vie est une réduction de l'*Histoire complète* intitulée : *Saint Vincent de Paul, sa vie, son temps, ses œuvres, son influence*. 4 vol. in-8°, 28 fr. Composé sur le même plan, ce livre est plus complet qu'aucun abrégé de ce genre.

Sous presse pour paraître en janvier 1862 :

LES SAINTS DE LA COMPAGNIE DE JÉSUS, par Adolphe ARCHIER. 1 fort vol. in-18 anglais. . . . . 3 »

> Les qualités qui ont fait le succès de *Charité même Dieu*, des *Devoirs d'une femme*, etc., recommandent suffisamment à l'attention des lecteurs chrétiens ce nouvel ouvrage de M. Archier.

DIRECTION morale et religieuse de l'enfance et de la jeunesse, conseils pratiques aux parents et aux maîtres, par le R. P. FRANCO de la compagnie de Jésus; ouvrage traduit de l'italien et enrichi de nombreux extraits empruntés aux moralistes et aux écrivains chrétiens, par M. l'abbé LAFFINEUR, chan. hon. de Beauvais. 1 fort vol. in-18 anglais. . . 3 50

> Ce livre a obtenu en Italie un grand succès dont il est digne. Les parents et les maîtres y trouveront une direction *actuelle* et une règle *pratique* pour les guider sûrement dans l'art si difficile d'élever les enfants.

Imprimerie de L. TOINON et Cie, à Saint-Germain-en-Laye.